北京大学文革史榷（下）

附北京大学文革大事记

1964—1983

The Controversial History of the Cultural Revolution
in Peking University (II): With a Chronicle 1964-1983

胡宗式 章铎 著

美国华忆出版社
Remembering Publishing, LLC. USA

Copyright © 2022 by Remembering Publishing, LLC. USA

The Controversial History of the Cultural Revolution in Peking University (II): With a Chronicle 1964-1983

Editor： Hu Zongshi / Zhang Duo

ISBN： 978-1-68560-046-4 （Print）
978-1-68560-047-1 （eBook）

Remembering Publishing, LLC
RememPub@gmail.com

北京大学文革史榷（下）
附北京大学文革大事记 1964—1983

胡宗式 章铎 著

出　　版： 美国华忆出版社
版　次： 2022 年 12 月第一版，第一次印刷
字　数： 380 千字

All rights reserved.
No part of this book may be reproduced in any form or by any electronic or mechanical means including information storage and retrieval systems, without permission in writing from the publisher. The only exception is by a reviewer, who may quote short excerpts in review.

作品内容受国际知识产权公约保护，版权所有，侵权必究

目　　录

正　编　　亲历"文革"风暴的两年零两个月

第十二章　王、关、戚的垮台和文化大革命
　　　　　　有名无实的"转折" 3
　　一、王、关、戚相继垮台，但"文革"极左路线没变 3
　　二、关锋、王力垮台后的北大两派斗争 17

第十三章　矛盾进一步激化的1968年初 42
　　一、1968年初的形势和几件重要事情 42
　　二、失败的高校学习班 53
　　三、杨、余、傅事件和反击"右倾翻案风"的狂飙 71

第十四章　北大的武斗和毛泽东"文革"的
　　　　　　大学群众运动的终结 105
　　一、北大的武斗 105
　　二、毛泽东派出"工宣队"并召见"五大领袖"，
　　　　大学群众运动宣告结束 146

附　编　　学生分批毕业后北大的几件大事

第十五章　63军宣传队和工宣队时期 155
　　一、军、工宣传队时期"清理阶级队伍"的"扩大化" ... 155
　　二、聂元梓被当"九大"代表和九届中央候补委员 172

第十六章　谢静宜、迟群控制下的北大（一） 176

一、毛泽东通过谢静宜和 8341 部队宣传队
　　直接控制 北大 176

二、毛泽东对聂元梓和北大校文革的严厉批评 182

三、8341 宣传队领导下的"继续清理阶级队伍" 197

四、谢静宜、迟群完全控制了清华、北大 203

五、8341 宣传队利用清查"五一六"对聂元梓、
　　孙蓬一进行清算 204

第十七章　谢静宜、迟群控制下的北大（二） 225

一、8341 宣传队领导下的"斗、批、改" 225

二、从林彪事件到"批林批孔""四人帮"
　　和"梁效"的产生 237

三、清华大学刘冰等人上书揭发迟群、谢静宜，
　　毛泽东发动"批邓、反击右倾翻案风" 253

四、毛泽东逝世和"文革"的终结 264

第十八章　"文革"结束之后 267

一、"文革"结束之后官方对"文革"的评价 267

二、"文革"中和"文革"后官方对聂元梓的清算 275

附记：孙蓬一的悲剧 314

附：北京大学文革大事记 （1964-1983 年） 331

导　言 331

1964 年 332

1965 年 335

1966 年 341

1967 年	376
1968 年	461
1969 年	490
1970 年	497
1971 年	500
1972 年	503
1973 年	504
1974 年	506
1975 年	507
1976 年	508
1977 年	510
1978 年	510
1979 年	513
1980 年	514
1981 年	515
1982 年	515
1983 年	516
附件：文革期间北大非正常死亡人员统计	517
后　记	520
参考文献	522

正 编

亲历"文革"风暴的两年零两个月

第十二章　王、关、戚的垮台和文化大革命有名无实的"转折"

一、王、关、戚相继垮台，但"文革"极左路线没变

秘而不宣的关锋、王力的垮台

悄无声息地，关锋、王力垮台了。

聂、孙也好，新北大公社的普通群众也好，都没有想到关锋、王力这么快就垮台了。

征兆其实已经显现。毛泽东对报刊上"揪军内一小撮"的提法提出了严厉批评并要追究责任，中央文革的一些人顿时陷于惊恐之中。人们虽然不知道高层内部的事情，但报纸上对"揪军内一小撮"的提法开始纠偏，是大家看得到的。特别是代总参谋长杨成武在庆祝建军40周年国防部招待会上的讲话，只提"党内一小撮走资派"，不提"军内一小撮走资派"，同当时主流报刊的提法不一样，是很值得注意的。

笔者当时获得的重要信息是：在《解放军报》社肖力等人8月23日贴了赵易亚的大字报。陈伯达连夜赶去讲了两次话，对肖力等人表示支持，称赞他们"做了我迟迟没有做的事"。赵易亚是王、关、戚一伙四处伸手、大肆扩张的时候，从马列主义研究院调入军报并主管军报的。此时肖力出手打倒赵易亚，传递出一种不同寻常的信号。在这份题为《反复辟、反保守、誓将革命进行到底》的大字报中，对赵易亚"和一些政治扒手勾结，操纵'五一六兵团'，以极左的面目

出现，炮打无产阶级司令部"的指责，尤为引人注意。¹ 正处于严峻形势中的新北大公社的一些人，虽然对此事的背景并不清楚，但由此感觉到形势将会起变化了。当时一位同学觉得，肖力贴大字报一事，就像黑暗中的一道亮光。8月27日，林杰办公室被查抄。这个消息29日便传到了北大。消息来源可靠，新北大公社的人们拭目以待。

1967年9月1日，北京市革委会召开了常委扩大会议，参加会议的领导人很多，但没有关锋、王力的身影。这是一件非同寻常的事情。会议一开始，江青就宣布："我们中央文革小组的全体同志，都来了。"言外之意就是关锋、王力已经不是中央文革小组的成员了，这就间接地、但明确地暗示他们已经倒台了。

关锋这棵大树一倒，与之关系极为密切的林杰也应声而倒。其余党羽吴传启、林聿时、潘梓年迅速被从他们躲藏的地方抓回北京。这个团伙的成员洪涛、刘郿等一干人也纷纷落网。窃居北京市革委会要职的周景芳很快被遣返回"学部"。中央文革宣传组的李广文也被遣返回中央党校。在贴了一张针对康生的大字报之后，李广文被捕。曾经不可一世的"学部联队"，顷刻瓦解。这些情况，人们当时都知道。但中央文革内部机构所进行的审查、清洗，以及一些工作人员被投入监狱的情况，群众组织是不了解的。若干年后，有关人士写了回忆文章，一些内情才透露出来。

因为戚本禹暂时还在台上，漏洞还是有的。暂时没有被抓的王恩宇，揭发了许多戚本禹的问题。王恩宇不久被抓，但进入北京市革委会的"学部联队"的许多人，要到戚本禹垮台之后，才在周恩来的督促下被清理出去。²

对于关锋、王力的垮台，新北大公社上上下下都很兴奋，很开心，但公开的做法是很低调的，同学们无非是到海淀街上喝喝啤酒而已。聂元梓指示：对于关锋、王力的垮台，不许贴大标语、不许上街游行。

---

1 此事现已载于多家网站。参见"个人简历网"（www.gerenjianli.com）收录的赵易亚简介。
2 杨继绳：《天地翻覆——中国文事化大革命史》，香港：天地图书有限公司，2016年，第546页。

这无疑是正确的。一个典型的事例是：某高校群众组织抓获了林杰的妻子王乃英，把她送到了新北大公社相关人员那里，在场师生一致认为，"我们不抓人"，随后派车把王乃英送回去了。所以，"北京公社"0363有人同王乃英有密切来往的事，要到50多年后才能知道。当然，向中央揭发关、王的罪行，是必须要做的。这一工作由"除隐患"战斗队承担。当月，该战斗队就以"独立寒秋战斗队"的名义上报了《首都高校两派矛盾的由来、发展和关锋、王力有关讲话》。早在8月中下旬，"除隐患"队长赵建文就提出，"现在这样下去不行，得向中央反映情况"，到8月底，他写出了三篇材料，揭露《北京日报》《红旗》等报刊挑动两大派矛盾的问题。这三份材料在9月初就上报了。这些材料不能用大字报的形式公之于众，是很无奈的事情。

关、王、林垮台后大吵大闹的是谭厚兰。在9月1日晚师大革委会会议上，谭还一口咬定"林杰是坚定的革命左派"。会后，谭又率领师大"井冈山"一部分人去《红旗》杂志社游行示威，表示支持林杰。师大革委会和师大"井冈山"还于9月1日发表《关于目前形势的严正声明》，振振有词地支持关锋、林杰一伙。[3] 谭厚兰这一闹，以及后来北师大的"9.7事件"和"关、王、林反党集团"就举国皆知了。

关锋、王力是怎样垮台的

关锋、王力突然倒台的内幕，人们要到很多年以后才能知道。文革史学者指出，"王、关、戚倒台周恩来起了重要作用"，"王、关、戚倒台是周恩来力促的结果"。[4] 陈伯达6.5讲话，把新北大公社揭发吴传启的活动打压下去、把北大搞乱、同时压制了社会上揭露吴传启的力量之后，王、关、戚一伙更加肆无忌惮，在极左的道路上越滑越远，致使文革局面几近完全失控。周恩来在最恰当的时机，用最恰

---

3 卜伟华：《中华人民共和国史·第六卷·"砸烂旧世界"——文化大革命的动乱与浩劫（1966—1968）》（以下简称《砸烂旧世界》），香港：香港中文大学当代中国文化研究中心出版，2008年，第613页。
4 杨继绳：《天地翻覆——中国文化大革命史》，第544—545页。

当的方式向毛泽东提出了意见。正想要控制局面的毛泽东经过一天的考虑，终于下定了抛弃王、关、戚的决心。

1967年8月25日和26日是"文革"历史上重要的两天。25日凌晨，周恩来单独约见了当时担任毛泽东联络员的杨成武，谈了他对时局的看法和担忧，特别谈到王力"八七讲话"和《红旗》社论"揪军内一小撮"的问题。杨成武于当天上午直飞上海，向毛泽东汇报了周恩来的意见。26日，毛泽东宣布了他的决定。毛泽东对杨成武说："王、关、戚是破坏文化大革命的，不是好人。你只向总理一人报告，把他们抓起来，要总理负责处理。"毛泽东将记录过目后，说："就这样，你回去请总理马上办。"稍后，毛泽东又作了"戚暂时不动"的指示。毛泽东还对王力的"八七讲话"批："大、大、大毒草"。杨成武当天中午回到北京，向周恩来汇报了毛泽东的决定。当晚，周恩来在钓鱼台主持召开中央小碰头会，陈伯达、江青、康生等参加。周恩来严肃地逐字逐句地宣读了毛泽东的指示。[5]

听到毛泽东的指示后，陈伯达、江青、康生当时是什么反应，已不可考。可以推测的是，他们一定感到非常震惊，震惊之余，就是立马转弯，摆出"坚持原则""划清界限"的面孔，然后对王、关、戚狠加批判，把一切罪过推到王、关、戚身上。他们还要准备一套公开的说词，在群众面前把自己打扮成"一贯正确"的样子。由于《红旗》杂志是陈伯达主管的，当天夜里陈伯达便赶往《红旗》杂志社，对林杰采取了措施。

8月30日晚，周恩来主持处理关锋、王力问题的会议，当场宣布关、王隔离审查，关、王遂被软禁于钓鱼台2号楼内。1968年1月12日晚，戚本禹被宣布隔离审查。不久，王、关、戚均被送往秦城监狱。

擒贼先擒王。周恩来奏了一本，干净利落地清除了中央文革小组中最激进、最嚣张的几个人。周恩来的政治处境也随之得以改善。高

---

5 中央文献研究室编：《毛泽东传（1949—1976）》，北京：中央文献出版社，2003年，第1502—1503页。

文谦认为，周恩来不仅摆脱了曾经一度岌岌可危的处境，重新在政治上站稳了脚跟，而且令对手损兵折将，元气大伤，着实让中央文革一干人领教了他的手段，在对待他的态度上大大收敛。毛泽东对他的态度也有了明显的变化，采取了一连串安抚的举动。[6] 但是，所谓"伍豪启事"的达摩克利斯剑，仍然高悬在周恩来的头上。

关、王的垮台，也使"反二月逆流"狂飙中的"打倒派"严重受挫，其中最极端的派别——"首都五一六红卫兵团"陷于灭顶之灾，通过打倒几个副总理、进而打倒周恩来的图谋彻底破产。

关、王的垮台，也使新北大公社绝境逢生。聂、孙和新北大公社，以揭发吴传启团伙来反对关锋、王力，是一种民间的自发行为。事实证明，他们对这场斗争将要面临的阻力和艰巨性、复杂性，认识和心理准备远远不够。聂、孙向陈伯达、江青举报关、王，却不知这个问题不是陈伯达、江青解决得了的，何况江青本人当时对这个问题还没有感觉。这是一个要毛泽东发话才能解决的问题，但聂元梓、孙蓬一的认识远没有达到这一步。他们既无后台，又无谋略，必定要付出巨大的代价。但是，不管怎么样，新北大公社和社会上许多群众组织对这个团伙的抵制和斗争，是清除王、关、戚的群众基础。

毛泽东的艰难抉择

毛泽东先后将王、关、戚抛了出来，是迫于形势的"忍痛割爱"，是迫不得已之举。毛的心情是复杂的。一方面，王、关、戚是中央文革小组的得力干将，曾经受到毛欣赏和重用的笔杆子，为毛的"文革"冲锋陷阵；另一方面，毛对王、关、戚的问题也并非毫无感觉。卜伟华提到："陈伯达曾向毛泽东送过关于同王力、关锋、戚本禹有关系的一些人秘密开会，策划掌握北京市革命委员会的权力的材料。毛泽东对陈伯达也讲过，北京市是让一派操纵了，但这个问题很复杂。并点了关锋、吴传启、林聿时三个人的名字。当时，毛泽东说，

---

[6] 高文谦：《晚年周恩来》，明镜出版社，2003年，第243—244页。

对他们的问题要慢慢来。"⁷ 无法核查毛、陈谈话的时间和谈话的详细内容。笔者推测，谈话很可能发生于 1967 年 5 月。但是，"慢慢来"的想法使毛泽东没有及时采取措施，从而导致了 6、7、8 三个月"天下大乱"的局面和不得不抛弃王、关、戚的后果。从杨成武汇报情况到毛下达抛弃王、关、戚的指示，毛泽东思考了一天时间。笔者无法揣测毛想些什么，总之这是个艰难的过程。毛的决定和对王、关、戚的处理，都是严格保密的。在很长一段时间里，"文革"领导层和官方宣传媒介对他们从政坛上的突然消失都讳莫如深，不置一词。社会上关于他们的各种小道消息纷纷扬扬，不胫而走。而对他们到底有什么问题，并没有官方的解释。但是，"揪军内一小撮"的问题、王力"八七讲话"的问题，关锋、吴传启、林聿时团伙的问题，都是明面上的事情，"学部"等机关已经贴出了大量大字报，揭发这个团伙。为了避免提及关、王二人名字，人们便用"林杰"来代替，罪名则用了个传统的"反党集团"的名号。一时间，"林杰反党集团"的提法便充斥于小报和传单之上。

　　毛泽东、江青对王、关、戚实际上是藕断丝连的。8 月 30 日，关、王被带走"隔离审查"后，江青大哭一场。"文革"后戚本禹把这个情况告诉关锋时，关锋说：他"相信江青哭是真诚的"。⁸ 9 月 4 日，戚本禹在给毛泽东写的检讨信里也说，"小组里出了事，江青同志心里难过。她叫春桥同志和我去看了关锋、王力，开导他们。"⁹ 毛泽东对戚本禹的检讨信的批示，依然称王、关、戚三人为"同志"，¹⁰ 语气还是很温和的。一直到 1968 年 3 月下旬，"文革"领导层才把王、关、戚拿出来公开批判，称之为"变色龙""小爬虫"，等等。这种批判是空洞的，没有实质内容，而其目的，是为打倒杨成武、余立金、傅崇碧罗织罪名，把杨、余、傅说成是王、关、戚的"后台"。而真正的目的，是要再次打击"二月逆流"，把同情"二月逆流"的

7　卜伟华：《砸烂旧世界》，第 611 页。
8　阎长贵：《我所知道的关锋》，原载《同舟共进》2013 年第 4、5 期。
9　卜伟华：《砸烂旧世界》，第 612 页。
10　阎长贵：《我所知道的关锋》。

群众组织压下去。

历史证明，王、关、戚在1967年给"文革"造成的破坏是无法修复的，毛泽东无法为他们开脱，以致1975年狱犯大赦时，他特加限定"除陈伯达和王、关、戚外"。[11] 把他们一直关在牢里，有利于掩盖"文革"真相。

北师大"倒谭事件"被镇压，高层不准批判关锋、王力

关锋、王力垮台了，但要公开揭露、批判他们，却是不被允许的。追查王、关、戚的罪行，更是毛泽东和"文革"领导层所不能容忍的。对北师大9月7日发生的"倒谭事件"的处理，就是最好的例证。

谭厚兰是林杰一手扶持起来的，林杰垮台后，谭厚兰没有与其划清界限，而是大吵大闹，又是发表声明，又是贴大字报，又是组织游行，要坚决保卫林杰。这引起了北师大革委会内部一些人的反对，师大革委会成员樊立跃等人在9月5日贴出大字报，宣布造谭厚兰的反。

9月6日，樊立跃等人又发动了"政变"，宣布推翻师大革委会，成立"专政委员会"。9月7日早晨8点左右，"专政委员会"召开了批斗谭厚兰大会，谭厚兰的秘书等人上台对谭进行了揭发、批判。这就是"倒谭事件"。

北师大曾经有一个反对谭厚兰的"造反兵团"，1967年2月成立，3月即被迫解散。林杰垮台后，"造反兵团"准备恢复活动，并得到了清华井冈山和北航红旗等组织的支持。9月7日上午10点左右，清华井冈山、北航红旗等40余个组织的大批人马，开始陆续涌进师大校园，参加"打倒林杰、砸烂反动组织'五一六兵团'，庆祝'井冈山造反兵团'恢复活动大会"。[12]

这是两个不同的大会。一个大会是北师大革委会内部出了问题，另一个是"造反兵团"宣布恢复活动，彼此并无关联，但是碰巧发生

---

11 杨继绳：《天地翻覆——中国文化大革命史》，第545页。
12 卜伟华：《砸烂旧世界》，第614页。

在同一天。

当天下午，形势突然发生逆转。中央文革小组派人到师大传达紧急指示："中央文革小组坚决反对开群众大会斗争谭厚兰，反对搞垮师大革命委员会。谭厚兰和师大革命派在二、三月份反对谭震林、批判谭震林是完全正确的，我们支持他们的这种行动。你们应当立即释放谭厚兰同志，希望你们严格执行毛主席和党中央的路线，提高革命警惕性。"[13]

北京市革委会也于当天发布了通告："1、北师大今天在个别别有用心的人的操纵下，推翻师大革委会，非法绑架和斗争谭厚兰与师大革命委员会委员，这些作法都是完全非法的，都是违反中央'六六通令'的，完全违反中央负责同志最近的讲话精神。现宣布无效。应立即恢复师大革命委员会的一切权力。2、樊立跃等人自己组织的'专政委员会'是非法的，应立即宣布解散。3、樊立跃、黄家林、李五权三人拘留审查。"[14]

关于庆祝北师大"井冈山造反兵团"恢复活动的大会，新北大公社总部是知道消息的，但聂元梓不让参加。关于"专政委员会"的活动，聂元梓和新北大公社一无所知。江青在9月16日的会上说："聂元梓也去了，躲在一个地方指挥"。陈伯达为江青帮腔："还有聂元梓也去了"。江、陈二人的指责毫无根据，聂元梓当即作了反驳。周恩来打圆场说："有待证实，还有待证实。" 9月7日那天，聂元梓在学校接待客人并开会，许多人可以证明。北师大的两大"事件"，同聂元梓和新北大公社都毫无关系。[15]

---

13 转引自卜伟华：《砸烂旧世界》，第614页。
14 转引自卜伟华：《砸烂旧世界》，第614—615页。
15 据清华大学林贤光多年后的回忆，清华井冈山和北航红旗等组织不仅参加了北师大"井冈山造反兵团"恢复活动的大会，会前还做了许多准备工作，但这个大会同"专政委员会"的活动没有关系。林贤光提供了清华井冈山和北航红旗等组织有关活动的详细情况，但完全没有提及新北大公社。林贤光指出，北大反"地派"，但一般不大参加北航和清华的反"地派"活动。参见林贤光：《我参与了北师大的"九·七事件"》，载黎云编著：《师劫——北京师范大学文革亲历者文集》，香港：时代文献出版社，2019年。

对"倒谭事件"的处理释放了什么信息？

"文革"领导层对北师大革委会内部"倒谭事件"的反应和处理如此迅速和严厉，异乎寻常，其中释放了许多信号。

据卜伟华所引的资料，康生说，北京市革委会的通告是毛主席亲自批准的。康生还说："要不制止，会引起连锁反应，全国都要受到冲击"。[16] 据笔者查阅，在9月17日接见群众组织代表的会上，周恩来也说过："我们当时支持北师大是最高领袖毛主席批准的。那天如果不支持北师大，事态会发展，听说要打内战引起连锁反应的，会影响很多学校的，就要互相冲，就说明我们抓对了。"[17]

卜伟华指出，中央文革小组对北师大"9.7事件"作出的反应是迅速的，坚决而有力。王力、关锋被停职反省后，中央文革小组担心人们对王、关的批判会波及中央文革小组的其他成员和整个小组，一直对此事保密。"9.7事件"发生时，"打倒林杰"的大标语已公开在北京街头张贴，如不及时制止，势必很快会出现一个批判王力、关锋等人的高潮。中央文革也不愿意看到在"反击二月逆流"中为打倒谭震林立下过汗马功劳的师大井冈山就此垮台。师大井冈山的垮台可能会引起人们对"反击二月逆流"的重新评价。[18]

因为担心发生"连锁反应"，担心人们对"反击二月逆流"进行重新评价，对于关锋、王力的问题，"文革"领导层不惜采用双重标准，要求群众组织不要多管闲事。一句话，关锋、王力是不能批判的。

9月16日，在接见首都大专院校红代会"天派"组织的负责人时，周恩来说："你们何必来干扰党中央领导的内部生活呢？我们是一致的，你们胡说乱猜是胡闹，是干扰我们的领导，是不能得逞的。"[19]

9月17日，在接见北京大专院校群众组织代表时，江青说："中

---

16 转引自卜伟华：《砸烂旧世界》，第615页。
17 胡宗式、章铎编：《北京大学文革资料选编》（下），奥斯汀：美国华忆出版社，2020年，第219页。
18 卜伟华：《砸烂旧世界》，第615页。
19 胡宗式、章铎编：《北京大学文革资料选编》（下），第195页。

央的事情你们不要管，很多事情，你们不应当知道。我们要遵守党的纪律，不应该告诉你们。我们已经解决了的事情，你们还去乱搞。我们有的事情要封锁到最小的范围。"[20]

搞双重标准是不能让群众信服的。在"反二月逆流"狂飙乍起的时候，周恩来和江青为什么不说这样的话呢？"怀仁堂会议"不是"中央的事情"吗？不是"党中央领导的内部生活"吗？为什么不"封锁到最小的范围"呢？在大规模的"反二月逆流"狂潮中，没有一个群众知道高层内情，都是凭猜测判断风向，那时候为什么不说"你们胡说乱猜是胡闹"呢？为什么不说"中央的事情你们不要管"呢？

周恩来是很可怜的。在9月16日的讲话中，他说，"'五一六'从极'左'方面来干扰。但也要防止'二月逆流'那样从右的方面来干扰，两者形式不同，实质相同。所以我们要指出'五一六'问题，但不允许老保翻天，不能借此机会翻案。""五一六"和"二月逆流""实质相同"吗？可以相提并论吗？周恩来清楚得很，然而他不能不这样说，悲哀啊！

不向群众传达毛泽东关于王、关、戚问题的指示，不许揭发、批判王、关、戚"破坏文化大革命"的罪行，坚持并继续批判"二月逆流"，这表明极左路线仍将持续下去。"文革"领导层的这种做法，是非不分，不能令群众信服。其结果，就是"文革"的极左路线不能得到纠正，群众组织分裂的问题也不可能解决，斗争将继续存在。

姚文元《评陶铸的两本书》影射关锋、王力，并公开了"五一六"的问题

在人们为关锋、王力的垮台或高兴、或沮丧、或不知所措的时候，9月8日，姚文元的长篇文章《评陶铸的两本书》发表了。陶铸是1967年1月4日被江青、陈伯达公开宣布打倒的，在群众眼里，陶铸早已成了"死老虎"，现在发表姚的文章，无非是用颠倒黑白的手

---

20 转引自卜伟华：《砸烂旧世界》，第617页。

法把陶铸彻底搞臭罢了。人们对于批判陶铸那两本书的事情，兴趣并不大。

毛泽东对姚的这篇文章非常看重，评价极高，审阅和修改都非常认真，连题目都是毛改定的。毛对这篇文章的发表也作了部署。[21] 这些内幕，笔者当年自然一无所知，令我们感兴趣的，是文章中针对当时局势的几段话：

> 请同志们注意：现在有一小撮反革命分子也採取了这个办法，他们用貌似极"左"而实质极右的口号，刮起"怀疑一切"的妖风，炮打无产阶级司令部，挑拨离间，浑水摸鱼，妄想动摇和分裂以毛主席为首的无产阶级司令部，达到其不可告人的目的。

这一段话，像不像是对关锋、王力、林杰、吴传启、卢正义这伙人的写照呢？太像了！

姚文紧接着的一段话，第一次在中央大报上提到了"五一六"的问题：

> 所谓"五一六"的组织者和操纵者，就是这样一个搞阴谋的反革命集团。应予彻底揭露。受蒙蔽的、不明真相的青年人要猛醒过来，反戈一击，切勿上当。这个反革命组织的目的有两个，一个是要破坏和分裂以我们伟大领袖毛主席为首的党中央领导；一个是要破坏和分裂无产阶级专政的主要支柱——伟大的中国人民解放军。

曾任中央文革办事组组长的王广宇认为，"文章含沙射影地把王力、关锋说成是'五一六'的组织者和操纵者"。王广宇也提到，中央文革记者站对"五一六"的调查表明，在"五一六"骨干分子的笔记中，记有《红旗》杂志社编辑周英的电话号码，而周英是关锋的妻子。还有"五一六"骨干分子宣称，他们同《红旗》杂志社编辑部负责人林杰有联系。[22]

---

21 参见阎长贵：《关于姚文元〈评陶铸的两本书〉》，原载《世纪》2012年第5期。
22 王广宇：《"五一六"反革命案发生的真相》，载阎长贵、王广宇：《问史求信集》，北京：红旗出版社，2009年。

紧接着还有一段话，是毛泽东在审定姚文元的文稿时亲自加上去的：

> 这个反革命组织，不敢公开见人，几个月来在北京藏在地下，他们的成员和领袖，大部分现在还不清楚，他们只在夜深人静时派人出来贴传单，写标语。对这类人物，广大群众正在调查研究，不久就可以弄明白。

姚文元的这篇长文，应该是老早就开始写的。然而在文章发表之前，关锋、王力一伙垮台了，出于政治需要，作者又加了这几段同"陶铸的两本书"毫不相干、却影射关锋、王力问题的文字。

所谓"五一六"，就是以首都钢铁学院学生张建旗为首的"首都五一六红卫兵团"。在姚文元这篇文章发表的时候，该组织的成员，已经被抓起来了。要调查他们背后的"黑手"，并不困难。然而，"不久就可以弄明白"的问题，后来竟演变成一场迁延数年、遍及全国、影响数百万至上千万人命运的清查运动。

据笔者所知，"五一六"实际上是"反二月逆流"狂飙的一个产物，它是在"反二月逆流"的气候下，在"反二月逆流"的土壤里长出来的一株毒草。"五一六"要反对、要打倒的，就是周恩来和几位管经济和外交的副总理。他们虽然也散发过反军的传单，但最主要的，还是攻击周恩来。[23] "五一六"人数很少（据说"不足一个排"），却打出了8个"方面军"的旗号，每个"方面军"针对国务院的一个"口"（如农林口、财贸口、外事口），其手法就是通过打倒几个副总理，最后打倒周总理。其"第8方面军"为"全国口"，头头是"湘江风雷"一派的一个女中学生，这显然同"湘江风雷"头头捏造"007号密令"陷害周恩来的活动有关。

北京外国语学院有一个以刘令凯为首的"六一六"，也是一个反周恩来的组织。"五一六"的第一次代表大会，就是在外语学院"六一六"的地盘上召开的。周恩来在9月1日召开的北京市革委会常

---

23 参见杨继绳：《天地翻覆——中国文化大革命史》，第545—555页。

委扩大会议上说:"我知道有些人对我进行研究,把我多少年前的东西找出来。现在我说明,对你们的帮助我是欢迎的,只要是善意的。但是,拿这个要挟,煽阴风,点阴火来搞阴谋,那我是反对的。"[24] 周恩来所指,就是外语学院"六一六"。

"首都五一六红卫兵团"第一批攻击周恩来的大字报,就是在中央文革和谢富治的纵容下贴出来的。[25] 中央文革和谢富治很乐意看到周恩来被贴大字报,"五一六"做了他们想做而不敢做的事,所以他们对记者报告上来的情况视而不见,默不作声,置之不理,任凭大字报贴出。王广宇认为,"放纵'五一六兵团'贴周总理的大字报不是偶然的,只不过是中央文革小组对周总理的态度的一次表演而已。"[26]

"五一六"主要是攻击周恩来,特别是攻击周恩来是"二月逆流"的"黑后台",但在毛泽东和中央文革小组眼里,攻击周恩来不算什么问题。在打击"五一六"的名义下,他们实际上的打击对象要宽广得多。姚文元文章总结的"五一六"的"两个目的"之一,是"破坏和分裂以我们伟大领袖毛主席为首的党中央领导"。其实,"五一六"只反对周恩来和谭震林、陈毅、余秋里和李先念等人,并不反对毛泽东和中央文革。江青1967年9月5日的讲话,将"三指向"(把斗争矛头指向"无产阶级司令部"、解放军和"新生的革命委员会")定为"五一六"的罪行标准,更是把"五一六"扩大化了。

"五一六"后来成了一个无所不装的大筐。杨继绳指出,"到1971年这次清查'5.16'的高潮中,'5.16'的罪行几乎包括了文革以来造反派所有的行动。"[27] "五一六"的后台,也不断变化,不断升级,从一开始的王、关、戚,到杨、余、傅,一直到陈伯达、林彪。在全国范围抓"五一六"分子的运动中,有数百万人、甚至上千万人受到

---

24 中共中央文献研究室编:《周恩来年谱(1949—1976)》(电子版),第1195页。
25 参见王广宇:《"五一六"反革命案发生的真相》。
26 王广宇:《"五一六"反革命案发生的真相》。
27 杨继绳:《天地翻覆——中国文化大革命史》,第564页。

迫害和株连，这是"文革"中波及范围最广、经历时间最长、涉及人数最多的一个大冤案。[28] 笔者以为，"文革"领导层制造如此规模冤案的目的，就是要把"文革"的罪恶掩盖起来。在全国范围内长达数年的清查"五一六"的运动中，曾经响应毛泽东的号召，积极参加文化大革命的人，特别是群众组织的头头，毫无例外地都受到了审查，他们被剥夺了话语权，他们的笔记本和保存的资料被抄掠一空。若干年后，人们将再也无法探求"文革"的真相，而"文革"的罪恶也就无从揭露了。

"首都五一六红卫兵团"猖獗活动之时，也是新北大公社最为困难的时候。但新北大公社维护周恩来总理的立场是坚定不移的。动态组的同学收集到"五一六"散发的攻击周总理的传单后，胡宗式立即向校文革和公社总部作了汇报，并给总理办公室打电话作了报告，按指示把传单寄给了总理办公室。动态组怀疑"五一六"背后是有人支持的。他们获悉，6月份戚本禹曾到外语学院接见"六一六"组织的成员，并向他们赠送了毛主席语录和像章。戚本禹此行的目的和作用，非常可疑。

另一方面，"除隐患"战斗队对"五一六"进行了调查，发现在"五一六"的身后，有《红旗》杂志记者在活动。据"五一六"某头头的说法，《红旗》记者某某对他说，"我们是向中央文革反映情况的，你们应该相信我"，该头头由此认为《红旗》记者是支持他们的。"除隐患"战斗队随后向该记者（应该是"前记者"，因其已脱离记者岗位，回到原单位）作了调查，该记者实际上隶属于中央文革记者站，外出调查时使用《红旗》杂志记者的身份。他曾奉命调查"五一六"。"五一六"的头头对周恩来肆意攻击，但对该组织的人员情况却闭口不谈。该记者为弄清"五一六"的组织状况，确实说过那一句易被误解的话，但该记者本人没有问题。鉴于"五一六"成员均已被抓，"除隐患"战斗队的相关调查就结束了。

---

28 王广宇：《"五一六"反革命案发生的真相》。

二、关锋、王力垮台后的北大两派斗争

关锋、王力垮台后,"文革"领导人有关北大的讲话

1967年9月1日,北京市革委会召开的常委扩大会议是一次非常重要的会议。参加会议的领导人很多,但关锋、王力却引人注目地缺席了。

领导人的讲话指出,文化大革命现在处在重要的转折关头,大家要在本单位搞斗、批、改,搞大批判;要反对无政府主义;要相信解放军,到处揪军内一小撮的口号是错误的;又搞起个大串连不好;等等。领导人再次批判了"五一六",但对关锋、王力的问题则避而不谈。历史证明,他们所说的"转折",完全是空话。

关锋、王力垮台了,戚本禹暂时逃脱,正在作检讨。江青无法再强调"我们中央文革是一致的"了,于是,她对北大的问题又发表了一些意见。[29]

江青首先对8月10日的讲话作了解释:

现在说一下聂元梓同志,我上次开会批评了她,我批评她的缺点和错误,没有说要打倒她,对她好的就支持,错的要批评,对同志们也一样。

江青8月10日的讲话是笼统的,她确实没有说过要打倒聂元梓的话(打倒聂元梓也不是江青说了可以算的),但也没有给聂元梓说好话。当时关锋、王力还在台上,江青还要说"我们全组"如何如何。对江青8月10日的讲话,不同的人可以作不同的解读,北大的反对派就利用这个讲话,企图把聂元梓打成"黑手"。9月1日这次讲话,江青总算明确说,她没有说过要打倒聂元梓。不仅如此,江青还说了聂元梓两句好话:

---

[29]《中央首长在北京市革委会常委扩大会议上的讲话》,原刊"宣讲家"网站。亦见胡宗式、章铎编:《北京大学文革资料选编》(下),第187—192页

聂元梓在文化大革命初期有两大功劳，我们不会忘。她是第一张大字报的作者之一，另外，她揭发了安子文叛党集团。[30]

同时，江青也对聂元梓和孙蓬一作了批评：

但是聂元梓背了这两个包袱，压得喘不过气来，对不对？（对！）……我希望聂元梓同志要放下包袱，我们来记你的功，一个共产党员做一点好事是本分，完全应该。做错了要改，要不断地为人民立新功。聂元梓同志就是吃老本，还做了许多错事，最后被揪住了，甚至连她的组织都要垮台。组织是好的，她的助手不好，那个助手叫什么名字？（答：孙蓬一）出了许多坏点子。其他学校的头头，有什么缺点、错误，也要小范围谈，要与人为善，惩前毖后，不要一棍子打死。聂元梓同志要丢掉包袱，丢掉错误，重新上阵。

江青之所以说孙蓬一"不好"，就是因为孙蓬一的4.12讲话捅了马蜂窝，让江青非常被动。江青对孙蓬一很生气，是可以想见的。江青生气了，后果很严重。聂元梓反应迟钝，没有当场为孙蓬一分担责任。事后采取补救措施，也遭到江青斥责："你自己泥菩萨过河自身难保，你还保他呢？！"[31] 由此可见，聂元梓仍处在被抛弃的边缘。

江青也批评了北大反对派，特别是"红旗飘"的牛辉林：

……（聂元梓）有了错误，你们也不给个机会。"红旗飘"的牛辉林上次的发言不好，也不见得高明。"红旗飘"里有坏人？群众是好的。（谢富治：还有一些大字报很庸俗。）牛辉林到处去抢、抄。

这是"宣讲家"网站刊载的记录，《毛主席的新北大》所载是这样的：

那个叫什么"红旗飘"的，上次的发言不好，也不见得高明，并不是因为他说了我的坏话才这样的，"红旗飘"里准有坏人，群众是

---

30 江青的说法不符合事实。聂元梓只是揭发了安子文的一个私人问题。
31 王复兴编：《聂元梓遗稿——检查、交代、申诉及访谈》，奥斯汀：美国华忆出版社，2021年1月，第213页。

好的。牛辉林到处去抢、抄，是有人授命给他的，别人授命，要我就不授命。[32]

江青记不住孙蓬一的名字，对牛辉林的名字却印象深刻。"上次的发言"，应该是牛辉林在 8 月 10 日或 11 日接见会上的发言，其内容无从考查，无非是聂元梓"分裂中央文革"这一套说词。牛辉林的发言，给江青留下了负面印象，江青不能接受，所以说"不好""也不见得高明"。江青批评了牛辉林"到处去抢、抄"，显然是指砸、抢保卫组一事。"授命"云云，是对陈伯达的批评。

江青提到了牛辉林说她坏话的事情。江青是怎么知道的呢？据了解，原"虎山行"头头杨作森在拘留所给中央文革写过一封信，信中有一段揭发了牛辉林攻击江青的事情。[33]江青显然看到了这封信，且印象深刻。

江青记不住"新北大公社"这个名字，对"红旗飘"却很熟悉。无论是江青质疑"'红旗飘'里有坏人？"，还是明确认为"'红旗飘'里准有坏人"，都是把"红旗飘"和"坏人"联系起来了。江青何以对"红旗飘"有这样的印象？一种可能是杨作森那封信起了作用，另一种可能就是中央文革记者张超的上报材料起了作用。张超在北大活动了好几个月，上报了许多材料，包括对北大反对派各组织及其头头们的详细介绍和她的评价。这些材料可能很符合关锋的需要，却不一定为江青所欣赏，效果或许正好相反。此外，"学部联队"洪涛等人也帮助上报了许多"红旗飘"的材料。这种材料看得多了，江青对"红旗飘"印象深刻，但她会赞同"红旗飘"的纲领、观点和所作所为吗？她或许正是从这些材料中得出了负面的看法。

"红旗飘"内部的情况，校文革和新北大公社当时是一无所知的。不久，"红旗飘"的一些人，就用自己的行动对江青的评语作了

---

32 胡宗式、章铎编：《北京大学文革资料选编》（下），第 189 页。
33 北京大学文化革命委员会保卫组"红卫士"战斗队：《恶毒的阴谋，卑劣的伎俩——戳穿新北大团、零、飘、井、方（即现在的"井冈山兵团"）的谎言》，铅印传单，未署日期，推测当在 1967 年 8 月下旬。

贴切的、准确的诠释。自然，这是后话。[34]

在9月1日的会议上，陈伯达在讲话中，对他7月10日凌晨的讲话作了辩解：

> 还有一天我去北大，从大方向是帮助聂元梓的。当时我提了三条协议，其中有取消航空版，不要搞那么多人搞动态组，不要搞一千人搞。还有保卫组。我的意见是商量一下。我走了两个钟头就抄了，不要这样匆匆忙忙么，不要派性高于一切，要无产阶级党性高于一切，毛泽东思想高于一切，人民利益高于一切。抄家算什么革命行动？[35]

在这次会上，聂元梓给陈伯达写了一个条子，请示给北大汉中分校派武装保卫问题。会间休息时，聂找陈伯达问他的意见，陈说已批给杨成武去处理。此外，陈伯达还对聂元梓说：

> 顺便再给你说一下。过去对你的批评是不对的，那是在不得已的情况下那么做的。现在王、关的问题搞出来了，我给你讲讲，你不要误会。那时我们工作很忙，对他们搞些什么鬼名堂，我也被欺骗了，也不完全知道。在中央文革，他们是反江青和我。因为我们发现了他们，他们就把矛头指向我们了。文化大革命你是有功勋的。你们发现王、关问题还是比较早的。这里我们都知道的。我过去对你批评错了的，都是不了解情况。但对你都是好意，这一点希望你相信。[36]

这是陈伯达私底下说的话，聂元梓是不能向群众传达的。直到数十年后，聂元梓在回忆录中才简略地提了一下。[37] 类似的话，陈伯达在1968年3月8日对聂元梓又说了一次。

9月16日，中央领导人接见了大学红代会"天派"组织的负责人。他们的讲话强调"二月逆流"不能翻案，也不让批判关锋、王力。江青还说：

---

34 参见屈长江：《良知漫漶的岁月》，载《记忆》第182期。
35 胡宗式、章铎编：《北京大学文革资料选编》（下），第190页。
36 王复兴编：《聂元梓遗稿——检查、交代、申诉及访谈》，第208页。
37 聂元梓：《聂元梓回忆录》，香港：时代国际出版有限公司，2005年，第225页。

北大传了，说现在立第三功了，聂元梓真是不知害臊，记功让人民记嘛！老实告诉你，去年我和陶铸作斗争时，你还认识不到呢。你和王任重，你跟着他走，王任重是个CC特务，国民党特务。

现在北大是老保翻天，至少是部分老保翻天了。[38]

在9月17日接见"地派"组织代表时，江青又重复了这些话。江青这样说，完全是为了继续对聂元梓施压。聂元梓数十年后回忆说："我哪里敢这样说，我知道斗争还没有结束，我还得夹着尾巴做人呀。虽然九月一日中央文革宣布王力、关锋倒台的消息，我当然非常兴奋，但是我必须在学校布置下去，通知新北大公社总部'所有战斗队不准欢呼'，不许贴大标语、大字报，不许上街游行。哪里还敢说立什么功呢。"[39] 不过，江青说的"记功让人民记嘛！"实际上又承认聂元梓是有功的，但这句话又淹没在大段的批评中了。

江青拿陶铸和王任重的事指责聂元梓，毫无道理，不过是抬高自己、贬斥聂元梓而已。陶铸的问题发生在中央最高层面，王任重的问题发生在中央文革内部，聂元梓怎么能知道？聂元梓和陶铸有一点倒是相同的，就是他们都反对吴传启。

"老保翻天"是很笼统的说法，江青从未指明哪个"老保"在"翻天"。曾为"二月逆流"抱不平的新北大公社为关、王垮台而欢欣鼓舞，是不是"老保翻天"？或者，北大"井冈山"为"井""红"和孔、杨翻案并企图在北大夺权是"老保翻天"？

江青讲话既然说聂元梓的"组织是好的"，"老保翻天"指的显然不是新北大公社，那末，指的就是北大"井冈山"了？或者，是那些支持"井冈山"的干部？

康生等人再次利用孙蓬一的4.13讲话的事给北大施压。康生说："以前北大有打倒谢富治的话，你们要好好考虑了。"戚本禹插话："这不是偶然的。"江青说："说穿了，打倒谢富治，聂元梓做北京市

---

38 胡宗式、章铎编：《北京大学文革资料选编》（下），第203页。
39 聂元梓：《聂元梓回忆录》，第226页。

革命委员会主任。"⁴⁰ 江青的话真正是无中生有，颠倒黑白。他们为什么对周景芳不置一词呢？他们的真实目的，就是保护谢富治和戚本禹。因为真相一旦揭开，火就会烧到谢富治和戚本禹身上。几个月后，戚本禹垮台了，火真的烧到了谢富治身上。

关锋、王力垮台时的北大"井冈山"

在关锋、王力垮台之前，北大"井冈山"正忙着把聂元梓打成"黑手"，并企图夺取北大的权力。井冈山兵团的"成立宣言"、《新北大报》8月25日发表的《三十五个为什么？》《新北大报》8月30日发表的社论《将革命进行到底》《新北大报》和《新人大》8月31日合刊发表的《斩断伸向中央的这只黑手》等文章，清楚地说明了他们的目的。这些文章显然准备了一些日子了，在8月下旬集中发表出来，就是为了造成一种声势，好一举夺权。夺权的欲望如此强烈，以至于他们完全看不到形势正在发生变化。自己背后的黑手已经被抓，却还在抓别人的"黑手"。8月31日晚，北大"井冈山"还召开大会批判聂元梓的所谓"炮打中央文革"，并要聂到会听取批判，否则采取行动。⁴¹

关锋、王力已经垮台了，但北大"井冈山"的领导人似乎一无所闻，或者，他们是在装聋作哑。1967年9月2日，井冈山兵团总部发表《彻底为"井冈山""红联军""红旗赤卫队""红教联"翻案的严正声明》。声明写道：

一年来，新北大的无产阶级文化大革命经历了艰难曲折的道路。以聂元梓为首的校文革从去年八月份以来就背叛了无产阶级革命路线，执行了一条不折不扣的资产阶级反动路线。为了捍卫毛主席的革命路线，把无产阶级文化大革命进行到底，北大的革命造反派同他们进行了坚决的斗争。"井冈山""红联军"等就是与这条反动路线斗

---

40 胡宗式、章铎编：《北京大学文革资料选编》（下），第212页。
41 孙月才：《悲歌一曲：文革十年日记》，香港：香港中文大学出版社，2012年，第189页。

争中冲杀出来的革命造反派组织。但是，聂孙之流不但不迷途知返，回到毛主席的革命路线上来，反而残酷地镇压了革命造反派，在全国二月资本主义复辟逆流中，把"井冈山""红联军"等打成了"反动组织"，对广大的"井""红"战士进行了血腥的镇压、残酷的批判斗争，犯下了不可饶恕的罪行。

现在，聂元梓之流的资产阶级政客面目已经暴露无遗了。为彻底粉碎二月资本主义复辟逆流，为彻底批判聂孙之流执行的资产阶级反动路线，现在是到了彻底为井冈山、红联军等组织翻案的时候了。为此，我首都红代会新北大井冈山兵团严正声明如下：

（一）去年八月份北大的革命造反派赶走了张承先反革命工作组之后，陶铸、王任重的黑手伸进了北大，控制了北大的运动。以聂元梓为首的校文革忠实地执行了陶王的黑指示，执行了一条不折不扣的资产阶级反动路线。"新北大井冈山红卫兵战斗团""新北大红色造反联军"（简称"井冈山""红联军"）等就是从这条反动路线下冲杀出来的革命造反派组织。她一开始就把矛头对准了陶铸、王任重，指向了聂元梓所执行的资产阶级反动路线，尽管她在斗争过程中存在着一些缺点和错误，但她的大方向始终是正确的。

（二）井冈山、红联军等组织的广大战士，在反陆平黑帮、反张承先工作组的斗争中，曾立下了不朽的功勋。尔后，在全国大串连，支持全市全国的革命造反派的斗争中，在击溃十二月黑风的斗争中，她都立下了不朽的功勋，她不愧为新北大第一支革命造反派队伍，不愧为英雄的老三司人！

（三）在全国二月资本主义复辟的逆流中，聂元梓充当了刘邓陶王搞资本主义复辟的急先锋。在校内，她操纵三保户"红旗兵团"等保守组织，对"井冈山""红联军"等进行了残酷镇压，她欺上瞒下，盗用中央文革的名义，把"井""红"打成反动组织，把广大"井""红"战士打成反革命，进行骇人听闻的迫害斗争，甚至逼死人命。并在此基础上，她扶植起自己执行资产阶级反动路线的御用工具——新北大公社，在新北大建立起自己的独立王国，念念不忘一个"权"字，把手伸向社会到处抢权，搞政治赌博，甚至分裂中央文革，炮打无产阶级司令部，干下了一系列罪恶勾当。

聂元梓必须向毛主席低头认罪，必须向广大的革命造反派低头认罪，必须为"井冈山""红联军"等平反，必须彻底为被打成"反革命"的广大井红战士平反，交出你们整革命群众的一切黑材料！

新北大公社是一个地地道道的保守派组织，根本无权进入首都红代会。新北大公社必须从首都红代会滚出去！

（四）原首都三司要为"井冈山""红联军"等翻案，我们坚决支持。不翻此案，资本主义复辟逆流不能彻底击溃；不翻此案，聂孙的资产阶级反动路线不能批深批臭；不翻此案，不能解放新北大干群一大片；不翻此案，新北大的革命造反精神不能彻底伸张；不翻此案，新北大的两条路线斗争不能彻底进行到底，就不能完成斗批改的历史任务。井红等组织彻底翻身之日，便是聂孙资产阶级反动路线及其御用工具——新北大公社彻底破产和垮台之时！

（五）新北大井冈山兵团坚决彻底地为井冈山、红联军、红旗赤卫队、红教联翻案，为在新北大实现以左派为核心的大联合，为把北大的无产阶级文化大革命进行到底，为把北大办成红彤彤的毛泽东思想的新北大而奋斗到底！

这篇"声明"是北大"井冈山"系列行动中的一部分。为"井""红"翻案是策划已久的事情，有多个校外组织参与其中并得到了关锋的支持。他们的如意算盘是用这一系列行动搞乱人心，一举冲垮校文革和新北大公社。但是，他们又失败了。这篇"声明"刊登在1967年9月7日的《新北大报》上，关锋、王力垮台一个多星期了，"声明"却还在谴责聂元梓"分裂中央文革"。显然，"声明"的作者和他们的领导人还沉迷在关锋、吴传启团伙为他们制造的梦境中。

本书第七章已经详细介绍了1966年秋冬之际北大两条路线大辩论的过程，对这篇"声明"进行批驳已无必要。像"井冈山、红联军等组织的广大战士，在反陆平黑帮、反张承先工作组的斗争中曾立下了不朽的功勋"一类的话，不过是自吹自擂而已。再者，"声明"为"井""红"大喊大叫，对于同为"井""红"一部分的"虎山行"，为什么只字不提呢？

事实证明，北大始终存在着一股比聂元梓和校文革更左、更激进的势力，这股势力非常顽强地表现自己，企图夺取权力。1966年，"井""红"是这股势力的代表。1967年，北大"井冈山"及其前身是这股势力的代表。他们也代表了一条更左的路线。但是，这股势力及其路线，始终受到多数师生的强劲抵制和反对。尽管这股势力每次都气势汹汹，闹腾得很厉害，并且得到校外同一势力的全力支持，但他们无法取胜，非胜即败，这就是这股势力的结局。

北大"井冈山"利用江青9.1讲话，集中攻击孙蓬一

关锋、王力倒台后，北大"井冈山"一度有点被动。两个多月以来，他们一直把"分裂中央文革"当作法宝来用，大吵大闹，迷惑了不少人，但现在这个法宝失灵了。而且，在背后支持他们的一些人，如王恩宇、洪涛一伙，也纷纷被捕了。然而，北大"井冈山"的头头们很善于窥测方向，他们很快找到了新的法宝。

北大"井冈山"的新法宝是江青授予的，专门用来攻击孙蓬一。对孙蓬一的攻击已经有好几个月了，但没有什么作用，但这次有了江青的加持，北大"井冈山"觉得有了底气。

9月5日晚，北大"井冈山"总部发表了《关于打倒聂元梓的坏助手孙蓬一的严正声明》，校园内也贴出了很多"打倒孙蓬一"的大标语。我们手头没有这篇"声明"的文本，无法进行分析，可以肯定的是，"分裂中央文革"的罪名，已经拿不出手了。

另一个炒作的题目是为"井""红"翻案。9月6日，北大"井冈山"在五四操场召开"纪念三司成立一周年大会"。9月7日，《新北大报》编辑部发表《粉碎二月复辟逆流，恢复"井""红"本来面目》的文章和井冈山兵团总部的《彻底为"井冈山"（红卫兵）、"红联军""红旗赤卫队""红教联"翻案的严正声明》，批判校文革"执行反动路线"、镇压革命群众的"罪行"。9月16日，《新北大报》发表《热烈欢呼首都三司（首都红卫兵第三司令部）为原新北大井冈山（红卫兵）彻底翻案》的公告。

必须指出，1966年时，北大参加"三司"的人屈指可数，"三司"解散也有半年多了，在这个时候在北大召开大会纪念"三司"成立，以及利用原"三司"少数人炮制非法的"公告"，不过是为"井""红"翻案制造声势而已。而为"井""红"翻案，不过是一种手段，其真正目的，是"井冈山"这伙人还想在北大夺权。

剩下的就是老调重弹了，比如"聂、孙之流是不折不扣的'二月逆流派'"，比如"反对谢富治，就是要夺北京市革委会的权"，比如"干扰毛主席的伟大战略部署"，等等。北大"井冈山"同校外势力密切配合，在这些方面大造舆论，但这些指责都没有事实根据，现在就更加不值一驳了。

北大"井冈山"坚决地站在关锋、吴传启团伙一边并为其所利用，是众所周知的事情。这个团伙垮台之后，北大"井冈山"急需找一个理由为自己辩护。9月16日的《新北大报》刊登了署名"井冈松"的文章《谁敢否定我们的大方向》。文中写道：

在文化革命深入开展的条件下，一小撮陶铸式的人物企图利用造反派来达到个人篡权的野心，这是阶级斗争的一种新形式，因为利用像新北大公社那样的保守派实在是吃不开了。

多么高明的逻辑！多么堂皇的理由！因为是造反派，所以被利用了，而新北大公社这样的保守派，是没有资格被利用的。于是，"被利用光荣"的哲学就问世了。唯其被利用，就更加响当当，"谁敢否定我们的大方向？"喊得就更加理直气壮。

关锋、王力垮台了，但校文革和新北大公社并未摆脱困境

抛出了关锋、王力后，毛泽东视察了三大区。1967年10月7日，中共中央转发了《毛主席视察华北、中南和华东地区时的重要指示》。

文革史学者王年一指出，"毛泽东的用意，是在坚持'文化大革命'、坚持全面夺权的前提下，因势利导，纠正错误。又要纠正由全面夺权派生出来的种种错误，又要坚持全面夺权，这是十分矛盾的。所有要求纠正错误的内容，还是只反对现象，不反对真实的原因。因

为坚持了'左'倾指导思想，在总体上混淆了是非和混淆了敌我，而这些错误又为江青等人所利用和发展，所以没有也不可能从根本上解决问题。"[42]

由于毛泽东的指示，群众之间的矛盾在地方上有所缓和。北京的形势表面上平静了一些，但并没有解决问题。在北大，校文革和新北大公社虽免于灭顶之灾，但并没有摆脱困局。聂元梓等人和新北大公社都明白，斗争并没有结束，但他们只能观察和等待。

关锋、王力垮台了，但戚本禹还在台上。戚本禹的一些问题已经暴露了（如王恩宇的揭发），许多事实证明他和关锋、王力就是一伙的。但是，我们只能观察、等待；

王恩宇证实了康生是保卢正义的，康生为什么要保卢正义？这个问题也只能观察、等待；

还有谢富治，我们对他是有疑问的，但他是北京市革委会主任，我们有时还要仰仗他说几句好话，所以，除了观察和等待，什么也不能做；

关锋、王力垮台了，毛泽东已经指出，"王、关、戚是破坏文化大革命的"，但"文革"领导层对此讳莫如深，既不传达毛泽东的指示，也不让公开揭发、批判他们的罪错，人们天真地希望并相信中央会查清他们的罪行，消除他们造成的恶果，大家都在观望、等待；

关锋、王力垮台后，"学部联队"土崩瓦解，群众揭发了大量问题，但这些揭发涉及的层次比较低，吴传启等多人被官方逮捕，从他们身上能否查出深层次的问题，我们只能观望；

北师大井冈山内部的人起来反对谭厚兰，却立即遭到逮捕，从而被"封口"，渴求真相的公众，只能等待；

历史证明，人们所期望的，所等待的，除戚本禹垮台外，全都落空了。

对于新北大公社来说，1967年的8月是最艰难的一个月份。对于周恩来和国务院来说，更是如此。在这个月份，谭震林、陈毅、余

---

[42] 王年一：《大动乱的年代》，北京：人民出版社，2009年，第197—198页。

秋里、李先念都受到大会批判，[43] 外交部被一度"夺权"，甚至发生了火烧英国驻华代办处的恶性事件……

关锋、王力垮台了，"五一六"被批判了，但是，"反二月逆流"的浪潮仍然受到肯定……

不分是非对错便没有公平可言，矛盾依然存在，斗争还将继续。人们等待了好几个月，等来的只有失望，他们忍无可忍，要求批判王、关、戚的呼声终于在"高校学习班"上爆发出来。然而，"文革"领导层又制造了"杨、余、傅事件"，并借此掀起了一场全国规模的"反击右倾翻案风"的狂飙，把正义的呼声压了下去。

把关锋、王力仅仅当作"替罪羊"抛出来的做法是不能解决问题的，是非不分，"大联合"是不可能实现的。不过，北大校文革还是作了一些努力。

校文革提出：在校文革的领导下，新北大公社和井冈山兵团通过谈判实现按系统的大联合。但是井冈山兵团总部认为，不和新北大公社谈判，要与校文革对等谈判。他们不承认校文革是领导北大文化革命的权力机构，要成立革命委员会。

成立革委会的事不是聂元梓说了可以算的。市革委会副主任吴德9月22日指示："北大校文化革命委员会是三结合权力机构，这是过去中央文革同志都说过的，不能踢开。现在最大的原则是矛头对准刘、邓、陶！对校文革有意见，以后再协商。"[44] 聂元梓传达了吴德的指示，北大"井冈山"能听吴德的吗？

新北大公社曾试图同"井冈山"讨论联合的问题，但北大"井冈山"不承认校文革的领导，反对校文革主持会议，公社方的努力以失

---

43 据笔者手头不完整的资料，7月29日在工人体育馆召开了批判刘少奇、谭震林大会，8月19日在人民大会堂召开了批判谭震林大会；8月7日在外交部小礼堂召开了外事口批判陈毅的会议，此后有多次批陈会议，8月11日在人民大会堂开万人大会批判陈毅；8月17日召开李先念检讨大会；8月21日，石油学院北京公社、北师大井冈山、北大井冈山兵团在北京石油学院批斗余秋里，会后扣押了余秋里，还发表了《关于暂时扣留余秋里联合声明》，以攻击总理联络员之名，影射攻击周恩来。

44 胡宗式、章铎编：《北京大学文革资料选编》（下），第226页。

败告终。[45]

10月1日，谢富治就恢复校文革保卫组工作作出批示："同意恢复工作，材料也应交回。"[46] 校文革保卫组自7月10日因陈伯达讲话遭到打砸、被抢劫一空之后，保卫组负责人谢甲林又于8月24日遭井冈山兵团绑架毒打致伤，保卫组被迫停止工作。北大保卫组的业务上级是北京市公安局和卫戍区，它们比北大校文革更需要保卫组配合工作。而恢复保卫组工作的请示，也是北大校文革、北京卫戍区、北京市公安局共同上报的。

10月14日下午，谢富治来到首都红代会毛泽东思想学习班，接见了学习班全体学员。期间，鉴于学习班内部为北大校文革问题争论不休，谢富治明确指示："北大校文革是权力机构，同那十五个学校革委会一样嘛！""北大校文革是要承认的。不承认是不合适的，是不对的，她（指站在旁边的聂元梓）还是我们革委会的副主任嘛，要承认他们的校文革。"谢富治在座谈之后，又对全体学员讲："北大校文革，那还是要承认的嘛！"

关于有人把北大"井冈山"拉入学习班的问题，谢富治说："参加学习班那不是实质问题吧，北大'井冈山'也来了？他们要想搞点什么名堂吧？"红代会核心组的人说："'井冈山'的人已经来了，怎么办呢？"谢富治说："要他承认校文革，叫他回去到校文革办一个手续吧，承认校文革。"。[47]

谢富治的态度是明确的，但北大"井冈山"能接受吗？

北大"井冈山"的核心势力，坚持要在北大进行"二次革命""向资产阶级政客夺权""一切权力归井冈山"，还要"摧垮臭名昭著的新北大公社"，加上外部势力对他们的支持，北大的大联合根本无法实现。这一点，连陈伯达都看得出来。10月7日，陈伯达对《人民日报》社工作人员讲话时说："北大两派的联合是困难的，他们是纲领

---

45 参见孙月才：《悲歌一曲：文革十年日记》，第196—199页。
46 胡宗式、章铎编：《北京大学文革选编》（下），第226页。
47 胡宗式、章铎编：《北京大学文革资料选编》（下），第233页。

不同，慢慢来，要搞真正的大联合。"[48] 所谓"纲领不同"，就是路线不同，"道不同，不相谋"，是无法调和的。

但是，做一些群众工作还是可以的。北大"井冈山"的多数群众，不明真相，受到陈伯达6.5讲话的误导，是受蒙蔽的。从1967年10月起，校文革举办了学习班，向井冈山兵团的成员宣讲北大与关锋、王力、吴传启一伙斗争的情况，揭发北大"井冈山"一些领导人和关锋、吴传启团伙的关系，动员他们下山，俗称"挖山运动"。学习班大约办了5期，动员了一千多名"井冈山"成员下山。

江青所说的"现在北大是老保翻天，起码是部分翻天"这句话，更多地为新北大公社所利用，矛头主要指向原来的党政干部。

聂、孙和新北大公社发起对吴传启团伙的斗争时，明白这是一场严峻的斗争，风险很大，所以只有少数青年教师和学生参与了有关工作。他们不希望老教师和党政干部参与进来，免得被人抓辫子。但是，事情是不由人的主观意志为转移的。北大出现了不同的派别，特别是陈伯达6.5讲话以后，北大发生了严重的分裂。在这种形势下，干部们明智的做法是置身于两派之外。但是，有些人还是错判了形势，他们跃跃欲试，以为聂、孙和新北大公社这次真的要完蛋了，该他们上台了。在一心想当校长的周培源的游说下，由周培源和前团委书记郭景海领衔，共134名干部于7月1日发表了一份《致革命和要革命的干部的公开信》。他们宣称拥护陈伯达的6.5讲话，指责校文革"犯了方向路线错误"。就这样，他们自己跳进了北大两派纷争的泥潭，支一派，反一派。更不幸的是，在同关锋、吴传启团伙的斗争中，他们被别人拉着站在了这个团伙一边。现在关锋团伙垮台了，要批判"老保翻天"，这些干部自然首当其冲。以某系为例，该系总支书记以自己是"黑帮"为借口，哪一派都不参加，自然什么事也没有。副书记参加了"井冈山"，后来看看情况不对，作了个检讨"下山"，也就没事了。系主任本来是被当作"左派"看待的，但他看到

---

48 《陈伯达戚本禹同志十月七日对〈人民日报〉社工作人员讲话摘要》，见胡宗式、章铎编：《北京大学文革资料选编》（下），第228页。

周培源和学生在一起"静坐",不胜羡慕,决心"造反"。许多人劝他,但谁也劝不住。他不仅参加了"井冈山",还当了该系"井冈山"的头头。悲哀的是,当新北大公社对他的行动进行反击时,"井冈山"不仅把他抛弃了,还对他进行了批斗。

这134名干部的二号领头人郭景海,也预感到"井冈山"没有政治前途,自己将来的政治生命会遭到威胁,也宣布"下山",并且于12月8日在"下山干部战士讲用会"上作了讲话,受到新北大公社方面的欢迎。[49] 郭景海此举,对其他干部当然是有影响的。

为了扭转舆论上的不利局面,北大"井冈山"便倒打一耙,在《新北大报》(1967.11.7)上发表了题为《聂元梓纵容北大的老保翻天》的文章。文章抓住3月份孙蓬一在干部座谈会上的一句话——"除了报上点名的以外,其余全都可以解放。"——指称"这是老保翻天的信号弹,是聂、孙们支持老保翻天,为牛鬼蛇神大开绿灯的铁证。"文章还指责聂、孙和校文革,"陆平黑帮在他们眼里根本不是最危险最主要的敌人,只不过是'死老虎'而已,长期搁在一边,不予过问。""连陆平、彭珮云的材料,聂、孙文革还拿不出一份像样的来,有些黑帮分子,如张学书、谢道渊的材料竟一直没有搞。"文章还点名列举了多名干部、教授的例子,以证明聂、孙支持"老保翻天",庇护牛鬼蛇神。

如果这篇文章说的都是真的,说的又有道理,站得住脚的话,郭景海为什么还要"下山"呢?

北大"井冈山"内部,也有许多人质疑其总部的政策,一些战斗队在下面直接和新北大公社的人接触,商谈联合问题。但是,"井冈山"的核心领导层是不会容忍其成员同新北大公社谈联合的,他们一定要加以破坏。不久,就发生了绑架崔雄崑的事件。这使基层的努力成为泡影。

---

[49] 孙月才:《悲歌一曲:文革十年日记》,第236页。

中共新北大领导小组的成立和孔繁、杨克明"上山"

江青 9 月 16 日讲话指责聂元梓跟着王任重走，没有作具体分析，是没有道理的。王任重在北大"文革"中起了什么作用，王任重排斥聂元梓和打算重用孔繁、杨克明的事情，江青是很清楚的。要不是陈伯达、江青自己说了出来，聂元梓还蒙在鼓里呢。

"王任重很坏，当着江青同志的面讲了孔繁、杨克明很多好话，讲了聂元梓很多坏话。"这是 1967 年 1 月 16 日陈伯达当着江青的面对聂元梓和孙蓬一说的。"你们学校刘邓路线具体表现在孔繁、杨克明身上"，这是 1967 年 1 月 3 日中央文革小组接见北大代表时江青说的。"孔繁到哪里去了，你们要揪他！"，也是江青说的。

孔、杨问题的实质，是王任重对聂元梓不满意，要让"听话"的孔繁、杨克明来取代她，但王任重的这一做法失败了。这一过程，笔者在本书第六章已经介绍过，兹不赘述。

按照中央文革的指示，校文革进行改组，撤销了孔繁、杨克明的职务。孔繁、杨克明被王任重利用了，受到了牵连，吃了苦头。但他们并没有接受教训，很快又被北大"井冈山"利用了。不久，孔、杨问题便成了北大"井冈山"攻击聂元梓的一个抓手。

北大终于要恢复党的组织生活了。这是党内的事情，我等群众当时未曾关心。据谢甲林回忆，1967 年 11 月 27 日，中共北京市委吴德指示聂元梓可以立即恢复党的组织生活。谢富治、吴德审批了中共新北大领导小组名单。其中，组长聂元梓，副组长孙蓬一、崔雄崑。至此，当初王任重"让孔繁当第一把手，让杨克明当第二把手"的意图被彻底否定。但是，围绕北大组建"党组"问题的斗争并没有结束。[50] 也就是在这个时候，孔繁、杨克明宣布"上山"了。孔、杨二人为什么选择在这个时候参加北大"井冈山"？有什么背景？是向刚刚获批的"中共新北大领导小组"示威吗？

笔者知道的是，北大"井冈山"的领导人必须不断制造新的话题

---

50 谢甲林：《谢甲林法学文集》，北京：北京时代弄潮文化发展公司，2013 年，第 40 页。

来攻击校文革，借以维持自己的生存。孔、杨"上山"，不过是他们的另一个借口、另一个话题而已。

就在吴德指示的第二天，11月28日，北大"井冈山"就召开了"坚决支持革命干部孔繁、杨克明同志杀上革命第一线大会"。11月30日，《新北大报》发表社论和《彻底解放革命干部孔繁、杨克明》的文章，提出"必须彻底批判聂、孙在干部问题上的资产阶级反动路线，彻底清算聂、孙迫害革命左派的罪行"。[51]

自1966年10月以来，北大反对派孜孜以求的，不就是把聂元梓等左派掌权的校文革打成"资产阶级反动路线"，然后推翻校文革吗？他们的所作所为，不正是"迫害革命左派"吗？

孔、杨"上山"，能够给"井冈山"打上一针鸡血、带来一圈光环吗？作为"革命领导干部"，他们在北大"井冈山"内部起到了什么好的作用呢？笔者孤陋寡闻，祈望未来的学者们能有所研究。

孔、杨"上山"，是走上了一条更左的道路，这能给他们带来什么？能证明他们一贯正确吗？笔者听说的是：1968年工、军宣传队进校后，在清理阶级队伍期间，孔繁、杨克明和牛辉林、侯汉清等一起遭到批斗。其时笔者已经离校，没有见到这个场面，但教职工和在校学生是见到了的。

北大"井冈山"绑架崔雄崑的严重事件

孔、杨"上山"，是策划已久的一件事情。在同一时间段，北大"井冈山"还策划了陷害、绑架崔雄崑的严重事件。

崔雄崑在文革前是北大的教务长，中共北大党委常委。在"社教"运动中，崔也属"左派"之列。在1967年初，他和周培源等人都是校文革最先"解放"并"结合"的干部，崔雄崑出任校文革"斗批改委员会"负责人。重要的是，崔还是刚获批准的中共新北大领导小组的副组长。崔雄崑是校文革的支持者，因此被北大"井冈山"视作眼中钉，必欲除去而后快。

---

51 谢甲林：《谢甲林法学文集》，第40页。

1967年12月30日晚，崔雄崑被井冈山兵团从家中抓走。我们不知道是哪些人参与了绑架行动，50多年后刚刚知道的是，樊立勤参加了对崔雄崑的审问。[52] 我们还知道崔雄崑被绑架后，被关押在农业大学，而那里正是樊立勤活动的地盘。樊立勤是否参与了整个事件的策划呢？待考。

当天，校文革召开抗议大会，申明了坚决保护崔雄崑的态度。

1968年1月2日上午，北京卫戍区副司令员李钟奇接见了"井冈山"的代表。李钟奇责问他们："你们抓人，我们几次派人，你们不很好合作，什么原因？谢副总理说抓人要放，但你们不放，什么原因？"在听取了"井"方的汇报后，李钟奇强调，谢副总理和卫戍区的指示必须无条件执行。李钟奇还答应他们："人可以随时提审，随时批斗，这是你们的权力"。李钟奇的讲话，就刊登在"井冈山"自己办的《北斗星简讯》上，但"井冈山"的领导人不予理睬，还采取了新的行动。

1月5日，李钟奇给聂元梓打电话，问了三个问题：一、校文革是谁批准的？二、学校党组是谁批准的？三、崔雄崑作为三结合的对象是谁批准的？作为卫戍区副司令员，李钟奇是真的不知道吗？明知故问，是很反常的事情。孙月才听出了弦外之音，"这几个问题很好回答，但我以为下面我们对井冈山还有一场严重的较量。"[53]

1月6日，《新北大报》发表《坚决打倒崔雄崑，狠挖17年黑线》的文章，给崔雄崑安上了"伙同刘邓黑司令部，配合彭、罗、陆、杨反党集团残酷迫害林副统帅"的罪名。该文写道：

> 林副统帅是毛主席的亲密战友。长期以来，林副统帅为捍卫毛泽东思想，和刘邓黑司令部作了英勇的斗争。因此遭到刘邓彭罗陆杨等一小撮党内最大的走资派的残酷迫害。他们逼林副统帅"让位"，给林副统帅投寄匿名信，企图从精神上，身体上摧残林副统帅。他们甚

---

52 新北大井冈山兵团平型关纵队、中南海纵队、挥斥方遒：《号外》，1968年4月5日，载《记忆》第260期。
53 孙月才：《悲歌一曲：文革十年日记》，第266页。

至不择手段地对林副统帅的亲属下毒手，以达到他们迫害林副统帅罪恶目的。崔雄崑积极参与了这些反革命活动。正是他，伙同陆平残酷迫害林副统帅的女儿林立衡同志，把她赶出了北大，积极地配合了刘邓、彭罗陆杨迫害林副统帅的罪恶活动。

林立衡同志是64年春天到北大中文系来学习的。在中学时，她就备受一小撮走资派的排挤打击，几度被迫转学，身体很不好。到了北大后，她断断续续请了几天病假。但在病中仍坚持补课。叶群同志64年写了一封信给北大，说明了林立衡同志的情况。希望林立衡能继续留在北大学习。叶群同志的这封信，崔雄崑是知道的。

但是，党内走资派，三反分子崔雄崑怀着对无产阶级司令部的刻骨仇恨，勾结陆平利用他教务长职权对林立衡同志下了毒手。

当林立衡同志请病假还只有四周多一点的时候，中文系打报告向崔雄崑请示处理办法。崔雄崑在报告上恶狠狠地批示道："我意按规定办事，该休学就通知休学，否则对本人也不好！"

本来按修正主义教育制度的规定，教务长完全有权处理学生的学籍问题，但崔雄崑为了在陆平面前显示自己反革命立场的坚定性，却破例地把林立衡同志的问题向陆平请示。陆平和崔雄崑原是一丘之貉，他提笔就批道："应按规定办事。"

就这样，林立衡同志被赶出了北大。

崔雄崑勾结陆平，残酷迫害林立衡同志，紧密配合刘邓黑司令部疯狂迫害林副统帅，这是旧北大发生的一起严重的反革命事件。

不止于此，1967年1月15日的《新北大报》（俗称"1.15小报"）又发表文章，详细地指控崔雄崑"迫害林立衡"的罪行，并说林立衡办休学手续是一九六四年刘邓"篡党、篡军、篡政"计划的一部份。文章还说，林立衡神经衰弱、失眠，是"反革命集团"造成的，为了"从政治上、身体上、精神上甚至从亲属身上迫害林副统帅，以达到他们搞垮无产阶级司令部的罪恶目的"。小报刊出了叶群的信件和北大教务长崔雄崑在中文系有关报告上的批语：

"我意按规定办事，该休学就通知休学，否则对本人也不好。崔

雄崑　一九六四年十一月二十三日"

文章紧接着发挥：崔雄崑要破例地请示陆平，不仅表明逼迫林立衡同志休学，已不是一般的学籍处理问题，而是一起有组织有计划的反革命事件。陆平批示道："应按规定办事。"文章写道，"这两个混蛋就是这样一唱一和，狼狈为奸。就这样林立衡同志被万恶的陆平黑帮和三反分子崔雄崑赶出了北大。"

北大有休学制度，这本身是对学生健康的一种爱护，对所有学生一视同仁，无可指摘。就笔者所知，一位来自农村的新生报到后，校医院体检发现其患有肺结核。该生按规定回家休养一年，保留学籍，第二年 9 月再来北大上学。该生非常高兴，因为第二年分配到一个更好的专业。为林立衡办理休学，是一件很正常的事情。休学后可以复学，根本谈不上"赶出北大"。林立衡办理休学后没有再回北大，是因为她后来去《空军报》工作了。

北大"井冈山"的领导人没有抓住崔雄崑的任何把柄，却拿林立衡休学的事大做文章。这说明他们为了实现自己的政治目的，是不择手段的。而结果，恰好是搬起石头砸了自己的脚。

北大"井冈山"的背后，有校部机关的干部在出主意并提供材料。《新北大报》公布的教学档案，"井冈山"的学生是不会知道的。

北京卫戍区一再要求北大"井冈山"释放崔雄崑，但"井冈山"置之不理。1月6日，卫戍区副司令员李钟奇不得不亲自来北大同双方代表谈判释放崔雄崑的问题，"井冈山"的人不同意，李钟奇拍桌子发了火，要求立即放人，北大"井冈山"不得不在当晚 8 时释放了崔雄崑。[54]

但事情并没有完。北大"井冈山"的领导人把有关林彪亲属健康情况的档案材料公开刊登在小报上，是不被允许的。即使在现在，领导人亲属的健康状况也是不可以被随便公布的。这件事情当时有没有被报告到林彪那里，不得而知。但杨成武、谢富治等人为处理此事于 1968 年 2 月 24 日召见了聂元梓和北大两派代表。据传达，谢富

---

[54] 孙月才：《悲歌一曲：文革十年日记》，第 266 页。

治根据江青的指示，严厉地批评了"井冈山"，指出在《新北大报》上刊登叶群的信件是严重的政治事件，损害了无产阶级司令部的权威，要作检查。谢富治并批评"井冈山"一派老和权力机构（校文革）作对，并问周培源下山了没有？为什么没有下山，不下山也得发表个声明。[55]

"文革"领导层需要用北大"井冈山"来抑制聂元梓和新北大公社，所以对"井冈山"只是批评一下而已。这种事情如果发生在1966年，后果会严重得多。在1968年3月24日的大会上，林彪说："他（杨成武）为了一个问题，跟了几个同志去找聂元梓。他讲错了话，讲了坏话，可是事后他赖账，他说他没讲。"林彪所说"跟了几个同志去找聂元梓"的事，显然是指这次召见。至于杨成武当时说了什么错话，聂元梓一点也没有听出来。

绑架崔雄崑事件，使两派对立情绪骤然升温。

据王复兴回忆，新北大公社有一部分人主张承认"井冈山"是"革命群众组织"，以实现大联合。1967年12月间，"井冈山"也有一部分人主张有条件地"承认校文革"，实现两派联合。他们有个"天安门论坛"的组织就持这种主张。王复兴和杨子浪曾多次与他们接触、谈判，并于12月25日与他们就联合举办两派的学习班商讨两派怎样实现大联合的问题达成协议。双方签署了协议书，"井冈山"方面承认"校文革"为权力机构，"公社"方面承认"井冈山"是"革命群众组织"。当时"天安门论坛"的人告诉我们，陈醒迈（"井冈山"总部成员）下次将参加学习班的活动。王复兴和扬子浪也表示会参加。随后，"井冈山"广播站广播了杨克明起草的"评论员"文章，支持联合学习班，表示承认校文革的领导，但要求"改组校文革"。但到12月28日，风云突变，"天安门论坛"突然撕毁了协议，举办联合学习班之事就此夭折。12月30日，又发生了"井冈山"强硬派绑架了崔雄崑的事件。校文革立即举行了抗议大会。两派对立情绪骤然升温。自下而上的大联合的希望破灭。王复兴认为，"他们绑架

---

[55] 孙月才：《悲歌一曲：文革十年日记》，第287页。

崔雄崑，是有意破坏两派鸽派的大联合努力，把两派斗争推向激化，推向武斗。"56

尽管如此，1968年2月9日，"井冈山"内部的"促进大联合联络站"的7个组织的学习班发出"炮轰总部派性，斗私批修座谈会海报"，并在广播中邀请聂元梓、孙月才等校文革与公社总部负责人以及好多公社战斗队去参加。孙月才认为他们的邀请"是有诚意的"，但另有会而未能参加。57 2月15日新北大公社召开"在大联合中立新功誓师大会"时，仍有北大"井冈山"的"第一刺刀见红战斗队"和"红色风暴战斗队"的代表在大会上发言，承认校文革是红色政权。58 这应该代表了"井冈山"中相当一部分群众的心声。

但是，北大"井冈山"中"东方红""红旗飘"一类核心势力是不会允许"天安门论坛"和上述战斗队自行其是的，他们做着"一切权力归井冈山"的美梦，如果群众实现了大联合，他们就没有藏身之地了。不仅如此，他们还要搞打、砸、抢。1968年1月16日，他们抢夺了校文革大印。59 同日晚，他们又趁新北大公社的人在办公楼礼堂看节目之机，冲进38楼，打昏了守楼站岗人员，抢走了楼上的3个喇叭。他们还冲进41楼，在五楼打伤多名公社值班人员。60 这天晚上，包括著名藏族歌唱家才旦卓玛在内的"西藏大联指"演出队到北大演出，"井冈山"力图进行干扰，好在新北大公社方面很快恢复了秩序，演出顺利进行。由此，一向温和的王复兴不得不承认，"井冈山"这些派性顽固者的作为，使他们这些主张"联合"的人很被动，使他们争取实现大联合的努力愈发困难。61 笔者以为，王复兴之所以有这种"联合"的幻想，是因为他对"井冈山"的本质缺乏足够的认识。

---

56 王复兴：《抢救记忆——一个北大学生的文革回忆录》，第197—198页。
57 孙月才：《悲歌一曲：文革十年日记》，第276页。
58 孙月才：《悲歌一曲：文革十年日记》，第280页。
59 王学珍等：《北京大学纪事》，北京大学出版社，1998年，第667页。
60 参见陈焕仁：《红卫兵日记》，香港：香港中文大学出版社，2006年，第491页。
61 王复兴：《抢救记忆——一个北大学生的文革回忆录》，第20页。

北大"井冈山"提出所谓"北京揪出了一个新的社会阴谋集团"

关锋、王力垮台后,北大"井冈山"先后策划了为"井""红"平反,孔、杨"上山",以及绑架崔雄崑的严重事件,这些行动除了激化两派矛盾,给自己打点鸡血外,并没有能够动摇校文革和新北大公社。他们在6、7、8三个月里办不到的事情,现在就更没有希望了。但是,操控"井冈山"的那股势力,是不会承认失败的,很快,他们又宣称"北京揪出了一个新的社会阴谋集团"。

自1967年10月起,与聂元梓有血缘关系的聂真、聂元素,抗战期间的上级领导刘贯一、刘志兰,"文革"期间有来往的郑仲宾、郑伯农及其父亲郑公盾,曾与聂元梓住在一个楼门的民族学院教师周达甫,一度都被逮捕了。我们至今不了解这些人被捕的原因和背景,更不了解是不是"文革"高层为整肃聂元梓而采取的措施。但北大"井冈山"当时确实是这么认为的,他们由此捏造出一个和关、王、林相当的"阴谋集团"。被划入这个集团的还有中宣部的阮铭和国家科委的张本。

1968年1月28日,井冈山纵队编写的《井冈山通讯》(8开铅印传单,分4版)发表了题为《北京揪出了一个新的社会阴谋集团》的文章(以下简称"新文")。文中声称:"继关、王、林反党集团垮台后,北京又揪出了一个新的反革命阴谋集团。""这个集团是依靠共同的反革命政治目的、历史上的宗派联系、家族关系而结合在一起的。它以郑家黑店和聂氏家族为核心并网罗了一批反党阴谋家,反革命分子,帝国主义间谍,苏修特务,个人野心家,资产阶级政客所组成的。"

这篇文章编造了一个没有任何事实依据的谎言。50多年后再读这篇文章,其在重大历史事件上的凭空捏造,实在令人惊讶。该文有一段是这样的:

郑仲宾,郑公盾的二崽子,郑家黑店二分店民院抗大公社的掌柜,是邓拓的忠实膜拜者,院党委和工作组的大红人,陶铸、刘述周、阮铭之流的保皇狗。这个家伙一贯勾结北大孙蓬一之流五次疯狂炮打谢富治副总理，攻击中央文革。去年元月份在其狗特务父亲指使下偷盗和抢劫中央统战部的机密档案，策动了一起严重的反革命事件。九月初又在郑公盾等人的指使下把关王林穆赵（编者注：关锋、王力、林杰、穆欣、赵易亚）的材料抛到社会上，严重破坏了毛主席的战略部署。

这里，涉及到"1.15抢档案事件"和关锋、王力垮台两起重大历史事件。

关于"1.15抢档案事件"，本书已有详细介绍，兹不赘述。问题是王力、关锋垮台和洪涛、刘郠等人被抓已经有4个月了，1.15抢档案事件以及洪涛、刘郠的幕后保护者应该已经搞清楚了，但"新文"的作者却硬是不顾基本事实，为了打击聂元梓，就捏造了一个根本不存在的"新的社会阴谋集团"，并把抢档案的帽子扣在郑仲宾的头上。这样明显的、重大的事件，都敢造谣，欺人乎？自欺乎？

关于关锋、王力的垮台，当时是个人都能明白。北大"井冈山"的头头们其实也是明白的，但他们不敢承认现实，更不敢承认他们被关锋团伙利用了。在关、王垮台后，他们还要掩盖关、王团伙的罪行。在他们看来，揭发关、王团伙反而是犯罪。1967年底，北大"井冈山"散发了一份题为《聂氏家族的复灭和聂元梓的前途》的传单。传单声称：

> 为什么聂元梓不管中央首长的三令五申，这样不惜工本，大张旗鼓地"讨伐"关、王呢？经过一番探讨之后，人们便会发现这是一个诡计，这是一个阴谋，这是由另外一个由反党阴谋家、反革命分子、帝国主义间谍、苏修特务、个人野心家、资产阶级政客组成的乌七八糟的社会阴谋集团所精心策划的大骗局。

这样伟大的发现，除了北大"井冈山"的某些人，谁能做得到呢？

北大"井冈山"不敢相信关锋、王力是个"反党集团"，他们更愿意相信这是个"大骗局"，是9月初"在郑公盾等人的指使下把关王林穆赵的材料抛到社会上"才造成的。北大"井冈山"给聂、孙安的主要罪行就是"分裂中央文革",口号喊了三个月,怎么现在又赖到郑公盾身上去了?

按照"新文"作者的逻辑,揭发"关王穆林赵",就是"严重破坏了毛主席的战略部署"。那么,把"关王穆林赵"的罪行掩盖起来,才算是"毛主席的战略部署"吗?其实,"新文"的作者心里很清楚,把关、王抓起来本身就是"毛主席的战略部署"。但他们极不愿意相信这一点,极不愿意看到这个团伙被揭发、被清算的现实,采用"驼鸟政策",视而不见,装聋作哑,却还要倒打一耙,在聂元梓这边也抓一个"阴谋集团"。但是,邯郸学步,没有事实支撑的谎言只能是谎言。

"新文"发表的时候,戚本禹垮台已经有半个月了,北大校园里已经贴出了欢呼戚本禹垮台的标语和揭露戚本禹罪行的大字报,但文章的作者对此似乎一无所知,他们是真的不知道还是假装不知道?

第十三章 矛盾进一步激化的 1968 年初

一、1968 年初的形势和几件重要事情

（一）毛泽东对形势的看法，"群众专政"和"清理阶级队伍"的提出

1967 年 6、7、8 三个月是最混乱的。在"7.20 事件"中，连毛泽东自己都被迫在仓促中离开武汉，避往上海。8 月底，毛泽东抛弃了关锋、王力，1968 年 1 月又抓了戚本禹，但这都是暗箱操作，而且不允许群众公开揭发批判他们。8 月下旬至 9 月中旬，中央还发布过好几个关于"拥军"和"不准抢夺解放军武器、装备"的文件，但收效甚微，"因为上面只看现象不看本质，只反对结果而不反对原因。"[1]

1967 年 10 月 7 日，中共中央又整理转发了《毛主席视察华北、中南和华东地区时的重要指示》。毛泽东对"文革"形势的估计是："形势大好，不是小好，整个形势比以往任何时候都好。"王年一认为，"毛泽东在全局上坚持'文化大革命'的错误"；[2] 卜伟华认为，"把最为混乱的局面称为'形势大好'，是毛泽东以他所特有的思维方式得出的与常人相反的结论。"[3]

关于"乱"的问题，毛泽东说："有些地方前一段好像很乱，其

---

[1] 王年一：《大动乱的年代》，北京：人民出版社，2009 年，第 196 页。
[2] 王年一：《大动乱的年代》，第 197 页。
[3] 卜伟华：《中华人民共和国史·第六卷·"砸烂旧世界"——文化大革命的动乱与浩劫（1966—1968）》（以下简称《砸烂旧世界》），香港：香港中文大学当代中国文化研究中心出版，2008 年，第 621 页。

实那是乱了敌人，锻炼了群众。""如果没有大乱，矛盾就不能暴露。""凡是烂透了的地方，就有办法，我们有准备。凡是不痛不痒的，就难办，只好让它拖下去。"数十年后，卜伟华评论说，"这是一种典型的自欺欺人的说法"，"他显然低估了混乱局势的严重性"。[4]

毛泽东还讲了"专政是群众的专政"。王年一指出，"私自关押人、私设公堂等现象借此为由而盛行。"[5] 卜伟华认为，"在《重要指示》中问题最大、造成后果最严重的是毛泽东关于群众专政的说法。"[6]

关于"武斗"，卜伟华指出："在毛泽东看来，有些地区两派对立，搞大规模武斗，不但不是坏事，反而是好事。他说：'我看湖南、江西九江、南昌、庐山、赣州经过大武斗，形势大好，阵线也分明了。'"[7]

对于全国许多地方派性斗争激烈、大规模武斗不断发生的现象，毛泽东有时也表示不能理解："在工人阶级内部，没有根本的利害冲突。在无产阶级专政下的工人阶级内部，更没有理由一定要分裂成势不两立的两大派组织。"卜伟华认为，"群众组织的分裂，从根本上来说是发动文化大革命运动的结果。毛泽东要在坚持文化大革命的前提下削除派性，当然是不可能的。"[8]

关于群众组织的分裂和武斗，毛泽东当然不可能认识到这是他搞文化大革命必然导致的结果，他认定要么是党内走资派操纵、挑动的结果，要么就是有阶级敌人在背后操纵指挥。1967年12月18日，他在同阿尔巴尼亚外宾谈话时说："有些事情，我们事先也没有想到。每个机关、每个地方都分成了两派，搞大规模武斗，也没有想过。等到事情出来以后，就看出了现象。""这绝不是偶然的事，是尖锐的斗争。解放后包下来的国民党、资产阶级、地主阶级、国民党特务、反

---

4 卜伟华：《砸烂旧世界》，第621—622页。
5 王年一：《大动乱的年代》，第197页。
6 卜伟华：《砸烂旧世界》，第624页。
7 卜伟华：《砸烂旧世界》，第621页。
8 卜伟华：《砸烂旧世界》，第622页。

革命——这些就是他们武斗的幕后指挥。"[9]

1968年3月，毛泽东对文化大革命作出了一个重要的判断："无产阶级文化大革命，实质上是在社会主义条件下，无产阶级反对资产阶级和一切剥削阶级的政治大革命，是中国共产党及其领导下的广大革命人民群众和国民党反动派长期斗争的继续，是无产阶级和资产阶级斗争的继续。"毛泽东的这段话，正式发表在1968年4月10日的《人民日报》上。毛泽东关于文化大革命的这一新的提法，使问题进一步升级，涉及的社会面更广。

早在1967年11月27日，江青在北京工人座谈会上就提出了要"清理阶级队伍"。而在上述毛泽东的新论断发表以后，"清理阶级队伍"的步伐大大加快。[10]

聂、孙、校文革和新北大公社，当然是拥护毛泽东的，他们没有也不可能有王年一和卜伟华多年后在他们的著作中表现出来的认识，因而也犯了许多错误。但是，他们不仅坚决要求追究王、关、戚的罪责，还想揭露谢富治的责任，而这都是毛泽东和中央文革不允许的。新北大公社对所谓"二月逆流"毫不知情，因而是同情几位副总理并坚决站在周恩来一边的，而这正是毛泽东和中央文革所厌恶的。因此，他们走上了同毛泽东和中央文革分离的道路而不自知，对由此受到的打压非常愤怒。忍无可忍的新北大公社终于拿起了长矛。

（二）高层的几件重要事情

江青接管刘少奇专案

高层的一件重要而不为群众所了解的事，是江青取代了周恩来，接管了刘少奇案的审查工作。1968年2月26日，具体掌管刘少奇专案的谢富治对王光美专案组报送的《大叛徒刘少奇三次被捕投降叛变罪行的综合报告》的批示说："大叛徒刘少奇一案，主要工作都是

---

[9] 中共中央文献研究室：《毛泽东传》（1949—1976），北京：中央文献出版社，2003年，第1515页。
[10] 卜伟华：《砸烂旧世界》，第673页。

由江青同志亲自抓的，今后一切重要情况的报告和请示都要直接先报告江青同志。"[11]

由此，刘少奇专案工作加速进行。

毛泽东对"伍豪启事"事件明确表态

高层另一件重要而不为人知的事，是半年多来一直高悬在周恩来头上的达摩克利斯剑终于被移除了。1968年1月16日，毛泽东打破缄默，一反先前不置可否的态度，对"伍豪启事"一事作了明确表态，他在北大历史系学生范海泉的来信上批示："此事早已弄清，是国民党造谣污蔑。"[12] 对于周恩来来说，这是一件非常重要的事。

但是，这件事情真的到此结束了吗？答案是否定的。高文谦认为：这件事情"成为周氏晚年的一大心病，余生一直笼罩在这一阴影之下，挥之不去，是他对自己身后最不放心的两件事之一。"[13]

1972年5、6月间，中央召开了有各地党政军负责人参加的批林整风汇报会议（5月21日开幕）。这本应是批判林彪的会议，但在会上作长篇检讨的却是周恩来，因而使与会的高级干部们深感震惊。根据毛泽东的要求，周恩来在6月10日、11日、12日连续三个晚上在会上作了《对我们党在新民主主义革命阶段六次路线斗争的个人认识》的长篇讲话，对自己作了严厉的、毫不留情的批判，甚至是过分的检讨，称自己是"罪人"。

根据毛泽东6月23日的指示，周恩来在最后一次全体会议上，又作了《关于国民党造谣污蔑所谓'伍豪启事'的真相》的报告，中共中央又发出文件予以说明，并附若干原始材料传达至高级干部。毛泽东当时说，这样做的用意是：让党内高级干部了解事情真相，不允许任何人今后在这个问题上诬陷周恩来。[14] 笔者以为，这种做法的

---

11 高文谦：《晚年周恩来》，明镜出版社，2003年，第247页。
12 高文谦：《晚年周恩来》，第244页。
13 高文谦：《晚年周恩来》，第223页。
14 史云、李丹慧：《中华人民共和国史·第八卷　难于继续的"继续革命"——从批林到批邓（1972—1976）》，香港：香港中文大学当代中国文化研究中心，2008年，第35—37页。

实质，就是让周恩来在众多高级干部面前"说清楚"。

1975年9月20日，周恩来施行了第4次大手术。周恩来自知此次生死难料，因而作了最坏的准备，特意赶在手术前，把该做的和想说的一一交代清楚。在进入手术室之前，他要来1972年6月23日所作的关于"伍豪启事"问题的专题报告的录音记录稿，将其重新审订一遍，颤抖着签上了自己的名字，注明时间、地点。周恩来还当众拜托邓颖超向毛泽东报告此事，要求将这份报告"向全国各省、市、自治区各发一份存档"。[15] 3个多月后，周恩来逝世。

除了"伍豪启事"问题，"九篇文章"的问题，也压在周恩来身上。笔者当年不知道这些事情，50多年后读到胡乔木的文字，感到很有必要对这件事情作一些了解，这有助于我们了解和理解周恩来当年的处境和所受的压力。

附记：关于"九篇文章"

所谓"九篇文章"，是毛泽东于1941年"九月会议"之后完成的一篇5万多字的长文。文章的题目几经修改，最后定为《驳第三次左倾路线（关于一九三一年九月至一九三五年一月期间中央路线的批判）》。文章批判了王明"左"倾机会主义路线的九个文件，每一批判独立成章，所以又称为"九篇文章"。用胡乔木的话来说，"'九篇文章'尖锐、泼辣，毛主席个人的喜、怒、嘲、骂跃然纸上，情绪化色彩甚浓。""'九篇文章'不仅点了几位政治局委员的名，而且用词辛辣、尖刻，甚至还带有某些挖苦。这是毛主席编《六大以来》时的激愤之作，也是过去长期被压抑的郁闷情绪的大宣泄，刺人的过头话不少。后来虽几经修改，然而整篇文章的语气仍然显得咄咄逼人、锋芒毕露。"[16] "九篇文章"显然难以为被批评的人所接受，不利于团结。所以在延安时，毛泽东没有发表这篇长文，只给刘少奇、任弼时看过。胡乔木作为秘书，也看过此文，属于例外。

---

15 高文谦：《晚年周恩来》，第588—589页。
16 胡乔木：《胡乔木回忆毛泽东》，北京：人民出版社，1994年，第214、231页。

文章原稿后来沉没于山积的档案之中，直到1964年春才被重新发现，送毛泽东确认。1965年5月，毛泽东对文章作了带有"定稿"性质的修改，并送给当时中央几位领导同志传阅过。毛泽东当时曾有过发表此文的念头，但后来既没有公开发表，也没有在内部发表。

据高文谦，"九篇文章"中，有两篇是专批经验主义的，点了周恩来的名，指其为"经验宗派的代表"，为教条宗派"跑腿抬轿"，充当"帮凶"。[17]

尽管周恩来在1972年对自己历史上的错误在大会上作了长篇检讨，但事情并未就此结束。1973年，毛泽东又让人把"九篇文章"找出来，印成大字本，在极小的范围内进行传阅。毛泽东的侄子毛远新也看到了这一文件，并获准把其中涉及周的两篇文章录下音来，带回辽宁。[18] 周恩来有没有看到这个大字本，不得而知。

1974年6月间，毛泽东又找出"九篇文章"仔细看了一遍，并将其中有关称赞刘少奇的内容全部删掉，打算印发中央委员，但后来只发给部分政治局委员看过。[19] 高文谦称，这次修改，也删去了周的名字，但是整篇文章的锋芒所指还是让人一望而知。如果公布出来，那就是批周的重磅炮弹。[20] 不过，后来并没有公布。

1974年7月17日，毛泽东在政治局的会议上特意提到"九篇文章"的事，并说，文件我收回了，而且烧了，不要了。[21] 但这只是表个态而已，并没有真的烧掉。周去世后，在毛逝世前的一个月，即1976年8月，重病中的毛还请人把"九篇文章"读给他听了一遍。他对"九篇文章"的重视，由此可见一斑。[22]

"九篇文章"确实有其重要的历史价值和理论贡献，但"四人帮"

---

17 高文谦：《晚年周恩来》，第517页。
18 高文谦：《晚年周恩来》，第517页。
19 胡乔木：《胡乔木回忆毛泽东》，第214—215页。另据同书第174页，毛泽东在"九篇文章"中对刘少奇的评价是很高的。胡乔木说："毛主席在延安时期的讲话和文章中，对中央领导同志作这样高的评价是很少的。这足见毛主席对少奇同志是多么倚重。"
20 高文谦：《晚年周恩来》，第516页。
21 高文谦：《晚年周恩来》，第519页。
22 胡乔木：《胡乔木回忆毛泽东》，第215页。

一伙也可以利用其对周恩来发难。江青和毛远新在批林批孔运动中多次宣称的"第十一次路线斗争",江青、张春桥、姚文元等人在会议上和文章中,一而再、再而三地提出"反经验主义",矛头都是指向周恩来的。他们之所以自以为底气十足,同"九篇文章"不无关系。毛泽东逝世后,江青曾想控制毛的文件,但失败了。据张玉凤的说法,江青想要的,还有"九篇文章"。[23] 此时周已逝世,无法再向周当面发难,但江青一伙利用权力,断章取义地利用"九篇文章",以破坏周恩来的声誉,是完全做得出来的。

戚本禹垮台

对于群众来说,1968年1月的第一件重要事情,是戚本禹垮台了。1月12日晚,戚本禹被"请假检讨"。春节过后,便和关锋、王力一起,被送进了秦城监狱。戚的被捕还影响了一大批人,原来由戚本禹负责的中央文革的"快报组"和"文艺组",都被改组或解散了。中央文革的办公室也被改组。此外,中央办公厅内部一些戚的支持者也受到牵连。当然,这一切群众是不知道的。群众可以看到但未予注意的,是《红旗》出版了第一期后便停刊了。要等姚文元发表那篇《工人阶级必须领导一切》,《红旗》才又复刊,姚的文章便登在《红旗》1968年第二期上。总之,王、关、戚的相继垮台,给"文革"领导机关内部带来了很大混乱。

戚本禹垮台,是早就注定了的,只是早晚问题。但为什么恰巧在这个时候垮台,有待探讨。

笔者以为,自1967年9月至年底,已经查出了许多关锋、吴传启等人搞"结党营私"的问题,其中许多问题牵涉到戚本禹。在有些问题上,戚本禹的言行比关、王有过之而无不及。戚本禹继续留在中央文革内,显然是不行了。

关锋、王力垮台时,新北大公社的同学非常忍耐、克制,同时也

---

[23] 史云、李丹慧:《难于继续的"继续革命"——从批林到批邓(1972—1976)》,第692页。

在等待戚本禹垮台。胡宗式和他的同事们，一直关注着戚本禹的动向，他们看到戚本禹连续三次缺席他本该出席的会议，便断定他出了问题。随后，胡宗式在公社总部和战斗团长的一次会议上介绍了作出这一判断的依据和戚本禹的一些问题。

戚本禹垮台了，新北大公社的同学在这个问题上比对立方敏感得多。这次同学们不再忍耐，要出出胸中这口恶气。东语系有同学贴出了大标语，欢呼"戚笨驴完蛋了！" 北大"井冈山"以为又抓住了稻草，其广播台喊出："新北大公社一小撮炮打戚本禹同志罪该万死！"。很快，大饭厅东墙出现了署名"迎春到"的大字报，题为《历史的结论：打倒戚本禹！》，揭露了戚本禹就是关锋、吴传启的同伙。大字报材料翔实，大字报前人头攒动，戚本禹垮台的信息确凿无疑。于是，当公社同学在宿舍的楼道里大喊"戚本禹垮台了！"的时候，"井冈山"的人一声也不敢吭了。

大字报引来了一位自称是《人民日报》记者的人，他说贴这份大字报是"出风头"，此番评论被反馈到大字报作者那里，作者说，大字报是匿名的，出什么风头？就是为了出出胸中这口恶气。

戚本禹的垮台势必对北京市革委会产生重大负面影响。据吴德回忆，王、关、戚倒台以后，周恩来找谢富治、吴德和傅崇碧谈话，要求把与王、关、戚有关系的人员清理出市领导机关。执行周恩来指示的结果，由戚本禹派到市革委会的"学部"和其他单位的人，清理出去了一百四五十人。吴德说，"市革委会里这样就几乎没有人了，工作又近乎瘫痪，不能开展。"据吴德回忆，"周总理当时明确说：那些人不清理，你们市里稳定不了，你们也工作不了。"[24] 但是，这件事情是悄悄地做的，虽然让市革委会内部的人感到震惊，但广大群众是不了解的。戚本禹派来的这些人干了些什么坏事，也没有公开揭发出来，而是被掩盖起来了。

---

24 吴德口述、朱元石等访谈、整理：《十年风雨纪事——我在北京工作的一些经历》，北京：当代中国出版社，2008年，第50—51页。

（三）1968年初，校内的两件事

"中国X小组"一案的破获和"红旗飘"的暴露

1968年初校内的一件重要事情，是"红旗飘"中的"坏人"终于暴露了。

1967年9月1日，江青在讲话中点了"红旗飘"的名，并说其中"准有坏人"。江青为什么会那么说，笔者在上文作了初步推测。可以肯定的是，校文革和新北大公社当时对"红旗飘"的内部情况是不了解的。新北大公社曾获准讯问洪涛、刘郢等人，洪、刘交代了一些同牛辉林等人联系的情况。但讯问机会只获得了一次，无法深入了解。另外，"学部"的大字报揭发了许多情况，包括牛辉林等人同洪涛一伙密切联系的情况。这些情况证明，为了维护关锋、吴传启团伙，为了把北大搞乱，"学部联队"的头头王恩宇、洪涛等人向"红旗飘"提供了指导和大量的物质支持。"红旗飘"被他们利用了。但是，新北大公社对于"红旗飘"内部"妄议中央"的严重情况是无从知晓的。

据原"红旗飘"成员屈长江多年后的回忆，该组织的一部分人，"陆陆续续说出了一些当时可谓大逆不道的议论和怨言……在当时确实是十恶不赦的反动言论。"[25]

屈长江写道，"终于有一天，我们暴露了。"[26] 到底是怎么暴露的？他没有说。

笔者没有见过有关"红旗飘"这些人的材料，所以并不清楚他们是怎么暴露的。但显然，这些言论，确实是他们自己说过的，自己交代出来的。

推测起来，这或许与"中国X小组"一案的破获有关。关于这个案子，谢甲林有一简要介绍：

保卫组协助公安局在北大学生中侦破的最大反革命案件是"中

---

25 屈长江：《良知漫漶的岁月》，载《记忆》第182期。
26 屈长江：《良知漫漶的岁月》。

国X小组"案。1968年1月上旬,北大学生杨绍明(杨尚昆之子)收到一封信,拆开一看,感到问题严重,主动交给了保卫组。信的落款是"中国X小组",附有《中国X小组宣言》。信的台头是杨绍明,内容是动员他参加"中国X小组"和联络方式:回信用牛皮纸信封,地址是清华大学某某楼,日期是某年、某月、某日。保卫组马上把这封信和《中国X小组宣言》报告给北京市卫戍区和公安局,他们认为是一起重大反革命案件,马上派侦察员到保卫组合作破案:一方面收集笔迹资料,查对笔迹,并按照"中国X小组"的联络方式寄去一封空白信;另一方面保卫组派蓝绍江和公安局的侦察员一起"蹲坑"。其间北大学生傅某(彭真之子)收到了同样的一封信,也交到了保卫组。"蹲坑"到第三天,有人突然把信拿走,立即进入厕所,他刚拆信时,被当场捉获。经审讯查证:写信人的真名叫谢世扬,是北大经济系的学生、井冈山兵团的成员。接着搜查了他的宿舍,查获了他的油印工具、《中国X小组宣言》底稿和尚未发出的《中国X小组宣言》等。经查对笔迹、指纹等痕迹,落实了全部案情,完全确认是谢世扬作案。当天,在北大办公楼礼堂召开批斗会,当场被公安局依法宣布逮捕,被刑警车拉走。因为保卫组不知道"井冈山兵团"的电话,无法将此事通知"井冈山兵团",就用发表《声明》的方式,予以通知,希望"井冈山兵团"予以配合。次日,"井冈山兵团"发表声明:"谢世扬是现行反革命分子,予以开除。"

《北京大学纪事》记载:

(1968年)1月17日 新北大公社以炮打无产阶级司令部的罪名,揪斗原红旗飘战斗队成员谢世扬,说谢是"现行反革命",加以逮捕。

这条记载显然与事实不符合。我希望在允许的情况下,请北京市公安局、现北大保卫部将全文公布于世,以正视听。[27]

---

27 谢甲林:《我在北大保卫组的工作经历》,载《记忆》第190期。

显然，谢世扬不仅仅是北大"井冈山"的成员，还是"红旗飘"的成员。他制定了"宣言"，并用写信串联的方式发展组织成员。谢还打算同苏联、印度等国大使馆进行联系。"中国 X 小组"案是由北京卫戍区和公安部门负责、北大保卫组配合查办的，案情是保密的，北大师生当时都不清楚。但是，"中国 X 小组"这样的组织，不要说"文革"时期，现在也是不允许的。至于《中国 X 小组宣言》，据说是以推翻"无产阶级最高司令部"为宗旨的，其中对毛泽东、林彪、周恩来、陈伯达、康生、江青等人逐一进行了攻击。笔者没有见过这份"宣言"，希望将来的学者能有机会见到。

据了解，谢世扬曾交代说："井冈山兵团总部，有一股反对中央、反对中央文革的思潮，这对我进行活动很有利。"校文革和新北大公社对"红旗飘"的看法发生重大变化，其起点显然就是"中国 X 小组"案。后来，"红旗飘"一部分人的交代，更是令人吃惊。他们那些言论，按照屈长江自己的说法，都是一些"大逆不道的议论和怨言"，"在当时确实是十恶不赦的反动言论"。由此，"红旗飘"被认为是一个"现行反革命集团"，也就不奇怪了。"红旗飘"被揭露后，"井冈山"的一些普通成员并不感到奇怪，他们也相信，"这些人是什么话都说得出来的"。

"红旗飘"暴露后，除少数成员外，头头牛辉林和多数成员一直受到"井冈山"的保护，直到工、军宣传队进校后，他们才受到宣传队的审查。

"红旗飘"是"井冈山"核心势力的重要组成部分，牛辉林是"井冈山"核心组的第二把手，实际上的第一把手，在这股势力操控下的"井冈山兵团"，是不可能同新北大公社搞"联合"的。

周恩来指示周培源"下山"

1968 年初校内的另一件重要事情，是周恩来总理明确指示，要周培源"下山"，即退出"井冈山"。

周培源当上了"井冈山"的第一把手后，便住进了 28 楼"井冈山"总部。

据谢甲林回忆，已经恢复工作的校文革保卫组将此情况通过卫戍区上报周恩来总理。

1968年2月13日，谢富治向聂元梓传达周总理让周培源"下山"的指示：（一）周培源在国际上有影响，下个月他要出国，要他下山；（二）周培源要执行支左不支派的原则；（三）周培源是以北大副校长的身份出国。[28]

接着，北京卫戍区通知保卫组转告周培源，说："李钟奇要给他传达周总理的指示，让我们把他送到卫戍区。"北大保卫组派车，把周送到了卫戍区。

李钟奇、丁国钰接见了周培源，李钟奇等讲："今天接你来，是传达周总理指示：第一，你退出井冈山；第二，你还是副校长，参加群众组织不合适。这是无产阶级司令部的声音。"[29]

李钟奇传达的周恩来指示，意思是很清楚的。"你退出井冈山"，说明周培源上山是错误的；"你还是副校长"，说明陈伯达"让他（周培源）当校长不行吗"的话是非法的；"这是无产阶级司令部的声音"，说明周总理的指示是和毛主席、党中央议定的。

但周培源没有按周总理的指示办，对"无产阶级司令部的声音"置若罔闻，他只辞去了"井冈山"核心组组长的职务，没有退出"井冈山"，还经常参加"井冈山"的会议。他仍然是一个派别的成员。

笔者注意到，谢富治给聂元梓传达的周总理指示提到了周培源要出国访问的事，但李钟奇的传达没有提及此事。笔者以为，有这个事情也不能跟他讲，万一情况有变，他又会念念不忘、纠缠不休的。

一直到周恩来、毛泽东去世，周培源也没有当上校长。

二、失败的高校学习班

不准批判王、关、戚，不纠正"反二月逆流"狂潮的错误，又要

---

[28] 谢甲林：《谢甲林法学文集》，北京：北京时代弄潮文化发展公司，2013年，第36页。
[29] 谢甲林：《谢甲林法学文集》，第32页。

把北京高校中分裂的两派捏合起来搞"联合",成立"革委会",以实现毛泽东想象的"天下大治",为此,谢富治和中央文革决定把各高校两派头头召集起来办学习班,用"派性"这根大棒压服双方。问题是,他们这样做,事先并没有向毛泽东报告,在"文革"领导层内部,思想也是不统一的。后来的事实证明,谢富治和中央文革并没有解决这一问题的能力,因为他们自己就是问题的制造者。高校学习班没有解决任何问题,反而加剧和扩大了矛盾,其间,火还烧到了谢富治自己身上。为了灭火,为了保谢富治,"文革"高层又借助于他们自己制造的、至今扑朔迷离的"杨、余、傅事件",移花接木,发起了一场声势浩大的"反击右倾翻案风"的运动,把"为二月逆流翻案"的帽子扣在主张清除王、关、戚遗毒的群众组织头上,力图把反王、关、戚的势头打压下去。而这一打压的结果,是更大的对立和武斗。

高校学习班于1968年2月5日正式开学,于4月19日草草结束。

高校学习班领导者的水平解决不了高校问题

北京卫戍区副司令李钟奇1月2日接见北大"井冈山"代表时说:"你们要向中央文革反映情况,现在中央文革对你们大学不接待,我可以明确地告诉你们。"他还透露:"对于大学的问题,中央文革讨论了几次方案,未定下来。至于派解放军的形式也没定下来。"[30] 到1月下旬,有关方案大概是确定下来了。

1968年1月27日,北京市革委会和北京卫戍区联合发出《关于分期分批组织大学革命群众组织负责人开办毛泽东思想学习班的通知》,要求"以'斗私批修'为纲,打倒资产阶级、小资产阶级派性,增强无产阶级党性,实现和巩固革命的大联合和革命的三结合,搞好本单位的斗、批、改。"[31]

高校学习班名义上是北京市革委会和北京卫戍区联合举办的,

---

30 《李钟奇副司令员上午十一点接见北大井冈山代表的指示1968.1.2》,载新北大井冈山兵团主办:《北斗星简讯》。
31 卜伟华:《砸烂旧世界》,第656页。

北京卫戍区副司令李钟奇和市革委会常委丁国钰分任学习班的正副书记。但是，这个学习班的领导班子是不清楚的，据说有个支委会，但究竟是集体领导，还是李钟奇、丁国钰两个人在领导，谁也不清楚。当然，他们的背后是谢富治和中央文革。

我们说"打铁还需自身硬"，笔者对卫戍区没有了解，但至少谢富治和他的北京市革委会是不硬的。谢富治实际上是王、关、戚的追随者，有一些辫子被群众抓在手里，无以服众。而市革委会，连毛泽东都说是"被一派操纵了"，广大群众虽然不知道毛泽东的这一评价，也不知道市革委会内部"被一派操纵"的具体情况，[32] 但谢富治和北京市革委会从一开始就缺乏威望和权威，是毫无疑问的。本身做事不公，怎么让人信服呢？李钟奇虽然是副司令，但在北京这块地盘上，却连中学那点事都摆不平（1967年在中学军训的问题上，新北大公社还是表态支持了卫戍区的）。[33] 至于丁国钰，在周景芳把持的市革委会里就是一个被边缘化的角色，他和周景芳有过斗争吗？所以，高校学习班的事情，实在不是这两个人搞得定的。

高校学习班把北京高校众多群众组织的200多个头头（最多时有1400多人）集中在一个平台上，等于把分散的火星拢在一起，只能使火越烧越旺，最后引火烧身。

首先，学习班领导层对高校两派斗争的形势作了错误的估计。他们对高校两派矛盾产生的政治背景缺乏了解，或假装不了解，或者干脆是站在王、关、戚的路线上来看待这一乱局的，他们无意地或有意地认为两派斗争仅仅是争权夺利的"派性"，但事情实际上并不那么简单，群众组织两派斗争是高层政治斗争的反映，有其复杂的、深层次的原因。上面的问题不解决，下面的问题是解决不了的。学习班领导层本来是同王、关、戚站在一起的，他们不反对王、关、戚，更没有批判王、关、戚并肃清其流毒的意愿，他们还想把王、关、戚的问题掩盖起来，甚至把反对王、关、戚看成是反对无产阶级司令部。这

---

32 从吴德后来简短的回忆来看，这种情况是触目惊心的。
33 彭德怀元帅1967年再次蒙难，李钟奇不顾自己的身份，借机打了彭德怀两个耳光，这是众所周知的事情，为人们所不齿。李此举是挟私报复还是极"左"？

决定他们解决不了任何问题。尽管如此，他们自以为能行，自以为能解决问题，而事实证明，他们没有这个能力。

其次，在回避王、关、戚的问题并捂住盖子的前提下，学习班领导层没有解决问题的办法。他们口头上宣称"一碗水端平"，实际上支持一派，打压另一派。他们规定不许串联，否则以破坏学习班论处，少数支左人员甚至采用监视、偷听的不正当手段。学习班领导层的唯一办法，就是挥舞"派性"大棒，他们认为提出批判王、关、戚的口号就是"派性"发作，就是破坏学习班，这种做法不能解决问题，只能导致矛盾升级。

第三，学习班领导层所挥舞的"派性"大棒，在理论上是有缺陷的，无法令人信服。

第四，学习班领导人身在高层，但对于高层的政治斗争及其影响，或是真的缺乏认识，或是装聋作哑。戚本禹的垮台，特别是"杨、余、傅事件"，给学习班带来的严重影响甚至冲击，是学习班领导层始料不及的，也超过了他们的认知水平。

高校学习班的开办

学习班于1968年2月5日正式开学。原计划是组织20所院校的二百多人学习三个星期。这本是一个比较容易实现的办法。但是，几天后，又根据"中央首长"的要求，增加了北京大学、北京师范大学、北京地质学院和北京航空学院等4所院校。这样，共有25所院校251人参加学习班的学习。至2月20日，参加学习班的院校增加到36所，学员增至1406人。学习期限由三个星期改为没有期限，"不解决问题不毕业"（谢富治语）。[34]

2月10日凌晨一点半，聂元梓被谢富治叫去谈话，让北大校文革、新北大公社和"井冈山"都去参加高校学习班。谢富治说，江青、周恩来批评了他，说北大应该带头到学习班去学习，尽快把大联合搞好。谢富治不应该让步，对聂元梓要求应该严格些。谢富治还点

---

34 卜伟华：《砸烂旧世界》，第658页。

名聂、孙去参加学习。[35]

北大于2月11日到学习班报到。除聂、孙以外，新北大公社和井冈山兵团各有5个人参加学习班（公社方面的五个人为：王茂湘、沈永有、刘冲、李长啸、胡宗式）。

学习班领导手里唯一的武器是"反派性"。事实证明，这一武器是不能解决问题的。

关于反对"派性"，官方媒体早已开始大造舆论。1967年12月4日，《人民日报》《解放军报》社论要求"把小资产阶级派性克服下去"。1968年的"两报一刊"元旦社论，提出了"打倒资产阶级、小资产阶级派性"的口号。1月15日《人民日报》转发上海《文汇报》社论《论派性的反动性》，提出了"打倒派性！斩断黑手！无产阶级革命派联合起来！"的口号。1月26日，《人民日报》社论提出："把干扰毛主席伟大战略部署、妨碍毛主席最新指示执行的资产阶级、小资产阶级派性打倒。"1月28日，《解放军报》社论提出，"资产阶级、小资产阶级派性是一种反动的社会思潮"，解放军要"坚决执行支左不支派的原则，同资产阶级、小资产阶级派性进行不调和的斗争。"

学习班领导层，推行的是笼统的反对"派性"，并不符合上述社论的提法。他们并不明白什么是"资产阶级、小资产阶级派性"，他们不准讲阶级斗争，不准讲路线斗争，更不准提"斩断黑手"和王、关、戚的问题，谁要是提出批判王、关、戚，他们就认为是"派性"发作，就是破坏学习班。这怎么能令人信服呢？

笔者以为，"派性"本身就是"文革"的产物，同"文革"领导层及其指导思想有着不可分割的联系，因此，在坚持"文革"路线的前提下，笼统地批判"派性"，哪怕给其加上"资产阶级""小资产阶级"的定语，甚至指其"反动"，都是解决不了问题的。因为所谓"二月逆流"和"反二月逆流"，以及"反王、关、戚"和"掩盖王、关、戚问题"，其间的矛盾斗争，并不是用"派性"这顶帽子能够解决的。

---

35 孙月才：《悲歌一曲：文革十年日记》，香港：香港中文大学出版社，2012年，第277页。

空谈"派性",实际上是捂盖子,掩护"黑手"。

针对学习班的这种情况,大约在 2 月底 3 月初,北大一位教师按照聂元梓的想法写了一篇文字,主旨是"对'派性'也要作阶级分析"。这篇文字上报中央后,得到了毛泽东的好评。[36] 笔者没有见过这篇文字,但知道这种看法的提出,完全是针对学习班把一切都归之于"派性"的做法,不针对其他事情。这篇文字上报后所引起的反响,是原作者做梦也想不到的。毛泽东批示的全文,笔者至今尚未读到。

由于毛泽东发布了新的指示,从 4 月 20 日起,报纸上对"派性"的提法有了很大的变化。4 月 20 日,《人民日报》《解放军报》社论《无产阶级革命派的胜利》说:"毛主席教导我们,对派性要进行阶级分析。" 4 月 27 日,《人民日报》刊登《红旗》杂志评论员文章《对派性进行阶级分析》。5 月 1 日,《人民日报》《红旗》杂志、《解放军报》发表社论《乘胜前进》,公布了毛泽东的最新指示:"派别是阶级的一翼"。

文革史学者杨继绳认为,"这就把不同群众组织之间的斗争上升为阶级斗争,毛可能是想用这顶大帽子阻止派性的发展。"[37] 杨的分析是否符合历史真实,有待研究。但事情的发展,却正好相反。

高校学习班"起火"

在高校学习班上,北师大"造反兵团"在 2 月中旬就开始发难了,他们提出"打倒王、关、戚、林反党集团,要斩断黑手,揪出后台", 他们还得到了"天派"一些组织的积极支持和响应。[38] 北师大"造反兵团"曾受到戚本禹和谢富治的联手打压,所以他们对戚、谢二人意见很大。现在戚本禹垮台了,他们认为谢富治是戚本禹的同伙,便又把矛头指向了谢富治。

聂元梓对谢富治也是有怀疑的,陈伯达也了解这一点。1968 年

---

36 聂元梓:《聂元梓回忆录》,香港:时代国际出版有限公司,2005 年,第 213 页。
37 杨继绳:《天地翻覆——中国文化大革命史》,香港:天地图书有限公司,2016 年,第 324 页。
38 卜伟华:《砸烂旧世界》,第 659 页。

2月底的一天晚上，聂元梓给陈伯达打电话说："高校学习班搞革命大联合，不讲阶级斗争路线斗争。既然高校都集中到一起，又不让抓分裂高校的黑手，王、关、戚的问题公开了也不让搞，周景芳分裂高校的坏事也不让搞。为什么不让批判周景芳？两派各自多做自我批评就能实现革命大联合吗？我们对谢副总理有意见，在学习班给谢贴大字报，算炮打谢富治吧？"陈伯达说："这不算。机关内部提意见，什么时候都可以。这话你不要说是我讲的，还是你们自己讨论决定，如果是群众的意见，你也不要压制。"39

陈伯达的话说明他并不赞同学习班的做法，这让聂元梓心中有了底。她认为，只要掌握好，不要叫大字报上街，在学习班提意见是扣不上"反谢"帽子的。聂元梓和新北大公社确实是这样做的，他们的大字报和种种活动，矛头所向，除王、关、戚、周景芳外，也指向了谢富治，但他们从未点名批评谢富治。当北师大、人大和"学部"的反谢的大字报上街以后，新北大公社仍坚守了这一条。不过，对聂元梓和新北大公社"反谢"的真实思想，毛泽东洞若观火，所以他在7.28召见"五大领袖"时说："首都大专院校学习班，又不向中央报告，引起聂元梓他们不满，你又开学习班，又不让串联，人家就开大串联会，不准串联，不对。不过，你打倒谢富治也不对。"40 "反谢"的帽子，最终还是被毛泽东扣到了聂元梓头上。

3月6日，新北大公社贴出大字报《是解决高校问题的时候了！》，主旨是要批判王、关、戚，找出高校分裂的根源，实现大联合。

3月6日晚，周恩来、陈伯达、江青等接见学习班代表，听取了聂元梓、谭厚兰、北师大造反兵团王颂平和地质学院对立派周永章等人对学习班存在问题的意见。首长是来听意见的，没有讲话。事后，中央将有关发言的录音交给学习班播放，给支左人员听。这是真的要听取群众意见，准备改进工作呢？还是一种先"放"后批判的策略

---

39 聂元梓：《我在文革漩涡中》，香港：中国文革历史出版社，2017年，第317页。
40 韩爱晶校对、整理：《毛泽东"7.28召见"谈话记》，2013年5月26日。亦收入胡宗式、章铎编：《北京大学文革资料选编》（下），奥斯汀：美国华忆出版社，2020年。

呢？再过几天，到 3 月 11 日，人们就可以明白了。

据胡宗式回忆，聂元梓在汇报中反映了学习班内部一些不相信群众的恶劣做法，指出"学习班只讲反派性，不讲路线斗争，不讲阶级斗争（如李钟奇在全体学员大会上讲：你们不要老是讲阶级斗争嘛！），学习班中一讲关、王、林，揭黑手，就好像炮打无产阶级司令部了"，这是在"掩盖阶级斗争，掩盖黑手"，"现在是揭开北京市派性斗争盖子的时候了"。她还向李钟奇提了意见，"李钟奇说校文革性质可以讨论，这样一说就说乱了。""解放军在下面说的不一样，有的解放军说不要校文革领导，井冈山、新北大公社一起办学习班。""在学习班的解放军偷听我们的谈话。"聂元梓揭发，卫戍区有孙蓬一的专案组，"据说再有两个问题调查清楚就可以抓起来了"。她认为，"孙蓬一是个好同志。孙蓬一有严重错误，但是整孙蓬一我是不同意的。孙蓬一出身贫农，烈士子弟，不能把孙蓬一当敌人看，整他的材料是错误的。"

在这次会议上，北大"井冈山"的代表 6 次举手，高叫"我们是北大'井冈山'，聂元梓的对立面，我们要讲话！"但没有被允许。会议休息期间，肖力找到孙蓬一，亲切地问到他的近况，并说，应该继续放炮不要泄气。孙感动得哭了。聂元梓遇到叶群，叶群又鼓励她把所有的话讲出来。[41] 形势似乎很有利，听到传达的孙月才在日记中写道，"首长虽然没有讲话，但已无声地表态了。"[42] 然而，这一切只是表象。在 3 月 11 日晚上的接见会上，风向就完全变了。

上报材料引起的意外事件和 3 月 8 日陈伯达、江青的接见

3 月初北大上报的那篇文字，是给每个中央领导都寄了的。这只是一篇文章，不是什么紧急的事情，也不是什么机密大事，材料到达各位领导手里的时间肯定有早有晚。没有想到毛泽东先看到了这篇文字并作了批示，江青等人获悉这件事情的时候还没有看到这份材

---

41 孙月才：《悲歌一曲：文革十年日记》，第 291 页。
42 孙月才：《悲歌一曲：文革十年日记》，第 291 页。

料。本来让工作人员给聂元梓传个话就可以解决的事,结果弄得有点复杂:江青要谢富治去找,谢又将此事交傅崇碧去办,傅(直接地或间接地)派了一名军人到北大校文革简报组索取。简报组只有一个学生在值班,简报组同卫戍区从无联络,且材料都已上送各位首长,突然来了一位军人查问材料,值班学生不知道出了什么事情,搞得很紧张。这位军人态度生硬,追问材料都上报给谁了,并索要上报名单。这一情况汇报给聂元梓,聂也很紧张,于是打电话(或写信)向中央文革"告急"。3月8日凌晨,陈伯达、江青接见了聂元梓。

对于聂元梓"告急"的事,江青作了解释。江青说,材料是她要的,但下面的事她就不知道了。

接见时的情况,据后来胡宗式的了解,要点有三:一是江、陈二人对聂显得很热情。二是江青根本不理解群众为什么要求批判王、关、戚,但又说王、关、戚还有后台。江青说:"你们抓住王、关、戚不放,是不是又发现了什么新的问题?"江青几次说:"你们为什么老是抓住王、关、戚不放?王、关、戚的后面还有大的嘛……刘少奇嘛。""你们批判王、关、戚,要和刘少奇挂起钩来。"三是江青说高校学习班的口号"打倒派性,增强党性"不对,不确切,应当说"打倒资产阶级派性,增强无产阶级党性"。在这次接见中,陈伯达还为头一年的6.5讲话再次向聂表示歉意。

这次接见是值得研究的。江青对聂元梓显得很热情,这一点容易理解,毕竟毛泽东刚刚肯定了北大上报的材料。江青对批判王、关、戚极为排斥。群众为什么要揪住王、关、戚不放呢?江青不能理解。江青的这种心态也好解释,因为批判王、关、戚对中央文革不利。但是,江青为什么要聂元梓把批判王、关、戚往批判刘少奇方向引呢?这是信口胡扯还是有意挖坑?恰恰在这一点上,聂元梓没有按江青说的去做。王、关、戚的问题和刘少奇怎么挂得上钩呢?王、关、戚的后台到底是谁,江青说的"王、关、戚的后面还有大的嘛"究竟指谁,这是不好瞎猜测的。因此,新北大公社在学习班上提了一个笼统的口号:"坚决揪出王、关、戚的黑后台!"这个口号完全没有和刘少奇挂钩,所以江青在3.27大会上批评聂元梓:"……同时我们也很坦率地向她交了底，就是王、关、戚是爪牙，不值得这样大惊小怪，这样搞会不会干扰大方向呀？可是她还是搞了一阵子。"[43] 江青的指责，大概指的就是这件事情。江青还指责聂元梓不听话："叫她反右她反左"，[44] 由此可见，聂元梓和新北大公社坚持批判王、关、戚，确确实实是犯了大忌。应当指出，江青在3.27大会上说的"王、关、戚是爪牙，不值得这样大惊小怪，这样搞会不会干扰大方向呀？"云云，她在3.8接见时并没有说过，她说的令人惊讶的话是"王、关、戚的后面还有大的嘛……"。

3月7日晚上还发生了一件奇怪的事情——广播台编辑贾瑞珍被"井冈山"绑架了。多年后，贾瑞珍回忆道：

> 1968年3月7日晚9时左右，我从广播台经校医院东侧路南行，回38楼宿舍，走到燕南园西南角交叉路口时，几个埋伏在周围的蒙面人，突然出来把我团团围住，个个手握一把二三尺长的铁棍。"哪去？"我说："回宿舍。"一个人抓住我胸前的衣服，压低声音，但口气严厉地问："今晚聂孙（指聂元梓、孙蓬一）有什么行动？"我这才明白他们是井冈山的人。但他们的问话我摸不着头脑。我如实回答"不知道"，并努力挣脱抓我的手。两个人马上拧住我的胳膊，还有两个铁棍抵着后背，强制推我向东走。我高声嚷："你们要干什么？"他们马上捂我的嘴，并用布把我的嘴勒住，连推带拽到28楼东头。那里站着两排人，手持铁棍木棒，严阵以待。押我的人称"抓住公社一个暴徒"，众人蜂拥而上，拳打脚踢，棍棒相加。我倒地后，一个穿皮鞋的人踹我肚子，又踹我面部，我鼻子顿时流血。然后蒙上眼睛把我拖进一个房间，绑在椅子上，解开勒嘴的布，让我"老实交待"。我想，只要我一开口，不论说什么，他们把录音带一剪辑，播放出去，就会产生无法想象的后果。于是我暗下决心——不开口。一个打手用鞭子（可能里面带钢丝的那种）一顿猛抽。我连人带椅子倒

---

43 聂元梓：《我在文革漩涡中》，第621页。
44 聂元梓：《聂元梓回忆录》，第268页；另见王复兴：《抢救记忆——一个北大学生的文革回忆录》，香港：中国文化传播出版社，2016年，第186—187页。

在地上。拉起了再问，我仍然一声不吭。又有人用扁的金属工具撬我的牙，我还是不吐一字。不知折腾了多长时间，我昏了过去。[45]

北大"井冈山"抓人、打人都不奇怪，奇怪的是他们为什么恰恰在3月7日晚上要绑架贾瑞珍？为什么非常急迫地追问那样一个令人摸不着头脑的奇怪问题？是"井冈山"的头头们突发奇想，要抓一个"舌头"来了解聂、孙当晚的行踪吗？从贾瑞珍的回忆看，"井冈山"方面刑讯逼供，摆出了一副不达目的势不罢休的架势。显然，这次绑架和拷问有着明确的目的。或者，他们是奉命而为？那么，又是谁向他们下达这种指令的呢？他们为什么急于想知道"今晚聂孙有什么行动"呢？

3月7日晚上或夜里，聂元梓确实有重要行动。她向中央文革"告急"，虽然时间很晚了，陈伯达、江青还是在8日凌晨接见了她。那么，对聂元梓的行动感兴趣的究竟是什么人呢？他们和北大"井冈山"又有什么关系呢？

绑架贾瑞珍的目的没有达到，8日或9日晚上，贾被"井冈山"的人放到38楼东门外的马路上。后被一位同学发现，送到医院抢救。

贾瑞珍的遭遇还告诉我们，至晚到3月7日，"井冈山"成员已经用二三尺长的铁棍、木棒和带钢丝的鞭子武装起来了。

学习班里的严重斗争

不管怎样，3.6会议和3.8接见无疑增强了聂元梓的底气。但是她不知道，高层正酝酿着又一场严重的斗争，一场暴风雨即将袭来。

3月9日，聂元梓打破了学习班不许串联的规定，到部分学校代表住地进行串联。据卜伟华，同日"新北大公社总勤务组"在学习班内贴出了《揭开派性斗争的盖子，将路线斗争进行到底》的大字报，影射、批判谢富治。3月11日，"新北大公社"参加学习班的全体学员贴出一张题为《这是为什么？？？》的大字报，指责学习班的某些

---

[45] 贾瑞珍：《贾瑞珍对文革中遭绑架拷打的回忆》，2017年1月21日，载聂元梓：《我在文革漩涡中》。

负责人"用'派性斗争'掩盖高校的阶级斗争,用所谓克服'派性',打击和瓦解无产阶级革命派的队伍。"[46] 笔者未能找到这两份大字报的文本,希望未来的学者能够见到。

3月11日晚上,周恩来、陈伯达、康生、江青、姚文元、谢富治、叶群、汪东兴、吴法宪在人民大会堂继续听取学习班汇报。

在这次会议上,北大"井冈山"领导人侯汉清12次要求发言,但未被允许。[47] 显然,高层领导人根本不在意"井冈山"要说什么,或者,他们很清楚"井冈山"会说些什么。

在3月6日的接见会上,"文革"领导层似乎很耐心地听取了聂元梓等人关于批判王、关、戚的诉求,但这只是一种表象。在11日的会议上,气氛就大不相同了。领导人在听汇报时频频插话,其基调就是对主张追究王、关、戚的问题甚至谢富治问题的群众组织进行打压,而为另外一些组织说好话,甚至制止某些代表的发言,偏向非常明显。[48] 最突出的则是江青的讲话。

中央文革的"二月逆流"心结根深蒂固,江青尤其耿耿于怀,在3月11日的会上便爆发出来了。江青对石油学院"大庆公社"大发雷霆:"你们就是拥护'二月逆流',就是那一派,反我们的,炮轰我们的,轰吧,胆小鬼才怕呢!……'二月逆流'是什么东西!(拍桌子)就是要推翻以毛主席为首的无产阶级司令部,推翻无产阶级文化大革命。"姚文元说:"'二月逆流'就是要推翻毛主席、林副主席,反对无产阶级司令部,反对文化大革命,反对中央文革,'二月逆流'的本质就在这里。"吴法宪、叶群相继表示:"拥护江青同志的发言"。[49]

半年多以来,民间对于王、关、戚及其团伙的议论和批判,让江青很是不爽,一直憋着一口气,很想找机会发泄一下。现在,借题发

---

46 卜伟华:《砸烂旧世界》,第660页。
47 孙月才:《悲歌一曲:文革十年日记》,第292页。
48 参见新北大井冈山兵团编:《北斗星简讯》,第70期,1968年3月13日。
49 胡宗式:《我所了解的北京市两大派》,已收入聂元梓:《我在文革漩涡中》;并参见《北斗星简讯》,第70期。

挥的机会终于来了。

江青的讲话开启了再次批判"二月逆流"的闸门。

坚持批判王、关、戚的人们对 11 日会议显示的调子和江青的情绪爆发没有给予应有的重视。3 月 13 日、15 日，人大"三红""新人大革命造反联络站"、轻工"红鹰""新北大公社"、北师大"造反兵团"等十几所院校的红卫兵组织发起召开了两次串联会。聂元梓出席了串联会。大家普遍认为：学习班的指导思想、方针、方法都有问题，不解决学习班的问题，就会影响揭开北京市两大派斗争的盖子。人大"三红"代表在发言中说："可是学习班，刘、邓、陶没有了，关、王、戚、林反党集团没有了，剩下来的就是整群众的派性。学习班大搞调和、折中，不准讲分歧，对矛盾能掩盖就掩盖，否则就是派性发作。"北外"红旗"代表在发言中说："前几天还有这种论调：火烧英国代办处是百年以来反帝斗争的创举。有人说，关、王、戚、林问题没见过报，两派联合声明中不准讲，一讲你为什么就心里难受呢？就如丧考妣呢？"[50]

只反"派性"，不准批判王、关、戚的做法，正好有利于北大"井冈山"。北大"井冈山"于 3 月 11 日发表《关于目前形势的第一号严正声明》，对高校学习班的这种做法表示支持，认为学习班"大方向完全正确！"

江青发出"反击右倾翻案风"的号召

批判王、关、戚的要求，不可能得到学习班领导和高层的支持。对这种要求最为反感的，首先是江青。在她看来，要求批判王、关、戚，就是为"二月逆流"翻案。江青马上发出了反击的号召。

3 月 15 日，江青在接见四川省革筹小组领导成员时说："目前在全国，右倾翻案是主要危险，我就不相信你们那里没有翻案风。北京学生替'二月逆流'翻案，我们就轰了他一炮。"[51] 3 月 18 日，江青

---

50 卜伟华：《砸烂旧世界》，第 661 页。
51 参见王年一：《大动乱的年代》，第 204—205 页。

在接见浙江省赴京代表团时又说:"从去年冬天开始,虽然击败了形'左'实右思潮,或者说是极'左'思潮,但右倾的多。从冬天到今天有所抬头。"江青还说,"现在有人替去年的'二月逆流'翻案。……右倾不是苗子,已经有行动了,已经有好几个月了。"[52] 显然,江青为此憋了一口气,也有好几个月了。

在高校学习班上,有哪个群众组织提出要为"二月逆流"翻案了?没有啊。被打成"二月逆流"的"怀仁堂会议"的情况,以及毛泽东对元老们的严厉批评,中央文革从来没有向群众组织传达过。连"案情"都不了解,"翻案"又何从谈起?

1967年2月在"怀仁堂会议"上批评中央文革的几位元老,在毛泽东雷霆震怒之后都作了检讨。后来,周恩来又写信给他们,对他们提出警告。[53] 此后,元老们都很谨慎,到1968年春,他们都没有发声。外交部有所谓"91人大字报事件",但这91人只是司长、大使级别的干部,反对的也只是"打倒陈毅"的口号。政治经验丰富的周恩来认为这是"帮倒忙"而给予了严厉批评(甚至说了不少过头的话),陈毅理解周恩来的苦心,写信表示支持周恩来的批评。[54]

高校学习班期间,高层并没有出现为"二月逆流"翻案的问题,只是底下一些群众组织要求批判王、关、戚而已,这些群众组织也没有提出要为"二月逆流"翻案,而且他们对"二月逆流"的真相一无所知。在1968年春,所谓"为二月逆流翻案",是为"二月逆流"心结深深纠缠的江青等人,不能容忍群众批判王、关、戚的要求,为了打压群众而制造出来的一个伪命题。提出一个伪命题,再加以批判,这是老套路了。

1967年春掀起"反二月逆流"风暴,是北师大"井冈山"和"学部联队"冲锋在前,一年后要掀起"反击右倾翻案风"的浪潮,无法再搞暗箱操作,江青只能亲自出马了。

江青的号召马上得到了一些人的响应。

---

52 《中央首长接见浙江省赴京代表团时的重要讲话》,1968年3月18日。
53 杨继绳:《天地翻覆——中国文化大革命史》,第393页。
54 卜伟华:《砸烂旧世界》,第665—667页。

3月11日，北大"井冈山"发表《关于目前形势的第一号严正声明》，认为高校学习班"大方向完全正确"。

3月19日，北大"井冈山"在其"第二号严正声明"中声称，"目前在全国这股右倾翻案风已经成为主要危险"，"以一小撮叛徒、特务和顽固不化的走资派为主要社会基础的'二月逆流'派就是这次刮右倾翻案风的急先锋"，而"陆平保皇党和坏人孙蓬一之流是当前北京市为'二月逆流'翻案的中坚和骨干"，"当前我们与陆平保皇党和坏人孙蓬一之流这一伙'二月逆流'派的斗争就是两个阶级、两条道路、两条路线的斗争。"

北大"井冈山"还有一些文章，如《向右倾翻案风放火开炮！坚决将两条路线斗争进行到底！》（《井冈山》编辑部）、《痛击右倾翻案黑风，揪出"二月逆流"派的后台》（"挥斥方遒"）、《万变不离其宗，为"二月逆流"翻案是溜不掉的！——看北大"二月逆流"派的口号变化》（井冈山兵团16纵 "关心国家大事"），等等。[55]

对北大"文革"历史有兴趣的学者，可以从上述声明和文章中了解北大"井冈山"当年的立场和观点，作出自己的判断。需要指出的是，不过三年多时间，到"9.13事件"后，毛泽东自己就取消了对"二月逆流"的全部指责。但是，历史不能倒流，不能重来。从1967年春的"反击二月逆流"到1968年春的"反击右倾翻案风"，一错再错，错上加错，完全背离了毛泽东发动"文革"的初衷，是"文革"失败的重要原因。

对批判王、关、戚"如丧考妣"的，积极响应江青新号召的，当然不止北大"井冈山"一家。

3月19日，北京地质学院东方红公社发表了《对目前形势的严正声明》。声明写道：

一、紧跟毛主席的伟大战略部署，狠抓两条路线斗争，牢牢掌握斗争大方向，把矛头指向以刘、邓、陶为首的党内一小撮走资派。任何时候决不能忘记这一小撮主要敌人，不能离开这个斗争大方向。坚

---

[55] 前两篇文章已收入胡宗式、章铎编：《北京大学文革资料选编》（中）。

决打倒刘、邓、陶,誓将无产阶级文化大革命进行到底。

二、目前各种反动势力结成同盟,利用中央文革内部揪出几个坏人之机向毛主席,向以毛主席为代表的无产阶级司令部发动了猖狂进攻,把矛头指向伟大的中国人民解放军,指向新生的红色政权——革命委员会,否定一年多以来无产阶级文化大革命的伟大战果,否定广大的革命造反派,为"二月逆流"翻案,这股右倾翻案风是当前运动的主要危险,我广大"东方红"战士务必高举毛泽东思想伟大红旗,提高阶级斗争的警惕性,给这股资本主义复辟逆流以迎头痛击,并坚决揪出他们的黑后台。

三、中央文革高举毛泽东思想伟大红旗,在文化大革命中建立了不朽的功勋,谁反对中央文革就打倒谁,关、王、戚反党集团是中央文革揪出来的,是我们敬爱的江青同志搞出来的,谁想利用关、王、戚的问题来炮打无产阶级司令部绝没有好下场。

四、谢富治副总理是无产阶级司令部的人,北京市革命委员会是毛主席身边的红色政权,我们信得过。目前,刘邓陶及其走狗,变色龙和小爬虫们公然把矛头指向谢副总理,企图颠覆北京市革委会,我们要警告这一小撮人,你们这样做只能搬起石头砸自己的脚,绝不会有好下场。

事实证明,群众组织间的矛盾斗争,不过是高层矛盾斗争的反映而已,学习班的领导是解决不了这些问题的。

3月21日,江青在接见江苏赴京汇报团暨江苏在京学习班时又说,"在目前,来自敌人的干扰,右倾保守、分裂主义是主导,而不是形'左'实右。"江青认为,在关锋、王力等被击溃以后,"右倾分裂主义苗头就开始了,到今年右倾分裂主义便大肆活动,他们人数不多,但能量相当可观,表现在为'二月逆流'翻案。"江青还声称,"我们有确凿的证据,谭震林是个叛徒。"[56] 在这次接见会上,连周恩来也表态说,中央文革"钻进几个坏人,中央文革自己揪起来的,

---

56 《中央首长接见江苏赴京代表团暨江苏在京学习班的讲话》,1968年3月21日。转引自卜伟华:《砸烂旧世界》,第655页。

感谢中央文革劳苦功高的同志。极左批了，右的又来了，老保翻天，反攻倒算，总有一小撮兴风作浪。可以肯定，只要中央文革一声号召，马上他们就垮台。目前在北京街上可以看出这一小撮人在活动，搞右倾分裂主义。"[57] 连周恩来都这样说，真是悲哀啊！

"文革"领导层在接见省级赴京代表团时猛烈批判"二月逆流"和"右倾翻案风"的讲话预示了一场风暴又将来临，但聂元梓和新北大公社的负责人对这些讲话缺乏了解，比较迟钝，对即将到来的暴风雨缺乏预感。坚持追究王、关、戚的新北大公社，必将再次经受一场暴风雨的考验。

学习班里的"倒谢"风波

在提出了学习班到底执行了什么路线的问题后，自然会提到后台的问题，"反谢"的问题开始露面。卜伟华指出，"北京一些红卫兵组织从戚本禹的垮台，联想到与之关系密切、沆瀣一气的谢富治。于是他们便四处活动，收集和整理了一批谢富治的材料，酝酿掀起'倒谢'活动。"[58]

正在这个时候，高层又发生了"杨、余、傅"事件。群众不知真相，也绝不会想到代总参谋长杨成武出了问题，只觉得政治气氛紧张诡谲，谢富治又多日没有露面，便以为谢富治可能出问题了，流言不胫而走。

在这种气氛下，3月16日至18日，北师大"造反兵团""学部"、人大"三红"、清华"四一四"、北外"红旗大队"等单位先后贴出针对谢富治的大字报或大标语。人们首先质疑的是谢富治和戚本禹的关系。北师大"造反兵团"把矛头指向谢、戚二人1967年12月27日在北师大的讲话。清华"四一四"质问谢富治："你和戚本禹到底是什么关系？……你和他是亲密的，不是一般的关系。你为什么对他

---

[57] 《中央首长接见江苏赴京代表团暨江苏在京学习班的讲话》，1968年3月21日。
[58] 卜伟华：《砸烂旧世界》，第661页。

那样奉若神明、百般吹捧，言听计从，步步紧跟？"[59]

新北大公社当然对谢富治有看法，但这次在谢富治的问题上没有表态，没有贴点名的大字报，公社总部甚至下达了不准贴"反谢"大字报的禁令。公社负责人孙月才早在3月12日的公社战士全体大会上就说过："我们新北大公社是相信谢富总理的"。[60] 有的兄弟组织，如政法学院的一个组织，接受新北大公社的建议，没有贴"反谢"大字报。也有的组织，不接受我们的建议，贴出了标题非常过头的"反谢"大字报，给自己造成被动。3月21日，聂元梓在校文革常委和公社总部的会议上说："对谢我有看法，他有缺点错误，但我反对贴点名的大字报、大标语。这种做法应该请示中央，无产阶司令部认为可以，我们坚决照办。"[61]

谢富治深受毛泽东和中央文革信任，他们对于"炮打谢富治"是不能容忍的。3月18日的《人民日报》头版刊登了关于谢富治陪同来访的新西兰共产党总书记威尔科克斯参观北京针织总厂的报道。3月19日，又由谢富治主持首都人民支援越南人民反美斗争的群众大会，让谢富治在群众集会上公开亮相。谢的地位不可撼动，于是，社会上的"倒谢"风波烟消云散。

谢富治并不是没有问题，但群众组织大字报中提出的问题，对于谢富治而言，都是微不足道的小事。在高层眼里，就根本不是事。谢富治受到清算，要到"文革"结束以后。

新北大公社没有贴"反谢"大字报，但聂元梓在北京市革委会的会议上当面给谢富治提出意见，谢接受不了，气得手都发抖。在高层支持下，市革委会领导层在会议上，甚至在北京市范围内发动了对聂元梓的批判。正在此时，"杨、余、傅事件"被公开披露。一股神秘的力量，为了把北大这颗"钉子"拔掉，便利用了这一事件，策划了七校万人冲击北大的严重事件，并把"为'二月逆流'翻案"的帽子扣在聂元梓和新北大公社头上，进行极限施压，从而引发了新北大公

---

59 卜伟华：《砸烂旧世界》，第662—663页。
60 孙月才：《悲歌一曲：文革十年日记》，第296页。
61 孙月才：《悲歌一曲：文革十年日记》，第296页。一

社的强力反弹。

三、杨、余、傅事件和反击"右倾翻案风"的狂飙

在高校学习班内发生严重斗争的同时，高层又发生了诡异的"杨、余、傅事件"。这一事件的起因扑朔迷离，至今没有明确的答案。对于群众来说，这完全是突如其来的事情。但有人把这两件事搅和到一起，把局势搞得非常混乱，随后又掀起了全国范围的"反击右倾翻案风"的浪潮。

诡异的"杨、余、傅事件"

3月22日，中央下令撤销了代总参谋长杨成武、空军政委余立金、北京卫戍区司令员傅崇碧的各项职务，余立金还被逮捕审查，史称"杨、余、傅事件"。同日，中央又发布命令，任命黄永胜为总参谋长，任命温玉成为副总参谋长兼北京卫戍区司令员。

3月24日晚至25日凌晨，在人民大会堂召开了驻京部队团以上干部一万余人大会，林彪讲话批杨成武，周恩来、陈伯达、康生、江青等人出席并讲话，会议的规模与声势都是空前的。最后，毛泽东到场接见，表明这一切都得到他的支持。"杨、余、傅"被加上了许多罪名，如"阴谋夺取空军大权""武装冲击中央文革""为'二月逆流'翻案""是一个新的'二月逆流'""是'二月逆流'的新反扑""杨成武与傅崇碧勾结要打倒谢富治"，等等。这次会议，一般被称作"3.24大会"

"杨、余、傅事件"发生的原因到底是什么？毛泽东支持打倒三位将军的真实想法到底是什么？至今仍是一个扑朔迷离的谜团，没有明确的答案。

按照《毛泽东传》编者的说法，"这件事是林彪、江青联手发动的"。林彪对杨成武的不满是："杨成武封锁我，他跟主席视察大江南北三个月不向我汇报。""林彪在毛泽东面前已表明了同杨成武势不两立、不能共存的态度。""在林彪、江青眼中，杨成武等已成为他们

的'异己力量',便发动突然袭击,以莫须有的罪名把他们打倒。"[62]

学者王年一指出:

> 在军队担任重要职务的杨成武、余立金、傅崇碧,当时在若干问题上坚持了党的原则,在一定程度上抵制了"左"倾错误,抵制了江青一伙的倒行逆施,为所谓"无产阶级司令部"所不容。为了反击在全国到处刮起的所谓"右倾翻案风",就整了杨成武、余立金、傅崇碧。制造这个事件,既是"左"倾错误的一个突出表现,又是因"文化大革命"的需要而排除异己的一个突出表现。……总之,杨成武、余立金、傅崇碧挨整的原因之一是他们比较正确。在那个"人妖颠倒是非混淆"的年代,正确就错误。[63]

杨成武到底有什么罪过呢?学者"大海之声"指出:

> 林彪为杨成武罗织的那些罪名,举凡"原则性"的,大抵都属捕风捉影、无中生有的"莫须有",而那些有事实依据的,却又是一些鸡零狗碎摆不上台面的 "内讧"或磨擦。[64]

王年一指出:

> 林彪3月24日在大会上所说,不仅向壁虚构、自相矛盾,而且笼而统之。中共中央没有转发林彪的讲话,也没有下发任何说明杨成武、余立金、傅崇碧犯了什么错误的文件。[65]

中央没有下发文件,但发了领导人讲话录音带。卜伟华写道:"4月11日,中共中央、中央文革发出通知说,中央办公厅已将3月24日、27日两次大会上林彪、周恩来、陈伯达、康生、江青、姚文元等人的讲话录音复制发到各地,要求各地普遍播放这两次大会的录音。"[66] 新北大公社"火车头"后来印发的大会讲话材料,就是根据

---

62 中共中央文献研究室:《毛泽东传》(1949—1976),北京:中央文献出版社,2003年,第1514页。
63 王年一:《大动乱的年代》,第211—215页。
64 大海之声:《毛泽东为什么支持打倒"杨、余、傅"?》,原载共识网。
65 王年一:《大动乱的年代》,第214页
66 卜伟华:《砸烂旧世界》,第670页。

录音刻印的。下发的录音显然经过"审修",在会议现场听到过的有些话,在下发的录音里可能就没有了。

回顾历史,可以清楚地看到,"杨、余、傅事件"是被制造出来的,目的是反"右倾"。王年一写道:

> 制造"杨、余、傅事件"本来就为了反对所谓"右倾",在这个事件被制造出来后,在全国范围内反"右倾",同时开展所谓"清理阶级队伍"的活动。1968年3月24日以后,中央报刊和全国各地报刊连篇累牍地登载反"右倾"的文章。《人民日报》《解放军报》4月10日社论《芙蓉国里尽朝晖》说:"要有力地批判右倾翻案的妖风"。《人民日报》《解放军报》4月12日社论《不到长城非好汉》说:"当前,要特别警惕右倾保守思想,反对右倾机会主义和右倾分裂主义,反对山头主义和宗派主义,反对两面派,打退阶级敌人的'翻案'黑风,粉碎他们的复辟阴谋。"《人民日报》《解放军报》4月20日社论《无产阶级革命派的胜利》说:"当前,要特别警惕和坚决反对右倾分裂主义、右倾投降主义、右倾保守主义。"[67]

类似社论还有很多,兹不赘引。连篇累牍、近乎歇斯底里的大反"右倾",说明了什么?他们害怕什么?当时有什么"右倾"?不就是一部分群众组织反对王、关、戚吗?反对王、关、戚等于"右倾翻案"?抓王、关、戚的命令不是毛泽东亲自下的吗?中央文革不是已经和王、关、戚切割了吗?周恩来不是在大会上说了"王、关、戚是江青同志自己端出来的"吗?那还担心什么?

按照"大海之声"的分析,这是因为毛泽东胸中憋了一口气。

许多年后,人们才知道,王、关、戚之所以垮台,是因为:周恩来在一个非常成熟的时机,通过杨成武,向身在外地的毛泽东奏了一本。情况就是这样,局势严重,您看着办吧!于是,毛泽东不得不先将关锋、王力抛弃。

"大海之声"分析:

---

[67] 王年一:《大动乱的年代》,第215页。

……毛泽东考虑两天之后，决定抓王力、关锋、戚本禹。然而，毛泽东真的心甘情愿抓王、关、戚吗？这等于给以江青为首的中央文革小组一个重创，对他毛泽东而言，也是一次难以忍受的"忍痛割爱"。至于这一次是周恩来拿他当枪使，他毛泽东心里更是清清楚楚。尽管内心十分不满，但也无可奈何。周恩来不管动机如何，他仍然是以国家大局为重，他毛泽东不能不顾及到这一点。毛泽东深知，拿下王、关、戚，为之弹冠相庆、幸灾乐祸的是党内、军内、政府内的保守派们，他们借毛泽东的"忍痛割爱"大做否定文革的文章，不是不可能的，而这一口恶气，毛泽东是难以咽下去的。至于杨成武在这一出戏中所扮演的角色，毛泽东在心里是要狠狠记上一笔的。

"大海之声"认为：

……搞掉杨成武不仅是对林、江集团在上一轮王、关、戚事件所受政治损失的补偿，而且是对党、政、军内那些借王、关、戚事件"兴风作浪"的保守派们的反击，是对反对、否定文化大革命"逆流"的反击。因为杨成武在王、关、戚事件中即便不是核心人物，也是关键人物。

……拿掉杨成武，在某种意义上也是对周恩来的保守倾向的一种警告，至少让他在维护党内保守派的问题上拿捏分寸，适可而止。

"大海之声"指出：

值得玩味的是，杨、余、傅刚被拿下，一波"反右倾"浪潮便在全国掀起。

这个反右倾运动，如果得不到毛泽东的"默许"甚至支持，能在全国范围内发动并造成如此声势吗？而"反右倾"的矛头所向，难道仅仅是杨、余、傅三人吗？……一场突如其来、莫名其妙的"杨、余、傅事件"，怎么看都像是八个月前那个同样"突如其来、莫名其妙"的"王、关、戚事件"的反弹，而且是相当"剧烈"的反弹，而在这一扑朔迷离、"高深莫测"的历史反弹中，释放出来的是否还有毛泽东胸中那口在武汉"七二〇"事件和"王、关、戚事件"中积蓄起来的"恶气"呢？

老百姓哪里想得到这些。聂元梓、孙蓬一和新北大公社一直以为自己反对王、关、戚是保卫了毛泽东的无产阶级革命路线呢！他们哪里想得到，毛泽东对他们反对王、关、戚是不认可的，是反感的。聂元梓始终无法摆脱困境，其原因盖出于此。由此可以想见，利用"杨、余、傅事件"对聂元梓和新北大公社实施极限施压，是一件理所当然的事情，也算是借此出一口"恶气"。至于会产生什么后果，则不在考虑之列。

打倒杨成武，对毛泽东的"文革"和中央文革小组有什么好处呢？取代杨成武的黄永胜，当年参加过毛泽东领导的"秋收起义"，所以不需要"代"字，直接当了总参谋长。但是，黄永胜领导的军委办事组，天天都在骂江青。当然，老百姓是想不到这些的。

同"二月逆流"一样，当时吵翻了天的"杨、余、傅事件"，后来也被毛泽东自己否定了。1973年12月21日，毛泽东在八大军区司令员对调时的讲话中说："所谓的'杨、余、傅事件'是林彪搞的，我听了一面之词，所以犯了错误。"[68] 毛还在杨成武女儿的来信上批示："此案处理可能有错，当时听了林彪一面之词。"[69] 但在当时，事件的制造者，利用这个"事件"，掀起了声势浩大的"反右倾翻案风"运动，从而更加助长了极左思潮的泛滥。这一事件也被北大"井冈山"及其盟友们所利用，用来打击聂、孙和新北大公社。3.24—3.25大会结束后仅几个小时，便发生了外校学生冲击北大的"3.25事件"。

谢富治宣布要"整风"，聂元梓提意见惹祸端

在"3.24大会"之前，高层已经出了大问题，但聂元梓一无所知。

随着戚本禹的垮台，北京市革委会内部由戚本禹、周景芳安插的人也受到清理，其人数之多和所占据的岗位之重要，令人吃惊。大约

---

68 中共中央文献研究室：《毛泽东传》（1949—1976），第1515页。
69 中共中央文献研究室：《毛泽东传》（1949—1976），第1619页。

在 3 月中、下旬之交的时候，谢富治不得不在市革会内部表示要"整风"，听取意见。聂元梓本来可以不发声的，但是她太天真了，居然相信谢富治真的要"整风"了，便提了些意见。这使谢富治及其支持者非常愤怒，他们不仅在会议上对聂元梓大加批判，还把这场批判扩大到北京市基层。

关于事情的经过，聂元梓有详细回忆，[70] 但她对市革委会开会时间的记述有误，会议应该是在 3 月中旬的末尾开始的，而不是在 3 月下旬。这次会议，应该就是 3 月 18 日至 25 日召开的北京市革委会第十二次全体委员会议。

据聂元梓回忆，谢富治在市革委会会议上说，各级革命委员会都要革命化，先制定一个革命化的条例。为此要先进行整风，各级革委会都要整风，要真正实现"革命化"，市革委会要专门开几天会进行整风。

聂元梓在发言中表示同意谢富治的意见，并说市革委会需要进行整风，但不是只制定几项革命化的条例，而是结合实际认真进行整风。首先要整谢副总理的风，要一级一级地从上往下整，先从谢副总理开始。随后，聂元梓讲了几条意见。

所谓"整风"，谢富治不过是说说而已。他没有想到聂元梓会当真，会把火烧到他的头上。听了聂元梓提的意见，谢富治竟然"气得手都直哆嗦"。

聂元梓对谢富治也有一个认识过程。因为参加北京市革委会的工作，她比新北大公社的师生知道得多一些。比如谢富治在市革委会讲话，言必称"我们敬爱的江青同志是高举毛泽东思想伟大红旗的，我们一定要紧跟江青同志"，还要一一历数中央文革的成员，不厌其烦地重复道："康老是高举毛泽东思想伟大红旗的"，"伯达同志是高举毛泽东思想伟大红旗的"，"王力同志是高举毛泽东思想伟大红旗的"，"关锋同志是高举毛泽东思想伟大红旗的"，"戚本禹同志是高举毛泽东思想伟大红旗的"，等等。他还宣布，谁要反对哪一个都不行，

---

70 聂元梓：《聂元梓回忆录》，第 250—267 页。

都叫他碰得头破血流;中央文革哪一个也不能反,反江青是反革命,反陈伯达是反革命,反王力是反革命,反关锋是反革命,反戚本禹也是反革命……[71]。开头时讲一次也罢了,但像谢富治这种逢会必讲的做法,后人难于理解,在那个年代恐怕也是绝无仅有的。

谢富治的资格很老,级别很高,但他对戚本禹这样的"小字辈"都是毕恭毕敬、言听计从的,这让聂元梓很看不惯。聂元梓多次向谢富治反映了王、关、戚、周景芳等利用北京市革委会进行阴谋活动的情况,但谢富治却一再地为他们解释和开脱。周景芳是西单商场武斗的后台,并因此事败露而垮台。问题如此严重,谢富治也没有把周景芳的罪行公布给市革委会的委员们,他自己更是一句检讨的话也没有。聂元梓由此认为他们是一伙的。

聂元梓在会上提出的具体意见,恐怕主要同谢富治和戚本禹的关系,以及周景芳的问题有关。笔者当年不知其内容,现在也无文本可考。放到今天来看,聂元梓提的那些意见,相对于谢富治在文革中的罪恶,不过是皮毛而已。谢富治在北京市革委会的问题,其实也不是最主要的,他在公安部长和中央专案组所任职位上犯下的罪行,更为严重。[72]

但是,就这样一点意见,谢富治就受不了了。会议开不下去,当时就终止了。

就因为在会议上当面给谢富治提了几条意见,聂元梓就犯下了"反谢"大罪,受到打击报复。聂在会上提意见,是公开的,合法的。她提的那些意见,在市革委会也应该是人所共知的,但那些都是谢富治不可揭的疮疤。现在聂元梓把这些疮疤当众揭开了,谢富治还不恼羞成怒?聂元梓还是太天真了,冒然发言,没有给谢富治留一点面子,在会议上让谢富治下不了台。我们可以说聂元梓不识时务,但在市革委会里敢于这样直言的,还真没有第二个人。谢是紧跟毛泽东"文革"路线的,毛对谢深信不疑。高层不可能支持聂元梓去批评谢

---

[71] 聂元梓:《聂元梓回忆录》,第251—252页。
[72] 参见赵明:《"文革"中的谢富治其人其事》,载《百年潮》2003年第4、7、9期。

富治，只能支持谢富治"批聂"，于是后果就严重了。聂元梓本来就是一个用来当摆设的副主任，轮不到她提意见，如果她采取顺守之道，退避隐忍，察言观色，人云亦云，不提意见，甚至违心地说些逢迎赞扬的话，肯定不会有"批聂"的事情发生。但这样做，就不是聂元梓了。

由于对高校学习班的抵制和"反谢"，聂元梓和新北大公社就成了市革委会的"钉子"。

其实，早在好几个月之前，北大已经成了谢富治的"钉子"。聂元梓回忆说：

李讷从北戴河休养回来，她告诉我，谢富治说："要拔掉北大这颗钉子。"这句话是六七年夏天李讷亲自对我讲的。[73]

谢富治为什么在1967年夏天就把北大视作"钉子"？因为他是关锋、戚本禹、周景芳的同伙。

北大成了北京市革委会亦即谢富治的"钉子"这件事，林豆豆也知道。聂元梓在交代材料中有如下一段话：

1968年秋，李学文告诉我，他见到了林豆豆和刘平平，谈了对学校宣传队的一些意见。认为宣传队"支一派，压一派"对新北大公社不好。林豆豆听了以后说：你们是市革委会的钉子，当然要拔掉你们了。这话我同孙蓬一、姜同光、王茂湘议论过，同赵建文、孙世忠也议论过。议论"钉子"是什么意思？有的说不清楚，有的说，当然是坏意思了。因为你们反谢副总理就是向市革委会夺权。这还不是"钉子"？当然要拔掉了。我说，我们要重视林豆豆的话，因为她的年岁大了。同时这是不是林副主席对我们的看法？林豆豆讲这话，不一定是她自己的看法。谢副总理会不会给林副主席说我们的坏话，所以林副主席会对我们有这样的看法。[74]

笔者以为，聂元梓回忆的这件事的时间不一定准确，68年春天

---

73 聂元梓：《聂元梓回忆录》，第251页。
74 聂元梓：《我在文革漩涡中》，第328页。

的可能性更大,所说的"宣传队"应该是 68 年春进入北大的军宣队。

"钉子"一说表明,无论谢富治当面说了多少好话,他一直是把聂元梓、北大校文革和新北大公社当作"钉子",必欲拔除而后快的。

聂元梓获得"警报":"要搞你们北大了"

聂元梓提意见,完全出乎谢富治的意料,打乱了他的安排。谢富治不能容忍。第二天(估计是 19 日),北京市革委会全体委员的会议便暂停了。谢富治需要向高层汇报,请示反击方略。

谢富治是如何向高层汇报的,笔者不得而知,但高层的态度是显而易见的。高层对聂元梓及新北大公社将采取什么措施,也不得而知。但通过对后来发生的种种事件进行梳理,脉络还是清晰可见的。事实证明,一个要拔掉北大这颗"钉子"的计划被制订出来并付诸实施了。其办法就是对聂元梓和新北大公社极限施压,一方面在市革委会和全北京市"批聂",另一方面则挑动某些群众组织冲击北大,企图挑起武斗,再嫁祸于人。至于这种极限施压的做法会带来什么后果,策划者是不会在意的。

好在聂元梓及时获得了警报。

这种强力打压,即便来自高层,组织起来也是需要时间的。世上不乏正直之人,聂元梓还是及时获得了警报。北大经济系有一位姓刘的女生,其父是卫戍区副司令。一天夜晚(惜日期欠载,很可能是 3 月 19 日夜里),谢富治在卫戍区召集市有关领导人会议,刘副司令也参加了。会议中途,他溜出来告诉女儿,谢富治刚刚从林副统帅那里回来,要搞你们北大了。从今天开始,不允许你回学校。但次日一早,该女生还是赶回学校把消息告诉了经济系老师王茂湘(学生对这位老师得有多大的信任!),王又告诉了聂元梓。聂多年后还说,在制止 3.25 武斗的问题上,这位女生和王茂湘是有功的。[75] 显然,谢富治召集的这次会议,传达的、布置的都是如何"搞北大"的问题。

因为得到了警报,聂元梓和校文革有了一点思想准备。聂元梓回

---

75 聂元梓:《聂元梓回忆录》,第 256 页。

忆说:"我认为形势不妙,要发生什么大事件了。我更加坚定不移地,要把市革委会会议对我的批判传达给全校的群众,使得群众在遇到无法预料的情况时,头脑是清醒的。我实在是着急,批我的后边定有大事发生。我和校文革的同志讲了我的想法,他们都同意开一个全校大会。"[76] 显然,安排这样的传达是及时而明智的。

在林彪那里发生了什么?谢富治从林彪那里获得了什么指示?谢富治在卫戍区召集了哪些市领导开会?又作了什么部署?这一切,恐怕永远都是谜。但这一切只要付诸实施,其目的和手段自然就暴露出来了。

在随后的"3.24大会"上,林彪在批判杨成武时提到了聂元梓。林彪说:"杨成武为了一个问题,跟着几个同志去找聂元梓。他讲错了话,讲了坏话,可是事后他赖帐,他说他没有讲。"林彪没有具体讲是一件什么事,也没有说聂元梓有什么错,但在当时,在宣布杨成武是两面派、阴谋集团的情况下,人们会认为这是一种暗示,似乎杨有什么重大问题同聂元梓有来往,有什么黑关系。实际上,杨成武找聂元梓谈的,是处理北大"井冈山"1.15小报的问题。聂元梓心中很坦然,但大街上贴出来的标语,却是"聂元梓是杨、余、傅的小爬虫!"

据王复兴考证,江青在3.24大会上对聂元梓有批评:"我要你反右,你偏反左。"王复兴称,首都红代会核心组成员列席了这次大会,北大是聂元梓和马云龙去的,马云龙多年后确认江青讲过此话,他回校后也是这样传达的,听过传达的人对此也印象深刻。[77] 但是,"火车头"根据录音整理的大会讲话记录中,江青讲话并没有涉及聂元梓(可能是"审修"时删去了)。聂元梓本人对江青的批评印象深刻,而且批评的话不止这一句。江青还说聂元梓骄傲了,谁的话也不听了,叫她反右她反左,干扰了斗争的大方向,"破坏了毛主席的战略部署",云云。[78] 在聂元梓的记忆里,批评她的这些话是在3.27大

---

76 聂元梓:《聂元梓回忆录》,第256—257页。
77 王复兴:《抢救记忆——一个北大学生的文革回忆录》,第186—187页。
78 聂元梓:《聂元梓回忆录》,第268页。

会上讲的,而现存大会讲话记录稿里,却并没有这几句话。不管怎样,让聂元梓数十年念念不忘的江青的这几句话,应该是真的。笔者看到的一些聂的手稿里,也多次提及江青这一批评。

在"反右"的问题上,聂元梓确实没有听江青的。据王复兴回忆,在那段时间,聂在北大俄文楼一个小范围会议上讲:"中央文革提中央文革的口号,我们提我们的口号。当前不是右,而是左。我们是有右反右,有左反左。现在是要反左。"[79]

北京市革委会全体委员会议"批聂"

经谢富治等人开小会安排之后,从 20 日起,市革委会第十二次全体委员会议继续开会。卜伟华写道:

> 会议提出,当前北京市刮起一股风,是为"二月逆流"翻案的一个组成部分。这股风的矛头是指向"以毛主席为首、林副主席为副的无产阶级司令部的党中央、中央文革"。北京市革委会要求各级革命委员会"率领革命群众,坚决击退'二月逆流'的反扑","把斗争矛头对准当前的主要危险右倾机会主义、右倾分裂主义,彻底粉碎为"二月逆流"翻案的黑风。[80]

实际上,这次会议除了表态反对"二月逆流"和宣扬谢富治的功德外,便是集中火力批判聂元梓。会议没有让聂元梓发言,她就听着。她的态度是:"你批我就批吧,是我的错误,我改正,不是我的错误,我坚决不承认。"

笔者偶然从北京市委网站"宣讲家"上发现了郑维山、吴德在 1968 年 3 月 21 日北京市革委会会议上的讲话,现抄录于下。[81]

郑维山在会上发言说:

> 为二月逆流翻案是一个大是大非的问题。在这样一个大是大非

---

[79] 王复兴:《抢救记忆——一个北大学生的文革回忆录》,第 187—188 页。
[80] 卜伟华:《砸烂旧世界》,第 655 页。
[81] 见北京市委网站"宣讲家",原刊于《二·七工人》报,1968 年 3 月 29 日,第四版。

面前，我们究竟是反对还是不反对，我认为我们革委会中每个同志都要有自己的态度。我很同意今天上面几个同志的发言，为二月逆流翻案，事实上是自毁长城，反对毛主席、反对林副主席，反对党中央，反对无产阶级文化大革命，否定文化大革命的成果。……但是，在这样一个大是大非面前，有人站队站错了，旗帜不鲜明，每个人在这个问题上要有立场，检查一下自己站队站对了没有？态度明确不明确？……究竟谁是主将，谁是干将，谁是二月逆流的干将，谁是保二月逆流的主将，谁是保二月逆流的干将，需要弄清楚，应该弄清楚，在这个问题上，我建议把这个问题弄清楚，这就是在这个大是大非问题面前态度的根本问题！

以谢副总理为首的北京市革命委员会，是毛主席身边的红色政权，是高举毛泽东思想伟大旗帜的，是紧跟伟大领袖毛主席的。……但是某些人把矛头指向市革委会及某些负责人我不同意，并且反对。……我们坚决支持市革委会。北京军区有个支持市革委会的文件，是经过伟大领袖毛主席批准的。谁反对市革委会，我们就坚决和他斗争到底。

吴德说：

我完全拥护郑司令员的讲话。关于为二月逆流翻案，应有个明确的态度。有人用学习班的缺点、错误反对谢副总理，讲什么要谢副总理上断头台，谢副总理是变色龙等等。这是反革命。他们正是要把高举毛泽东思想伟大红旗、坚决与二月逆流作斗争的谢副总理打倒，这不行。打倒谢副总理要让谁来当主任呢？让二月逆流的主将谭震林来？不行！让为二月逆流翻案的主将来？不行！谁是二月逆流的主将，谁是为二月逆流翻案的主将？大家心里都有数。有人态度对，有人旗帜不鲜明。

这份材料还附有吴德在20日会议上的讲话：

北京目前刮起的这股风，说是右倾翻案风是不够的，而是一股反革命风。这股反革命风其矛头不仅直接针对以毛主席为首的司令部，而且直接针对真正广大的革命造反派。我们认为谢副总理是紧跟毛主席的,现在刷出的反对谢副总理的大标语、大字报所提出的问题,全是捏造,是不符合事实的,是颠倒是非的。谢副总理本人说,他自己有缺点有错误,欢迎给他贴大字报,给他以帮助,这是谢副总理的谦虚。对这个问题,我们是不能同意谢副总理的观点的。

这是一份难得的材料。既然北京军区发布了支持北京市革委会的文件,并且是经过毛泽东批准的,那末,聂元梓所得到的"警报",显然是真实的,其源头也就不言自明了。至于北京军区的文件说了些什么,恐怕永远是个谜,但其主旨,郑维山已经讲出来了。

郑维山提出,"谁是二月逆流的干将,谁是保二月逆流的主将,谁是保二月逆流的干将,需要弄清楚";吴德说,"谁是二月逆流的主将,谁是保二月逆流的干将,大家心里都有数。"那末,他们是在说谁呢?他们指的是聂元梓和新北大公社吗?倘若真的如此,那也太抬举聂元梓和新北大公社了。聂元梓给谢富治提的意见,就事论事,同"二月逆流"毫不相干啊。聂元梓在谢富治亲口宣布的整风会上,给谢提了几条意见,就等于是"反对北京市革委会"了?

北大"井冈山"和地院"东方红"们是把新北大公社称为"二月逆流派"的,然而,新北大公社有这个资格吗?如果这是指桑骂槐,那他们真正的矛头又是指向谁的呢?

3月21日下午,市革委会继续开会批判聂元梓,据孙月才日记,郑维山、吴德都有讲话。新北大公社总勤务组认为情况严重,马上召开了团长会议。后来聂元梓来了,详细介绍了市革委会会议上各人的发言。[82] 傅崇碧也有讲话批聂,但令人惊讶的是,他在第二天就被撤销了北京卫戍区司令员的职务(但老百姓要到 3 月 27 日才能知道)。北京军区司令员郑维山,也因为杨成武的问题险些遭受池鱼之殃。[83]

---

82 孙月才:《悲歌一曲:文革十年日记》,第 296 页。
83 吴法宪:《吴法宪回忆录》(下卷),第 12 章第 1 节"杨、余、傅事件",香港:北星出版社,2010 年。

3月23日下午，市革委会会议继续批判聂元梓，上纲很高。聂元梓对吴德说："如果我与大家是敌我矛盾，马上把我送卫戍区。"吴德回答："哪里！哪里！"[84]

聂元梓向北大师生传达"批聂"会议的情况

会议上对聂元梓的批判尽管火力很猛，无限上纲，但提不出什么足以整垮聂元梓的实质性问题，也没有通过什么决议。但他们背着聂元梓这个市革委会副主任，使用会议以外的手段，把批判聂元梓的事情传达到街道居委会和全市基层群众。这是要动员全市群众来批判聂元梓的节奏啊。实际上，卫戍区还组织了全市性的游行到北大示威。除了高校，还有工厂、机关甚至军队，远的甚至有通县的农民。在颐和园旁门（铜牛处）胡宗式亲眼看到了"打倒聂元梓！"的标语，落款竟然是"北京卫戍区"。

批判聂元梓的会本来是市革委会内部的会议，也没有指示聂元梓向学校师生传达。聂元梓并不害怕公开真相，一开始就向校文革委员们作了传达。后来得知谢富治已经在全市传达了。聂元梓认为"这事情不简单"，在和校文革商议后，决定向北大全校师生员工（包括"井冈山"的群众）原原本本地传达会议批判聂元梓的情况，让大家有一个思想准备。

向全校的传达进行了两次，第一次只是讲聂元梓受到了批判，没有讲前因后果。在接到了"警报"之后，聂元梓在3月22日下午作了第二次传达。聂元梓回忆说：

我回到北大以后，就把所有的人都召集来，不管你是哪一派，是北大的都来，愿意听的都来，开全校大会，把市革委会开会的情况内容，原原本本地讲一遍，谁怎么发言，说的什么，谁怎么发言，批我什么，都告诉大家，一个发言一个发言地传达，将每个发言人批判我的内容都传达给全校的群众，使大家都了解，到底市革委会都批判我是些什么问题。实际上我就是动员，让全校群众的头脑都清醒起来。

---

[84] 孙月才：《悲歌一曲：文革十年日记》，第298页。

我是北大的人，我干了些什么，让北大的人都清楚，把问题的盖子揭开了，让大家知道那些人在干什么，要不，外边的人都反进来了，北大的人还不知道怎么回事呢？我是连锅端，不是光讲好事，批我的事，说我的坏话，我一样地说！把底交给了大家。[85]

另据陈景贵日记，这次传达作于3月23日晚上，"传达北京市革委会常委会发言。发言皆攻击聂元梓，说她要搞垮革委会，自己当主任。皆说北京市革委会是红色政权，谢富治是无产阶级司令部的人。"[86]

这是一场严峻的斗争，聂元梓通过广播向全校师生原原本本传达会议情况的抉择是正确的。传达的内容都在聂的笔记本里，但聂的笔记本早就被没收了。

聂元梓的传达使新北大公社广大群众知道了北京市革委会会议上发生了什么，心里有了底，当3月25日发生七校万人冲击北大的事件时，没有发生恐慌。但他们对于在更高层面发生的变故，是一无所知的。

北大"井冈山"将矛盾升级为敌我矛盾，新北大公社受到强力打压

新北大公社在谢富治问题上没有表态，更没有贴"反谢"的大字报，但聂元梓在市革委会的会议上给谢富治提意见，给新北大公社惹来了大祸。"要整你们北大了"，并不限于在北京市批判聂元梓，而是要对新北大公社也给予全方位的打击，甚至将其推垮。

一些人早就跃跃欲试了。

北大"井冈山"及其支持者以为，又一次大好机会来了。他们群起鼓噪，以批判聂、孙的名义，在北大掀起大浪，对新北大公社施以高压。

3月19日，北大"井冈山"发表了《关于目前形势的第二号严

---

85 聂元梓：《聂元梓回忆录》，第257页。
86 陈景贵：《那几年我在北大》，第842页。

正声明》。《声明》称：

> 在以毛主席为首的无产阶级司令部的亲自领导下，新生的红色政权——以谢富治同志为首的北京市革委会，粉碎了关王林穆反党集团和聂氏家族、郑家黑店等叛徒、特务集团从极"左"和右的方面猖狂进攻。……当前我们与陆平保皇党和坏人孙蓬一之流这一伙二月逆流派的斗争，就是两个阶级、两条道路、两条路线的斗争。

按照这个《声明》，这就是一场不折不扣的不可调和的敌我矛盾性质的斗争。

随后，在幕后黑手的操纵和内外勾结下，地院东方红、农大东方红等组织多次派出大批人员闯入北大校园，高喊口号，大造声势，对北大"井冈山"表示支持，企图压垮新北大公社。

3月20日，地院东方红、北京石油学院北京公社、钢铁学院延安公社、民族学院东方红、农大东方红等组织相继到北大校园内游行示威，作为内应，北大"井冈山"也举行示威游行。游行示威者高喊："打倒反革命聂氏家族！""打倒二月逆流的黑干将聂元梓！""把小爬虫孙蓬一揪出来示众！"和"聂元梓从市革委会滚出去！"等口号。

3月21日晚，北大"井冈山"派人抄了孙蓬一、陈葆华的家，又去抄夏剑豸的家，未能得逞。他们残酷殴打校文革常委陈影。同时，他们还抢砸了地质地理系文革办公室，劫走了全部档案材料，抢砸了北大汽车库，劫走了汽车一辆，割断了新北大广播台全部喇叭线，抢走了17个喇叭，烧毁了11个喇叭。[87]

3月22日，北大"井冈山"总部发出《通缉孙蓬一的通缉令》。其成员敲锣打鼓地进行游行，高呼"打倒现行反革命分子孙蓬一！"并抢走了新北大公社的十多个喇叭。北京农业大学东方红1000多人来北大游行，呼喊："打倒孙蓬一""揪出聂元梓"等口号。

3月23日，新人大公社等六个组织到北京市革委会示威，并发表《声明》："打倒聂元梓、孙蓬一"，"聂元梓从市革委会滚出去"。

---

[87] 《牛辉林之流挑起武斗破坏毛主席伟大战略部署罪该万死》，载《新北大》增刊1968年3月30日

3月24日，北京农业大学一些群众组织到北大示威，呼喊"打倒聂元梓"的口号。

……

以上种种，都是有计划、有组织的行动，是"要整你们北大了"的方针的初步实施或排练，但大动作还在后面。北大"井冈山"及其支持者，不过是被人利用的工具罢了。

新北大公社准备经受 12 级台风

面对市革委会会议上针对聂元梓的不正常的批判，面对北大"井冈山"及其支持者们那些"极限施压"的行动，新北大公社深感形势严峻，大难将临，不得不防。

3月21日夜，新北大公社召开团长会议，讨论形势。后来聂元梓来了，详细介绍了市革委会会议上各人的发言。22日上午，校文革常委和公社总勤务组开会，研究形势。大家一致认为，这是一场严酷的阶级斗争，准备经受12级台风。接着召开团长、系文革主任会议，校文革常委和公社总勤务组参加。孙月才讲了话，要点如下：

一、这是严酷的阶级斗争，决不是什么派性。

二、同志们要很好地思考昨天下午市革委会上的所有发言。

三、我们无限相信毛主席、林副主席、中央文革，一句话，无限相信无产阶级司令部，相信以毛主席为首的无产阶级司令部一定会明察秋毫，解决当前的问题。

四、我们在学习班的大方向完全正确，抵制毛泽东思想学习班中那些不符合毛泽东思想的东西，这正是对市革委会的最大支持最大爱护。我们坚决反对有人利用抵制学习班的错误指导思想，把矛头对准市革委会谢副总理。我们也坚决反对有人因为抵制学习班的错误指导思想，而压我们和别的革命群众组织。这种做法是完全不符合毛泽东思想的。

五、要开全体战士大会表明我们的观点，同时要痛击老保翻天，向右倾翻案风进攻。[88]

笔者认为，孙月才日记中保存下来的他的讲话要点，真实地反映了当时新北大公社对局势的认识和立场。新北大公社经过一年多的斗争锻炼，自信心已颇有增加，他们坚信自己没有错，在原则问题上决不退让。

1968年3月22日晚上，新北大公社总部召开会议，决定成立"武卫指挥部"，由宫香政、黄树田、黄元庄负责。成立"武卫指挥部"是一项重要的决定，为新北大公社使用武力开了口子，然而这正是"极端施压"政策打压下的产物。

批判"杨、余、傅"的大会刚刚结束，地院东方红立即发表"声明"，要"坚决揪出聂元梓"，同时发生七校万人冲击北大的事件

"要整你们北大了"的大动作要等一个时机，这个时机就是3月24日晚在人民大会堂召开的大会。在这个军队团级以上干部会议上，林彪作了长篇讲话，宣布杨、余、傅的所谓错误和对他们的处理决定。

这个会议开始得很晚（据杨继绳，会议从晚上9点等到25日凌晨才开始），[89] 又开得很长（周恩来、江青、陈伯达、康生、姚文元等人都有讲话），会议后毛泽东又接见与会人员，整个会议结束时，已经是25日早晨了。《毛泽东年谱》记载毛的这次接见，就是放在3月25日的。

这是一个军队内部的会议，新北大公社的群众对此一无所知。然而，会议结束后不过几个小时，七个高校的上万人就开始向北大进发了，许多人还拿着棍棒，从北大各个校门涌入北大校园……

正在南校门的中文系学生索士晖多年后回忆说："3月25日那天，在学校南门大门内，我亲眼看见地院等学校汽车开进北大，车上

---

88 孙月才：《悲歌一曲：文革十年日记》，第296—297页。
89 杨继绳：《天地翻覆——中国文化大革命史》，第442页。

坐着一排排手拿木棍、铁棍的武斗人员……"[90]

七个院校一万余人，步调一致地闯入北大，这是要干什么？谁是幕后的指挥者和组织者？《北京大学纪事》的编写者写道："地院东方红、新人大公社等造反组织近万人聚集北大进行反聂、孙游行，并发生武斗。"[91]七校万人手持棍棒涌进北大，这仅仅是"聚集"和"游行"？这是地地道道的寻衅！"武斗"倒是真的，他们就是来支持北大"井冈山"、企图挑起武斗打垮新北大公社的。不过，这一次他们没有成功罢了。

陈景贵在日记中写道："中午，井冈山兵团大肆广播新闻。因为天派的后台揪出来了，是谁也没想到的杨成武、余立金、付崇碧，说他们是变色龙、两面派，是关、王、林的后台。据说这是毛主席、林副主席三月二十四日英明的战略决策。……下午，由于杨、余、傅的被揪出来，地质学院、北京钢院、人大等地派组织到北大游行，高呼'打倒聂元梓'，气焰之嚣张，简直不可一世，又有去年4.11踏平新北大之势，并且挑起武斗，打伤我公社战士。哎呦！打起了真凶，简直象生死搏斗。"[92]

孙月才日记载："下午形势紧张，井冈山联合外校、农大东方红、新人大公社，准备对我新北大公社搞大规模的打、砸、抢。新人大、农大东方红都进校了，并打伤了我们不少人。新北大公社为了自卫，大运石头，筑工事，空气紧张异常。"[93]"大运石头，筑工事"的说法不确，因为学生宿舍区并无石头可运。新北大公社保持了极大的克制，"武卫指挥部"没有采取任何行动。

同日，北京地质学院东方红公社总部发表《关于目前形势的再次严正声明》，[94]其头两条是：

---

[90] 王复兴：《评一份史料：〈号外〉——兼议文革时期北大武斗》，载《记忆》第267期。
[91] 王学珍等：《北京大学纪事》，2008年，第786页。
[92] 陈景贵：《那几年我在北大》，第842页。
[93] 孙月才：《悲歌一曲：文革十年日记》，第298页。
[94] 载北京地质学院《东方红报》125、126期第一版，1968年3月27日。

（一）坚决打倒反革命两面派、大阴谋家、大野心家、"二月逆流派"的黑后台杨成武、余立金、傅崇碧！

（二）坚决揪出在其黑后台操纵下，为"二月逆流"翻案、炮打谢副总理、颠覆北京市革命委员会的反革命小丑聂元梓！聂元梓必须交待与杨成武之流的黑关系。

这份"声明"的出台非常迅速，其背景显然就是刚刚结束的3.24大会。或许，作者早就知道了"杨、余、傅事件"的内情，早就知道要利用这一事件向聂元梓进行"极限施压"。3.24大会一结束，他们就迫不及待地要利用这个机会，要把聂元梓和新北大公社整垮。

按照这份"声明"的指责，聂元梓真的是"罪大恶极，罪该万死"了。然而，这些罪名能成立吗？半个多世纪之后重新审视这些"罪名"，是不是很可笑呢？ 如果聂元梓当时真的"为'二月逆流'翻案"，真的"炮打谢副总理"，其实并没有错呢。

但在当时，这可是了不得的罪名。有了这样的罪名，校内外把聂元梓和新北大公社视作"心腹之患，不除不快"的势力认为时机到了，可以用强大的外力来搞垮新北大公社、拔掉这个"钉子"了。于是，就发生了"七校万人冲击北大事件"。

显然，这是有人在幕后统一策划部署的。策划者的层次，应该相当高；策划的时间，应该有好几天了；行动的时间，就定在这次大会之后；行动的方式，是突然袭击、极限施压；行动的目的，是挑起大规模武斗，然后栽赃给聂元梓。这一事件，应该很容易调查清楚。

七校万人冲击北大，并企图占领校文革广播台的时候，聂元梓正在北京市革委会开会，继续听取对她的批判。她接到学校告急的电话，但会议还没有结束，无法回学校。多年后，聂元梓回忆说：

我知道要出事，可是没有想到，接着就发生了"三·二五"大武斗事件。三月二十五日下午，我还在市革委会的会上接受批判，学校里就打电话给我，说不好了，不知道有多少外校的学生到北大来搞武斗，要我赶紧回学校。可是，这时我在市革委会的会议上正在受批判，怎么能走得开？我就回电话说，别着急，不准还手，谁还手谁负责。等我回去后再说。接到第一次电话，我还没有回去，我还在开会，过了一会儿，北大的电话又打过来，说是外校的学生要抢占学校的广播台，广播台的门都挤坏了，形势非常危急，你赶快回来吧。在那样大规模的群众对峙的情况下，广播台就是我们的指挥中心，只能通过大喇叭来指挥北大学生控制局面，一旦失掉了广播台，不能及时地发出我们的声音，北大学生只能各自行动，谁也掌握不住现场，大规模的混战就不可避免。我还是说，千万别还手，谁还手谁负责，我马上赶回来。可是，我还是得等到批判我的会议结束，才能离开。

会议开完了，我从市革委会出来，在市红代会值班的陈良赶来，同我一起乘车赶回北大。从白颐路赶到中关村，就见南校门一带，都是外校来打武斗的学生，有从南边的白颐路方向过来的，有从北边的成府路方向过来的，都汇集在中关村向南校门拐弯的路口，拥挤得水泄不通。他们有徒手的，也有手中拿着棍棒和长矛的，显然是作了充分准备的。我坐的汽车根本没法通行，我们就顺着中关村向北，想从东校门进北大。在蓝旗营附近，汽车还能走，到了东校门拐弯处，我看到人多得很，来打武斗的学生像潮水般涌进校门。

人太多了，汽车走不了，陈良在这里下车回红代会了。我下了车，让车调头。这时候我听到来北大打武斗的学生说：看今天市革委会批聂批到什么程度，就打到什么程度。我已经下了车，看到数不清的人群，后浪推前浪地往北大校园里涌。我一想情况不对，外边来的学生成千上万，北大的学生也有上万人，局面如此混乱，靠我自己是无法解决今天的武斗问题的。他们到北大来搞武斗，北大的学生还能不还击？要是打起来，这得死伤多少人？不论是哪一个学校的学生，不论是哪一派的学生，这些都是无辜的青年啊。在这千钧一发之际，我顾不上别的，我必须马上去找武斗的后台谢富治去。解铃还得系铃人，今天只有找到谢富治，才能制止这场大武斗。我就让车掉头，因为人多拥挤，汽车掉头用了很长时间，我自己在车下，听到外边来的学生那样讲，我就知道今天即将发生的大武斗，不是一般的人搞的。王茂湘转告我的刘新民所说的话表明，这就是上边的黑手。为了千万个学生的生命，我必须立即去找谢富治，公开撕破面皮，拉这个挑动武斗的后台来制止这场大武斗。

笔者认为，面对如此局面，聂元梓的头脑还是清醒的，她知道只有拉住谢富治，才能控制这个局面，而她不仅想到了，而且做到了。聂元梓回忆说：

我乘车子当即赶回市革委会，看到吴德、丁国钰在办公室，我就问他们，谢副总理哪里去了？他们说，谢富治回去吃饭了。我问他们，吃完饭他还回不回来？他们说，他马上就回来。我就坐下来等谢富治。我感到愤怒的心都要跳出来，憋不住了，我质问吴德、丁国钰，北大今天来了不知道有多少个学校的学生，每个校门口都挤满了，进都进不去。我说，"去年春天的北大武斗，是周景芳支持地质学院'东方红'的学生搞的。现在，王、关、戚抓起来了，周景芳也被关起来，这一次的武斗是谁指使的？"我的意思就是对吴德和丁国钰讲，这次武斗就是你们搞的，除了你们没有别人。在我咄咄逼人的质问下，吴德有气无力地拉着长腔说，"不知道。"丁国钰没有吭声。

等了一会儿，谢富治还没有回来。我就说，"谢副总理不回来，那你们两个人和我一起去制止武斗吧。"他们也不作声，不表态，三个人都憋在那里。我心里非常气愤，非常紧张，成千上万的学生涌向北大的场面又展现在我眼前。一分一秒都是极为重要啊！

我后来才明白，当时这局面就是谢富治他们搞的，他们想对付我，又找不到地方下手。策划武斗，让成千上万的学生到北大来闹事，就是要给我栽赃。如果两边的学生真的打起来，损失肯定小不了。几万人的大武斗，这在北京就是创记录的最大规模武斗。那得死伤多少人？双方的学生都要流血。不管死伤多少人，都会栽赃到我头上，我就是后台，我哪怕不在现场，我是在家里，是在天边，也没有办法说清楚，我聂元梓制造武斗的帽子就戴定了，我就被他们彻底打倒了，任何证据都无法证明我无罪。那他们就可以名正言顺地把我抓到监狱里，除掉他们的眼中钉了。

但是，这些问题在当时都是顾不上思考的，我最着急的是，几万人打起来，那还了得？那该死伤多少人啊！不论哪个学校的学生，也不能看着他们死呵。我必须挺身而出，立即揪住挑动武斗的后台谢富治，一定把他揪到现场，与我一起制止武斗，要制止武斗，就得抓住黑手，就得盯住谢富治。

需要说明的是，我的这种判断并非虚妄的臆测。北大武斗的帽子没有扣在我头上，因为我把谢富治"将"住了，"逼"住了。可是，后来要想逮捕我，抓不住我的把柄，无法给我捏造罪名的时候，却指责我是北大和汉中武斗的后台。北大校园里的武斗，我要费尽心机去制止，我还能遥控指挥远在数千里之外的汉中的武斗？可是，正如我上面所说，只要是北大打起来，不管我在什么地方，我都逃脱不了策动武斗的罪名。北大的两次大规模武斗，我都是亲自到现场，千方百计地制止了，汉中那么远，我更无法控制住，鞭长莫及啊。

我心里正在翻腾，谢富治回来了。我毫不客气地指着谢富治的鼻子说，"谢副总理，你对我有意见，你认为我有错误，可以批判，可以把我抓到卫戍区，你为什么让成千上万的学生到北大去打武斗？你必须跟我一块去制止武斗，否则你要对武斗负责！"我就是这么指着谢富治的鼻子说的（我在北京市公安局七处受审问的时候也是这么说的。那时候吴德还活着，他也没有出面否认过这件事）。谢富治说："你怎么这样说？"我说，"那你说，今天的武斗谁搞的？这么多学生，同一个时间到北大，都提着棍棒刀枪，现在都快打起来了。你必须和我一起去制止武斗。"谢富治说他不去。他不去不行。我说，我现在在这里是叫你们去制止武斗，就是北大打起来，也不能把制造武斗的帽子按在我头上。"我是要求市革委会去制止武斗啊！你不在场的时候，我叫他们两个人跟我去制止武斗，他们不去，你来了，我叫你跟我去，你又不去，那学生打起来，你们都得负责任！"谢富治急了，悻悻地说："好吧，我跟你去，我不怕死！我和你去制止武斗！"

这样，我就逼着他来北大了。吴德、丁国钰也随着来了。我坐的北大的车放空车回学校。我上了谢富治的车，要和他一个车走，我得盯住他，别让他半路上再溜了，别让他再搞什么名堂。走在路上，我坐在司机的旁边，谢富治坐在后边。我不和他坐一块儿！我和他没有话说！丁国钰和吴德也不声不响地坐着车子跟着来了。

一路上,我都不理谢富治。我坐在司机旁边,就是要离他远一点儿。在车上,我们两人都没有吭声。走了一阵子,谢富治找话题了。他说,"嘿!聂元梓,你知道不知道,你当市革委会副主任,还是我给毛主席提议的呢。"我一点儿都不领他的情,很冷淡地说,"不知道。谢谢。我当不了。"停顿了片刻,我又说:"谢副总理我今天是请你来帮助我制止武斗的,没有别的意思。"在这种几万人的大武斗处在千钧一发的时候,我的心又急又愤怒,谢富治还想笼络人心,这办不到!

车子走到白石桥,离北大不远了,谢富治无可奈何地说,"你真厉害!你打不倒。"我说,"我不怕打倒,我今天是请你帮助我来制止武斗的。"我的意思是说,我找他没有别的意图,我不是为了升官发财的,就是给我比你谢富治更大的官,我也看不上,我也当不了。我就是请你到北大制止武斗,我不是要投靠你,你也别拉拢我,你别说这些话。过了半天,他又重复地说了一句,"你真厉害!"

谢富治、吴德、丁国钰到了北大,我和他们三个人就到学校的广播台讲话。广播台拥挤得水泄不通,听说谢富治来了,学生们就闪开一条道,让我们过去。就那样,人都多得很难通行。广播台的门已经被外校学生砸开了。谢富治进去在大喇叭里讲:"外校的学生都离开北大,回自己的学校去。北大的师生在聂元梓为首的校文革领导下闹革命!"他就这么一讲话,外校的学生呼拉一下子都走了。[95]

在广播站,谢富治、吴德和丁国钰都讲了话。[96]

谢富治的讲话主要有以下四点:

一、现在希望你们北大的两派,在校文革领导下,在聂元梓同志的领导下,把大家联合起来。

二、外校的学生到北大来搞武斗是错误的,统统要走!所有外校一律要退出北京大学。

---

[95] 以上均见聂元梓:《聂元梓回忆录》,第257—262页。
[96] 讲话记录见北大"井冈山兵团"所办《北斗星简讯》增刊,1968年3月26日。这些讲话亦已收入胡宗式、章铎编:《北京大学文革资料选编》(下)。

三、"打倒聂元梓"的口号是完全错误的。

四、新北大的北大公社，对我个人批评，贴点大字报，好得很！我欢迎！另外的大字报我不赞成，什么誓死保卫什么谢富治，那个东西是错误的，什么谁打倒谢富治就是什么人那种口号我反对！

吴德讲话指出，"在校文革的领导下，在聂元梓同志的领导下，你们北大也应该联合起来。"丁国钰讲话说，"我拥护谢副总理、吴德同志的讲话，北大的无产阶级革命派应该在校文革、聂元梓同志的领导下，团结起来，共同对敌。"

聂元梓把谢富治拉到北大来讲话，3月25日当天的"极限施压"没有达到目的，但他们并不甘心。3月26日，"地院东方红"几百人手持木棍，从东、西、西南校门闯进北大，与新北大公社发生武斗。[97] 所以，连新北大公社中极为温和的王复兴也认为，"3月26日前，北大两派武斗局面已经形成，但尚未发生大的武斗事件。有些回忆文章，认为北大武斗扩大、升级是在3月29日，我认为此说法不够准确，应是在25、26号两天。"[98]

"3.25事件"说明了什么？

3月25日的一场大危机暂时化解，但聂元梓明白，问题并没有解决。她回忆说：

> 北大出了这么大的事情，那么多个学校的学生，足有万人以上，准时准点地到北大校园里搞武斗。对于这种有组织、有领导、统一指挥的行动，上面竟然没有人吭一声，不批评，不追查，就把这件事搁下了。这就是谢富治他们搞的，他们利用北京市革委会指使学生搞武斗，然后又把这件事情给压下来了。中央文革也是装聋作哑，佯作不知道。[99]

聂元梓不能不拿这件事和北师大"9.7事件"来作比较。为了保

---

[97] 王学珍等：《北京大学纪事》，北京大学出版社，2008年，第786页
[98] 王复兴：《抢救记忆——一个北大学生的文革回忆录》，第217页。
[99] 聂元梓：《聂元梓回忆录》，第262页。

谭厚兰，中央文革和北京市革委会迅速作出了反应，甚至还抓了人，而对于七校万人冲击北大这样严重的事件，却没有人过问，若不是聂元梓死死拉住谢富治到北大来讲话避免事态扩大，真无法想象会有什么后果。多年后，聂元梓仍为此愤愤不平：

> 多个院校成千上万的学生到北大来搞武斗，这比批判谭厚兰一个人，事情要严重多了。武斗要是打起来，该死伤多少人？可是谁问了？谁理了？谁管了？要抓出策划挑动武斗的黑手并不难。为什么不追查这些学校的学生，会同一个时间到北大，是受谁的指使？只要把到北大搞武斗的这些院校的学生头头和牛辉林找来询问一下，不就清楚了。可就是没有人管！这么大的事情，这么容易查清楚，可就是没有人追查。结果，不了了之，销声灭迹了，像不曾发生过这么一场大事件一样。[100]

这说明了什么？

对于"3.25事件"，"文革"高层没有人吭一声，没有人批评外校到北大闹事的人，没有追查，更没有处理，这正好证明该事件的幕后黑手就是谢富治和中央文革，甚至涉及更高层面。所以，当局一直不敢公布真相。"文革"结束后审判聂元梓时，检方起诉时完全没有提北大武斗，也是为了避免在法庭上提到"3.25事件"。

由于冲击北大的那上万人马是来支持北大"井冈山"的，是"井冈山"的盟友，所以，"井冈山"一方对此事讳莫如深，从来不提。北大"井冈山"同那些组织当天有什么联系和计划，一直都是一个谜，但他们的目的是很清楚的。

"3.25事件"证明新北大公社对形势的判断没有错，这确实是一场严酷的阶级斗争，12级台风确实来了。这一事件打碎了新北大公社一些善良的人们对于联合的幻想，而给了"武卫指挥部"极大的推力。没有3.25这种对聂元梓和新北大公社进行"围剿"事件的发生，"武卫指挥部"是没有号召力的。正是在这种12级台风的气氛

---

100 聂元梓：《聂元梓回忆录》，第263页。

下,"武卫指挥部"开始了使用武力自卫的准备工作。

狂飙再起:1968年春的"反击右倾翻案风"

上文已经提到,中央文革的"二月逆流"心结根深蒂固,江青尤其耿耿于怀,早在3月11日晚接见高校学习班时就爆发出来了。在江青看来,要求批判王、关、戚就是为"二月逆流"翻案。江青在好几次接见会的讲话中都发出了"反击右倾翻案风"的号召。

王年一指出:

> 江青等人对于所谓"为二月逆流翻案的妖风"十分敏感,他们要抓一个"典型"整一下,以反击这股所谓"妖风"。他们会按照自己的立场、观点向毛泽东报告情况,提出处理意见。应该说明江青特别卖力。张春桥1968年3月29日在上海人民广场大会上说到此事时说过:"在这一个伟大的斗争中间,江青同志作出了卓越的贡献。""亲自领导""文化大革命"的毛泽东,对于危及"文化大革命"的所谓"右倾翻案风"的出现,当然不会漠然置之。显然,他同意抓一个典型整一下。不如此不足以反击"妖风"。[101]

笔者不了解毛泽东当时说过什么话,高层是如何研究部署的,但"反击右倾翻案风"的狂飙确确实实刮起来了。张春桥讲话中提到的"典型",指的是谁呢?是指杨、余、傅?还是指聂元梓和新北大公社?或者,全都包括在内?

1968年3月24日以后,中央报刊和全国各地报刊连篇累牍地登载反"右倾"的文章。4月6日,中共中央、国务院、中央军委、中央文革在《关于成立湖南省革命委员会的批示》中提出:"要继续打击'二月逆流'的翻案风。要坚定地反对右倾保守主义、右倾分裂主义和右倾投降主义。"[102] 毛泽东在5月17日《人民日报》《红旗》杂志、《解放军报》编辑部的文章中亲自加上了"坚决反对右倾机会主义、右倾投降主义、右倾分裂主义,彻底粉碎右倾翻案的妖风。"

---

101 王年一:《大动乱的年代》,第209—210页
102 转引自卜伟华:《砸烂旧世界》,第655页。

一句。[103] 由此可见，这一切都是毛泽东同意的。

在这场狂飙面前，连林彪、周恩来都必须表态。

在3.24大会上，林彪表示，"正如批判了、撤销了王力、关锋、戚本禹，这决不等于说'二月逆流'这一批人可以翻天。"林彪的讲话中对杨、余、傅有许多诬陷不实之词，但并没有任何指责杨成武"为'二月逆流'翻案"的说法。周恩来在讲话中用不少篇幅批判"二月逆流"，周还说，杨、余、傅事件"可以说是一个新的'二月逆流'，而这个新的'二月逆流'还是继续去年的'二月逆流'。"[104]

林彪并没有说杨成武"为'二月逆流'翻案"，周恩来为什么要把杨、余、傅同"二月逆流"联系起来呢？杨、余、傅同1967年的"二月逆流"有什么关系呢？周恩来这样说有什么证据呢？有什么背景呢？显然，周恩来这样做，就是为了维护毛泽东的"文革"大局。毕竟，真要追究王、关、戚的话，毛泽东的"文革"恐怕就难以进行下去了。

1967年3月的批判"二月逆流"狂潮，针对的主要是几位副总理。这一次的"反击右倾翻案风"就不同了，正如"大海之声"所指出的，"'反右倾'的矛头所向，难道仅仅是杨、余、傅三人吗？"

不是的，他们的矛头所向，不仅有已经被批判了一年之久的"二月逆流"的副总理们，还有周恩来，不仅如此，他们还把矛头指向了坚持批判王、关、戚的群众组织，新北大公社当然首当其冲。但是，把这样的罪名加在新北大公社头上，新北大公社是不能接受的，其引起强烈反弹，也是必然的。

3月27日，"彻底粉碎'二月逆流'新反扑"的十万人大会

为了把"反右倾"推向高潮，3月27日上午，在北京工人体育场举行了十万人大会，大会叫做"彻底粉碎'二月逆流'新反扑，夺

---

103 王年一：《大动乱的年代》，第215页。
104 杨继绳：《天地翻覆——中国文化大革命史》，第443页。

取无产阶级文化大革命全面胜利誓师大会"。聂元梓和胡宗式等约30名新北大公社成员出席了这次大会。北大"井冈山"有多少人出席，不详。

据吴法宪回忆，在军队团以上干部会议的第二天，江青给温玉成写了一封信，但这封信被退回了。北京卫戍区收发室的人说："我们这里只有一个傅司令，哪里来一个温司令！"江青对此大为恼怒，在当晚的中央文革碰头会上，便提出要单独召开一个卫戍区干部和地方干部一起参加的会议，对杨、余、傅问题进行传达。这样，中央文革碰头会议又决定召开第二次大会。第二次大会是在北京工人体育场开的，参加者有十多万人。[105] 显然，这就是3.27大会。

江青要求召开第二次大会，仅仅是要向卫戍区干部和地方干部群众传达杨、余、傅问题吗？不是的。3.27大会的根本目的，就是号召人们起来"彻底粉碎'二月逆流'新反扑"。杨、余、傅的问题是"二月逆流新反扑"吗？然而诡异的事情就这样发生了，一件只涉及很少几个军队高官的内部事件，被移花接木，莫明其妙地变成了"二月逆流新反扑"，被用来打压要求批判王、关、戚的群众组织。"杨、余、傅问题"和"二月逆流问题"后来都被毛泽东自己否定了，"彻底粉碎'二月逆流'新反扑"成为一场历史闹剧。实际上，这是在王、关、戚垮台以后，极左路线的一次反扑。北大"井冈山"那时的作为，不过是充当了极左路线反扑的工具而已。

周恩来在大会上宣读了一道罢免杨、余、傅的命令和一道任命黄永胜和温玉成的命令。由于3.24大会的消息还未广泛传播，对于许多群众来说，这是第一次听到有关"杨、余、傅事件"的官方消息，其震惊可想而知。

宣读完任免命令后，江青、康生、陈伯达、周恩来先后作了长篇讲话（全部记录稿约1.8万字）。[106]

---

105 吴法宪：《吴法宪回忆录》（下卷），第12章第1节"杨、余、傅事件"。
106 《中央首长在首都十万人大会上的讲话》（1968年3月27日），北京邮电学院革命委员会、红代会北邮东方红公社主办《北邮东方红》，1968年3月29日。http://www.71.cn/2012/0410/513796.shtml　2012-04-10 09：14

领导人的讲话，第一次公开提到了打倒王、关、戚的事情。王、关、戚被指为"刘、邓的黑爪牙""变色龙"和"小爬虫"，而且王、关、戚是中央文革自己端出来的，主要归功于江青。连周恩来都带头高呼"向中央文革学习！向中央文革致敬！向江青同志学习！致敬！"

事实证明，公开提王、关、戚的问题，不过是虚晃一枪。聂元梓、新北大公社和其他群众组织可以提反对王、关、戚的问题吗？不行！那被认为是别有用心。按照江青讲话的意思，谁要揪住王、关、戚的问题不放，就是"干扰毛主席的战略部署"，就是"否定无产阶级文化大革命的胜利，否定革命群众、革命小将的功勋"，就是"否定中央文革"。

江青讲话的重点是"反右倾"："目前，右倾保守主义、右倾分裂主义是在反动的那方面占优势，要击溃他们！""现在要先反！先粉碎！"

为了"反右倾"，为了"彻底粉碎'二月逆流'新反扑"，大会讲话第一次公开但笼统地透露了一点点"二月逆流"的情况。人们这才有点明白过来，原来"二月逆流"并不是1967年3月"打倒派"们指责的那样，而是另有内情。为什么1967年不向群众明说，而要到一年多以后才透露那么一点点内情呢？笔者以为，这和对刘少奇的"审查"有了"进展"不无关系。在1967年3月，要从根本上打倒刘少奇，在党内还办不到。要打到几个管经济和外交的副总理，也办不到，群众也不答应。到1968年3月，情况不同了。江青在2月份已经取代周恩来，接管了对刘少奇案的审查工作，并且"拿到了"刘少奇、王光美"叛徒、特务"的"确切的证据"。于是，中央文革觉得腰杆硬了，理直气壮了，可以把"二月逆流"公开拿出来批判了。

大会讲话中对"二月逆流"的严厉批判表明，"二月逆流"确确实实是毛泽东和中央文革的一大心病。据李先念秘书程振声的回忆，"杨、余、傅事件"后，毛泽东还亲自找叶剑英、徐向前、聂荣臻、李富春、李先念谈话，批评他们的"错误"，要求他们表态。3月28日，李先念被迫在国务院财贸办公室人员大会上公开检查"二月逆流"的"错误"。[107] 毛泽东和中央文革揪住"二月逆流"不放,是导致"全面内战"且久久不能平息的根本原因。

江青在大会讲话,一开口就批判余秋里,还特别强调,"别有用心的人就蒙蔽革命小将、革命群众,颠倒黑白,说什么谁反对余秋里,什么就是反对总理,就是反对毛主席,真是颠倒黑白。"江青还警告群众组织:"革命小将就不要上他的当了"。

别有用心的其实是江青,其目的就是对新北大公社、石油学院"大庆公社"等群众组织进行打压,给那些指责新北大公社是"二月逆流派"的人撑腰打气。

革命小将并没有上当。在1967年3月批判"二月逆流"的狂飙中,不赞成"打倒余秋里"的"炮轰派",依据的是周恩来的讲话精神,而那些坚持要"打倒余秋里"的人,也因此把矛头指向了周恩来。这种情况引起了新北大公社的警觉。新北大公社的看法是从自己的观察和调查研究中得来的,没有哪个"别有用心的人"能够蒙蔽我们。在新北大公社看来,王、关、戚、吴传启之流才是"别有用心的人",对这些人,新北大公社予以了坚决的抵制。

在3.27大会上,江青点名批评聂元梓

既然要"彻底粉碎'二月逆流'新反扑",那么,"新反扑"有哪些具体表现呢?代表人物是谁呢?拿谁做"典型"呢?"彻底粉碎"的目标在哪里呢?在大会上讲话的人谁也没有对此作出解释。但是,江青在讲话中点名批评了聂元梓:"……同时我们也很坦率地向她(聂元梓)交了底,就是王、关、戚是爪牙,不值得这样大惊小怪,这样搞会不会干扰大方向呀?可是她还是搞了一阵子。聂元梓是有缺点错误的,要批评她,但要保她。"周恩来在此处插话:"一批二保"。[108]

---

107 卜伟华:《砸烂旧世界》,第670页。
108 《中央首长在首都十万人大会上的讲话》(1968年3月27日)。

显然，在江青眼里，坚持批判王、关、戚，就是为"二月逆流"翻案，聂元梓就是"'二月逆流'新反扑"的代表人物。

聂元梓应该庆幸中央领导人没有点名批判她"反谢"，并且承认北京市革委会"混进了少数的坏人"。但在"一批二保"这种待遇下，对聂元梓的压力是非常巨大的。所谓"保"，实际上是空话，"批"才是真的。3.27大会后，北京城出现了"打倒杨余傅反革命集团！"及"聂元梓是杨余傅的小爬虫！"的标语。针对聂元梓反对谢富治的态度，贴出了拥护谢富治的标语，喊出了"聂元梓从市革委会滚出去！"的口号。中央文革对"3.25七校万人冲击北大事件"视而不见，装聋作哑，却在3.27大会讲话中为这一事件提供了理由。既然中央文革在大会上宣布聂元梓应当受到批判，3.25七校万人冲击北大事件岂不变得"师出有名"了？倘若不是新北大公社忍无可忍，以武力抗争，"3.25事件"决不会只有一次，类似事件肯定会接踵而来。他们的目的是摧毁北大校文革和新北大公社，由"井冈山"掌握权力，把北大变成没有王、关、戚的王、关、戚路线的应声虫。但是，这遭到了北大多数师生的抵制，而北大"井冈山"也没有那个力量。

多年后，笔者考察了1968年3月8日陈伯达、江青接见聂元梓时的谈话，得知江青当时所言，同她在大会上所宣称的是不一样的，对此，笔者在上文已作过分析。聂元梓抓住王、关、戚不放，却没有将王、关、戚和刘少奇挂起钩来，还要批判在毛泽东"文革"中拥有特殊重要地位的谢富治，这就成了必须拔掉的"钉子"。为什么还要"保"？关键是抓不到可以打倒聂元梓的证据，而作为"第一张马列主义大字报"的领衔作者，其政治价值还未用尽。

历史证明，3.24大会和3.27大会都是错误的，其共同点就是对坚持批判王、关、戚的群众实施压制。文革史学者席宣、金春明指出："林彪、江青一伙制造的'杨、余、傅事件'，实际上形成了一场声势很大的'反右倾'运动，从而更加助长了极左思潮的泛滥。并使在天下大乱局势逐渐缓解和社会秩序有所恢复的过程中，又卷起了一场逆向的巨浪,增加一次大反复。"[109]

在席宣、金春明所说的这一场"逆向的巨浪"和"大反复"中,坚持批判王、关、戚并给谢富治提了意见的聂元梓和新北大公社成了批判打击的对象,聂元梓被诬为"杨、余、傅的小爬虫",新北大公社被诬为"二月逆流派",批判王、关、戚的要求被诬为"'二月逆流'新反扑"……当然,这也引起了新北大公社和许多和新北大公社持相同立场的群众组织的极大的愤怒。一年来,他们也憋了一口气。

从1967年3月的"批判二月逆流"狂潮,到1968年3月的"反击右倾翻案风"狂潮,围绕"二月逆流"的斗争延续了一年多,使"文革"进入了一个循环的死局,也偏离了毛泽东打倒刘少奇的主要目标。由此引发的群众分裂,是毛泽东"文革"失败的重要原因。

"彻底粉碎'二月逆流'新反扑"是不得人心的。3.27大会之后,有两个即时的、很直接的反应:一是陈伯达的家庭破裂了,二是北大发生了武斗。

陈伯达在3.27大会上作了关于"五个回合"的报告后,回到家里就受到妻子刘淑宴的挖苦:"我看呀,文化大革命的第六个回合,挨着你!"天天为陈伯达提心吊胆的刘淑宴开始和陈伯达大吵大闹,陈伯达向周恩来诉苦,于是采取措施,用飞机把刘送到山东某部队疗养院"疗养"。[110] 然而刘的话不幸而言中了,下一个倒台的,果然是陈伯达。

1967年3月,面对"反二月逆流"狂潮,周恩来退避三舍;1968年3月,面对"彻底粉碎'二月逆流'新反扑"的狂潮,周恩来再次退避三舍;然而,新北大公社已经退无可退了。

3.27大会开过后的第二天晚上,北大发生了武斗,从此武斗不息,绵延数月,"彻底粉碎'二月逆流'新反扑"?至少在北大是无从谈起了。

---

[109] 席宣、金春明:《文化大革命简史》,北京:中共党史出版社,2006年,第166页。
[110] 叶永烈:《陈伯达传》,北京:作家出版社,1993年,第480—第482页。

"彻底粉碎'二月逆流'新反扑"风暴刮起后,高校学习班还搞得下去吗?

毛泽东后来在一次谈话中宣布,根本不存在"二月逆流"。[111] 那末,从1967年3月闹起来的"反二月逆流"狂潮到1968年3月的"彻底粉碎'二月逆流'新反扑",都是对全国人民的欺骗。"文革"领导层围绕"二月逆流"大做文章,恰恰毁了"文革"。

---

[111] 王永钦:《周恩来"文革"中是怎样批"极左"的》,载《炎黄春秋》,2000年第11期。

第十四章 北大的武斗和毛泽东"文革"的大学群众运动的终结

一、北大的武斗

毛泽东发动的"文革"群众运动,始于他亲自批示广播聂元梓等人的大字报和《人民日报》评论员文章的号召,始于北京大学校园,而1968年春夏的北大两派武斗,表明毛泽东的"文革"路线,在北大已经搞不下去了。中央文革也早已失去了1966年曾经有过的那种威望,说话也早就不灵了。北大一个学校的问题,中央文革和北京市革委会联起手来都搞不定。在这种情况下,毛泽东一方面动用工人进驻大学,在"工人阶级必须领导一切"的口号下掌握大学的领导权,另一方面用毕业分配的办法釜底抽薪,让群众运动失去群众,以控制局面。最关键的是,由江青掌控的刘少奇专案组已经准备好了材料,召开中央全会彻底解决刘少奇问题的时机已经成熟,大学里的群众组织,已经没有什么用处了。当然,许多学生确实该毕业了。一些大龄农村学生和城市贫困家庭学生,家庭经济非常困难,亟待他们毕业后挣工资养家呢。

毛泽东的这一措施不单是针对几个发生武斗的大学,而是针对包括机关单位在内的整个上层建筑的,连小学也进驻了"工宣队"。上层建筑领域的"文革"群众运动,至此以失败告终。

可以肯定的是,北大的武斗是毛泽东"文革"路线走向失败的象征之一。北大的武斗,宣告利用大学群众组织(包括北大校内的和校外的)对聂元梓和新北大公社进行"极限施压"的做法完全失败,也宣告"反右倾"不得人心。"要整你们北大了"的幕后策划者,终于把新北大公社惹翻了。

北大 3.28-3.29 武斗惊动高层

1968 年 3 月 28 日晚上至 3 月 29 日凌晨，也就是召开"彻底粉碎'二月逆流'新反扑"十万人大会的次日夜里，北大发生了严重的武斗。武斗的导火索，是北大"井冈山"的"五一纵队"在 40 楼驱赶新北大公社成员并引发冲突。对这一事件的反应，是新北大公社用武力占领了 31 楼，驱离了住在该楼内的"井冈山"成员。

北大发生武斗的消息立即惊动了最高层。《周恩来年谱》载：

【1968 年 3 月 29 日】

△就北京大学发生武斗等问题致信毛泽东，提请召集中央文革碰头会一谈，并附上有关该校武斗情况的电话记录。次日，到毛泽东处开会。[1]

《毛泽东年谱》1968 年 3 月 29 日条载：

阅周恩来三月二十九日关于北京大学发生武斗等问题的来信和关于该校武斗情况来电话的记录，来信建议召集中央文革碰头会一谈。次日下午，毛泽东在中南海游泳池住处召集周恩来等开会。[2]

除毛、周外，与会者还有哪些人，不详。推测起来，还应该有中央文革碰头会的成员，他们共同构成了当时"文革"的领导层。为什么两种"年谱"都没有披露会议的内容呢？是有关内容不宜公布？还是这些内容不值得花费"年谱"宝贵的版面？ 还有，那些电话记录，又说了些什么呢？电话又都是谁打的呢？接电话的人又是哪个部门的呢？

显然，"文革"高层对于北大发生武斗深感惊愕，难于理解。1968 年 9 月 14 日，江青在对首都工宣队、军宣队代表讲话时承认："但

---

[1] 中共中央文献研究室编：《周恩来年谱（1898—1976）》，北京：中央文献出版社，1998 年。
[2] 中共中央文献研究室编：《毛泽东年谱（1849—1976）》第六卷，北京：中央文献出版社，2013 年。

是，说不清楚的，就是今年 3 月 29 日北大大打，清华也大打。"江青解释不清楚这个问题，便把责任推给了"敌人"："这是垂死挣扎的敌人在背后操纵着他们，控制着他们。"³

产生"全国第一张马列主义大字报"的北京大学竟然发生了惊动最高领导层的严重武斗，为什么？一向温和的、被指为"老保"和"二月逆流派"的新北大公社竟然拿起了长矛，为什么？

一年多来，全国许多地方都发生了群众组织的分裂和武斗，甚至动用了热兵器，这又是为什么？

这都是毛泽东的"文革"列车在以阶级斗争为纲的极左的轨道上不断加速前行的结果，是他倡导"全面内战"的结果，是他重用了王、关、戚这些坏人，却又藏着掖着不让批判的结果，也是他对"二月逆流"穷追不舍、年复一年地要给予打击的结果。但毛泽东当时不可能明白这一点。《毛泽东传》的作者也认为，"毛泽东没有也不可能认识到这是他发动'文化大革命'的错误理论和错误部署必然导致的结果。"⁴ 他把"文革"路线的责任推得一干二净："解放后包下来的国民党、资产阶级、地主阶级、国民党特务、反革命——这些就是他们武斗的幕后指挥。"⁵ 直到生命的最后一年，毛泽东才承认"打倒一切"和"全面内战"是错误的。⁶

3.28-3.29 武斗的政治背景

冰冻三尺，非一日之寒，北大的武斗决不是突然间从天上掉下来的，那么它的背景是什么呢？它的促动因素是什么呢？在全国无数的武斗事件中，北大的武斗又有什么样的特殊性呢？

---

3 《中央文革碰头会领导接见首都工宣队军宣队代表时的讲话》（1968 年 9 月 14 日）。
4 中共中央文献研究室：《毛泽东传》（1949—1976），北京：中央文献出版社，2003 年，第 1515 页。
5 卜伟华：《中华人民共和国史·第六卷·"砸烂旧世界"——文化大革命的动乱与浩劫（1966—1968）》（以下简称《砸烂旧世界》），香港：香港中文大学当代中国文化研究中心出版，2008 年，第 673 页；《毛泽东传》（1949—1976），第 1515 页。
6 《毛泽东传》（1949—1976），第 1771 页。

北大武斗的真正原因是政治问题，而且同高层政治斗争相关。

北大的整个文革进程，都是同高层的政治斗争相联系的。北大两派群众组织之间的斗争有其复杂的、深层次的原因，但根本上是高层政治斗争的反映。

在"社教"运动开始之前，北大党内的斗争已经非常激烈，上层的干预非但没有解决问题，反而使问题变得更加复杂。斗争的双方随着高层的斗争你上我下，你下我上，反反复复，斗争从未停息。

"文革"开始后北大群众的两派斗争，实际上都是围绕着对聂元梓的作用的评价，特别是高层对她的看法而展开的。不同时期不同的高层人士对她的不同看法，以及对待她的做法，都会传递到底层。底层的派别斗争，都是上层矛盾引起的反应。早期的如 1966 年秋冬之际的那场大辩论，其源盖出于王任重的"搬开聂元梓"。而最典型的，就是陈伯达的 6.5 讲话。有些人在"文革"中只做一件事——"反聂"。其实聂元梓并不是所有的事情都做错了，在某些重大原则问题上，她做的还是对的，但有些人"逢聂必反""逢聂必闹"、无限上纲且必欲置其于死地而后快的做法，不但使自己毫无转圜的余地，也招致了对立派的反对以至武力的反击。

导致北大武斗的政治斗争，已经持续一年多了。对此，上文已经作了详细介绍。一年多以前，聂元梓从毛泽东用过的一块石头，变成了关锋、吴传启一伙结党营私路上的绊脚石，聂元梓的揭发给这个团伙造成了致命威胁，因而遭到他们的全力反击。这个团伙为了自保和实现他们不可告人的目的，便在北大寻找代理人，力图把北大搞乱，把聂元梓搞垮。陈伯达的 6.5 讲话推动了这个进程，扩大了这场斗争的规模和激烈程度。正当聂元梓和新北大公社摇摇欲坠、反对派们兴高采烈以为梦想就要成真之际，周恩来适时出击，毛泽东不得不把王、关、戚抛了出来。这是毛泽东受制于时局的无奈之举。

王、关、戚垮台了，但这是保密的，不允许公开追责，也不允许清除他们的影响。领导层并没有借清除王、关、戚的机会修改"文革"极左路线并弥合这条路线造成的社会撕裂。相反，毛泽东为王、关、戚一事憋了一口气，非常担心发生"右倾"导致"文革"大业半途而废，于是，"杨、余、傅事件"成了"反右倾"的抓手和出气的机会。在这场斗争中，聂元梓和新北大公社因为坚持对王、关、戚进行追责，再次成为绊脚石和"钉子"，于是，有人策划要拔掉这颗"钉子"。他们以为新北大公社软弱可欺，一再打压，结果是极大地激怒了新北大公社。他们也憋了一口气，于是拿起长矛反抗了。

新北大公社原本寄希望于中央，"相信以毛主席为首的无产阶级司令部一定会明察秋毫，解决当前的问题"（孙月才语），但是，他们等来的是"要整你们北大了"的信息，等来的是借助"杨、余、傅事件"掀起的"彻底粉碎'二月逆流'新反扑"的又一次狂飙。王、关、戚垮台给人们带来的一线希望最终宣告破灭，新北大公社完全失望了，他们忍无可忍，不再跟从毛的操作思路和节奏走了。这是他们决定拿起长矛捍卫自己立场的深层次的原因。

北大"井冈山"也认为北大的武斗"决不是偶然的、孤立的，而是有其深刻的政治背景的"。[7]

在北大"井冈山"领导人的眼里，这早就是一场不可妥协的、你死我活的政治斗争。他们在3月19日发表的《关于目前形势的第二号严正声明》中已经宣称，"当前我们与陆平保皇党和坏人孙蓬一之流这一伙二月逆流派的斗争，就是两个阶级、两条道路、两条路线的斗争。"既然如此，双方还能调和吗？如果不可调和，那么武斗也就是不可避免的了。

在高校学习班上，"文革"领导人对待北大"井冈山"的态度令人深思。一方面，"文革"领导人两次接见学习班代表，"井冈山"们连一次发言的机会都没有得到。另一方面，学习班的指导方针又很符合他们的口味，对他们似乎很有利。不给北大"井冈山"发言机会可能是对他们的一种保护，因为他们还有可利用的价值。而事实也正是这样，"杨、余、傅事件"的突然发生，好似给他们打了一针鸡血，令他们顿时亢奋起来。北大"井冈山"以为得到了新的法宝，"二次

---

7 新北大井冈山兵团平型关纵队、中南海纵队、挥斥方遒：《号外》（1968年4月5日），见《记忆》第260期。

夺权"的机会又来了。他们宣称：

> 长期以来，小爬虫聂元梓在杨、余、傅反党集团的操纵下，疯狂炮打无产阶级司令部，为"二月逆流"翻案，颠覆以谢副总理为首的北京市革命委员会，犯下了滔天罪行。[8]

他们反复宣称北大"井冈山"在这场斗争中的功劳和他们斗争到底的决心：

> 我新北大井冈山人紧跟毛主席伟大战略部署，站在最前线奋起反击为"二月逆流"翻案的黑风，保卫了"以谢副总理为首的北京市革命委员会"的革命权威，维护了伟大的中国人民解放军的崇高威望。……我井冈山兵团战士长期以来顶黑风、战恶浪，和杨、余、傅反党集团及其乏走狗聂孙之流的罪行作了坚决的斗争。……我们仍将一如既往地痛击为二月资本主义复辟逆流翻案的黑风，打退杨、余、傅反党集团向无产阶级司令部发动的猖狂进攻，揪出他们更大的后台。[9]

看来，只有北大"井冈山"才是正确路线的代表和功劳卓著的斗士，而聂、孙和新北大公社罪行累累，理应痛击，还要"揪出他们更大的后台"。

1967年，北大"井冈山"及其前身把宝押在关、王、林、吴一伙身上，指责聂、孙"分裂中央文革"的口号响彻云霄，结果呢？1968年，他们又把宝押在"杨、余、傅事件"和"反击为'二月逆流'翻案的黑风"上面，历史能够证明北大"井冈山"这次押宝押对了吗？

在席宣、金春明所说的这一"逆向的巨浪"和"大反复"中，北大"井冈山"充当了冲锋在前的斗士，新北大公社的反击，落到斗士们身上，有什么奇怪呢？

---

8 新北大井冈山兵团平型关纵队、中南海纵队、挥斥方遒：《号外》（1968年4月5日）。

9 新北大井冈山兵团平型关纵队、中南海纵队、挥斥方遒：《号外》（1968年4月5日）。

武斗的准备

随着高层的政治动荡和外部势力的介入，至1968年3月下旬，北大两派的矛盾日趋尖锐，形势日趋紧张，双方都担心对方发动武力进攻，双方都进行了准备。人员之间的摩擦也由小到大，由肢体冲突发展到动用武斗工具的大规模的冲突。

新北大公社作了准备。

1968年3月中旬以来，北大"井冈山"的广播喇叭天天喊叫"打倒孙蓬一""聂元梓下台滚蛋""一切权力归井冈山"，他们还发布通缉令要抓孙蓬一（实际上他们已经这样做了，没有得逞而已）。校外一些势力也不断派人闯入北大，给"井冈山"打气助威。新北大公社感到大难即将临头，决心抵抗12级台风，于3月22日成立了"武卫指挥部"。这是新北大公社从"文斗"走向"武斗"的重要步骤。"武卫"的主要力量，来自当时正在举办的某届毛泽东思想学习班的男生。与此同时，准备了长矛、柳条帽等武斗工具。

"3.25事件"证明，新北大公社总部对形势的担忧并非杞人忧天。面对七校万人冲击北大的汹汹局面，新北大公社总部保持了极大的克制，没有使用武力。但是，这一事件无疑给了新北大公社群众极大的刺激，给"武卫"提供了强大的推动力。3.28—3.29武斗实际上是"3.25事件"的反弹。3.25的事情搞得太大太过分了，引起的反弹也大。

北大"井冈山"方面也是有准备的。牛辉林说：

> 市革委的学习班结束后，北大校园中大规模武斗的气氛越来越浓。对立双方都在加紧准备各自的武斗队伍和武器装备（长矛、棍棒、大弹弓等）。我们"井冈山"总部也搬进了自己一派占据的28号楼。因周校长的身份不宜武斗前住进武斗据点，就仍然住在燕南园的家里。
>
> 那时，我担心万一大打起来，老人家有个闪失不得了。……3月

25日晚用统战部朋友的车，由我秘密护送周老去了别墅。[10]

牛辉林说的是3月25日的情况，尽管他回避了有上万名外校学生到北大寻衅这一严重事件，但承认当时校园里武斗气氛越来越浓，也承认双方都在为武斗作准备。他也担心"万一大打起来"。应当指出，这段文字里至少有两点是不准确的，一是当时高校学习班并未结束，二是"井冈山"总部早就设在28楼，并不是这一天搬进去的。至于牛辉林所说的将周培源转移到校外的事情，笔者无从考证。如果牛辉林在关锋、王力垮台7个月和戚本禹垮台两个月以后的1968年3月25日还能调动统战部的车辆，说明还有权势人物在幕后支持他。

28楼原先是外国留学生宿舍。"文革"开始后外国留学生走了，楼便空了出来。新北大公社成立后，有一些战斗队在那里活动，战斗队的工作结束后，仍有一些学生住在楼内。陈伯达1967年6月5日讲话以后，反对派就看中了这座楼，他们在夜间打着手电，逐间从房门上面的玻璃窗窥视，如是空房，他们就撬开门锁，直接占领。房间有人住的，他们就在次日趁居住者外出时撬开门锁，强行占领。笔者的一位同学，就是这样被他们赶出28楼的。1967年夏季某日上午，公社在东操场开会。散会后，胡宗式从28楼北面路过，见到住该楼的公社同学的行李，被从楼上扔下，散了一地。显然，反对派已经占领了28楼。反对派占领28楼后，很快就将该楼改建成了一座堡垒。季羡林说："井冈山总部是比较安全的，那里几乎是一个武装堡垒。"[11]

北大"井冈山"是很早就有武斗队伍的，据孙月才日记，1967年12月7日夜，他曾一个人巡逻了好几次，与"井冈山"武斗队碰好几次面，好在对方没有认出他来。[12]

历史系王复兴是新北大公社中极其温和的一员，他狠批孙蓬一，

---

10 牛辉林：《我和周培源校长》，见丛璋等编：《燕园风云录》（四），自印本，2016年，第121页。
11 季羡林：《牛棚杂忆》，武汉：武汉出版社，2011年，第45页。
12 孙月才：《悲歌一曲：文革十年日记》，香港：香港中文大学出版社，2012年，第235页。

极力主张联合、反对武斗，但他却逃不过"井冈山"武斗人员的长矛。王复兴回忆说：

（1968年）3月20日左右的一天傍晚，晚饭后我从大饭厅通往南校门由北向南的路上散步，突然听到身后有紧凑的脚步声，回头一望，有两个手拿长矛、戴柳条帽的人在后面10米远正加紧脚步追我，似乎认识我。我感到不妙，撒腿就跑。两人立马紧跑追我。我突然感到后背如针刺一般被刺了一下，赶紧左拐跑进27楼，那两个人这才停止追逐。我跑到黄虹坚宿舍，述说了刚刚发生的惊险一幕，在她那儿躲了半个小时。而后跑回38楼宿舍，王渊涛、陈双基正好在，我脱下外套、秋衣，让他们看我后背怎么了。他们告诉我，在我后背脊椎（后胸）的正中部位，有个小红点，皮肤被刺破了一点点。好险！陈双基说，幸亏你是田径运动员跑得快。当时两派的控制区域尚不分明，我遇刺的那条路，那时属于中间地带。追击我的那两个人可能是从28楼"井冈山"总部出来，巡逻到三角地带，向东拐再走上我那条由北向南，面向南校门的路。此事很令我后怕，差一寸我就完了。[13]

此事证明，在3月20日时，"井冈山"的巡逻人员已经配备了长矛，他们的长矛从何而来？这可能是该派的工人暗地里制作的，也有可能是从校外运入的。笔者在上一章提到了"井冈山"方面在3月7日晚上绑架广播台编辑贾瑞珍的事件，其时"井冈山"成员已经用二三尺长的铁棍、木棒和带钢丝的鞭子武装起来了。

中文系女生黄虹坚是新北大公社的普通成员，也受到"井冈山"某些人的特别注意。3月中旬，对她较友好的一个"井冈山"男生对她讲，"你千万要小心，'井冈山'有人很注意你。有人要揍你！"[14]

由此可见，火药味和恐怖的气氛已经在校园内广泛蔓延，普通学生都已经感受到了危险。"井冈山"的头头们更是紧张，他们首先考

---

[13] 王复兴：《抢救记忆——一个北大学生的文革回忆录》，香港：中国文化传播出版社，2016年，第216页。
[14] 王复兴：《抢救记忆——一个北大学生的文革回忆录》，第216页。

虑的是自己的安全，"安排各纵队派人前往 28 楼井冈山总部执行保卫任务"。[15]

新北大公社内部有一些人反对动武，但他们的"联合"之梦早已破灭，对当时发生的严峻形势，既无法解释，也提不出应对办法，便采取了消极的态度，一再退缩。笔者以为，这种消极的态度和做法导致公社总部内部力量失衡，实际上无助于阻止武斗的发生。

新北大公社方面对"井冈山"内部准备武斗的情况是不了解的。50多年后，笔者偶尔从网上获得了一份"井冈山"16纵张××1968年3月28日的交代材料，其中揭示了一些"井冈山"方面的情况。在这份材料中，张××和王××都是实名的，他们是"井冈山"普通成员，笔者在此姑隐其名。

张××提到了"井冈山"抢广播喇叭的事："那天晚上想抢占广播台，十六纵全去了，天亮回来了，抢多少喇叭我不知道，我在二十八楼守楼，听他们说除水塔和四十四楼没抢外，全抢了。" 张××所说，与事实相符，时间应该是3月21日，据公社方面记载，当晚，井冈山兵团派人抄了孙蓬一、陈葆华等人的家。同时，还抢砸了地质地理系文革办公室，劫走了全部档案材料。抢砸了北大汽车库，劫走了汽车一辆。割断了新北大广播台全部喇叭线，抢走了十七个喇叭，烧毁了十一个喇叭。

张××说："总部牛辉林最近说要发动更大规模的武斗，可使井冈山人增加压力，鼓起大伙的劲。二十八楼的武斗队一有武斗就下来，十六纵也可调动参加。施有成说大字报现在没有用，武斗可有用。他们说要从外面用汽车运砖头来坚守二十八楼，并说二十八楼已筑了工事，听说我们十六纵武斗队在二十八楼分了二三个房间，主要由一二年级参加。千方百计把武斗闹大了，给聂元梓施加压力。"

张××说："最近各系在二十八楼组织了武斗队，二楼、三楼住了一些。最近他们说要武斗，系里也成立了武斗队。""策划一批武

---

15 俞小平：《做人的底线——我所经历的北大文革武斗》，载《记忆》第152期。

斗班子，哪里有武斗就拉出去。引人注目的人搬到二十八楼住，十六纵比较能打的都搬到二十八楼去住。"[16]

张××提到了"井冈山"方面抢占40楼的事："今天的过程是这样的，总部布置'5.1'纵队要把四十楼住的新北大公社的人全赶出去，前两天我听施有成等人议论说：'5.1'纵队要拿下四十楼。我们十六纵的人就打上去了，听说还勾结有其他系井冈山的人，还有新人大公社的人参加。今天晚上的一切行动可由632班王××对证，我与他一起出来转了一圈，帮着运砖头。""他们说十六纵武斗出名，今后（此处刊印有误，应是'今天'——引者）井冈山一广播，十六纵就带武器去了。听广播说四十楼的新北大公社被赶，我们就说'5.1'纵队真能干。"

张××大概是在支援"五一纵队"占领40楼时被公社方面抓获的，当时公社方面占领31楼的行动还没有开始，所以他的交待材料里没有提到31楼的事情。

"井冈山"占领40楼

北大发生大规模武斗的重要节点是"井冈山"的"五一纵队"于3月28日晚以武力占领了40楼和新北大公社在3月29日凌晨出动武斗队伍占领了31楼，驱逐了住在该楼内的"井冈山"成员。

成为3.28—3.29武斗导火索的40楼，是东语、西语、俄语三个系的男生宿舍楼。一层住东语系学生，二层是东语系和俄语系学生共住的，三、四两层住西语系学生，北大"井冈山"的"五一纵队"也住在三、四层。

"井冈山"总部要抢占40楼，已经谋划多日了。他们决定在3月28日晚将计划付诸实施。

笔名"散淡天涯"的作者写道：

> 1968年3月28日，武斗前夕，大约傍晚时分，井冈山五一纵队

---

[16]《北大井冈山兵团张××交待：牛辉林之流策划大规模武斗的阴谋》，1868年3月28日，新北大公社工人兵团翻印。

在40斋召开会议，主持者通报了一些两派斗争的情况，说已经发生了井冈山兵团人员被抓走的事件，告诫大家以后不要到未名湖散步了。尤其强调说"新北大公社那边准备了铁棒、长矛等武斗工具，分发了白毛巾准备绑在胳膊上作标志"，看来一场死战已经在所难免。要求我们当晚就将自己宿舍里的公社派同学赶出去。组织了一些男生寻找铁棍制作武斗工具，还派人去摘掉公社派的高音喇叭。[17]

作者是西语系女生，傍晚时分到40楼参加了"五一纵队"的会议，所说应该是可信的。

"五一纵队"是住在三、四层的，其某些成员的宿舍里也住有公社派同学，按照"五一纵队"的要求，住在三、四层的公社派同学首先遭到驱逐，但他们似乎并未进行抵抗，但火星就此迸发，冲突也就是从这时开始的。

陈景贵在日记中记录了3月28日晚上的情况："不少人来到26楼，他们是从40楼被赶出来的。"[18] 显然，40楼被驱逐的"不少人"，都是西语系和俄语系的新北大公社成员，且此事发生在新北大公社攻击31楼之前。倘若"五一纵队"遭到公社派驱逐，其总部的广播早就嚷嚷起来了。

"五一纵队"在40楼三、四层的行动没有遇到阻力，在二层俘虏了几名红9团成员，他们只是在从二层下到一层时遇到了红9团的抵抗。"井冈山"方面的另一篇文章介绍了双方发生武斗的情况：

3.29武斗的另一个主要战场是40楼。40楼一楼住的是东语系学生，二楼俄语系，三、四楼西语系。当时井冈山兵团西语系的"五一纵队"实力较强，新北大公社总部为了阻止"五一纵队"前往31楼救援03纵队，就让40楼一楼的公社派东语系的"红九团"预先在40楼的一、二楼之间的楼梯上构筑工事，用座椅堵塞楼梯，阻止

---

17 散淡天涯：《北大"3.29武斗"印象》，载丛璋等编：《燕园风云录》（一），自印本，2012年，第162页。
18 陈景贵：《1965—1970 那几年我在北大》，香港：香港人民出版社，2017年，第845页。

"五一纵队"下楼。"五一纵队"在队长石磊和杨玉海的率领下,向下勇猛冲击。复转军人杨玉海双手举起一辆自行车作为盾牌,挡住"红九团"投来的密集石头,冲了下来。经过激烈战斗,"红九团"退缩到一楼的西侧楼道,无路可逃,大约有30多人被俘。[19]

这些内容是"北大地球物理系部分校友"回忆的,他们显然是武斗的参与者,目睹了武斗的情况。那么,他们当晚是住在40楼的吗?或者,他们也是"五一纵队"的成员?或者,他们是去增援"五一纵队"的。据上引的张××所说,地球物理系16纵的武斗人员是去增援的。

"五一纵队"是一个什么组织?

北大"井冈山"各系的队伍都叫"纵队",前面加系号。西语系的应该叫"10纵"。"10纵"之下,又有一个"五一纵队",名称不合逻辑,且"五一"为工人节日,这令人怀疑"五一纵队"是"井冈山"的工人队伍,但"井冈山"的工人队伍叫"海燕纵队",所以这也许是另一支工人队伍或学生和工人的混合队伍。队长杨玉海是复转军人,这当然有可能是学生,但也可能是校办工厂或行政部门的工人或管理人员。不管怎么样,"五一纵队"是一支实力强大的、受"井冈山"总部直接指挥的队伍。

"五一纵队"在傍晚时分就作了布置,"要求我们当晚就将自己宿舍里的公社派同学赶出去",那么,他们这样做了吗?《号外》的另一段话证明他们确实这样做了:

当总部通知住在四十楼的五一纵队提高警惕时,方知五一纵队已全部被红九团困在楼上,暴徒们想一举拿下四十楼。四十楼二、三、四楼全部是井冈山战士,他们处在严重危急中。[20]

这说明什么呢?当"井冈山"总部通知"五一纵队"提高警惕时,

---

19 王书仁执笔,俞小平整理:《北大地球物理系部分校友忆武斗》,载张从、樊能廷、俞小平主编:《北大文革武斗纪实》,2018年8月。
20 新北大井冈山兵团平型关纵队、中南海纵队、挥斥方遒:《号外》(1968年4月5日),载《记忆》第260期。

该纵队早已占领了40楼的三个楼层，"二、三、四楼全部是井冈山战士"，那么，住在这三层的公社的人到哪里去了？显然，他们已经被赶走了，或者被俘虏了。"二、三、四楼全部是井冈山战士"，说明"五一纵队"人数很多，力量强大，很轻松地占领了三个楼层。《号外》声称"暴徒们想一举拿下四十楼"，完全是颠倒黑白。事实证明，"想一举拿下四十楼"的，不是红9团，而是"井冈山"。真正"处在严重危急中"的，并非"五一纵队"，而是红9团的人，他们很快便成了俘虏，被用铁棍殴打。

"井冈山"总部是什么时间、用什么方式通知"五一纵队""提高警惕"的呢？《号外》没有说明。显然，这不是用大喇叭广播通知的，而可能是派人口头通知的。这应该是比较早的时候，肯定要早于"井冈山"总部用广播通知支援"五一纵队"的时候（正如张××所说，"井冈山一广播，十六纵就带武器去了。"）。送通知的人到达40楼时，"五一纵队"已经占领了40楼的二、三、四层，正在同坚守一层的红9团激战。而当"井冈山"总部的喇叭喊叫起来的时候，"五一纵队"已经占领了40楼。《号外》声称，"10点多钟公社3团、9团把早已准备好的木床放到40楼二楼楼梯口，以便堵住三四层楼上我兵团'五一纵队'战士。"按照这一说法，红9团和"五一纵队"的冲突从晚上10点多钟就开始了，因为10点多钟的时候肯定还有人上楼下楼，这时候堵塞楼梯口，马上会被"五一纵队"发觉并引发冲突，而在这个时候，新北大公社总部还在开会呢。

当晚在40楼的红9团只有30人左右，"一举拿下四十楼"？他们大概想都没有想过。守住40楼里自己的地盘，不让"井冈山"占领整个40楼，可能是他们的目标。

红9团那点人是抵挡不住"五一纵队"的，他们试图堵住一、二层之间的楼梯时，紧急情况下便于使用的只有方凳（北大学生每人配发一个方凳，没有椅子），或许还有木床（据《号外》的指责）。堵塞楼梯的行动十分匆忙，以致住在二层的几个东语系同学没有得到通知，未及下楼就被"井冈山"俘虏了。红9团阻拦"五一纵队"的行动仅仅是为了等待公社总部救援，保住自己不被赶出40楼。由于公社总部一个援兵也没有派来,"井冈山"倒是来了大批增援,红9团在内外夹攻之下,约30人全部被俘。俘虏中只有东语系的人,《号外》所说有"3团"参加40楼堵塞楼梯的指责不符合事实。

地球物理系校友的回忆文字证明,红9团手里只有石头,并无长矛。如果红9团人手一支长矛,就不会那么容易成为俘虏了。红9团约有30人被俘,他们的长矛肯定落到"井冈山"手中,成为武斗铁证,但无论是《号外》还是"北大地球物理系部分校友"的回忆,都没有说他们从红9团手里缴获了长矛。当天夜里在"井冈山"总部当警卫的俞小平,看到了被俘虏的红9团的人,但没有看到有什么长矛。他第一次见到缴获的长矛,还要到数天之后。[21]

东语系方面只有王明美的文章提到他和另外几个同学在40楼二层被"井冈山"俘虏的事情。王明美等人是新北大公社文艺团体"胜利团"的成员,不参加红9团的活动,且当时住在44楼。他们当晚被叫回40楼,"说是要防备对立派井冈山兵团可能发动的武斗"。王明美等人回到了40楼,但并没有接到什么具体任务,也没有获得任何武器。他们是住在二层的,对一层的情况并不清楚。40楼的冲突开始后,他们便被困在二层。据王的文章,危急之中,CYF同学用麻绳从二楼窗户缒到楼下,去公社总部报信求援。由于增援始终没有到来,二层的王明美等人和一层的红9团成员先后成了俘虏,被关押到28楼。王明美被关押后遭铁棍击打后脑勺部位,致血流不止。天明之后,对方见其头部流血不止,才用卡车将其送往医院。进医院时碰巧被"胜利团"的两个战友看到,打电话给学校求援,最终将王明美抢回。[22]

被"井冈山"用铁棍打伤的不止王明美一人,另一位D同学也被打伤。据D回忆,他当时在校刊编辑部帮忙,并不参与红9团的活动,所以早睡下了。D是在29日凌晨1时许被惊醒的,当时"井

---

[21] 俞小平:《做人的底线——我所经历的北大文革大武斗》,载《记忆》2016.3.31第152期。

[22] 王明美:《难忘的胜利团情谊》,载王复兴主编:《回顾暴风雨年代——北大文革亲历者文集》(第二集),香港,时代文献出版社,2019年。

冈山"已经占领了整个40楼。据他回忆,攻占40楼的"井冈山"成员,身上也是佩有标志的,凡没戴"井"方标志者见到即打。D说,"我被铁棒打晕倒地,随后被架至28楼。几经拷打,头部被打破(后经检查,共有五处伤口),满脸满项是血,棉袄尽湿。耳闻旁有女生惊曰'怎么把人打成这样?!'随即有男生呵斥该女生'走走走!……'" D说,他们被关到3月31日晨5时许,在解放军宣传队主持下,双方交换扣押人员,才被释放。他说,在被关押期间,总被蒙着头,三夜两日只得到一个窝头。D除外伤外,还被打成严重脑震荡,使记忆力大受影响。幸亏"井冈山"不知道他是校刊编辑部的,否则,后果恐怕更加严重。

数十年后俞小平回忆说,1968年3月28日晚他在"井冈山"总部值班,"在3月29日1点以前,北大校园一片寂静,学生宿舍区并无任何武斗发生。"[23] 他的这个印象的准确性是有疑问的。如果红9团在10点钟的时候就堵塞楼道,"井冈山"总部肯定早就知道了。事实上,在1点钟之前,"五一纵队"已经占领了整个40楼。俞小平的这一说法,同上引张××的说法是有矛盾的,"五一纵队"和16纵内外夹击红9团时,不光40楼前一片嘈杂,"井冈山"的广播喇叭也早就响过了,16纵就是听了广播后赶去的。

俞小平说过:"幸亏10纵的老井预作准备,在其他纵队的支援下,竟然打败了准备不足的红10团(应为红9团——引者)。"[24] 据张××所说,"还有新人大公社的人参加"。

40楼有两个楼门,两处楼梯,"五一纵队"自上而下,其他纵队冲击并占领楼门,红9团在一层只有20多人,每处楼梯和楼门,只有十来个人,且"准备不足",当然抵挡不住。

40楼的武斗由"五一纵队"驱赶三、四层的公社同学开始,时间上比公社总部派出队伍占领31楼的行动要早好几个小时。"五一

---

23 俞小平:《事实与逻辑之三——答宫香政同学的〈谎言止于真相〉》,载《记忆》第267期。
24 俞小平:《做人的底线——我所经历的北大文革武斗》,载《记忆》第152期。

纵队"自上而下，俘虏了二层的几个公社同学后，同坚守一层的红9团的20多人发生冲突。"五一纵队"同红9团的冲突发生在楼内，动静不是很大，红9团的人很快被压缩到一层西侧楼道，无路可退，成为俘虏，并且被"井"方顺利押解到28楼关押。这一结果说明公社"武卫指挥部"成员宫香政"我们不与他们去争夺40楼，我们必须占据31楼"的说法是真实的。

40楼最后被"井冈山"放弃了，为什么呢？强大的"五一纵队"为什么不占住40楼呢？而且，该纵队不久就溃散了，队长丁磊离校回家，杨玉海宣布"下山"，大部分成员离校。[25] 但是，为什么呢？"五一纵队"的存在会给"井冈山"总部惹麻烦吗？他们在40楼采取的行动是否经不起调查？

新北大公社占领31楼

占领31楼的行动是由新北大公社总部决定的，但公社第一把手孙月才并未与会，起主导作用的是"武卫指挥部"的领导成员。具体指挥占领31楼行动的是"武卫指挥部"成员宫香政。50多年后，宫香政说：

关于3.29武斗，我所知道的具体过程是：公社总部接到报告，说井冈山兵团于3月28日晚饭后，在40楼动用武斗工具驱赶公社的同学。于是，公社总部在总部办公室召开紧急会议，商量对策。会议中，大家分析形势，认为：28楼已被井冈山占据，31楼里井冈山的人员较多，他们又从校外运进了一些木棒、铁棍等武斗工具。如今，他们又要占据40楼，是想控制西南校门，开通与校外"地派"联系的自由通道。而28楼和31楼是学生宿舍核心区，井冈山一旦占据了28楼、31楼和40楼，那么，公社一派在宿舍区将无立足之地，局面是非常危险的。面对这种危险局面，我们不能被井冈山牵着鼻子走，为了打乱井冈山的计划，我们不与他们去争夺40楼，我们必须占据31楼，才能稳住阵脚。尔后，立即召开了战斗团长紧急会

---

25 王书仁执笔、俞小平整理：《北大地球物理系部分校友忆武斗》。

议，分析了形势，讲了对策。当时，化学系的红三团团长觉得非常为难，最后，经过大家激烈讨论，红三团团长勉强服从了大家的意见。为了不让化学系的公社同学为难，分配他们在楼外防守井冈山的进攻。当晚，公社夺占 31 楼是在晚 11 点过后开始的，当时，公社一方准备了部分长矛、护心甲和柳条帽，没有配发像井冈山个别校友所说的黄色军棉袄，临时发放了一部分白毛巾，白毛巾不够就用白布条，以便"识别敌我"。这就是北大 3.28—3.29 武斗公社一方研究和实施的全部过程。……需要说明的是，决定夺占 31 楼的事情，就是新北大公社总部的几个负责人召集会议决定的，没有校文革的人参加。[26]

经笔者向宫香政求证，他并不认识到公社总部报信的人，也不能确认报信者是哪个系的。可以确认的是，报信者绝非东语系的 CYF 同学，因为宫和 CYF 同学都是"文革"前校乐队的成员，彼此认识。笔者推测，报信人可能是住在 40 楼 3 层或 4 层的同学，是最先遭到驱赶的人员之一，被驱逐后到总部报信。当然，也有可能是东语系同学获悉"五一纵队"已经开始行动，赶紧到总部报信。

来自 40 楼的信息无疑触动了公社总部头头们紧张的神经，促使他们作出了武力占领 31 楼的决定。"武卫指挥部"成立时是有一条原则的，就是"不打第一枪"。他们准备了队伍和装备，就等对方"打第一枪"，而此时的总部领导人，显然是把"五一纵队"在 40 楼的行动视为"第一枪"了。

31 楼地理位置的重要性，是许多人都明白的。陈景贵在 1968 年 3 月 29 日的日记中写道："气氛越来越紧张。武斗，这个广大革命群众反对的东西，看来是不可避免了。两派双方都在积极准备，都在选择具有战略性意义的地点和分析对方的战术。据说分析的结果是认为 31 楼是具有战略意义的地方，都想拿下来加以控制。"[27] 陈写下这段日记时，占领 31 楼的事已经发生，所谓"分析的结果"应该是

---

26 宫香政：《文革中我所经历的北大武斗》，载《记忆》第 182 期。
27 陈景贵：《1965—1970 那几年我在北大》，第 844 页。

他事后听说的。但是,"武卫指挥部"的头头们可能早就议论过了。但议论是一回事,做出决定立即执行是另一回事。新北大公社是一个复杂的群体,在许多事情上内部经常看法不一,很难保密,但这次占领31楼之事,是决定后立即付诸实施的,没有走漏消息。从实行情况来看,这一行动也出乎"井冈山"头头们的意料,31楼的"井冈山"居民被打了个措手不及。

这个决定是不顾政治后果的盲动行为。

这个决定的目标非常单一,就是占领31楼,对于楼内的居民,主要是驱离。被公社方扣押的,据说31楼和29楼共有23人。[28]

这个决定也是匆忙和草率的,没有顾及住在其他楼内的新北大公社成员的安全,甚至完全不顾已经发生冲突的40楼,致使红9团约30人在内外夹攻下成为"井冈山"的俘虏。当他们被蒙上眼睛后押往28楼时,公社总部并没有采取任何拦截救援措施。

这个决定也没有规定严格的纪律。长矛这种利器,只可用于威慑恫吓,扎在人身上是可以致命的。但有的人真的用来伤人了。

借占领31楼之势,在人数上本来就占优势的红1团于黎明时分占领了29楼。01纵勤务员章本照(流体教研室年轻教师)的回忆表明,将其驱离出屋的执长矛的公社战士就是数力系学生,但该学生并不知其身份,对其亦未有粗暴行为和伤害。但章本照在下楼时被认出是01纵勤务员,挨打并遭到扣留,但当晚便因交换俘虏而被释放。他放在宿舍里的书包(内有信件和笔记本),也在公社派蔡扶时的帮助下得以取出。[29]

据章文所述,"井冈山"01纵队的另两个头头张立国和陈光耀"奋勇从三楼跳下,所幸只是足部受伤无大碍。"[30] 这证明,当时"井"方《号外》所称的张立国被红1团从三楼扔下,"跌成重伤,惨不忍睹……昏死过去"云云,并不属实。

---

28 王书仁执笔、俞小平整理:《北大地球物理系部分校友忆武斗》。
29 章本照:《我在北大的文革往事》,载王复兴主编:《回顾暴风雨年代——北大文革亲历者文集》(第二集)。
30 章本照:《我在北大的文革往事》。

"井冈山"占领 32 楼、30 楼、35 楼和 37 楼

"井冈山"当夜迅速占领了 32 楼,当时住在该楼的丁××同学回忆说:

1968 年 3 月 28 日深夜,听到校内有点乱哄哄,便赶忙出来看看情况,场面挺混乱。看了一会感觉无趣,就想回宿舍。没想到 32 斋门口已有人把守,并且说,非井冈山人不准进,东西也不准拿。29 号早上李钟奇来北大,心想这回问题可以解决了,就赶忙去听他讲话。没想到情况更为严重,32 斋宿舍是回不去了。由于没有宿舍会被井冈山占领的预兆和思想准备,所有生活用品,包括衣服、一个老怀表等,都拿不出来了。听我们系有的人讲,当井冈山人冲进来时,64 级一个同学(他没有参加井冈山)是从二楼窗户跳下来的。本来我们系就没有绝对的公社铁杆,大部分是懒得从原校文革体制下出来的半逍遥派,听到 64 级同学跳楼的事,当然就更不敢回 32 斋的宿舍了。[31]

与 32 楼同时,"井冈山"还占领了 30 楼、35 楼和 37 楼。16 纵的人说,30 楼是他们在天亮时分占领的。[32]

"刺聂事件",北京市革委会和北京卫戍区对于制止武斗无所作为

3 月 29 日早晨,北京卫戍区副司令员李钟奇到北大来制止武斗,他和聂元梓走到 32 楼前面时,被许多学生围住,场面非常混乱。在混乱中,聂元梓和李钟奇都遭到袭击。笔者当时不在学校,未曾目睹。据说聂被刺伤流血,站立不稳,被李钟奇扶住,李的头则被打出了一个大包。李钟奇随后在广播台讲话"有人拿匕首直接刺伤了聂元梓同志",以及当天晚上谢富治宣布的北京市革委会和北京卫戍区研

---

31 丁××致胡宗式的信。
32 王书仁执笔、俞小平整理:《北大地球物理系部分校友忆武斗》。

究的四条决定中的第二条（见下文），都证明聂、李遭到袭击是真实发生的。

据悉，李钟奇当时曾大喊一声："有刺客！"李还曾指认出"刺客"的着装特征，于是，符合这一特征的化学系三年级学生樊能廷被认为是"刺客"。多年后，樊氏著文说："李将军的喊声似乎是应我手中改锥的举起，脱口而出的。""由于是面对面，李将军眼尖，指认得很真着，说是'穿黄军装、戴黑边眼镜'，确是我当时的穿戴。"但樊否认自己是刺客。他说："看到聂元梓，不由满腔愤恨，举起改锥，隔着两、三层的人，要打她。我中等个头，1米73，其实，就算我再高点儿，身高过人、臂长过人，加上改锥，隔着两、三层的人，也够不着聂元梓。"[33]

历史系校友丁建华告诉笔者，他当时正跟在聂元梓的身后，亲眼看见蔡华江（经济系65级学生）用凶器刺向聂元梓，聂的右侧脖颈处被刺伤流血。丁建华还清楚地看见有人用棒子打了李钟奇的头部，但不知其人姓名。多年后，蔡华江在回忆文章中承认用手"抓了一下她的后脖子"，但否认手里有什么"凶器"。[34]

3月29日早晨7时半，李钟奇在校广播台对全校师生员工讲话："你们要立即停止武斗！""新北大公社、井冈山兵团各派五名代表，一、二、三、四、五把手参加，由校文革和解放军领导处理武斗善后一切事宜。时间：今天上午8点；地点：哲学大楼206号"。他还说："我今天和聂元梓到现场制止武斗时候，有的人拿匕首直接刺伤了聂元梓同志。这个凶手，希望全校师生员工动员起来，把凶手抓起来。"

但是，"井冈山"的领导人拒不到场，会议没有开成。

当天上午11时半，李钟奇再次在校广播台讲话。他说："武斗是错误的，呼吁全校革命师生员工同志们，大家动员起来，立即制止武斗，双方退出武斗现场，恢复正常秩序。"他指出："由于井冈山的同

---

[33] 樊能廷：《北大刺聂真相》，载丛璪、亚达、国真编《燕园风云录》（三）。
[34] 蔡华江：《我所见证的"刺杀"聂元梓事件》，载丛璪、亚达、国真编《燕园风云录》（三）。

志们拒绝按时参加会议，致使今天会议不能进行，这样作法是错误的。"他宣布了由宣传队、北京卫戍区、市公安局军管会和校文革组成制止武斗调查组，希望新北大公社和井冈山兵团两大群众组织提供方便条件以利制止武斗和武斗的调查工作。[35]

3月29日晚，谢富治、北京卫戍区司令员温玉成和副司令员李钟奇到北大召集校文革负责人和两派群众组织头头开会，以制止武斗。会议具体地点不详。会前，李钟奇先询问："有带武器来的没有？"结果是新北大公社代表未带武器，"井冈山"一方有人交出了一把带有血迹的锉刀。

晚10：36，谢富治、温玉成、李钟奇和聂元梓、孙蓬一一起走进会场。孙蓬一是谢、温点名要求参加的，并声明保证孙的人身安全，派了两辆车到44楼来接。[36]

谢富治说："党中央、中央文革刚刚召集了十万人的大会后，北京大学发生大规模武斗的行为，是直接反抗中央、中央文革的，是不能容忍的！你们不斗刘少奇、邓小平、陶铸、彭德怀、贺龙、彭罗陆杨以及在北大的代理人陆平等叛徒、反革命修正主义分子，而斗争聂元梓同志，你们的大方向哪里去了？！这是违反我们伟大领袖毛主席的伟大战略部署的！"

随后，谢富治宣布了北京市革委会和北京卫戍区研究的一个决定：

（一）慰问被刺伤的聂元梓同志，慰问一切被打伤的人员、革命群众、革命小将。

（二）井冈山等组织应立即自己交出刺杀、打伤聂元梓同志、李钟奇同志的凶手和后台。

（三）外校来北大参加武斗是完全错误的，应立即撤出，回去作自我批评。（这时谢富治又说："我要补充一句，这一句不在我的记录

---

35 北京大学文化革命委员会《新北大》编辑部：《新北大》增刊，1968年3月30日。
36 林宗耀：《北大五年的零星记忆》，载王复兴主编：《回顾暴风雨年代——北大文革亲历者文集》（第二集）。

里:'如果不听,还要这样做,那我们就让他们做去,看他们走到哪里去!'")

(四)在校军事人员和支左部队要挺身而出,制止武斗,保护小将,保护群众,保卫国家财产。要求全校各派交出一切凶器,释放一切被抓人员。全校一切革命群众要在伟大领袖毛主席的革命路线原则下联合起来,实现革命大联合,共同对敌。[37]

上述(一)、(二)两条,证明聂元梓和李钟奇都受了伤,但对交出凶手的要求,"井冈山"方面是决不会执行的,北京市革委会和卫戍区也没有打算真的进行追查,最后不了了之。

第三条揭示了一个非常危险的事实,即北大的武斗有外校人员参加。谢富治和卫戍区可能是掌握这一情况的,所以特别强调了这一点,向他们提出了警告。谢富治还对"井冈山兵团"的代表说:"我刚才说的一句话,不在我记录内,这句话要请你们注意!这句话要请你们注意!要请你们注意!注意!"谢富治如此反复强调,显然不是毫无缘由的。

3.25事件后,校园里就有传言,说有外校学生在北大住下了,后来食堂也有反映,说用伙人数有不正常增加。据东语系校友告,红9团被俘人员从40楼被押往28楼时,眼睛虽然被蒙上了,但沿途听到的一些人的谈话和喊叫声,显示其中有外校人员。文革史学者卜伟华提到当晚的武斗时写道:"'新北大公社'人多势众,'井冈山'有其他院校武斗队支持"。[38] 据张××所说,"还有新人大公社的人参加"。但真相究竟如何,只有北大"井冈山"的领导人清楚了。

除了交换俘虏外,第四条也没有得到执行。3.29武斗发生时的驻校解放军宣传队是北京卫戍区派出的,于1968年2月6日进驻。他们是带着成见来的,进校时就表现出了不支持校文革的态度,宣传队的个别人还发表过一些不当言论,可以被上纲上线为"纵容甚至挑

---

37 《谢富治、温玉成等在北京大学制止武斗的讲话》(1968年3月29日),载北京大学文化革命委员会《新北大》编辑部:《新北大》增刊,1968年3月30日。
38 卜伟华:《砸烂旧世界》,第690页。

动武斗"。这些情况上报给卫戍区司令温玉成后,该宣传队4月2日就被撤走了。[39] 这支宣传队在北大待的时间不长,但时间段与高校学习班同步,他们入驻北大的背景和任务,他们的指导思想,以及实际上起的作用,都是值得研究的。很明显的是,他们的指导思想,就是高校学习班领导人的思想,其作用也一样,没有解决矛盾,反而加剧了矛盾。北大发生武斗,该宣传队是有责任的。该宣传队撤走后,据说进驻了武装部队一个连,三个人一组执勤巡逻。[40] 但他们似乎也没有起什么作用,"井冈山"4月25日抢占36楼时,他们做什么了?

据孙月才日记,谢富治宣布的"四条",实际上是中央文革制定的。得知聂被刺伤的消息后,中央文革召开了紧急碰头会,主要有三条:(一)北大武斗是对抗中央的;(二)聂被刺是件大事;(三)驻校解放军支派不支左,要撤换。[41]

中央文革的紧急碰头会应该是29日下午或晚上召开的,谢富治在会议结束后来北大讲了话。

据孙月才日记,3月30日凌晨2时,李钟奇到新北大公社总部听取对学校武斗的意见。李表示"井"要交出谋刺的凶手,如果不交,那么他要抓人。公社总部还对驻校解放军提出意见,他们实际上是支派不支左。[42]

在毛泽东那里的会议是3月30日下午召开的,会议的内容应该十分重要,但未见披露。从后来事情发展的情况来看,会议并没有做出采取有力措施立即制止武斗的决定。

据孙月才日记,4月4日上午,李钟奇到北大,对调查组及"井"谈:"井"一定要交出凶手,不交出我们誓不罢休;新北大公社与"井冈山"不能半斤八两。"井"不承认校文革是对抗中央,"井"说刺聂

---

39 林宗耀:《北大五年的零星记忆》。
40 陈景贵:《1965—1970 那几年我在北大》,第 847 页。
41 孙月才:《悲歌一曲:文革十年日记》,第 300 页。
42 孙月才:《悲歌一曲:文革十年日记》,第 299 页。

是革命行动,这是站在反动的立场上讲话。要马上拆除工事恢复正常秩序。[43]

4月10日晚上,北大武斗调查小组负责人发表讲话,说中央重视,要井冈山交出凶手及后台,否则无产阶级专政不会宽容。[44]

4月11日,北京市革委会、北京市卫戍区、北京市公安局军管会、北大校文革制止北大武斗监督小组组长陈致平,在校广播台向全校师生作广播讲话。讲话中谴责了"井冈山"至今对抗中央拒不交出刺聂凶手和后台,说这种情况再也不能继续下去了,并希望广大受蒙蔽的"井冈山"战士起来揭发,揪出凶手和后台。[45]

北大"井冈山"的头头们为什么要抵制市革委会和卫戍区的调查呢?他们不是声称自己是"保卫'以谢副总理为首的北京市革命委员会'的革命权威"的斗士吗?为什么不肯配合一下呢?莫非他们经不起调查?

北大发生武斗后,对于谢富治、李钟奇等人发布的种种指示,"井冈山"方面一概不予理采,谢富治、李钟奇也就听之任之。这并不是因为谢富治、李钟奇等人没有办法,而是因为他们实际上是支持"井冈山"的。他们要拔掉的"钉子",本来就是新北大公社,而非"井冈山",但这不是他们办得到的。于是,他们就采取了不怕乱、不管、不急、不压的"四不"政策。这是"坐山观虎斗"的方针。

在"四不"政策的指导下,没有采取任何措施制止武斗,如立即收缴全部武斗工具,恢复武斗前的原有状态,等等,这就导致武斗状态长期持续,群众看不到解决问题的希望,看不到出路,焦躁的情绪日益增长,许多人产生了很大的火气,极少数人甚至失去了理智,做出了极端的行为。

在"四不"政策的影响下,旧的武斗事件没有解决,又发生了新的武斗事件。

---

43 孙月才:《悲歌一曲:文革十年日记》,第301页。
44 陈景贵:《1965—1970 那几年我在北大》,第848页。
45 孙月才:《悲歌一曲:文革十年日记》,第302页。

4月25日，"井冈山"以武力占领36楼

事实证明，谢富治、李钟奇等人说的都是空话，对"井冈山"不起任何作用，相反，在3.28—3.29武斗发生的三个多星期后，"井冈山"又于4月25日用武力占领了36楼。这是"四不"政策带来的结果。

36楼是女生宿舍楼，新北大公社总部从未有过占领该楼的打算。[46] 但是，对于"井冈山"的一些人来说，36楼志在必得。他们认为，"井冈山"占领的几座楼，座座是"孤岛"，"'井冈山'必须占领35（楼）和37（楼）之间的36楼，才能结成岛链。经过各楼守楼战士多次呼吁，一直犹豫的总部决定拿下36楼这个'孤岛'。"[47]

50多年后回望历史，可以看出，3.28—3.29武斗后，北大"井冈山""二次夺权""一切权力归井冈山"的美梦成了泡影，自身安全反而成了首要问题。在当时浓烈的武斗气氛下，"井冈山"的骨干成员，特别是其领导人，已不敢离开28楼了。他们极度缺乏安全感。而且，他们也失去了出入学校的自由通道。占领36楼，有利于把"井冈山"占领的几个楼连成一片，再在37楼开辟一个出口，所以，36楼是"井冈山"志在必得的。他们谋划多日，作了充分准备。他们准备了大量长矛和可以迅速砸穿楼板的工具，不但顺利地占领了36楼，还挫败了新北大公社次日企图夺回36楼的行动。

"井冈山"占领36楼的行动，进一步加剧了两派矛盾，也是武斗进一步扩展的导火索。

新北大公社在3.29之后，满足于对31楼的控制，对"井冈山"内部因恐惧心理产生的反弹和困兽犹斗的行为缺乏警惕，没有想到在三个多星期后，在市革委会和卫戍区介入以后，"井冈山"还会以武力占领一个女生宿舍楼。"井冈山"的行动激起了新北大公社的愤

---

46 许多年后，新北大公社还为此受到嘲笑："聂元梓手下那么多能人，对于36楼竟然没有先下手为强，锁住'井冈山'的命门，无疑是个重大失误。"见唐利：《北大校庆120年，回忆文革武斗120昼夜》，载张从、樊能廷、俞小平主编：《北大文革武斗纪实》。

47 唐利：《北大校庆120年，回忆文革武斗120昼夜》。

怒，被激怒的领导人又为夺回 36 楼采取了盲目的行动，造成许多同学受伤，这引起公社群众更大的愤怒，有人甚至失去理智。第二天即 4 月 27 日，就发生了公社成员极其残忍地用长矛刺死无线电系学生殷文杰的严重事件。[48] 事后，在一次战斗团长的会议上，聂元梓提出要处理刺杀殷文杰的凶手，团长们群起而攻之，纷纷反对，只有一位团长表态要处理。战斗团团长层级的骨干的头脑都不能冷静下来，正确的意见不能占上风，是一个很严重的问题。这表明聂元梓已经失去了对新北大公社骨干的控制，更无法控制极少数人突发的冲动行为。"刺殷"的是两名学生，他们得知自己闯了大祸，深为后悔，但已经来不及了。后来被认定是"主凶"的杨恭谦受到了处分，另一人是否受到处分，不详。

此前，在 4 月 19 日，地质学院附中学生温家驹（也有人说其是矿院附中学生）在北大被打死。《北京大学纪事》说他是"进入图书馆翻阅期刊"。众所周知，"文革"开始后，除了《红旗》杂志，就没有什么其他期刊了。而在 1968 年 4 月，《红旗》杂志也处于停刊状态，图书馆还有什么期刊可供翻阅呢？至于旧期刊，那是放在书库里的。"文革"前是要凭借书证借阅的，借阅者须先填写申请单，再从书库调取，而"文革"期间可能已经停止出借了。再者，4 月 19 日正处在武斗时期，图书馆还开门吗？能让一个非北大学生的外边来的人随便进去吗？他去的是哪个图书馆（大馆？还是某阅览室）？是如何进去的？又是在图书馆的哪个位置（公共阅览室还是书库）被抓的？这是正常的"进入图书馆翻阅期刊"吗？笔者不知道具体情况，无从判断。不管怎样，把人打死是错误的。此事无疑是一个非常恶劣的开端。领导人没有重视这件事情，没有立即对打人者给予处分，实际上等同包庇。领导人也没有采取有力措施防止此类事件再次发生。《北京大学纪事》1972 年 9 月 2 日条称，此案主凶为李喜才，1973 年 5 月 19 日条又称其名为李才喜，究为何名，是何身份，笔者不得

---

[48] 详见胡宗式：《文革期间北大的殷文杰同学被刺致死事件》，载《记忆》第 114 期，2014 年 5 月 31 日。

而知。《北京大学纪事》还称一个名叫秦克俭的人也受到处分，但没有说明秦克俭到底犯了什么事。据了解，秦克俭是工人，还是一名党员，可能是转业军人。

将一个中学生殴打至死，将一个本校同学用长矛刺死，这种戾气从何而来？因何而生？聂、孙、校文革和新北大公社总部无疑都负有责任，但造成这一切的"文革"路线和"文革"领导层的责任呢？"3.25事件"幕后策划者的责任呢？坐山观虎斗的"四不"政策的责任呢？

7月20日，又发生了地质地理系学生刘玮被打死的恶性事件。原动态组的几个同学对此事非常愤怒，他们找到胡宗式，要求胡一定不要参与这一事件的后事处理。因此，笔者对事件的经过完全不了解。数十年后再想打听，已无法找到亲历者，只获得一位老师当年听闻的情况。大概情况是：刘玮被抓，与工人兵团有关，但无法弄清是哪些人抓的。笔者当年知道工人兵团的头头是黄元庄，不知有其他人。数十年后获悉，工人兵团还有一个头头贾××。贾××在公社总部并无职务，但在工人兵团内部，是一个同黄元庄平起平坐的角色。此人经常捅漏子，因为他手下的一个工人被"井冈山"的人抓到并打伤了，为了报复，就在海淀街上抓"井冈山"的人。聂、孙发现后曾命令他们把人撤回来，他们口头上答应，实际上没有执行，而且把刘玮抓到了40楼。

《北京大学纪事》1972年9月2日条指称李铁良是打死刘玮的凶手，不知道是如何认定的。据了解，李铁良是一名学生，他为什么要下此毒手？刘玮曾是"井冈山"一方的武斗人员，他做过些什么？但无论他做过些什么，也不应将其打死。奇异的是，时隔6年多，《北京大学纪事》1978年12月1日条又指舒会文是打死刘玮的主犯之一。舒是校医院的医生，他是接到通知后赶往40楼准备做抢救工作的，但他到达时，刘玮已经死了。对舒的这一指控有什么证据呢？

笔者向宫香政询问当时情况，据宫称，刘玮被打之时，宫正在44楼开会，宫接到一个人来报告说40楼抓了一个"井冈山"的人，被打得快不行了，叫宫去看看。宫决定马上去现场查看，并打电话给校医院舒会文大夫，叫他也去现场。宫前脚到，舒后脚到。舒诊视后，对宫说，这个人不行了。宫马上返回公社总部报告了此事。宫称，此事后来如何调查处理，他就不清楚了。

宫香政说的情况，笔者获得高云鹏老师的印证。据高所述，他是接到有人从 40 楼打来的电话，说一个学生挨了打，伤势很重。高说："看好这个学生，千万不能让人再打他。我马上叫大夫去。"接着高给校医院打电话，让他们派人去急救。高老师说，"去急救的大夫就是舒会文。后来听说大夫去到那里时，这个学生已经死了。舒会文怎么可能是凶手呢？"

为了把打死刘玮的罪责直接安到聂元梓头上，8341 宣传队曾逼迫高云鹏作伪证，遭拒绝后，又制造冤案欲将高云鹏置于死地（见本书第十六章）。说舒会文是"打死刘玮的主犯之一"，显然也是一起冤案。

聂、孙的重大错误之一，是对工人兵团管理的失控。在"文革"的第一年里，工人在学校政治舞台上并无地位。工人兵团的兴起，是陈伯达 6.5 讲话以后的事情。6.5 后北大反对派的大吵大闹和各种冲击活动，引起了北大工人的不满，工人兵团成为支持校文革和新北大公社的一支坚定力量。这中间实际上蕴藏着风险，陈伯达在 1967 年 7 月 10 日对聂元梓说："你不要依靠工人赤卫队，不要叫工人赤卫队保护你们。"[49] 但是，聂没有听懂这句话。

"井冈山"占领 36 楼的直接后果：群众流失和作茧自缚

占领 36 楼并引发 4.26 武斗的一个直接后果是"井冈山"失去了大量群众。"井冈山"方面自己的说法是："4.26 武斗后的一个星期里，井冈山出现了令人担忧的形势。五一纵队溃散，井冈山兵团的各个纵队的学生大量离校回家，每天都有近百人离开学校。井冈山兵团从 5000 人，没有几天就减少到 3000 人，到 6.24 武斗时减少到

---

49 胡宗式、章铎编：《北京大学文革资料选编》（下），奥斯汀：美国华忆出版社，2020 年，第 154 页。

800 人左右，到 7.22 架高压线时，……井冈山兵团在各楼坚守的人员总数当在 300 人左右……"50 实际上，所谓有 5000 人之多的说法，是"井冈山"的自我吹嘘，"挖山运动"导致 1200 多人造反下山，51 6.24 武斗时还有 800 人的说法无法核查，可能相差不多，而坚持到最后的恐怕只有二百多人。07 纵负责人奚学瑶说，"32 楼原来居住着中文系、法律系、图书馆学系三个系的男生，后来几乎只剩下了中文系的 30 多人。"52

占领 36 楼的行动虽然把"井冈山"占领的几个楼——28 楼、30 楼、32 楼、35 楼、36 楼、37 楼连成了一片，但"井冈山"人数太少，不得不放弃 19 楼、20 楼和 21 楼，这就产生了作茧自缚的效果。北大"井冈山"之被包围，是他们自己造成的，并不是新北大公社头头们有什么高明的地方。占领 36 楼，使"井冈山"自己陷入困境，这大概是策划这一行动的头头们始料未及的。

5 月 2 日，"井冈山"总部不顾劣势，轻举妄动，又派出 03 纵去攻击 38 楼，抢夺木板床，导致多人受伤。53

至此，北大校园南半部的学生宿舍区成了武装割据的冷兵器战场，"井冈山"占领的几个楼被新北大公社从东、北、西三个方向包围。

自此，一年多来随时可以开进北大校园喊叫的外校广播车再也不敢来了，随时可以进入北大校园贴大字报、大标语，甚至游行示威企图挑起大规模冲突的外校学生也不再出现了。像 3 月 25 日那样的七校万人冲击北大的事件，再无可能发生。

自此，北大"井冈山"的斗士们再也顾不上"站在最前线奋起反击为'二月逆流'翻案的黑风"了，也顾不上"保卫'以谢副总理为

---

50 王书仁执笔、俞小平整理：《北大地球物理系部分校友忆武斗》。
51 陈焕仁：《红卫兵日记》（下册），香港：香港中文大学出版社，2010 年，第 132 页。
52 奚学瑶：《青春非常之旅》，载张从等主编：《燕园沉思录——北京大学文革回忆与反思》，香港：时代文献出版社，2018 年。
53 唐利：《我的北大文革记忆》
http://www.21ccom.net/articles/lsjd/lsjj/article_2012022254193.html

首的北京市革命委员会'的革命权威"了。这两件事情，只不过是他们"反聂"的抓手而已。到了50多年后的今天，某些人还在喋喋不休地为"反聂"找借口，但再也不提这两件事了，如同他们再也不提"6.5讲话"，再也不提"分裂中央文革"一样。

自此，北大"井冈山"完全失去了主动出击挑战的气势，他们再也无法像陈伯达6.5讲话以后那样肆无忌惮地冲击、破坏新北大公社方面的会议了，他们也无法在校园里贴大字报、搞游行示威了。对于"井冈山"的领导人来说，眼下的要务，只剩下"谋生存"了。

杜钧福写道："当时井冈山一派的领袖动员本派人员参加武斗时说的是，如果我们束手就范或四散逃离，北大一派专政，正式成立革委会掌了大权，那么我们大家的命运都是悲惨的。因为当时学生们面临毕业分配，那时，我们不但被分配到条件非常恶劣的地方，而且肯定在人事档案里塞进不利的材料，使得一辈子不得翻身。所以当时井冈山的武斗人员，除了义愤的驱使外，考虑的就是这些实际利益。"[54]

"井冈山"们不是一直自诩为正确路线的代表和反对校文革"资产阶级反动路线"的斗士吗？原来这都是假的，他们为的只是自己的实际利益。

新北大公社总部、校文革、孙蓬一和聂元梓对武斗的责任

对于3.29用武力占领31楼的行动，新北大公社总部，特别是"武卫指挥部"，无疑负有直接的责任。多年后，笔者向宫香政询问当时的情况，宫申明："3月28日晚研究应对'井冈山'在40楼用武力驱赶公社同学的会议上没有孙蓬一，在整个占领31楼的行动过程中没有接到孙蓬一的任何指示。"宫认为，"孙蓬一在北大武斗中确有错误，那就是4月26日他擅自指挥公社武斗队员，去攻打4月25日被井冈山占领的36楼，企图夺回36楼，致使许多公社同学受伤。"

孙蓬一没有参加3.28晚上的会议，也没有作过什么指示，但不

---

54 杜钧福：《北大文革史笔记》，载丛璔、亚达、林爻、戈辰编：《燕园风云录》（四），2016年8月。

等于他对此事没有责任。为保护孙蓬一免遭"井冈山"绑架，"李文忠毛泽东思想学习班"将孙保护起来，孙"销声匿迹"已有多日。直到3月29日晚，谢富治、温玉成、李钟奇点名要孙蓬一参加会议，孙才去了44楼，从那里乘谢富治派来的车去会场。不管怎么样，孙作为校文革副主任，对校园里的情况是了解的，他必须承担责任。尤其是4月26日擅自且越级指挥夺回36楼的武斗，更是一个严重的错误。

笔者获得一份孙蓬一的手稿，从内容看，似是1969年下半年孙蓬一在8341宣传队时期所写的检讨。孙蓬一在手稿中对北大武斗问题作了检讨：

> 和井冈山兵团的矛盾，本来是人民内部的矛盾。……而我却严重地混淆两类不同性质的矛盾，常常把对敌斗争的公式，用来作为处理和井冈山兵团的矛盾的指导思想，主张所谓"针锋相对""人不犯我，我不犯人，人若犯我，我必犯人"。我对制止武斗有个非常错误的看法，把它和战争混为一谈。把战争必须用战争来消灭，错误地引申为"武斗只有用武斗才能制止。"我这种错误指导思想，在武斗期间，所造成的损失特别严重。
>
> 北大的武斗，是杨余傅倒台的前夕，通过傅崇碧煽动起来的。我们不是团结两派群众共同把斗争的矛头指向阶级敌人，而是站在一派一边，支持武斗，指挥武斗。三月廿八日，如果我们顾全大局不去攻占三十一楼，北大这场大规模武斗是不至于发生的。4.26武斗的大规模流血事件的发生，也正是我这种错误指导思想所造成的恶果，我负有直接责任。是我从一派利益出发，图报复，不顾大局，决定去夺36楼的。结果使阶级弟兄互相残杀，许多同志无辜地流血受伤！
>
> 尤其令人痛心的是殷文杰同志的被刺死！4.27殷文杰同志的死和我的4.26的错误有密切关系。正因为我的错误决定，造成双方很多人受伤，当时，公社方面伤的较多，这就更使报复的情绪增加，导致了这样一起惨痛事件的发生，造成了无法挽回的损失！直接犯下这一错误的同志，当然应牢记这一血的教训，不过，主要责任在我而不

在他们。刘伟同志的被打死，我也是负有责任的。我请求给我以应得的处分！

孙蓬一的检讨是真诚的。但笔者也注意到，这是孙蓬一在当时的特定历史条件下作的检讨，不可避免地有其历史的局限性。他对"文革"的认识局限于1969年，他不能揭露谢富治，更不能揭露江青和中央文革，只能笼统地说，"北大的武斗，是杨、余、傅倒台的前夕，通过傅崇碧煽动起来的。"傅崇碧是怎样煽动的？他没有说，他恐怕根本就不知道。更深层次的问题，他就更不能说也不敢说了。

孙蓬一在检讨中说，"和井冈山兵团的矛盾，本来是人民内部的矛盾"。问题是，"井冈山"方面从来不认为这是人民内部矛盾，他们要的是"二次夺权"。

北大无论发生什么问题，责任都会落到聂元梓头上，因为她是校文革的主任。北大武斗的责任，理所当然地也落到她头上。

北大发生武斗后，江青曾要聂元梓向"井冈山"作检查，至于检查什么，却并无指示。

笔者在数十年之后才知道此事，见于聂元梓在《我在文革漩涡中》披露的她在被关押期间写的交代材料。聂写道："1968年3月29日北大武斗后，丁国钰、李钟奇同志到北大来，传达江青的指示，说江青同志叫你向井冈山兵团作检查。我说：检查什么？他们说不知道。你看应该检查什么就检查什么吧。当时，我怀疑丁国钰、李钟奇同志是偏向井冈山的。我不相信他们讲的是江青同志的指示。我说：我不能检查。井冈山兵团刺伤我的凶手，还没有查出来。我不能带伤向他们检查。后来，我请示了温玉成同志。到底有没有这回事？温玉成同志说是江青的指示，但我说现在没有条件检查。"聂元梓写这份交代的时候，江青还在台上，所以聂元梓继续写道："这是严重对抗江青同志。因为我抗拒江青同志的指示，使北大武斗不能迅速解决，形成了长期一不斗二不批二不改的落后局面，严重破坏了主席的战略部署。"[55]

---

[55] 聂元梓：《我在文革漩涡中》，第320页。

北大的武斗，表明毛泽东的"文革"路线在北大已经失败，中央文革在北大问题上的方针（如果有所谓方针的话），也已经完全失败。对此，江青难辞其咎，很是被动，但她又认识不到北大乱局的根源就在"文革"领导层身上。笔者推测，这可能就是她要聂元梓检查，却又说不出要聂检查什么的原因。聂元梓不检查，江青也没有办法，暂时不了了之。何况，江青正忙着刘少奇的专案。

一年后，江青又提起这件事情。1969年"九大"开幕前，聂元梓突然被高层指定"补选"为"九大"代表，周恩来、江青找聂谈话，讲"补选"的有关事情。聂元梓借机反映了校内"清理阶级队伍"中一些过火的情况，希望引起总理的重视。聂的话还没有讲完，就被江青打断了，江青斥责她说："你净是讲别人的缺点错误，你自己就没有缺点错误？"聂元梓说："我不够条件，运动中做错了许多事。"江青说："那武斗呢？"聂元梓多年后回忆说："这我就不好说了。北大武斗是谁插手，我不能讲中央文革，也不能把刘新民说的话讲出来，只好检查自己。"[56]

作为北大校文革主任，聂元梓对北大的武斗负有不可推卸的责任。这种责任，是领导责任。新北大公社"武卫指挥部"是3月22日成立的，聂元梓、孙蓬一和校文革，不可能不知道，所以，对"武卫指挥部"的行动，他们都是负有责任的。

具体到新北大公社3月29日凌晨占领31楼的行动，没有证据证明聂元梓同这一行动有直接的关联。

1968年8月19日，工、军宣传队进驻北大，校文革各部门全部由工、军宣传队接管。工、军宣传队随即开始了对聂元梓的审查。不到两个半月，1968年11月2日，宣传队指挥部就向北京市委写了《关于不同意聂元梓参加市党代表会议的请示报告》，连北京市的党代表会议都不能参加，表明他们对聂元梓是持否定态度的。该报告有没有提到聂元梓对武斗应负的责任，笔者无从知晓。

作为"文革"的政治招贴，聂元梓的价值还未被用尽。于是，"文

---

56 聂元梓：《我在文革漩涡中》，第294页。

革"领导层又让聂元梓当了"九大"代表。宣传队是跟上级的指挥棒转的，于是，他们又出来说了聂元梓一些好话：

聂元梓是反对王关戚、反对二月逆流的。经宣传队七个月的内查外调，聂元梓没有反对、损害无产阶级司令部的言行，她对无产阶级司令部是有感情的，是拥护的，她对军队的态度是好的。聂元梓的家庭很复杂，但她本人的历史是清楚的。

聂元梓最大的错误是没有如实地传达毛主席7.28指示，对批评的话不是完全如实地传达，聂在"一不斗、二不批、三不改"上有责任，但主要是阶级敌人挑动和群众中的无政府主义思潮的影响。聂在思想意识、生活作风上有缺点，我们指挥部的同志在这方面也是有缺点的，这是小节，大节是好的。对聂的一些流言蜚语，经我们调查是不属实的。[57]

应该说，宣传队的这一评价还是比较客观的。宣传队并没有包庇聂元梓，他们作了7个月的内查外调，但没有查到聂元梓有什么严重的问题。

在让聂元梓当"九大"代表的问题上，除了政治需要外，高层是否还有什么博弈，这需要未来的学者去研究。

明显的是，在聂元梓出席"九大"会议的同时，毛泽东派出了心腹谢静宜和8341部队的军人到北大进行调查，以便对聂进行彻底清算。毛泽东通过这一手把北大的事情完全抓到自己手里，"文革"领导层的其他人，包括江青，过去说过的话都不算数了。于是，北大校文革便被戴上了"派文革""逼供信文革"和"武斗文革"三顶帽子。参加完"九大"会议，聂元梓继续接受审查。这一次，是由毛泽东亲自指挥的谢静宜们来进行审查了。

武斗，当然是审查的重点。但是，他们并没有查到聂元梓策划、指挥武斗的真凭实据。为置聂元梓于死地，谢静宜、迟群们便不惜制造假案了。他们选中哲学系教师高云鹏，制造了"高云鹏冤案"，并

---

[57] 聂元梓：《我在文革漩涡中》，第292页。

企图逼迫高云鹏编造伪证诬陷聂元梓，但他们失败了（见本书第十六章）。

高云鹏的遭遇说明，谢静宜、迟群一伙始终没有找到聂元梓策划武斗的任何证据，如果他们拥有如艾群的文章中所说的那种"证据"，又何必大费周章，制造这种连环假案呢？

艾群是北大中文系1963级学生，自称毕业后"长期从事公安工作，历任公安部人民公安报社副总编辑、公安部群众出版社总编辑"，这些头衔颇为堂皇，但此人实际上只是个写小说的。具体的案件审理，他可能从未参加过。他获准阅览聂元梓案的卷宗，以便写一篇批判聂元梓的文章。这本来是一个难得的机会，他可以看到别人看不到的案卷，从而对聂元梓这个历史人物作一个深入的研究，写出有历史价值的文章。但是，"反聂"的惯性思维模糊了他的眼睛，使他浪费了这个极其宝贵的机会，其文章没有学术价值，收录该文的小册子《乱世狂女》，也不过是地摊货而已。

艾群还有一篇文章《加减法模糊了历史真相——重读<聂元梓回忆录>》，其中有一段被人反复引用的文字：

据聂元梓在司法机关的询问笔录显示，1968年3月28日夜，即北大发生大规模武斗的前夜，聂元梓在临湖轩向校文革和新北大公社头目下达指令："打，你们要打，就打吧！"，从而发起3月29日大规模武斗。[58]

这是艾群对多年前片断印象的一段回忆文字，不是笔录的抄件。他没有说明他见到的是哪个"司法机关"的讯问笔录，是公安局的？还是检察院的？聂元梓的卷宗里可能有一大堆笔录，他见到了几件？就他所说的这份笔录，他也没有提供其基本信息，如时间、地点、询问人、书记员、询问人问了什么问题、被询问人回答的原话，等等，而这些信息是非常重要的。在正常情况下，被询问人还要在笔

---

58 艾群：《加减法模糊了历史真相——重读<聂元梓回忆录>》，载丛璋、亚达、林爻、戈辰编：《燕园风云录——北京大学文革回忆资料汇编》（四），2016年8月。

录末尾写上"此记录已经本人审阅,记录无误"等字样,然后签名、盖手印并写明日期。而且,被询问人在笔录的每一页上,都要签名、盖手印。笔录中所有涂改之处,被询问人也要盖上手印。这些情况,艾群也没有说明。

如果这件事情是真的,在正常情况下,询问人当时就会追问聂元梓,她向哪几个人下达了武斗的指令,以便进一步调查核实。要找到这些人查证这件事情是很容易的。然后,卷宗里就应该有这些人写的书面证词,或者是讯问人把这些人也找来做几份讯问笔录。那么,卷宗里有这些人的证词或讯问笔录吗?艾群看到了吗?他能举出"头目"们的名字吗?如果没有旁证,只凭"口供"是不能定罪的。何况,聂元梓有时还会说假话。

如果这件事情是真的,那么 3.29 武斗就是聂元梓批准的,她肯定罪责难逃。

如果真有这样的事情,谢静宜、迟群、魏银秋们会放过聂元梓吗?他们在批斗聂元梓的大会上,让聂元梓说过这件事情吗?让公社的"头目"们上台作证揭发过此事吗?谢静宜们是很擅长玩这一套的,牛辉林不就是在大会上承认自己是"五一六"吗?他的手下不也在大会上站出来"作证"了吗?但这是真的吗?

非常关键的是,新北大公社"武卫指挥部"负责人、3.29 凌晨武力占领 31 楼行动的负责人宫香政声明:"当时我是总指挥。校文革和公社的一帮头头们到临湖轩去找聂元梓,要求武力解决问题的事情,我怎么不知道呢?这样的会应当由我来参与召集,而我不知道有这个会议,更谈不上我参加这个会议了。"[59] 对于宫香政的声明,北大"井冈山"方面的人,也承认宫并不在场,理由是宫级别不够,不够资格。

如果这件事情是真的,那么,《北京大学纪事》怎么没有重重地记上一笔呢?要知道,凡是对聂元梓不利的事情,《北京大学纪事》的编者从来不会吝惜笔墨和篇幅。甚至早已被证明是冤案的高云鹏

---

59 宫香政:《文革中我所经历的北大武斗》,载聂元梓:《我在文革漩涡中》。

的事情，至今仍堂而皇之地收录在这本书里。

后来聂元梓被抓到看守所以后，第一个审问的事情就是武斗。预审人员听了聂的陈述后，不再追问武斗之事。一位陈姓预审员还对聂元梓说，"你在制止武斗的事情上，还是立了一功的，你给党中央写一个报告吧。"[60] 这说明预审人员听了聂的陈述后作了调查，了解了事情真相。聂元梓写好报告上交了。聂元梓的报告是什么样子的，笔者一无所知，企望将来的研究者能够看到这份报告。

按理说，聂元梓说的这次预审也应该有一份"讯问笔录"，也应该一直保存在聂元梓案的卷宗里，陈姓预审员对聂元梓说的话也应该记录在这份"讯问笔录"里，但它还在吗？艾群见到了吗？

公安局没有继续追问武斗之事，并且认为聂元梓制止武斗有功，检察院的起诉书里也就没有提及武斗问题，最后，在给聂元梓的刑事判决书中，自然也没有与武斗相关的内容。至于为什么，要由公、检、法的人来回答。笔者以为，把武斗作为一项罪名拿到法庭上来辩论，不但缺乏证据，还会扯出当局不想或不敢涉及的内幕。实际上，他们也不过是某些人的工具而已。所谓审判，并不公正。

面对大学武斗，北京市革委会和卫戍区的"四不"政策

谢富治只发布没有效力的指示且没有任何实际行动，"井冈山"对他宣布的"四条"不予理采，甚至四处张贴传单进行驳斥。由此，北大武斗局势迁延不决。实际上，被谢富治和中央文革视作"钉子"非要拔除不可的，是聂元梓和新北大公社，但是他们力不从心，高压手段宣告失败，还惹翻了新北大公社，引发了严重的后果。这是他们没有想到的。在这种进退不得的境况下，北京市革委会和卫戍区采取了"四不"政策，即不怕乱、不管、不急、不压。这一方针得到了毛泽东的赞许。毛泽东1968年7月28日召见大学红代会"五大领袖"时说："过去革委会、卫戍区对大学的武斗不怕乱、不管、不急、不

---

60 聂元梓：《聂元梓回忆录》，香港：时代国际出版有限公司，2005年，第265—266页。

压，这看来还是对的。"[61]

或许，毛泽东对如何解决大学武斗的问题，已经有了新的想法。后来发生的事情表明，毛泽东要解决的，并不只是几个发生武斗的大学的问题。毛泽东在下一盘大棋，需要做出新的战略部署，需要准备一个新的"工作组"——工宣队，而这需要时间。在这段时间里，只能实行"四不"政策。"制止武斗"固然重要，但实际上只是一个突破口而已。

到1968年的五一节，北大的武斗已经过了一个月。武斗甚至打到了马路上，外国记者都作了报道。这使中央文革和谢富治都很没有面子，在毛泽东面前，他们也都不好交代。于是，陈伯达和谢富治再次对北大武斗进行批评，以甩掉他们自己的责任。

孙月才5月1日和4日的日记记录了那几天高层有关北大武斗的指示要点，共3条：

一、5.1晚上，林彪慰问老聂，聂说学校搞武斗联合不起来，叶群说，不要紧，北大问题会解决的。陈伯达说，"你们武斗，外国报纸都报道了，你们正从主动转入被动。"陈伯达又对红代会的人说，"言行不一，表里不一，不管说得多么漂亮，终要垮台的。"

二、昨晚陈伯达对北大附中的人说：井冈山"不好，不好"，说新北大公社过去很好，现在骄傲了，翘尾巴，这样下去要走向反面。

三、今天下午聂去市革委会开常委会，由谢富治主持，专门研究了地院小报攻击北大问题，严厉地批评了王大宾。并通过决议由红代会出面来了解北大、清华的武斗问题。[62]

据笔者找到的一份资料，在1968年5月4日召开的市革委会常委会上，谢富治确实就地院东方红小报刊登长篇文章攻击新北大公社是"二月逆流派"的事情批评了王大宾。谢富治是"怀仁堂会议"的参加者，在会上站在中央文革一边为中央文革说话。他很清楚"二月逆流"是怎么回事，那份小报完全是胡说八道，是在寻衅挑事，连

---

61 卜伟华：《砸烂旧世界》，第685页。
62 孙月才：《悲歌一曲：文革十年日记》，第306—307页。

谢富治也看不过去了，所以对小报上的文章提出了批评。谢富治也批评了清华和北大的武斗。谢富治说："蒯大富同志反正你要倒霉的，一直打下去不管有多少理由，你也说不清楚，你北大一直打下去，你聂元梓说得下去？反正你说不清楚。""你们北大在路边上搞武斗，好些国家都报道了，丢不丢人？""解决北大问题，聂元梓不要当主任，到清华可以当。北大带一个头，不要等待中央表态，打到什么时间，靠不住，你打啊，那你就打啊？中央文革谁知道他什么时候表态，我不知道。"[63] 谢富治在讲话中还说："大学啊！坏人两派在挑啊！新北大有人现场指挥，他的祖父少将军官，父亲国民党。"但是，谢富治不肯说出这个人的名字。笔者当年不了解谢富治的这次讲话，50多年后读到这份材料，又作了一点考查，谢富治所说的"现场指挥"，确有其人，是"井冈山"领导层人物，谢富治对其祖、父身份的说法，也并非编造（当然现在的评价不同了）。但是，谢富治只是在小型的会议上发发感慨，他不会公开说这件对北大"井冈山"不利的事情。

据陈焕仁日记，陈伯达于5月6日来到北大围墙外，站在32路公共汽车的马路上，观看被打得稀烂的宿舍楼。陈伯达对几个北大学生批评说："你们北大的武斗，外国人都报道了，你们给毛主席丢脸！你们言行不一，理论与实际相脱离，不管你们说多少漂亮话，总有一天要垮台的！"在中关村，陈伯达被北大附中的学生认了出来，他对两个中学生说："新北大公社的尾巴翘得万丈高，这样下去，肯定会走向自己的反面。"[64]

如果聂元梓传达的事是真的，那么，林彪和叶群5.1晚上对聂元梓的态度是要表达什么信息呢？我们知道，"要整你们北大了"，正是谢富治在林彪那里开完会回来后作的部署。但那是林彪本人的意思吗？这永远是个谜。林彪和叶群5.1晚上表现出来的态度，是在作秀？在甩锅？或者，这是他们的真实态度？

---

63 谢富治在北京市革委会常委会上的讲话（1968.5.4），载湖南省工代会宣传组编印：《学习》（13），1968年7月。
64 陈焕仁：《红卫兵日记》（下册），香港：香港中文大学出版社，2010年，第122页。

陈伯达是北大乱局的重要推手，他的 6.5 讲话给北大带来了灾难，新北大公社忍气吞声快一年了，敢翘尾巴吗？"杨余傅事件"发生后，反对派立即攻击聂元梓是"杨余傅的小爬虫""为'二月逆流'翻案""炮打谢副总理"，面临这么多罪名，新北大公社敢翘尾巴吗？面对来自高层的"极限施压"，新北大公社敢翘尾巴吗？直至 4 月 16 日，地院"东方红"的小报还用 4 个版的篇幅，攻击新北大公社是"二月逆流派"，新北大公社自辩不暇，敢翘尾巴吗？周恩来和江青刚刚说过对聂元梓"一批二保"，新北大公社敢翘尾巴吗？陈伯达就是在胡说八道。新北大公社没有资本翘尾巴，他们现在有的，只有愤慨。

"言行不一"的是陈伯达本人，而且，他早就严重地脱离实际了。陈伯达就 6.5 讲话向聂元梓道歉，已经有 4 次之多，但他敢上北大广播台来说一次吗？天津某大学两派互斗，一派被围，断水断电，陈伯达自称当晚赶到现场，"解除这个令人悲痛的局面"。[65] 他这次已经到了北大围墙外边的马路上了，为什么不进来给北大"井冈山"解围呢？为什么不再一次"解除这个令人悲痛的局面"呢？他还敢像头一年 7 月 10 日那样进北大校园来讲话吗？

谢富治和戚本禹狼狈为奸，让北京市革委会被周景芳一伙所操纵，他敢向全市人民揭示真相吗？北京市革委会和北京卫戍区合办的高校学习班扩大了矛盾，以失败告终，他们策划的七校万人冲击北大，企图压垮新北大公社的阴谋，也以失败告终。时至 1968 年 5 月，谢富治竟然还想让"红代会"来调查北大、清华武斗的问题，这不是异想天开吗？

中央文革和谢富治都是北大乱局的制造者和推动者，他们的威望已丧失殆尽，他们已经没有能力来解决北大乱局。这个乱摊子，最后只能由毛泽东亲自来收拾。但是，历史证明，毛泽东也没有把北大的事办好。毛泽东派的工宣队和军宣队被毛自己否定了，而毛最后重

---

[65] 陈伯达："关于制止武斗的一些情况"，载《陈伯达遗稿》，香港：天地图书有限公司，1998 年。

用的谢静宜和迟群等8341的亲信卫士，以及他们的工具"梁效"，除了千古骂名，他们给历史留下了什么？

二、毛泽东派出"工宣队"并召见"五大领袖"，大学群众运动宣告结束

1968年夏季，毛泽东不再容忍武斗

自从"文革"领导层宣布打倒"杨、余、傅"并提出"彻底粉碎'二月逆流'新反扑"之后，新北大公社忙于自保和内战，已经没有人再关心"文革"全局了。

进入1968年夏天，在北大武斗相持不下的时候，"文革"全局已经发生了很大变化。

至1968年5月底，全国已有24个省、市、自治区成立了革命委员会，剩下的5个省和自治区的革命委员会也将在8、9两个月成立，所谓"全国山河一片红"很快就要实现了。由此，毛泽东"文革"所造成的新的政治格局大体稳定下来。

江青主导的刘少奇专案组已经整理出三本所谓刘少奇三次被捕叛变的"罪证材料"，很快就可以拿出来给刘少奇正式定罪了。这些"罪证材料"于1968年9月中旬正式报送中央。由此，召开八届十二中全会的条件已经具备。

然而，在北京，北大、清华和一些大学仍然在武斗。北京之外的许多地方，武斗也依然不息。这已经成为毛泽东推进"文革"进程的障碍了。

在不同时期，毛泽东对武斗是有不同态度的。比如对于上海"工总司"打砸上海柴油机厂"联司"的武斗事件，毛泽东就颇为欣赏。1967年的"7.20事件"后，毛泽东来到上海。8月4日，以王洪文为首的"工总司"调动十多万工人，出动了大量车辆（包括铲车和消防车）和船只，从水陆两路将上海柴油机厂团团包围。他们用25吨的履带式大吊车在前面开路，用高压水龙头向楼顶"联司"的人员猛

射,用消防云梯将武斗人员送进楼内,终于砸掉了上海柴油机厂"联司"组织。据徐景贤回忆,上海电视台播放了上海工人武装冲砸上柴"联司"的纪录片,毛泽东在招待所里看得津津有味。[66] 徐景贤在另一本书里说,毛泽东还称赞云梯上的人真勇敢。[67]

如卜伟华所言,毛泽东在对待各地的派性斗争和武斗问题上,起初是采取比较超脱的态度。他认为乱和武斗并不可怕,乱可以暴露矛盾,暴露敌人。对待武斗,就让他们打去,"他打够了,就不想打了"。"打够了,不愿再打了,问题已解决了。好像身上长了一身脓疮,把脓挤出来,身体很健康了"。"凡是烂透了的地方,就有办法,我们有准备。凡是不痛不痒的,就难办,只好让它拖下去"。[68] 即使1968年7月28日召见"五大领袖"时,毛泽东也还说,"武斗是一种不以人的意志为转移的社会现象,对武斗要作全面分析。""武斗有两个好处,第一是打了仗有作战经验,第二个好处是暴露了坏人。"[69]

1967年8月4日,毛泽东在给江青的一封信中,甚至还提出了"武装左派"的主张。这封信曾在林彪主持的中央常委扩大会上传阅。当年四川省革委会筹备小组组长、成都军区政委张国华在一次讲话中也说,"武装左派是毛主席的伟大战略部署"。[70]

在1968年春季,北京市革委会和卫戍区的"四不"政策,也是毛所认可的。但到了1968年夏季,毛泽东的态度有了改变,他不再容忍了。

杨继绳指出:

造反派,当初作为毛为整治官僚们的"石头",现在成了实现"天下大治"的绊脚石,成了"新生政权"革委会的对立面。不仅是恢复了职务的官员和支左部队,还是支持文革的"无产阶级司令部",都

---

66 徐景贤:《十年一梦——前上海市委书记徐景贤文革回忆录》,香港:时代出版国际有限公司,2005年,第276页。
67 转引自杨继绳:《天地翻覆——中国文化大革命史》,第540页。
68 卜伟华:《砸烂旧世界》,第685页。
69 卜伟华:《砸烂旧世界》,第700—701页。
70 杨继绳:《天地翻覆——中国文化大革命史》,第541页。

全力对造反派进行打压。[71]

毛泽东对造反派已经没有耐心了。"7.3布告""7.24布告"、7.25"无产阶级司令部"的要员们对造反派头头们的严厉批评,说明毛要用快刀斩乱麻的方式解决群众组织问题。而军管、派庞大的工作队是最有效的办法。[72]

终于,毛泽东下定决心同造反派(包括大学里的各种群众组织)告别了。首当其冲的,是清华大学。而且,这也是毛泽东亲自发动、亲自领导的。

毛泽东向清华大学派出"工宣队"

7月24日,毛泽东召来正在新华印刷厂支左的机要秘书谢静宜,指示组织3万工人和部分农民参加的队伍,去大学宣传"要文斗,不要武斗","捅它这个马蜂窝"。毛泽东还预见到:"有可能会发生流血的,要警惕。"

谢静宜赶回新华印刷厂,向8341的副团长张荣温及迟群(新华印刷厂革委会主任)作了传达,又一起向8341部队政委杨德中做了汇报,杨德中又率他们向汪东兴做了汇报。随后,杨德中一行又到北京市委汇报。听取汇报的谢富治、吴德、吴忠、杨俊生、刘绍文等领导认为,清华大学武斗最严重,先进清华好。市委书记们表示由市委帮助联络工厂,并找来多张清华大学地图,研究部署工宣队进清华的路线。

7月25日,在市革委会工交口、支左办帮助下,联络了工厂61家,约3万产业工人队伍。

26日,市委领导参加,在新华印刷厂召开了去清华大学宣传的工人领导人会议。市委还决定由北京巨山农场的农民参加。共分成8个团,并对具体宣传的楼区地段作了分工。新华印刷厂主要是向住在"二教"的"团派"指挥部做宣传。

---

71 杨继绳:《天地翻覆——中国文化大革命史》,第325页。
72 杨继绳:《天地翻覆——中国文化大革命史》,第326页。

市委除谢富治、吴德、吴忠、杨俊生、温玉成参加研究、布置行动方案外，直接参加指挥小组的是市委副书记、卫戍区副政委刘绍文。[73]

紧锣密鼓的部署，只用了3天时间，保密工作做得也很好。在部署期间，谢静宜说，"为了不让北大、清华的人发觉，那几天，由北京市委组织工人在大专院校周围游行，高喊'要文斗，不要武斗'的口号，不进校，游一阵子回来。"[74]

谢富治、吴德、吴忠和8341部队负责人在离清华大学不远的一处宾馆院子里组织指挥，在院子里搭了一个大棚，临时安了红机和几台普通电话。

这是一副打仗的架势，要攻克的城市就是清华大学，前线指挥所也建好了，只等一声令下。

从谢静宜的文章看，这一行动似乎也绕开了中央文革，完全是毛泽东亲自发动、亲自领导的。

27日，指挥小组一声号令，8个团，3万产业工人和部分农民组成的工人、农民毛泽东思想宣传队，在解放军驻各厂军代表的配合下，从各自厂地，浩浩荡荡向清华大学进发。到了清华门口之后，他们"仍像前两天一样，先在学校周围游行，麻痹他们一下"。[75]

10点钟准时，8个团的宣传队按事先的分工，同时从各大门一齐进校，到达各分工地段，宣传"要文斗，不要武斗"。

这是不是有点像北大"3.25事件"的升级版？当然两者的性质不一样。工宣队是宣传"要文斗，不要武斗"，并不支持某一派。"3.25事件"闯入北大的上万人，是声援北大"井冈山"的。

面对从各个校门突然涌入的不计其数的人，清华井冈山的团派采取了武力抵抗的错误做法，导致宣传队死5人，伤数百人的严重后果。

---

[73] 以上均引自谢静宜：《毛泽东身边工作琐忆》，北京：中央文献出版社，2015年，第176—178页。
[74] 谢静宜：《毛泽东身边工作琐忆》，第177页。
[75] 谢静宜：《毛泽东身边工作琐忆》，第178页。

不打招呼就派 3 万人进入清华的行动不太顺利，毛泽东不得不亲自出马，召见"五大领袖"。这有点像姚文元批判《海瑞罢官》的文章没有达到预计的效果，毛泽东亲自出马指出"《海瑞罢官》的要害是'罢官'"一样。

当时还是清华学生的杨继绳，数十年后写道："从这一天起，毛泽东利用造反派的战略终于结束，毛泽东告别了造反派。"[76]

毛泽东召见首都红代会"五大领袖"

7 月 28 日凌晨，毛泽东召见了首都红代会"五大领袖"，对他们作了严厉批评。由此，"文革"的红卫兵运动及大学里的群众运动宣告终结。

毛泽东的这次召见，长达五个小时。林彪和中央文革碰头会成员参加了这次召见。召见后，谢富治把聂元梓等五人留下，共同写定了回校后传达的《毛主席关于制止武斗问题的指示精神要点》。王年一在他的书里引用了这个要点的一部分。王年一指出："毛泽东的讲话是很有份量的。他的批评和警告迅速传达下去，比较有力地保证了工宣队对学校的进驻和领导。"[77]

多年后，韩爱晶整理了《毛泽东"7.28召见"谈话记》，[78] 是一个比较完整的版本。

既然毛泽东宣布宣传队是他亲自派的，工、军宣传队立马顺利进驻了清华大学，接管了该校全部权力，"两派群众组织同归于尽"（杨继绳语）。

以刘信为总指挥的军、工宣传队进驻北大，新北大公社率先宣布解散

据陈焕仁日记，7 月 28 日凌晨毛泽东召见"五大领袖"之后，校文革、聂元梓和新北大公社总部决定，从当天晚上起，公社采取主

---

76 杨继绳：《天地翻覆——中国文化大革命史》，第 326 页。
77 王年一：《大动乱的年代》，第 222 页。
78 已收入胡宗式、章铎编：《北京大学文革资料选编》（下）。

动,主动拆除修筑的工事,上交部分武器,停止一切武斗。从28日晚到次日上午,新北大公社占领区的工事,从楼内到楼外,全部拆得一干二净。[79] 陈景贵日记称:"不少单位又来北大游行庆贺。我们公社派组织人员欢迎,散发讲话号外,张贴大标语,表示欢迎监督检查。"[80]

调动军队干部和工人,组织宣传队,不是一两天可以完成的。所以,直到8月19日,军、工宣传队才进驻北大。他们上午在校内游行,下午开始驻防。军、工宣传队进驻后,"井冈山"一方也拆除了工事。8月28日,宣传队的第二批成员进驻北大。

军、工宣传队进驻后,校文革各部门全部由宣传队接管。北大校文革的历史至此结束。

新北大公社顺应时势,率先自动解散。

8月28日晚,新北大公社在大饭厅集会,举行倒旗仪式。公社头头宣布,为了支持工人阶级占领上层建筑领域,公社单方面决定,率先解散新北大公社,同学们全部回班闹革命。讲话后,举行了倒旗仪式。在庄严的"国际歌"声中,从红一团开始,公社二十来个战斗团逐个降下自己的旗帜,上交给宣传队领导。最后,四名公社社员将写有"新北大公社"五个大字的红旗卷起来再拿下来,抬着上台,交给宣传队领导魏秀茹等人。整个仪式进行了一个多小时。宣传队领导魏秀茹讲话,赞扬了新北大公社最后的决定。

自此,新北大公社不复存在。"钉子"消弭于无形,"绊脚石"化为齑粉。

新北大公社率先自动解散,是一个明智的决定。这直接支持了工、军宣传队的工作,工、军宣传队不再需要耗神费力组织两派搞什么谈判和席位分配。和"井冈山"的头头们搞谈判、争席位?新北大公社表示不屑。而那些折腾了近两年,一心想要和校文革平起平坐、分庭抗礼的人,现在连和新北大公社谈判的机会都没有了。没有了斗

---

79 陈焕仁:《红卫兵日记》(下册),第141—142页。
80 陈景贵:《1965—1970 那几年我在北大》,第863页。

争对象，也没有了联合对象，井冈山兵团也只能宣布解散。

至此，北大校文革和群众运动的历史宣告结束，以63军政治部副主任刘信为首的军、工宣传队领导一切的时代由此开始。在毛泽东"文革"路线的指引下，以后，轮到他们来犯错误了。

9月6日，西藏、新疆两个自治区的革命委员会宣告成立，毛泽东在中国大陆（除台湾、香港、澳门）省级行政区以革命委员会取代原来的党、政领导的重大目标得以实现。

9月14日，中央文革碰头会领导接见了首都工宣队、军宣队代表，出席代表有4000多人，江青、周恩来、康生作了长篇讲话，谢富治、黄永胜、陈伯达也讲了话。全部讲话记录稿约2.1万多字。这些讲话，对于工宣队、军宣队的工作有重要影响。

附 编

学生分批毕业后北大的几件大事

第十五章　63军宣传队和工宣队时期

工宣队进校后，笔者不久便先后毕业离校。此后，北大的情况，我们就不甚了解了。学生们一批批离校，但北大的"文革"并未就此结束，运动被拉回到毛泽东规定的"轨道"上，继续前行。

一、军、工宣传队时期"清理阶级队伍"的"扩大化"

军、工宣传队是挟带着巨大的舆论声势进入北大的。这种声势，比1966年6月张承先工作组进入北大时的声势要强大得多了。

毛泽东"7.28召见"的谈话虽然只传达了一部分精神要点，但批评的份量很重，对广大师生的震动很大，军、工宣传队是毛泽东亲自决策派出的，光环耀人，威力强大。

8月5日，毛泽东将来访的巴基斯坦外长送的芒果赠送给首都工宣队，表示他对工宣队的"极大支持"。借助于报刊的宣传，送芒果一事衍生出"芒果崇拜"现象，"个人崇拜"又掀起一波高潮。

8月25日，中共中央、国务院、中央军委、中央文革发出《关于派工人宣传队进入学校的通知》。

8月26日，《人民日报》发表姚文元的文章《工人阶级必须领导一切》，该文章经毛泽东修改审定，传达了毛泽东的最新指示："凡是知识分子成堆的地方，不论是学校，还是别的单位，都应有工人、解放军开进去，打破知识分子独霸的一统天下，占领那些大大小小的独立王国。""工人宣传队要在学校中长期留下去，参加学校中全部斗、批、改任务，并且永远领导学校。在农村，则应有工人阶级的最可靠的同盟军——贫下中农管理学校。"

又一幅乌托邦的图景。

不久，派工宣队、军宣队的这种办法，又扩大到除军管以外的各级党政机关和企事业单位。实际上，在有些单位，不仅早就有军管小组，还有军宣队和工宣队。

工宣队在学校存在的时间很长。直到 1977 年 11 月 6 日，中共中央转发《关于工宣队问题的请示报告》，批准工宣队撤出学校，工宣队才正式退出历史舞台。

现在，在毛泽东"文革"路线的指引下，轮到军宣队和工宣队来犯错误了。

数十年后，"文革"史学者席宣、金春明作了这样的评价：

工、军宣传队实际上也是另一种形式的工作队。工、军宣传队的进驻，对于制止武斗，稳定局势，起了某些积极作用，这是不应否定的。但是，这种办法本身，却是难以肯定的。从指导思想上说，它是建立在把知识分子排除在工人阶级之外，当成改造对象的基础之上。因而"知识分子成堆"，不是当作文化结构高的优势，而被视为资产阶级复辟的势力，必须掺进工人和解放军。从形势估量上看，是把新中国的学校，错看作是"知识分子独霸的一统天下"，因而决定派工人和解放军去"打破"。特别是由于工、军宣传队是在"文化大革命"错误指导方针下进行工作的，它本身也存在对进驻单位情况不明、成员素质参差不齐等弱点，工作中不可能不犯各种错误。至于把工宣队领导（在农村是贫下中农管理）学校永久化，则是完全悖于常理，是外行领导内行错误观点的扩大和引申，已被实践证明是根本行不通的。[1]

另一位学者王年一说：

在当时的历史条件下，工宣队、军宣队执行了左倾的方针和政策。但总算有了领导，得以较快地结束极度混乱的局面。至于把工宣

---

[1] 席宣、金春明：《"文化大革命"简史》，北京：中共党史出版社，2005 年，第 161—162 页。

队领导学校绝对化和永久化，无疑是不正确的，是一种不切实际的空想。2

军、工宣传队进入北大后，很快就开展了声势浩大的"清理阶级队伍"运动（简称"清队"），给北大教职工带来了空前巨大的压力。

北大"清队"的大背景：毛泽东发出清理阶级队伍的号召

早在1967年11月27日，江青在北京工人座谈会上就提出："在整党建党的过程中，在整个无产阶级文化大革命的过程中，都要逐渐地清理阶级队伍。"3

文化大革命发生了"天下大乱"，发生了"打倒一切"和"全面内战"，这是毛泽东"文革"极左路线造成的结果。但毛泽东看不到这一点。面对全国许多地方派别斗争激烈，大规模武斗不断发生的现象，毛泽东十分恼火，他不许批判极左路线，反而在全国发动了声势浩大的"反右倾"，并且在"反右倾"的浪潮中开展了"清理阶级队伍"的运动。

1968年3月，毛泽东对文化大革命做出了一个重要的判断："无产阶级文化大革命，实质上是在社会主义条件下，无产阶级反对资产阶级和一切剥削阶级的政治大革命，是中国共产党及其领导下的广大革命群众和国民党反动派长期斗争的继续，是无产阶级和资产阶级阶级斗争的继续。"毛泽东的这一论断在4月10日的《人民日报》和《解放军报》的社论里公布后，成为"清理阶级队伍"的最根本的理论依据和思想武器。这也是全国范围内"清理阶级队伍"扩大化的根本原因。

1968年5月13日，姚文元将《北京新华印刷厂军管会发动群众开展对敌斗争的经验》呈送毛泽东。5月19日，毛泽东在批示中特别指出："在我看过的同类材料中，此件是写得最好的。""建议此件

---

2 王年一：《大动乱的年代》，北京：人民出版社，2009年，第222页。
3 转引自王年一：《大动乱的年代》，第217页。

批发全国。"5月25日，中共中央、中央文革小组转发这一材料，要求全国各地"有步骤地有领导地把清理阶级队伍这项工作做好"。由此，"清理阶级队伍"运动很快席卷全国，而且被认为是一场"对敌斗争"。

包括新华印刷厂在内的6个工厂的"清理阶级队伍"运动，都是毛泽东派出的8341部队的警卫人员领导的，被认为是毛泽东亲自抓的"点"。这6个工厂的"经验"，都成为"清理阶级队伍"的指导性文件，流布全国，影响全国。人们对这些"样板"非常信任，对其"经验"毫不怀疑，照搬照用。实际上，这些材料是靠不住的。如杨继绳所例举的二七机车车辆厂这个"注意政策"的样板单位，就是8341部队宣传队制造的一个假典型。[4] 8341宣传队的相关人员在该厂制造了大量冤假错案，却将其包装成为"执行政策"的"样板"，他们写的所谓"报告"，欺骗了毛泽东，影响了全国，特别"使北京市群众大受其苦"（杨继绳语）。其他几个"样板"的真相究竟如何，不得不令人怀疑。

1968年6月21日，毛泽东在会见坦桑尼亚总统尼雷尔时，甚至说"文化大革命就是清理他们（坏人）"。毛泽东说：

> 过去我们留下了一些表现比较好的国民党人，这是我们的政策。我们没有教授、教师、没有办报的，没有艺术家，也没有会讲外国话的，只好收罗国民党的一些人或者比较好的一些人。有一些是国民党有计划的隐藏在我们的工厂、政府机关和军队里。……当然不是所有教授、教师、技术人员一个也不好，不是这样，但有一部分很不好。这次文化大革命就是清理他们，加以清理，好的继续留下来做工作，坏的踢开。[5]

王年一认为，之所以要在全国开展"清队"运动，"这与毛泽东

---

[4] 杨继绳：《天地翻覆——中国文化大革命史》，香港：天地图书有限公司，2016年，第596—599页。
[5] 中共中央文献研究室编：《毛泽东传(1949—1976)》，北京：中央文献出版社，第1518页。

自1967年夏起在实际工作上把重点整'走资派'转为重点打击群众组织中的'坏人'紧密关联。在1967年1月以后,'大联合'和'三结合'迟迟不能实现,毛泽东认为原因之一是坏人作祟。他在1967年视察三大区时就说过:'群众组织里头,混进了坏人'。后来在九届一中全会上回顾时也说过:'工厂里确有坏人。'在多数省、市、自治区革委会已经成立的1968年5月,在反'右倾'的声浪中,他要求全国开展'清队'活动。"[6]

席宣、金春明指出:"由于'文化大革命'全局性方针的错误,对于何谓'阶级敌人'没有明确的规定,带有很大的主观随意性。""在审查中,滥用专政手段,大搞逼供信,制造了数以百万计的冤假错案。加上他们的亲属和各种社会联系的,全国被株连的群众多达1亿人,确是史无前例。"[7]

毛泽东不认为"文革"乱局的根本原因是他自己的错误路线,他要找一个替罪羊,那就是"坏人"。

北大"清队"的地方背景:北京市的"清队"运动

北京市革委会紧跟毛泽东的旨意,于1968年5月15日召开全体会议通过并发出《关于清理阶级队伍工作中几个问题的通知》。《通知》称:北京市"在很短的时间内,已经揪出一批隐藏在革命队伍里的叛徒、特务、走资派和反革命分子,进一步清理了阶级队伍,给了阶级敌人以沉重的打击,取得了很大的成绩。"谢富治在会议上说:"目前,全市各单位根据伟大领袖毛主席的一系列指示和最新指示精神,按照以毛主席为首、林副主席为副的党中央、中央文革的指示,都在进行这一项工作。"[8]

北大校内两派还在武斗,不具备开展"清队"的条件,北大校文

---

6 转引自王年一:《大动乱的年代》,第218页。
7 席宣、金春明:《"文化大革命"简史》,第196页。
8 卜伟华:《中华人民共和国史·第六卷·"砸烂旧世界"——文化大革命的动乱与浩劫(1966—1968)》(以下简称《砸烂旧世界》),香港:香港中文大学当代中国文化研究中心出版,2008年,第674—675页。

革便决定先把"有问题"的干部、教师集中起来看管，于是有了所谓的"监管大院"或"牛棚"。笔者不了解这件事情的经过，但此事发生在1968年5月，显然同北京市革委会的《通知》及此前毛泽东关于清理阶级队伍的指示是有关系的。"监管大院"这种形式并不是北大发明的。孙蓬一1977年1月3日给笔者的来信说，"监管大院"是学习西安交大的经验而建立的。西安交大那个"经验"，是登了报的？还是上了文件的？笔者无力查证。"监管大院"存在了两个多月时间，工宣队就进校了。

1968年7月4日，北京市革委会向中央报送《关于清理阶级队伍情况的第二次报告》。《报告》中说，清队中出现了坐飞机、挂牌子、打人、刑讯、逼供、游行等错误做法。前一段死人较多，全市自杀1687人，打死157人，其中农村自杀1262人，打死145人，现在正在对错误做法进行纠正。[9]

1968年9月2日，北京市革委会办事组在《关于当前清理阶级队伍的情况》的报告中说：截至8月28日，全市已有68000多人被"揪出"，由于实行了群众专政，7、8两月有430人被毒打致死。[10]

据北京市公安局军管会1968年10月写的《北京市专政对象统计资料》，北京市共有地富反坏右敌伪军政宪特人员、反动党团骨干分子、反动会道门的中小道首和职业办道人员共计142559名，约占全市人口总数2%。[11]

1968年11月18日，北京市革委会在《关于清理阶级队伍情况的报告》中说，截至11月18日，全市揪出的各类阶级敌人已达80100人，其中：叛徒3297人，特务4761人，死不改悔的走资派3207人，现行反革命分子9993人，反动学术权威203人，反动资本家2319人，新挖出的五类分子14435人，没有改造好的五类分子27565人，其他坏分子14320人。[12]

9　转引自卜伟华：《砸烂旧世界》，第675页。
10　转引自卜伟华：《砸烂旧世界》，第677页。
11　转引自卜伟华：《砸烂旧世界》，第676页。
12　转引自卜伟华：《砸烂旧世界》，第677页。

1969年3月9日,北京市革委会在上送中央的《关于当前清理阶级队伍的情况报告》中说:"到2月底,全市已揪出9.9万人",全市已有80%左右的单位进行核实定案,截止到2月20日的不完全统计,全市已定案1.5万人,占新挖出坏人(不含没有改造好的五类分子)总数的22%,其中定为敌我矛盾的,占已经定案总数的54%。13

北京市革委会向中央报送的各种数据里,有没有包括北大等高校在内,不详。

北京市的"清队"运动,问题很多,后果严重,这种情况是如何发生的呢?北京市革委会是如何领导的呢?主政者有什么责任呢?他们有没有受到批评呢?北京市的"清队"运动对北大的军、工宣传队有什么影响呢?工宣队的工人来自北京市多家工厂,他们有没有受到各自工厂里"清队"运动的影响呢?

北大"清队"的北大背景:"反动堡垒"和"池深王八多"

在全国和北京市的大环境下,北大的军、工宣传队可以不搞"清队"吗?而就他们的水平,"清队"能不发生扩大化吗?何况,北大还有其自身的特殊环境。

早在1966年6月1日,毛泽东就已认为北大是一个"反动堡垒",后来又说北大是"池深王八多",军、工宣传队当然会认为北大的"敌情"非常严重,"北大王八多得腿碰腿"就是宣传队领导人的名言。

毛泽东在"7.28召见"的谈话中批评聂元梓等人"一不斗,二不批,三不改",宣传队来了,可以不狠抓"斗"和"批"吗?"走资本主义道路的当权派"这个概念提出来已经有3年多时间了,但从来没有对此作出过明确的解释,也没有发布过具体的政策标准,"斗"起来能不"扩大化"吗?"黑帮"有什么政策标准?"资产阶级反动学术权威"又有什么政策标准?在没有政策标准的情况下,北大校文

---

13 转引自卜伟华:《砸烂旧世界》,第678页。

革组织的，以及早期学生自发搞的"斗"和"批"，早就做得过分了。实践证明，毛泽东所要的"斗"和"批"都是错误的。

《北京新华印刷厂军管会发动群众开展对敌斗争的经验》说："北京新华印刷厂的军管人员，在发动群众开展对敌斗争中，是很坚决的，不论是对特务、叛徒，还是对一小撮走资派，他们都带领群众，狠揭狠批。特别是对那些恶毒攻击伟大领袖毛主席和林副主席、恶毒地攻击中央文革、反对无产阶级司令部的现行反革命分子，一旦发现，就狠狠打击，毫不留情。"[14]

作为样板的这份"经验"表明，"清队"是一场"对敌斗争"，敌人有"特务、叛徒、走资派"，还有"现行反革命分子"。对照之下，这样的情况，北大不也都存在着吗？军、工宣传队在"清队"中可以不打击"特务、叛徒、走资派"？可以不打击极少数"恶毒攻击伟大领袖毛主席和林副主席、恶毒地攻击中央文革、反对无产阶级司令部的现行反革命分子"吗？

1968年8月19日，军、工宣传队进驻北大时，两派的武斗状态已经结束，两派组织也很快宣布解散。随后，宣传队举办校文革、新北大公社、井冈山兵团两派头头"为人民服务毛泽东思想学习班"，向毛主席表忠心，并号召群众对头头进行揭发批判。他们对聂元梓也进行了审查。与此同时，"清队"运动也大张旗鼓、轰轰烈烈地开始了。

军、工宣传队领导下的"清队"运动犯了"扩大化"的错误

1968年9月下旬，军、工宣传队领导的全校清理阶级队伍运动开始。这场运动声势浩大，其产生的压力也空前巨大。首当其冲的是"陆平黑班底"和那些在两派群众组织斗争中表态参与了其中一方的党政干部，他们被认为是"黑手"。首当其冲的还有解放前经历比较复杂的教师，他们大多是知名的专家和教授。

全校干部、教师被命令集中食宿，不得自由回家。冯友兰记述了

---

14 转引自王年一：《大动乱的年代》，第218页。

他和哲学系一些教师被集中到外文楼住宿的过程：

> 工宣队照部队的编制，把学校人员组织起来，把每个系编为一个连，师生混合编制，连长由工宣队成员担任。有一天下午，我们正在南阁学习，快到下班的时候，哲学系的连长来了，他说："你们先不要回家，都跟着我走。"他带着我们，走到朗润园的物料库，里面堆了许多稻草。连长下令说："每人抱一捆，跟着我走！"走到了外文楼，他命令把稻草放在水泥地上。他说："你们以后就住在这里，睡在这里。我派些同学来陪你们。你们现在可以回家吃饭。吃罢饭在家里等着同学去接你们，也可以帮助你们拿东西。"……我回家吃饭以后，果然有个同学来了，是也帮我拿了一点东西，可是到了外文楼以后，这些学生就下命令，叫我们把身上的铁器，如小刀之类，都交出来，履行了犯人进监狱的时候所要履行的那一套手续。他们原来是学生，可在这里是监改人员，要对我们进行隔离审查（后来才知道叫"隔离审查"，当时并不知道这个名词）。……我们住在楼里的人也有劳动，不过劳动只限于扫外文楼和办公楼外边的马路。扫完了马路就进去学习，学习的主要内容是背语录和老三篇，或者写材料，写关于自己的材料，或是别的单位来外调的材料。[15]

不光是冯友兰、冯定这些人，原新北大公社第一把手孙月才也被送到外文楼隔离审查（1968年10月29日—12月11日）。[16]

在宣传队提出的"北大王八多得腿碰腿"的思想指导下，全校有900多人被重点审查，定为敌我矛盾的542人。比工作组时期被揪斗的230人多312人，比校文革时期被揪斗的218人多324人。[17]

严重的是，这次"清队"运动来势汹汹，很是吓人，在很短的时间内，就有24人自杀身亡。有一次甚至一天之内发生两起自杀事件。10月16日，物理系著名教授饶毓泰在家上吊身亡，原北大党委常

---

15 冯友兰：《冯友兰学术自传》，北京：人民出版社，2007年，第155—156页。
16 孙月才：《悲歌一曲：文革十年日记》，香港：香港中文大学出版社，2012年，第332—357页。
17 谢甲林：《谢甲林法学文集》，北京：时代弄潮文化发展公司，2013年，第42页。

委、教务长、校文革常委、斗批改委员会负责人、中共新北大"党组"副组长崔雄昆投水身亡。谢甲林写道："一天中，南北两个自杀现场，我带保卫组的蓝绍江、校卫队的肖祖德和市公安局的刘云翔跑南奔北进行勘查，写记录与家属依法办手续，再由西奔东，给宣传队总部进行汇报，最后，经宣传队上报。"[18] 10月18日，数力系教授董铁宝上吊身亡。除崔雄昆外，原副校长、党委副书记戈华等自杀未遂。[19]

"清队"开始后，一些了解教师历史情况的原党政官员又受到学生欢迎了。如某系原副总支书记，便被请到学生宿舍去介绍情况，大谈某某教师有什么历史问题，某某教师历史上又如何如何。这样的场景，在8341宣传队领导下的江西鲤鱼洲试验农场也照样上演过。在军代表主持的一次只有工农兵学员参加的会上，某系党支部副书记奉命向工农兵学员介绍所谓阶级斗争新动向，还抛出一些老师的历史、家庭的档案资料……军代表则要求工农兵学员提高警惕，在军代表眼里，工农兵学员是革命的动力，而教师是革命的对象。[20]

正在人心惶惶的时候，毛泽东作出了对冯友兰、翦伯赞这些人要给出路的指示。

1968年10月31日，毛泽东在八届十二中全会的闭幕会上讲话时提到，"对于一些学者，所谓学术权威，不要做过分了。冯友兰、翦伯赞，还有吴晗，也还有某种用处。你如果要问唯心主义，要问帝王将相，还得请教他。"[21]

为贯彻毛泽东的指示，1968年11月18日，宣传队指挥部负责人宣布，解除对冯友兰的监改，允许他回家居住，并决定每月发给125元生活费。在工宣队安排下，冯友兰的住房条件也得到了部分恢复。关于被允许从外文楼搬回家里居住的过程，冯友兰有详细描述，

---

18 谢甲林：《谢甲林法学文集》，第42页。
19 参见"江西鲤鱼洲劳动锻炼记"一文，作者：逻辑学家。载丛璋、亚达、国真编：《燕园风云录》（三），第136—137页。
20 陈平原主编：《鲤鱼洲纪事》，北京：北京大学出版社，2012年，第279页。
21 《毛泽东传》（1949—1976），第1532页。

²² 兹不赘引。

与冯友兰同时,翦伯赞也被释放,给其夫妇每月 120 元生活费,并在燕南园内安排了单独的居所,还雇了一个退休老工人杜师傅为翦夫妇提供服务。但是,仅一个月工夫,翦夫妇就出了意外。

翦伯赞夫妇自杀的严重事件

翦伯赞是著名历史学家,文革前是北大副校长和历史系主任。翦 1937 年就参加了中共,但他是做统战工作的秘密党员,其中共党员身份一直没有公开,直到 1962 年成为校党委委员和副校长时,才公开了他的党员身份。

翦伯赞因其特殊身份,又是党内屈指可数的几位马克思主义历史学家之一,从 1950 年代到 1960 年代初,他有着很高的政治地位,身兼多种社会职务,真正是红得发紫。

但翦伯赞毕竟是个学者,他对 1958 年的大跃进和"拔白旗,插红旗"运动中在史学界出现的"左"倾思潮有不同看法,从 1959 年到 1963 年初,他发表了若干文章和讲演,批评了这股极"左"的风气。

1962 年毛泽东发出了"千万不要忘记阶级斗争"的号召后,翦伯赞很快受到了批判。关锋、林聿时、戚本禹等人先后发表文章,对翦伯赞进行批判。²³

姚文元发表了批判《海瑞罢官》的文章后,翦伯赞发表了反对意见,并引起了毛泽东的注意。²⁴ 随后,毛泽东主张点名批判翦伯赞。1965 年 12 月 21 日,毛泽东在杭州同陈伯达等人谈话时就说,"一些知识分子,什么吴晗啦,翦伯赞啦,越来越不行了。""戚本禹的文章(指批判翦伯赞历史观的《为革命而研究历史》一文——引者)很好,

---

22 冯友兰:《冯友兰学术自传》,第 157—158 页。
23 穆欣:《〈光明日报〉十年自述》,北京:中国青年出版社,2015 年,第 452—495 页。
24 《毛泽东传(1949—1976)》,第 1399 页。

我看了三遍，缺点是没有点名。"²⁵ 1966年3月18日，毛泽东在中央政治局常委扩大会议上又说："我的意见，还要打倒什么翦伯赞呀，侯外庐呀等一批才好。不是打倒多了。这些人都是资产阶级，帝王将相派。"[26] 很快，报纸上就出现了点名批判翦伯赞的文章。戚本禹等人在《翦伯赞同志的历史观应当批判》一文中声称，翦伯赞是"近几年来史学领域两个阶级、两条道路尖锐斗争中资产阶级一方的代表人物"。

"文革"群众运动开始后，翦伯赞的研究生、助手张传玺不堪政治高压，贴出大字报对翦进行揭发批判。"文革"结束后，也是这位张传玺，又多方奔走，终使翦伯赞的沉冤得以昭雪。

在"文革"的头两年里，作为"资产阶级反动学术权威"，翦伯赞遭到了许多次批斗，但他的医疗关系，依然在北京医院，他所需要的药物，特别是进口的强效安眠药，依然得到了保障。北京医院的病例显示，翦伯赞从1966年1月至1967年9月共20个月中，每次领药20粒，共领350粒，超量。[27] 然而，按照毛泽东的指示让翦伯赞返回家中并对其生活作出了安排之后，却发生了意外的事情。

翦伯赞回家居住期间，遭到中央刘少奇专案组调查人员巫中等人的逼供和胁迫。两年多的批判斗争，翦夫妇都坚持下来了。但这一次，在中央专案组官员的高压下，他们崩溃了。翦夫妇于1968年12月18日夜间在居住房间内服安眠药自杀。翦伯赞留有遗书二纸，一纸写："毛主席万岁 毛主席万岁 毛主席万万岁"；另一纸写："我实在交不去来（"去来"应是湖南话，即"出来"——引者） 走了这条绝路 我走这条绝路杜师傅完全不知道。" 遗书拍照留档后，原件经宣传队指挥部直报毛泽东。[28] 此事引起了毛泽东的愤怒和对宣传队的不满，后果很严重。

据说，翦夫妇自杀后，汪东兴、谢富治对巫中和北大宣传队领导

---

25 《毛泽东传（1949—1976）》，第1401页。
26 《毛泽东传（1949—1976）》，第1404页。
27 张传玺：《翦伯赞冤案的形成和平反》，载《纵横》1998年第8期。
28 谢甲林：《谢甲林法学文集》，第43页。

作了严厉批评，宣传队有些紧张，对老教授的批斗有所缓解。

在"清队"期间，宣传队还提出："批明的，挖暗的，狠狠打击现行的（反革命分子）"。被作为"现行反革命"审查的典型案例是"红旗飘"案。

"红旗飘"的进一步暴露和该案的奇特历程

关于"红旗飘"一案，笔者当年并不了解。如导致"红旗飘"暴露的"中国X小组"案，是公安部门掌控的案件，暴露出来的问题，也都是严重违反"公安六条"的言行，专案组的人不能扩散，普通人不能打听，笔者因而无从知晓。

50多年后，笔者读到林宗耀校友的文章《北大五年的零星记忆》，[29] 才对"红旗飘"案的情况有了一点了解。

上文已经说过，"红旗飘"的暴露，同谢世杨的"中国X小组"案有关。校文革应该知道"红旗飘"有严重问题，如原"红旗飘"成员屈长江多年后所回忆的，该组织的一部分人，"陆陆续续说出了一些当时可谓大逆不道的议论和怨言……在当时确实是十恶不赦的反动言论。"[30] 这样的事情，北大两派群众都是想象不到的。新北大公社01高射炮等11个战斗队1968年1月贴出的大字报《"东方红"的战车要把"团""0"百姓拉向何方？》，还没有提及"红旗飘"，说明他们当时对"红旗飘"的内情还一无所知。

谢世杨被捕后，"红旗飘"的问题就暴露了，其核心成员心中有鬼，深感恐惧，采取了外逃的方针。校文革成立"红旗飘"专案组时，"红旗飘"的核心成员早已逃往外地，直到1968年5月下旬至7月初这段时间，专案组才先后抓获了王忠林、徐运朴、王明德、牛泰升等人。这些行动得到了各地方的当地造反派组织和公安机关的全力配合和帮助，特别是徐运朴，首先是被黑龙江省绥芬河市公安局抓起来的。

---

29 林宗耀：《北大五年的零星记忆》，载王复兴主编：《回顾暴风雨年代——北大文革亲历者文集》（第二集），香港：时代文献出版社，2019年。
30 屈长江：《良知漫漶的岁月》，载《记忆》第182期。

徐运朴是俄语系研究生，曾任校文革常委，对聂元梓有些意见，就在"学部联队"王恩宇、洪涛的支持下起来"造反"，参加了反对派的队伍。笔者读了林宗耀的文章后，才知道徐参加的居然是"红旗飘"。显然，对"红旗飘"核心成员中存在的问题，徐是一清二楚的。徐逃回老家绥芬河躲藏起来，同"红旗飘"问题的暴露不无关系，他的后悔与恐惧可想而知。绥芬河是一个边境小城，当时中苏关系又十分紧张，当地公安局发现徐经常在中苏边界转悠徘徊，十分可疑，就把他抓回公安局审问。徐声称自己是北大俄语系学生而且是校文化革命委员会的常委，于是，当地公安局便给北大校文革办公室打电话核实情况：北大有无此人？校文革常委有无此人？是否有什么问题？随后，校文革派人去绥芬河将徐押回北大进行审查。

徐运朴交待了"红旗飘"内部的一些严重问题，后来军宣队负责人刘信都说："我看了徐运朴交待的材料，确实太恶毒了，他们一个集团的，可能材料也差不多。"[31]

"红旗飘"成员王忠林，其父供职于河南开封烟草公司，可能在"文革"前或"文革"中被整了，王忠林写信为其父翻案，引起该公司造反派的注意并被抓获。"红旗飘"的问题，大部分材料首先出自王的交待，随后得到其他人的印证。

他们为什么会自己交待呢？笔者认为，他们肆无忌惮地发泄那些"大逆不道"和"十恶不赦"的言论时，心里很明白这是什么性质的问题，内心深处是恐惧的。牛辉林自己就说过："将来要是井冈山兵团垮台，人家非说307（北大25楼307室，为'红旗飘'活动场所——引者）是裴多菲俱乐部不可，咱们这几个人里只要出现一个叛徒，我们都得成反革命。要是那样的话，我们大家都咬他，叫他跑不了。" 在那个年代，不光是发表这种言论的人，听到这种言论的人，也会感到恐惧，因为"包庇反革命"也是严重罪行。牛辉林的一个妹妹，就是在这种压力下，"交待了牛辉林在家中恶毒攻击江青和毛主

---

31 林宗耀：《北大五年的零星记忆》。

席的反动言论"。[32]

徐运朴、王忠林等人都写了忏悔文章,由他们自己朗读,在广播台反复播放,他们的现身说法,有助于"井冈山"普通群众了解"红旗飘"的真实面目,也为"挖山运动"提供了助力。

牛辉林一直躲在"井冈山"的堡垒里,工、军宣传队进校后,两派群众组织解散,牛辉林失去了保护伞,9月4日终于被隔离起来审查,有关"红旗飘"的审查工作也由宣传队接管。

9月24日,工、军宣传队主持召开了原两派群众都参加的大会,对牛辉林进行批斗。

10月9日,工、军宣传队领导的专案组正式开始工作。屈长江回忆说:

> 我们被隔离审查时,并不太怕打和骂,也不太怕威逼和诱供。最扛不住的是工宣队和军宣队的领导跟我们大讲阶级感情,讲出身,忆苦思甜。……所以人家一讲到出身,一讲到对党对毛主席的感情,我们一个个都哭得稀里哗啦的,精神上就扛不住了。有一种要把一切都实实在在交代出来的冲动和愧疚感。……我大概是其中最典型的一个。曾不止一次被这种忠诚和罪感压倒,背叛我们的"攻守同盟",坦白出我们的"反动言行"。……对于我们这些毫无革命斗争经验的年轻学生来说,结局几乎是一定的:陆陆续续地,几乎是各人都一步步挤牙膏似地退却,直到供出了别的人,供出了最要命的反动言论。[33]

1968年12月11日下午,宣传队在东操场召开"坦白从宽,抗拒从严"大会。对牛辉林等七名学生进行了如下处理:牛辉林在审查期间,态度恶劣,拒不交代问题,所以从严处理,戴上现行反革命分子的帽子;徐运朴、王明德、屈长江、李怀进、牛泰升,态度较好,不戴反革命分子帽子,交给群众批判,以观后效;王忠林抱有侥幸心理,不老实交代问题,暂缓处理,如再顽抗下去,就从严处理。在会

---

32 林宗耀:《北大五年的零星记忆》。
33 屈长江:《良知漫漶的岁月》。

议进行中，侯汉清被拉上台去，总指挥部根据群众的要求，当场宣布对侯汉清进行隔离审查。

军、工宣传队这样做，显然是经过研究、并向上级报告请示过的。至少，他们要向北京市革委会报告吧。但1969年谢静宜和8341部队的宣传队一来，认为工、军宣传队领导的"清队"扩大化了，搞了逼供信，牛辉林等人只是"小将犯错误"，不是"现行反革命"，于是又"一风吹"，全平反了。这连屈长江都感到奇怪。

按照当时的标准——"公安六条"，"红旗飘"们那些言论的性质是十分严重的，没有哪个高官可以袒护他们。"公安六条"是毛泽东批准的，两年来，全国根据"公安六条"逮捕和处理了多少人了？毛泽东不久前批发的新华印刷厂的"对敌斗争的经验"，不也是这样做的吗？然而这一次不同了，毛泽东亲自发话，"红旗飘"们的问题便"一风吹"了。正所谓彼一时此一时也。而这样做的目的，无非是政治需要。

奇怪而有趣的是，这种"彼一时此一时"的剧情，后来又上演了一次。1971年，已毕业分配的牛辉林等人又被8341宣传队揪回北大隔离审查。这又是一种政治需要。屈长江回忆说：

记得1971年初春，已经毕业的我又被揪回北大，这一回的罪名是"五一六"分子。我当时对系里8341部队的领导人说："我们的事不是已经平反了吗？我和王忠林还找过迟群，问以后再搞运动整我们怎么办？迟群拍着胸脯承诺：十年之内，有人整你们，让他来找我。领导说："那次是那次的政策，这次是这次的政策。"弄得我莫名其妙，哑口无言。

大约一两个月后，我被叫到校8341部队某个办公室去训话。训话者是位女同志，三十来岁，军装，短发，训话的神态、口气，总让我想到传说中的谢静宜。训话的情形大致如下：

首先，她问我交代得怎么样了。我说，过去交代过的，又交代了一遍。她听了后怒斥道，这次要交代新问题，就是参加"五一六"的问题。我说，我不记得有此事。她说，我们是8341，你应该了解的，你不是"五一六",我们会把你大老远的弄来吗?!我们有实打实的把握和证据。我们每天都向毛主席汇报工作的。你要准备一份坦白交代大会上的发言。记不记得没关系,以后有的是时间慢慢回忆交代。先坦白交代参加"五一六"组织的事。我们的政策,你是知道的,不用我再多说了吧?!

我能怀疑曾经为自己平过反的8341中央警卫团吗?我能怀疑这位可能是谢静宜的女领导每天都向毛主席汇报情况吗?我只能怀疑我自己早已被几次隔离审查弄坏了的记忆力和脑袋了。

于是,开大会那天,牛辉林上台坦白交代完以后,我就走向了会场的讲台。半路上转头一看,分布在会场各个角落的"同伙"纷纷起立要求坦白交代。怎么又是我!第一个把自己绑在良知和道德的耻辱柱上,让我悔恨一辈子。

我中了"忠诚"和"信任"的圈套![34]

之所以要引用这么长篇的文字,就是让读者们一起来看看,谢静宜、迟群,以及他们指挥的那些8341宣传队的人员,到底是一副什么嘴脸。他们打着毛泽东的旗号,为所欲为。至于他们为什么要这样做,恐怕永远是一个谜。牛辉林们既然是"五一六"分子,那么原来的"一风吹"是否错了呢?他们指责校文革是"逼供信文革",指责军、工宣传队搞逼供信和扩大化,而他们自己呢?他们直接就让你上台承认自己是"五一六",何等爽快,何等干脆利落。而牛辉林一伙,也很默契地配合他们演了一场戏。于是,谢静宜们的大功就告成了,他们又可以写报告、出"经验"了。"那次是那次的政策,这次是这次的政策。"这真是"一张嘴巴两张皮,翻来覆去常有理"。

其实,在那个年代,我们每个人,何尝不都是中了"忠诚"和"信任"的圈套呢?

---

34 屈长江:《良知漫漶的岁月》。

二、聂元梓被当"九大"代表和九届中央候补委员

聂元梓被当"九大"代表

军、工宣传队进校后,聂元梓一直处在被审查、被批判的地位。宣传队对聂元梓进行"再教育",先后召开多次大会,批判她搞派性活动、无视和对抗军、工宣队的领导,并对她的"资产阶级立场"和"腐朽的两面派作风"作了严厉批判。

1968年11月2日,宣传队指挥部向北京市委呈送了《关于不同意聂元梓参加市党代表会议的请示报告》。这应该是宣传队指挥部当时的真实看法,但报告的具体内容不详。

聂元梓连参加北京市党代表会议的资格都没有,笔者觉得这很正常,毕竟她犯了许多错误。

然而奇怪的是,她突然当上中共第九次全国代表大会的代表了。

1969年3月19日,市革委会负责人召见北大宣传队指挥部负责人,指示要统一思想,提名聂元梓为党的"九大"代表。宣传队连夜召集连长、指导员及各单位负责人开会,统一思想。3月20日上午,宣传队杨处长在全校各级领导干部会议上作报告,内容是关于聂元梓当"九大"代表的问题。这个报告20日下午向全校作了传达,并展开了讨论。下面是这个报告的摘要(根据传达记录):

宣传队进校后,北大发生了很大变化,武斗停止了,武器上缴了,两派联合了。宣传队进校后,成绩是主要的,大方向是正确的,现在北大的阶级阵线是清楚的。北京大学是有光荣革命传统的。我们伟大领袖毛主席1918—1919年曾在北大工作过,五四运动也是从北大开始起来的。文化革命中北大做出了卓越的贡献,特别是第一张马列主义大字报,毛主席发现、批转了这张大字报。《人民日报》发表评论员文章,这对中国革命和世界革命有很大影响。对世界革命,特别是对国际共产主义运动起了强大的推动作用。当然,功劳首先归功于伟大领袖毛主席,这里也有北大的一份功劳,而且功劳不小。

根据北大的地位、贡献,应产生一名九大代表。让谁去呢?总指

挥部认为，聂元梓去比较合适。聂元梓是第一张马列主义大字报的作者之一，她是一个造反派，造谁的反呢？造陆平一伙的反，她自己也是受陆平压制、迫害最厉害的，她的造反精神是很强的。红卫兵运动是新生事物，毛主席发现了它，并支持它，毛主席最爱护红卫兵，八次接见。红卫兵在初期、中期建立了不朽的功劳，中后期犯些错误，但主要是阶级敌人挑动的。红卫兵运动在全世界都有伟大意义，很多国家的学生也组织了红卫兵，因此九大中要有红卫兵的代表。红卫兵的故乡北京的红卫兵是有代表性的，首都红卫兵中，大专院校红卫兵更有代表性，大专院校红卫兵中红代会核心组长就更有代表性，聂元梓是红卫兵的五大领袖之一，是红代会核心组组长，聂元梓当选代表不是她一个人的事，她是代表全北京、全国的红卫兵，不是代表哪一个组织，更不是代表哪一派。聂元梓是反对王关戚、反对二月逆流的。经宣传队七个月的内查外调，聂元梓没有反对、损害无产阶级司令部的言行，她对无产阶级司令部是有感情的，是拥护的，她对军队的态度是好的。聂元梓的家庭很复杂，但她本人的历史是清楚的。

聂元梓最大的错误是没有如实地传达毛主席 7.28 指示，对批评的话不是完全如实地传达，聂在"一不斗、二不批、三不改"上有责任，但主要是阶级敌人挑动和群众中的无政府主义思潮的影响。聂在思想意识、生活作风上有缺点，我们指挥部的同志在这方面也是有缺点的，这是小节，大节是好的。对聂的一些流言蜚语，经我们调查是不属实的。

听了这些，可能有些人会高兴过头，应给他泼一盆凉水。有些人可能会情绪低落，这也不必要。感情是有阶级性的，不要用个人或小集团的感情看事，要站在党的立场、无产阶级立场上。高兴过头，做得过分了，就是帮倒忙，不要拆聂元梓的台。

聂元梓在宣传队刚进校时有抵触情绪。工宣队是新生事物，很多知识分子对这个新生事物都是不理解的。聂元梓跟大家一样，开始不认识，经过再教育，现在是紧跟宣传队的。这次选出她，也是她接受再教育的结果。

有人提出聂元梓是否就不要批评了呢？当然不是，她应该比别人要求更严格。有人担心聂元梓又骄傲了怎么办？这个大家放心，我们总指挥部负责帮助、教育她。大家回去讨论一下，讨论时，不要把聂元梓孤立起来看。要站在党的立场、无产阶级的立场，要以两个阶级、两条道路为纲来看待问题。不能从个人感情出发，实事求是、一分为二地分析，不能道听途说。

杨处长的话清楚地阐明，"聂元梓当选代表不是她一个人的事，她是代表全北京、全国的红卫兵，不是代表哪一个组织，更不是代表哪一派。"实际上，这就是当时的政治需要。聂元梓这个代表，不是党员们选出来的，是高层指定的，不需要讨论。

把聂元梓当作"红卫兵"的代表，是很可笑的事情，她从未参加过任何红卫兵组织，也不是新北大公社的成员，她当"首都大专院校红代会"的核心组组长，也是上面指定的。

这件事到底有什么背景，恐怕永远是一个谜。

据聂元梓的回忆，北京市革委会为"九大"代表候选人规定了几项条件，而聂元梓一项也不符合，聂元梓自己也认为不够条件，并没有妄想当什么代表。然而，当谢富治拿着当选代表的名单去找周恩来汇报时，周恩来问了："这里面怎么没有聂元梓？"谢富治没有回答，他要说什么话，又害怕在场的人听到，谢富治就用脚踢了踢周恩来，周恩来说，"还是应该有聂元梓的嘛。"35

这些情况，不知道聂元梓是怎样了解到的。更上面一层还有什么内情，无从知道。不管怎样，聂元梓当上了"九大"代表，是唯一一个补选的党代会代表。她参加"九大"会议的时候，"九大"的预备会议已经开过了。在大会的小组会上，她继续受到批判。

作为"团结的大会，胜利的大会"的装饰品，聂元梓这块不听话的"石头"贡献了最后的残值。

聂元梓参加了"九大"的正式会议，并当选为第九届中央委员会的候补委员。在外人看起来表面风光的背后，是深不可测的政治黑

---

35 聂元梓：《聂元梓回忆录》，香港：时代国际出版有限公司，2005年，第319页。

洞。聂元梓明白她被选为候补中央委员是"摆门面",但她对由此带来的巨大政治风险,显然是认识不足的。在一年后的九届二中全会上,她就遭到了算计。

在"九大"开幕之前,围绕大会政治报告的起草问题,高层发生了严重的分裂。第九届中央委员会的选举,特别是中央政治局委员的选举,又加剧了这种分裂。而这一切,聂元梓是不知道的。"九大"闭幕后回到学校,聂元梓面临更加严厉的批判。因为,在她参加"九大"会议的时候,北大的局面又发生了重大变化。杨处长不久前刚说过的那些话,已经失效了。

第十六章　谢静宜、迟群控制下的北大（一）

一、毛泽东通过谢静宜和8341部队宣传队直接控制北大

毛泽东向北大派出8341部队（中央警卫团）的宣传队，直接控制北大局面

数十年后回顾历史，可以看到，一切都是按照一个统一、严密的部署来安排的。

毛泽东早就想向北大派出亲信警卫，像清华那样把北大也完全控制在自己手里。1969年3月，遵照毛泽东的指示，8341部队组建了一支将派往北大的宣传队。他们自己是这样说的：

今年三月，在伟大领袖毛主席的亲切关怀下，为了加快北大斗、批、改步伐，又增加了一支工人、解放军毛泽东思想宣传队。[1]

名曰"工人、解放军毛泽东思想宣传队"，实际上是8341部队的宣传队。

就在宣传队杨处长作报告解释聂元梓可以当"九大"代表的第二天，1969年3月21日，北京市革委会负责人接见北大军、工宣传队指挥部十多位领导人，传达派中央警卫团（8341部队）进驻北大的指示。刘信总指挥连夜召开63军（4587部队）宣传队团以上干部座谈会，对8341部队进驻北大统一思想认识。

---

[1] 北京大学宣传队：《发动群众总结经验，团结起来落实政策》，1969年7月17日，见《中央批发北京市革命委员会送来的北大宣传队关于斗、批、改经验总结的三个报告》，山东省革命委员会办公室翻印，1970年6月6日。

根据毛泽东的指示，1969年3月24日上午，8341部队81名军宣队员在政委杨德中、副政委王连龙率领下进驻北大。同日，北大宣传队指挥部向北京市革委会、北京卫戍区报送《关于北大宣传队成立领导小组的报告》，《报告》提出由中央警卫团、工宣队、63军共13人组成驻北大宣传队领导小组（组长为63军政治部副主任刘信），中央警卫团参加领导小组的是杨德中、王连龙、张跃忠、迟群、谢静宜五人。[2] 后来的事实表明，最活跃、最关键的人物实际上是谢静宜和迟群。毛泽东通过谢静宜传达指示，指挥这支队伍。毛泽东通过这一手把北大的事情完全抓到自己手里，"文革"领导层的其他人，包括江青，过去说过的话都不算数了。

谢静宜曾受训于中央军委长春机要学校，后分配到中央办公厅机要局工作。她当过毛泽东的机要员，跟毛泽东很熟，能经常见到毛泽东，因而有着"通天"的优势。后来周恩来和吴德商议让谢当北京市委书记，为的也是"可以经过她向毛主席反映一些情况，传达毛主席的指示"。[3] 迟群是8341部队政治部宣传科副科长，据说有点"才"（8341部队那些"经验"和"报告"，多数可能出于此人之手），但此人心术不正，是一个野心家，后来有着充分的表演。迟群是见不到毛泽东的，他奉谢静宜之命做了许多"工作"，自以为功劳很大，野心膨胀，结果谢静宜青云直上，而迟群并没有得到他想得到的地位，于是，迟、谢之间发生了很大矛盾，演出了一幕幕丑剧。这是后话。

数十年后，谢静宜披露了当年8341宣传队进驻北大的一些内幕：[4]

主席关于进北大的事，也做了多次指示（不知道这些指示有没有刊布过——引者）。最后当主席指示"可以进了"时，于1969年3月24日由杨德中政委、王连龙副政委带领刚组建的85人的队伍（也

---

2 余汝信：《毛泽东的机要秘书谢静宜其人其事及其他》，www.aisixiang.com
3 朱元石等访谈、整理：《吴德口述：十年风雨纪事——我在北京工作的一些经历》，北京：当代中国出版社，2013年1月第3版，第150页。
4 谢静宜著：《毛泽东身边工作琐忆》，北京：中央文献出版社，2015年，第182—185页。

包括我在内）开进北大。遵照主席指示："进去后先进行调查研究，两个月内不发言，待调查后，详细地占有确凿的事实后再表态。"

两个月内，以8341部队派去的简报组，及市委三支两军办公室同志将调查的情况，不断地综合向毛主席呈送。待情况明了，毛主席说"可以表态了"之后（毛泽东是在什么时间说的，不详——引者），由8341去北大的主要负责人之一王连龙同志在全校教职员工及其家属参加的大会上表了态（时间及内容均不详——引者），用事实狠批了聂元梓（毛主席称她为老佛爷——当时社会上的叫法）和"校文革"的极左行为。同时遵照主席指示，责成63军的同志在大会上作检讨（刘信于4月24日作的八个月工作总结就是检讨——引者），认识自己在支左过程中的错误。毛主席说："有错误不承认，不作检讨是过不了关的。一旦认识了，检讨了，8341领导要给他们下台阶，团结起来共同搞好今后的工作。"主席又补充一句说："目前第一把手还让63军刘信同志当。等过一段下届选举时（1969年9月27日成立革委会——引者），杨德中为第一把手好。"主席又说："不当一把手不等于不做一把手的工作。"（这说明，实际上的第一把手已经换成杨德中，刘信不过是名义上的第一把手而已——引者）

陈景贵日记所记63军宣传队负责人刘信的检讨

8341宣传队进校以后，并没有像毛泽东指示的那样"两个月内不发言"，而是很快就表态了。从8341宣传队进校到刘信作检讨，正好是一个月，并且正好是聂元梓因参加"九大"脱离北大的那一个月。

63军宣传队认识到工作中出了差错，很快作了检讨。按照领导小组的决定，1969年4月24日下午召开全校大会，刘信代表领导小组作八个月来的工作总结。笔者未能见到该总结的官方文本，好在陈景贵同学在日记中记下了报告的主要内容，现全文抄录如下：

毛主席教导我们："要认真总结经验，到一个单位……"。我们检查工作，目的是为了总结经验，落实政策，发扬成绩，纠正错误，以利再战。领导小组作出总结经验的决定是正确的。三同实践证明，符合毛主席教导。广大群众翻阅毛选四卷，重新学习党的政策，学习六厂一校经验，找出了差距，明确了方向，打下了基础。从维护工人阶级领导出发，提出了意见和中肯的批评，我们衷心感谢。这是鞭策，是鼓励。我们决不辜负群众的希望，决心更好地改造主观世界，为落实政策，完成斗批改任务而奋斗。回顾八个月，做个汇报。

北大响应中央号召写出大字报，揪出陆平、彭珮云，赶走了工作组，进行大串联，小将立下了丰功伟绩。但是到了中后期，受敌人蒙蔽，派性和不健康空气的影响犯了错误，谁的话也不听，破坏毛主席的战略部署。这样就引起工人的不满。去年8.19上午，工人阶级宣传队开进北大校园，打破了资产阶级知识分子独霸七十年的一统天下。宣传队见到武斗的惨象，正如毛主席7.28公开批评的那样，很痛心很气愤。对北大少数人违背毛主席教导，唯我独尊，很气愤。8.13学生撤回原住处，9.3全校一片红，转入大批判，举办各种类型的学习班。广大群众自觉斗私批修，批派性，觉悟提高，又投入清理阶级队伍工作。

存在问题：

一、没有认真贯彻毛主席关于对知识分子再教育给出路的政策。我们的作法不符合毛主席教导。毛主席说："我国绝大多数知识分子……"。北大几多：出身不好、关系复杂、历史问题、犯过错误的多。一进校见到的是武斗工事，看见不健康空气，错误缺点很多，就觉得臭，认为信得过的不多。没有作历史的阶级的辩证分析，觉得北大历史长，依靠大多数在北大就难办。由于没有解决团结再教育大多数的问题，也就没有很好地落实给出路的政策。毛主席说："知识分子的问题首先是思想问题"。我们在再教育的过程中，采取的方法是不突出无产阶级政治的，行政命令式的，卡，说不服就压服。以教育者自居，结果是命而不灵，卡而不满，压而不服。没有很好地领会毛主席的最新指示，没有作深入细致的思想工作。在对资产阶级学术权威问题上差距更大，没有认识到对学术权威的批判是争夺领导权的斗争。毛主席点到了冯友兰、翦伯赞。我们没有理解其重大意义，只以为是满足生活要求，没有作为推动落实政策的动力，以致造成翦伯赞自杀。后来又转入右，采取防范措施，只养不批、没有认识到思想领域中的敌我矛盾可以作为人民内部矛盾处理。

二、可教子女问题。作了不少工作，但在12.26批示以前没过问过，12.26批示以后，也理解不深。没有认识到这个问题上的阶级斗争，没有进行具体的研究，也没有把政策交给群众。使某些人处于长期无人过问的状况，不了解可教子女的家庭及其活思想，没有帮助其划、清、站，有好的也没有树立起来。

三、干部问题上打击面过宽。口头上讲相信大多数，但是总觉得北大特殊，有那么几多，没有多少可用的。清理阶级队伍时提出陆平黑班底的错误口号，没进行阶级分析，主观上是想针对陆平一小撮，引导群众的仇恨。10.29大会，拉上去16个，其中有的就不应该拉上去。还对黑班底划了圈，对此有的单位顶住了。对老保翻天也没有作阶级分析。扩大了打击面，就分散了火力。没有听取其他意见，重要的是没有区别对待，使干部没有得到及时的解放。12.26批示以后，感到工作没跟上，产生急躁情绪，在没有发动群众，没有多作教育工作，也没有具体分析群众通不通，批得透不透的情况下，就急于解放。群众想不通，本人也不高兴。而对未解放的也没有一清二批三分析，没有发动群众和犯错误的干部，也没有让他们到群众中去。在审批定案中，关门定案，脱离群众。没有作出恰如其分的分析，使不少人背了包袱。有些好的经验也没有总结。

四、在对敌斗争问题上，没有突出准字，混淆了两类不同性质的矛盾，打击面宽了，有的还搞了逼供信。共立案900多件，其中绝大部分人受到了冲击，监督劳改400多人，知情人学习班也是变相隔离。造成不准的原因：1，在敌情复杂的情况下，没有调查研究，心中无数，单纯军事观点，大会轰，普遍捕，在没有把握的情况下，乱点某些单位的名，说阶级斗争的盖子没揭开。2，搞了不少学生。极少数反革命分子是要搞，但最危险的敌人是叛特反。没弄清材料来源，孤立地只是想搞敌人，五次大会，三次有学生，有的还成了从严的典型。这样搞，就使真正的阶级敌人不怕，还会隐藏下来。不准就损害了同志，误伤了好人，不能团结一切可以团结的人，深挖敌人。在这个根本区别上违背了毛主席的教导，掌握不准政策界限。今后，要重新甄别，错了就平反。

五，对待群众组织的政策问题。各派都是革命群众组织，各有功过，都混进了坏人。没有始终坚持三条原则和九个一样。派性消除不了是落实政策的障碍。校文革是在十六条精神下成立的，夺了陆平的权，起过作用，但是它站在了一派一边，不能正确对待其他群众组织，中后期犯错误。在这种情况下校文革还能起到领导作用吗？宣传队进校后，对此看得清清楚楚，没有框框。部队上的同志有怕字，对某些头头认识不足，批评不够，客观上助长了资产阶级派性。头头学习班上的作法是正确的，但也有问题，主要是用毛泽东思想批派性不够，对事实揭露不够，轻信了一些东西，以致现在资产阶级派性有的人还相当严重。对两派专案也缺乏调查研究，以假当真，混淆矛盾，特别是小集团问题，陷入盲目性，想端平但端不平。

产生问题的原因是没有活学活用毛泽东思想，领导没有带头，陷入事务性工作；没有调查研究，满足于辛辛苦苦工作。以教育者自居，忽视自己的思想改造。不能排除"左"右干扰，甚至用宁左勿右指导工作。

以后的中心任务是狠抓阶级斗争，继续清理阶级队伍，深挖细找，突出准字。利用矛盾，开展政策攻心战。同时，作好解放干部工作。批判资产阶级学术权威。开展三忠于活动，开展四好连队活动。[5]

刘信的讲话主要是检讨8个月来工作中的缺点错误，工宣队负责人魏秀茹表示同意刘信的讲话。8341宣传队王副政委最后说：形势大好，方向正确，会有阶级敌人捣乱，但无关大局，群众也决不会上当，不会跟资产阶级派性走。对群众组织必须坚持三条原则。

笔者以为，这大概就是毛泽东所要求的"检讨"。刘信既然代表

---

[5] 陈景贵：《1965—1970那几年我在北大》，香港：香港人民出版社，2019年，第1030—1033页。

领导小组作这个报告,其内容显然是 8341 宣传队认可了的。

刘信作检讨的这一天,正是"九大"闭幕的日子。当晚广播电台播发了新闻公报,全国各地都举行了庆祝游行,然后,就是学习林彪宣读并由"九大"通过的"政治报告"。人们当然不知道,围绕这个"政治报告",高层发生了严重矛盾,林彪在宣读这个报告之前,一遍也没有看过。

二、毛泽东对聂元梓和北大校文革的严厉批评

聂元梓不服气,毛泽东生气了

聂元梓参加完"九大"回到学校,校内的形势已经大变样了。聂、孙等人不服气,于是,谢静宜向毛泽东作了汇报,毛泽东很生气,于是又说了一番话。谢静宜写道:

> 每天的简报不断上送,主席都看了。自表态后绝大部分群众是高兴的,但"老佛爷"和"校文革"的某些头头不服,又拿出过去的小本本来,说谁谁曾支持他们,讲过什么话,他们是听毛主席的话的,等等。
>
> 主席看了这些简报后,让工作人员打电话叫我回去(地点在中南海游泳池大厅,也是主席书房,接见尼克松等客人的地方)。主席让我拿笔、纸做记录。这次很特别。主席一般都是让我用脑子记,去传达他的指示。
>
> 毛主席对聂元梓他们少数人的不服,非常生气,有针对性地批了聂元梓和"校文革"的领导人。
>
> 主席气愤地说:"你'老佛爷'伸手伸到石家庄,伸手伸到华北局,不知道羞耻!"
>
> "你们自称是红色政权,你红在哪里?你就没有黑的吗?你们就是有黑的!"
>
> "你们是大学,是有知识的人哪,才没知识呢!"
>
> "你们是文明单位呀,才不文明呢!穿着盔甲,拿着长矛搞武斗,

不知道羞耻！"

"你们说你们是听我的话的，你们听了吗？我叫你们文斗，你们就搞武斗。我叫你们大联合，你们就搞分裂。我叫你们严禁逼供信，你们就把人往死里打。你们打的是好人还是坏人啊？你们打的是好人，而不是坏人；你们打的是阶级兄弟，而不是阶级敌人。"主席越讲越气愤，声音也越大，怒不可遏。主席稍停，歇息片刻接着说：

"你们今天，又翻起过去的小本子来压人。人家一批评，你们就翻开小本本（过去的记录本）说，谁谁讲话肯定过你们，这个人承认过你们，那个人承认过你们，我就没承认过。翻那个小本子干什么？若是你们有理，得人心，不翻小本子人们也自然会承认你们。现在又翻起过去的本子来，说明群众对你们不满，你们做的事不得人心，无非拿过去谁谁讲话压人。现在群众对你们干的事不满意，不得人心，翻本子也没用。"

"即使过去谁谁肯定过你们，那是肯定你们以前做得对的地方，没有肯定你们的错误。"

"你'老佛爷'是一朝权在手，就把令来行。"

"'文革'，'文革'（指当时北大'校文革'），一不文化，二不革命，还革什么命啊？我看你们是一派的'文革'，逼供信的'文革'，武斗的'文革'！"

主席当时气愤地从坐着批评，到站起来批评。他在厅中来回踱步，坐下来对我说："小谢，把我刚才说的这番话，在北大召开的全校大会上，由你去讲。"

我吃惊地抬头望着主席说："主席，这是您老人家的话呀，我怎么能去讲啊？"

主席说："能讲的，你变成自己的口气说就是了。"

于是，我从主席处出来，立即把主席的原话，向汪东兴、杨德中、王连龙等主要同志分别报告了。他们听了主席指示，听了主席对派性头头们的批评，都很高兴、激动。都支持我整理后在全校大会上宣讲。不几天，在北大东操场召开全校几万师生员工的大会上（时间应为6月26日——引者），我作为其中一位发言，讲出了毛主席批评的原话。

之后，来自各系的同志反映说：对此群众反映强烈、高兴，出了气。大长了群众的志气、勇气，灭了"老佛爷"的威风（当时聂元梓是九大候补委员，北京市革命委员会副主任）。同时，敏感的北大师生也猜测，敢用这么尖锐的语言，坚定的口气来批判聂元梓为首的极左思潮，绝不是出于我这个年轻人之意……

总之，主席的指示，批判的原话，为今后开展工作创造了良好的条件。

笔者没有见到谢静宜在大会上讲话的文本。但是，谢静宜当时说的那些话，并不能让人信服。

毛泽东的那些话，谢静宜要到数十年后才公开发表出来。她有什么用意？笔者以为，其主要目的就是想借此显示她的特殊地位，表明她和迟群的种种作为都是"奉旨"而行的，她和迟群都没有责任。

谢静宜还有一些文字，显然是为毛泽东的"文革"错误作粉饰的。比如，谢静宜讲了几件毛泽东关心几位知名教授的事，但这些教授（以及全国无数知识分子）的厄运是谁造成的呢？其根源又在哪里呢？说北大是"反动堡垒"和"池深王八多"的话是谁说的呢？再如，在"毛主席对几位老师的保护"一节中，谢静宜在1969年中共"九大"之后问毛泽东："听外面传说'二月逆流'，'二月逆流'是什么，是怎么回事？"看！装得多么的无知、单纯和天真啊？！中共八届十二中全会开过才几个月，批判"二月逆流"是全会的重要议程之一，所谓"二月逆流"的一些老同志受到围攻，且每天都有《简报》上送反映情况，全会公报对"二月逆流"进行了严厉批判。全国各地在传达时，大多点名批判了参加所谓"二月逆流"的老同志。[6] 刚刚开过的中共"九大"，其政治报告中虽未出现"二月逆流"字样，但仍批判了"一九六六年冬季到一九六七年春季出现的那股逆流"和"一九六七年夏季和一九六八年春季……一股反动的翻案邪风"，且会议期

---

6 王年一：《大动乱的年代》，北京：人民出版社，2009年，第230—232页。

间,陈毅在上海代表团还遭到了有预谋、有组织的围攻。[7] 身为毛泽东机要员和"六厂二校"宣传队负责人的谢静宜怎么可能一无所知呢?怎么可能只是"听外面传说"呢?这不是明明白白在编造谎言吗?毛泽东回答谢静宜说:"所谓二月逆流,没那么回事。"毛泽东大概看穿了谢静宜是在假装无知,不想和她多说,所以用一句话就将其打发了。毛的这一句话,不是用来公开发表的,若用于公开发表,那说得也太轻巧了。如果真的"没那么回事",那么,从1967年3月开始的大规模的批判"二月逆流"的浪潮,以及1968年春大规模的批判"为二月逆流翻案"的浪潮,又是怎么来的呢?这两次批判浪潮在干部和群众中造成了多大分裂?造成了多么严重的后果?毛泽东那时候为什么不说"没那么回事"呢?毛泽东为什么不在党的中央委员会全会和全国代表大会上说这样明确的话呢?为什么只对一个机要员说这样的话呢?"保守机密,慎之又慎","不该讲的不讲,不该问的不问",是机要干部的基本守则,谢静宜假装无知问毛泽东关于"二月逆流"的问题,是她该问的吗?谢静宜把毛泽东聊天时同她的谈话发表出来,想要起到一个什么样的作用呢?

历史证明,毛泽东对谢静宜、迟群两个人的重用,就像"文革"初期重用王、关、戚一样,是用人上的重大失误。万里后来评价谢静宜、迟群,指出"他们是搞阴谋诡计的","他们是不讲组织原则的","整人是要往死里整的",[8] 可谓一针见血。谢静宜、迟群在"文革"中、后期搞的一系列极左的做法,其危害比王、关、戚有过之而无不及。

8341宣传队笔下的北大"文革"历史

8341宣传队简报组和市委三支两军办公室到底向毛泽东汇报了一些什么,是否实事求是,笔者无从查考。但他们总结的所谓"经

---

7 徐景贤:《十年一梦》,香港:时代国际出版有限公司,2005年,第167—181页。
8 刘冰:《风雨岁月:1964—1976年的清华》,北京:当代中国出版社,2010年,第196页。

验"，是上报给毛泽东并经毛的批准作为中央文件向全国、全军批发的。他们1969年7月17日发布的的第一份"经验总结"，笔者半个多世纪后方才读到。

对于北大"文革"的头两年的历史，该"经验总结"是这样说的：

> 北京大学的红卫兵小将和广大革命师生员工，在文化大革命初期，在毛主席革命路线的指引下，积极投入战斗，写了一张响应中央号召的大字报，奋起批判资产阶级反动路线，夺了一小撮反革命修正主义的权，进行革命的大串连，开展革命大批判，立下了功勋。但是，在运动的中、后期背离了毛主席的革命路线，使北大成为一不斗、二不批、三不改，"内战"不休的"老大难"单位。……
>
> 北京大学在文化大革命中成立了许多革命群众组织。后来围绕着校文革问题，在一九六七年先后分成两大派，"新北大公社"和"新北大井冈山兵团"。
>
> 校文革是一九六六年九月，根据"十六条"精神成立的。在运动初期，批判资产阶级反动路线，夺一小撮反革命修正主义的权，组织革命大串连等，曾起过很好的作用。但是，运动的中、后期站在"公社"一边，形成了一派掌权。他们"一朝权在手，便把令来行"，实行所谓"亲我者亲，冷我则冷，打我则打，反我则反"的原则，实际上是"顺我则昌，逆我则亡"。对对立面革命群众组织采取了从政治上搞臭，从组织上摧垮的方针，把对立面组织说成是"反革命小集团操纵的保守组织"。……
>
> 校文革对人民内部既无真正的民主，对反动派又无有效的专政。其结果进一步加剧了两派群众的对立情绪，造成继续分裂的局面，以致发生武斗，搞逼、供、信，严重破坏了无产阶级专政的原则。校文革在运动中，后期实际上变成了"派文革""武斗文革""逼、供、信文革"。[9]

这是北大"文革"头两年多时间的完整的真实的历史吗？

9　北京大学宣传队：《发动群众总结经验，团结起来落实政策》，1969年7月17日。

在宣传队的笔下,北大两年多的"文革"进程被分成了早、中、后三个时期,但没有说明这三个时期在时间上如何划分。推测起来,早期大概相当于1966年的后半年。宣传队对这半年持基本肯定的态度,但毛泽东亲自提出的"全国第一张马列主义大字报"的提法没有了,改为"一张响应中央号召的大字报"。这当然是符合实际的提法,但为什么有这样的变化呢?作者没有解释。笔者以为,聂元梓等人的大字报,贴出后就成了毛泽东手里的一块"石头",先是用来砸开陆平党委这个"反动堡垒",后来为了"炮打司令部",又将其提升为"全国第一张马列主义大字报",以增加这块"石头"的份量,到了1969年,刘少奇资产阶级司令部已被打垮,而聂元梓这块"石头"早就成了"文革"的绊脚石,非扔入茅厕不可,降低对大字报的评价,势在必行。于是,就有了"响应中央号召的大字报"这种新的提法。

宣传队的"经验"称,"北京大学的红卫兵小将和广大革命师生员工……夺了一小撮反革命修正主义的权"。此说不符合事实。夺陆平党委的权是北京新市委的决定,张承先工作组负责执行,与北大师生无关。校文革筹委会的权力是从工作组手里接过来的,校文革则是选举产生的。

北大"文革"的中、后期怎么划分呢?"经验总结"没有说。笔者推测,1967年全年大概可以算是"中期",1968年那七个多月就是"后期"了。"经验总结"指责北大师生"在运动的中、后期背离了毛主席的革命路线",但是,在这一年零七个月的漫长时间里,究竟发生了什么事情,从而导致北大师生"背离了毛主席的革命路线"呢?总得有个原因吧?对此,"经验总结"一个字也没有说。"全面内战"和"全国全面阶级斗争"是谁提出来的呢?全国范围内上上下下的"夺权"运动,是谁号召的呢?大规模的"反击二月逆流"又是谁发动的呢?王、关、戚结党营私,大搞极左,又是谁纵容的呢?1968年春声势浩大的"反右倾"运动,是谁发动的呢?抹杀这么多重大事件,指责北大师生"背离了毛主席的革命路线",是没有道理的。

如果是聂元梓、校文革、新北大公社"背离了毛主席的革命路线",那末他们所背离的,其实是毛泽东"文革"的左倾路线。作为对立面出现的北大"井冈山"及其前身，是关锋、吴传启团伙的维护者，也是毛泽东"文革"左倾路线的维护者，说他们也"背离了毛主席的革命路线"，未免有点不公。宣传队实际上是站在"井冈山"一边的，可他们为什么不敢公开说呢？

"经验总结"指责校文革"一朝权在手，便把令来行"，其实，校文革的"令"，从一开始就是不怎么"行"的，而且越来越"不行"，否则也不会形成两派或多派了。能够做到这一点的，只有8341宣传队。

"经验总结"指责校文革在"运动的中、后期站在'公社'一边"，这完全把事实弄颠倒了。实际情况是：北大内部始终有一股势力要推翻校文革，北大校外也有若干势力（如吴传启团伙）要推翻北大校文革，北大"井冈山"是这两股势力的集合者，在这种情况下，新北大公社坚决站到了校文革一边。要求校文革站在"公社"一边的同时也要站在要推翻自己的"井冈山"一边，这不是天方夜谭吗？毛泽东自己不也是用尽一切办法，要党内元老们都站在自己的"文革"路线一边吗？

"经验总结"指责校文革"一派掌权"，那么，中央文革不也是"一派掌权"吗？8341宣传队控制下的清华、北大，成了谢静宜、迟群的天下，不也是"一派掌权"吗？当清华大学领导班子中的刘冰等人给毛泽东写信，对迟、谢的问题作了实事求是的举报时，毛泽东不能容忍批评意见，反而指责刘冰等人"动机不纯"，"矛头是对着我的"，[10] 并由此发动了"批邓、反击右倾翻案风"的新的运动，更是从"一派掌权"发展到了独裁。纵观"文革"十年，不过是毛泽东"一人掌权"而已，连"派"都算不上。

"经验总结"指责校文革"顺我则昌，逆我则亡"，北大反对派要推翻校文革，秉持的不就是这个原则吗？中央文革1967年批判"二月逆流"，1968年搞"彻底粉碎'二月逆流'新反扑"，秉持的不也是"顺我则昌，逆我则亡"吗？谢静宜、迟群一伙不也是这样做的

---

10 刘冰：《风雨岁月：1964—1976年的清华》，第208页。

吗？1975年4月16日，原图书馆学系主任王重民上吊身亡，就是他们搞"顺我则昌，逆我则亡"的一个典型例子。[11]

"经验总结"指责说，"校文革对人民内部既无真正的民主，对反动派又无有效的专政。"那么，什么是"真正的民主"呢？"打倒一切""全面内战"是"真正的民主"？什么是"有效的专政"呢？笔者认为，校文革在这方面做得已经很过头了，但宣传队还不满意，他们后来的做法更加过分。

"经验总结"指责校文革"加剧了两派群众的对立情绪，造成继续分裂的局面"，把责任全部推到校文革头上，是不符合事实的。由王、关、戚在幕后操纵的吴传启一伙，陈伯达的6.5讲话，中央文革记者张超的活动，以及没有王、关、戚的王、关、戚路线，都对北大群众的分裂起了很大的作用，为什么一字不提呢？实际上，这是毛泽东左倾"文革"路线的必然结果。"以毛主席为首、以林副主席为副的无产阶级司令部"，不也发生了分裂而且是彻彻底底的分裂了吗？毛泽东在逝世前几个月搭建起来的中央领导班子，在他逝世后，不就马上分裂了吗？

关于校文革的"三顶帽子"

8341宣传队的汇报材料，其基调是否定校文革的，罪状很多，于是毛泽东愤怒了，不考查前因后果，不作具体分析，就给北大校文

---

[11] 王重民是二级教授，著名版本目录学专家。1974年6月，江青在天津的一个"儒法斗争史报告会"上宣布"发现了一部李卓吾（贽）的《史纲评要》，现在准备出版。"然而，经过一些专家鉴定，此书并非李贽之作，是假造的"伪书"。于是，"两校"领导人要王重民再作鉴定。王重民实事求是，以确凿的证据证明这确实是一部伪书。"两校"领导人大为恼火，问王重民："你说这部书是伪书，对你有什么好处？"王重民坚持学术底线，拒绝作虚假鉴定，便立即遭到打击报复。1975年4月15日，北大党委书记（军代表）在全校性大会上，不指名批判图书馆系二级教授王重民说：有的老资产阶级拉拢腐蚀干部，在党内培养其代理人。会后，系领导人专门找王谈话，问他听到会上讲话有何感想。当晚，系里还派人到王家中，要他"对自己脑海中的资产阶级思想作检查"。王重民不堪凌辱，以死抗争，于颐和园长廊上吊自杀。见百度百科"王重民"条，并见王学珍等主编：《北京大学纪事（1898—1997）》，北京：北京大学出版社，2008年，1975年4月16日条。

革扣上了"派文革""武斗文革"和"逼供信文革"三项帽子。

对"红旗飘"案的"一风吹"和不加分析地给校文革扣上三项帽子，是同一件事情的两面，聂元梓和校文革在劫难逃。

毛泽东对于聂元梓和北大校文革，是早就憋了一口气了。清华学生胡宗华评论 1967 年 4 月 10 日聂元梓、孙蓬一状告关锋、王力一事时认为："从那一刻起，在毛看来，聂元梓是不可信任的了，注定今后聂元梓不会有好的结果。"[12] 胡宗华的看法可谓一针见血。北大宣传队的一位军代表，同原"除隐患"战斗队队长赵建文谈话时也说："整聂元梓是毛主席的意思"。[13]

而两年多来的事实，也正是如此。毛泽东痛恨王、关、戚乱搞一气让别人抓住了把柄，也同样痛恨揭发了关锋、吴传启一伙且揪住他们不放的聂元梓。8341 的宣传队连聂元梓、孙蓬一反对吴传启的事实都是不承认的，这连陈伯达都有一点看不过去。1970 年 4 月 3 日，陈伯达在北大同宣传队的人说，"对他们搞吴传启，你们还是要承认的。吴过去也不太清楚，他们送些材料，还是比较早的么。""你们还是说他们反吴传启，都否认了他，他总是不服气。"[14] 8341 宣传队当然不会听陈伯达的，他们这样做，实际上是毛泽东的意思。

聂元梓和北大校文革当然有错误，毛泽东当然可以批评。但是，无论从当时来看，还是放在半个世纪后的今天来看，毛的指责并不公正，因而是不能够令人信服的。毛泽东只不过是以此来掩盖他自己和中央文革的路线错误、推脱他们共同的责任而已。

按照谢静宜的说法，毛泽东声称他从来没有承认过北大校文革，这符合历史事实吗？北大校文革从成立之日起到军、工宣传队进校，存在了两年时间，毛泽东什么时候说过或批示过他不承认北大校文革呢？倘若毛泽东真的不承认，为什么不早说呢？毛泽东 1966 年给

---

12 胡宗华口述、嘉仁整理：《我在清华参加文化革命》，载《华夏文摘增刊》第 1065 期。
13 王复兴：《抢救记忆——一个北大学生的文革回忆录》，香港：中国文化传播出版社，2016 年，第 290 页。
14 胡宗式、章铎编：《北京大学文革资料选编》（下），奥斯汀：美国华忆出版社，2020 年，第 448 页。

北大校刊题写刊头时，还给聂元梓写过一封短信，而聂当时正是北大校文革筹委会的负责人。8341宣传队1969年7月17日上送的《发动群众总结经验，团结起来落实政策》的所谓"经验总结报告"，其中也承认"校文革是一九六六年九月，根据'十六条'精神成立的。"毛泽东为什么没有将这一句话删去，而是批示"照发"，同意将其批发全国、全军呢？[15]

北大校文革是聂元梓奉毛泽东之命通过选举组建起来的，它为什么成了"派文革"？毛泽东为什么不分析一下其中的原因呢？其实，校文革之所以沦落为"派文革"，就是校文革多多少少抵制了毛"文革"的左倾路线而召致打压的结果。

如果北大校文革是"派文革"，那么"中央文革"算什么呢？"中央文革小组"起初只是隶属于政治局常委会之下起草文件的小组，后来怎么获得了和中共中央、中央军委、国务院平起平坐的地位呢？历史证明，"中央文革小组"连"派文革"都算不上，只是毛泽东个人指挥"文革"的工作班子而已。"中央文革"虽然在"九大"开幕后就悄悄收摊了，但它的历史责任抹杀得掉吗？

如果北大校文革是"派文革"，那么北京市革委会算什么呢？据说毛泽东说过，"北京市是让一派操纵了"，[16]那么我们是否可以认为当年的北京市革委会就是一个"派革委会"呢？反对"派革委会"主任谢富治其实并没有错呢？

如果北大校文革是"派文革"，那么后来8341宣传队搞的以王连龙为首的北大党委算什么呢？这个党委后来被称为"帮党委""帮班子"。王学珍等主编的《北京大学纪事（1898—1997）》1977年5月27日条载北京市委徐运北的指示称："北大可以说是帮党委。原

---

15 《中央批发北京市革命委员会送来的北大宣传队关于斗、批、改经验总结的三个报告》，山东省革命委员会办公室翻印，1970年6月6日。
16 卜伟华：《砸烂旧世界》，第611页。另据吴德回忆，王、关、戚垮台后，按照周恩来的意见，从北京市革委会里清除了一百四五十人，其中"学部"的人很多，且多是戚本禹派进去的，见朱元石等访谈、整理：《吴德口述：十年风雨纪事——我在北京工作的一些经历》，北京：当代中国出版社，2004年，第66页。

党委是帮党委、帮班子，有三名正副书记、一名常委参与阴谋活动，陷得很深。"[17]

北大确实发生了武斗，而导致武斗的两派群众组织之间的矛盾冲突，并不是一个晚上从天上突然掉下来的，引发这种矛盾并令其不断升级的，又是谁呢？

如果北大校文革是"武斗文革"，那么"武装左派"、给左派发枪的主张算什么呢？"文攻武卫"的主张又算什么呢？[18] 全国那么多地方发生大规模武斗，责任者又是谁呢？1967年8月4日，上海市"工总司"用武力砸了上海柴油机厂"联司"，造成严重人员伤亡和国家财产损失，事后上海电视台三次播出武斗的纪录片，又是谁对这部纪录片"看得津津有味"呢？[19]

北大的"专案组"里确实发生了"逼供"现象，造成了严重后果，聂元梓和校文革当然要负责任，因为他们管理不到位，严重失控。"文革"后对聂元梓进行清算时，这也是罪状之一。1982年10月29日，在审判庭上，官方指派的律师季全学、史兰生为聂元梓辩护说："监改大院"和"专案组"的问题，我们认为她应负一定责任。但是，必须指出"监改大院"以及"专案组"进行的残酷的人身迫害，并不是在聂元梓的授意或策划下进行的。[20]

如果北大校文革是"逼供信文革"，那么中央专案组算什么呢？刘少奇、王光美专案组搞逼供信搞得少吗？关于刘少奇的所谓《审查报告》，就使用了大量伪证，其"栽赃陷害、置人死地的意图是昭然

---

17 王学珍等主编：《北京大学纪事（1898—1997）》，2008年。
18 王力：《王力反思录》，香港：北星出版社，2001年，第1012—1013页；另见王年一：《大动乱的年代》，第194—195页；又见杨继绳：《天地翻覆——中国文化大革命史》，第541页。
19 徐景贤：《十年一梦》，香港：时代国际出版有限公司，2005年，第276页；另据百度百科"工总司"词条，此次武斗死18人，伤983人，致残121人，被拘押者663人，其中11人被关押8年之久，财产损失数百万元。
20 聂元梓：《聂元梓回忆录》，香港：时代国际出版有限公司，2005年，第390页。

若揭的。"[21] 这些伪证不正是通过惨无人道的逼供信手段获取的吗？翦伯赞夫妇自杀，不也是刘少奇专案组的人搞逼供造成的吗？刘少奇、王光美专案组不正是由江青控制、指挥的吗？

8341宣传队没有搞逼供信吗？牛辉林一伙为什么在大会上承认自己是"五一六"呢？对高云鹏进行诱供，要求高云鹏做伪证，这算什么呢？高云鹏坚持不做伪证，他们便想借刀杀人，这又算什么呢？他们所谓的"六厂经验"，经得起检验吗？

其实，不光是"六厂经验"，就连加上清华、北大在内的"六厂二校经验"，其中都普遍存在着根本性的错误。王年一指出，"总的说来，六厂二校革委会或宣传队的经验是'左'倾的。它的要害是以阶级斗争为纲，贯彻'无产阶级专政下继续革命的理论'……这些经验是在充分肯定'文化大革命'的理论和实践的前提下得出的，从根本上说是错误的。""因此，从总体说来，从根本说来，六厂二校的经验是应予否定的。"[22]

毛泽东指责聂元梓"伸手伸到石家庄，伸手伸到华北局"，为什么不提"伸手伸到上海"呢？

所谓"伸手伸到石家庄"，不就是指责校文革和新北大公社支持63军吗？校文革和63军发生交集，是因为执行毛泽东关于对大、中学校学生进行"军训"的指示。没有中央的命令，63军能跑到北大来搞"军训"吗？63军邀请一些北大学生到他们"支左"的地方帮助做中学生的工作，有什么错呢？石家庄是63军的驻地，那里有一些"造反派"反对63军，我们拥军有什么错呢？要说"伸手"，北大"井冈山"没有把手伸到石家庄吗？为了反聂而反对63军，并把石家庄的反军"造反派"拉来反聂，这不就是北大"井冈山"所做的吗？石家庄那伙反军"造反派"的代表，不仅出席了北大"井冈山"的成立大会，还作了气势汹汹的发言。不过他们很快就垮台了。这并不是聂元梓"伸手"把他们打垮的，而是中央文革小组组长陈伯达的一番

---

21 席宣、金春明：《"文化大革命"简史》，北京：中共党史出版社，2006年，第176页。
22 王年一：《大动乱的年代》，第245—246页。

讲话使他们崩溃瓦解的。这是基本的历史事实。

所谓"伸手伸到华北局",是不是指北大到华北局夺权一事呢?华北局夺权,不过是两个小时的事情,笔者在上文已经叙及,不再重复。毛泽东是对这件事情耿耿于怀吗?聂元梓的姐姐聂元素是华北局的干部,文革初遭到毒打,她把一件血衣送到聂元梓家里,聂元梓藏起了这件血衣,后来被宣传队抄家抄出来,宣传队认为聂元梓保存这件血衣是现行反革命行为。是不是这件事引起了毛泽东的不满呢?

北京的红卫兵组织,到全国各地去造反、夺权,不都是毛泽东大力支持过的吗?

对人对事,用双重标准来判定是非对错是不公正的,更是无法令人信服的。

一直到1973年7月17日,毛泽东接见美籍物理学家杨振宁时还余怒未消,说"聂元梓这一派太坏了!"[23] 毛说"聂元梓这一派",显然是把新北大公社也包括进去了的。可见,毛泽东不仅对聂元梓深恶痛绝,对新北大公社也同样深恶痛绝。毛泽东是从什么时候开始有这种看法的呢?又为什么有这样恶劣的印象呢?笔者以为,新北大公社在"反二月逆流"的问题上有所保留;贴大字报揭发吴传启,把矛头直指关锋;揪住王、关、戚不放,要揪出他们的"黑后台";新北大公社还拿起长矛,实质上对抗"彻底粉碎'二月逆流'新反扑"……凡此种种,毛泽东都看得一清二楚,他是不会满意的。新北大公社还搞逼供信,还打死了人,那更是罪不容赦了。

毛泽东这句话,是周培源向北大党委报告的。毛泽东接见杨振宁时周培源在场,周培源还对毛泽东说,"陈伯达是她的后台"。毛泽东说:"林彪是陈伯达的后台"。[24] 应当指出,周培源的说法并不符合事实。当初,不正是因为聂元梓没有执行陈伯达随口说的一句话,没有宣布周培源当校长,而引起周培源的不满么?周培源不正是在陈伯

---

23 王学珍等主编:《北京大学纪事》,1978年4月8日条目。
24 王学珍等主编:《北京大学纪事》,1978年4月8日条目。

达的"6.5讲话"之后参加了反对派的静坐示威,直至当上"井冈山"的第一把手么?

在 8341 宣传队的笔下,63 军宣传队和北大工宣队所犯的错误

8341 宣传队认为 63 军宣传队和北京市派到北大的工宣队在"清队"中犯了扩大化的错误,对此,他们的"经验总结"里有如下一段叙述:

> 一派掌权的严重后果,主要表现在混淆了两类不同性质的矛盾,把对立面群众组织里的许多人打成"反革命"或"反革命小集团"。
>
> 去年宣传队进校后,从十月至今年二月的清队工作中,继续了这个错误,造成了扩大化。搞了许多群众,特别是搞了学生。先后立了大量的专案,打了一批"反革命小集团",批斗了许多人。有的戴了反革命分子帽子,还有一部分人根本没有问题也被牵连进去,被说成是"反革命小集团"的"外围"和"外围的外围",有的被当成"同伙"和"知情人"打击了,有的毕业后还给转去了所谓"反革命"材料。所以有的同志说:"打击了一批,牵扯了一串,压制了一片",使很多人背上了包袱。如原"井冈山"派的一个骨干支队,原来对立面组织就想搞他们,宣传队进校后,在没有确凿证据的情况下点了这个支队的名,又搞了逼供信,把个别人的问题上纲,逐个进行审查,最后在这个六十多人的支队中搞了一个所谓"反革命小集团",冲击了二十多人。在干部中揪所谓"黑班底"时,干部参加了一派有的就被说成是"挑动群众斗群众的黑手",没参加的有的就被说成是"第三势力",搞的干部无所适从。有的人有历史问题已经搞清并有了正确结论,也要老账新算。这样做的结果严重地破坏了党的政策,加剧了原两派群众的对立情绪。[25]

63 军宣传队和工宣队在"清队"工作中确实有扩大化的错误,

---

25 北京大学宣传队:《发动群众总结经验,团结起来落实政策》,1969 年 7 月 17 日。

"经验总结"用了一段话对其原因作了分析，如"缺乏阶级斗争经验"，"受了社会上极'左'思潮的影响"云云，其实，真正的原因，就是毛泽东左倾的"文革"路线，特别是"公安六条"和毛泽东关于"清理阶级队伍"的一系列指示，还有8341宣传队自己在工厂中搞"清队"的若干"经验总结"。63军宣传队和工宣队的真正错误，是他们没有认识到"文革"本身是错误的，"公安六条"也是错误的，"六厂一校经验"中也有严重错误，但这是不能苛求于他们的。8341宣传队的一项重要举措是要为牛辉林等人平反，将"红旗飘"案一风吹掉，他们确实达到了这个目的。但他们后来为什么又要导演一出让牛辉林等人上台承认自己是"五一六"的闹剧呢？

上引文字所说的"原'井冈山'派的一个骨干支队"，指的就是"红旗飘"。关于"红旗飘"案，上文已经说过。数十年后读到这篇"经验总结"，笔者才第一次知道该组织有60多人，受冲击的有20多人。实际上，受到处理的只有7个人，而真正被戴"现行反革命分子"帽子的，仅牛辉林一人，占"文革"前期北大学生总数的比例不过万分之一，就该案本身，实在算不上扩大化。毛泽东不也说过"群众组织里头，混进了坏人"吗？当然，既然毛泽东宽大为怀，不予追究，那么取消处分也行，但应该把话说明白。"红旗飘"的问题是确实存在的，数十年后，他们自己仍然是承认的。他们也不是在逼供之下交代问题的（对这些人来说，威逼是不起作用的），而是在军、工宣传队领导跟他们大讲阶级感情、讲出身、忆苦思甜，他们精神上扛不住了，这才详细交代出来的。说军、工宣传队搞逼供信，有失公道。军、工宣传队的错误，主要不在"红旗飘"案上，而是另外搞了许多专案，整了许多人。

对干部的历史问题"老账新算"是不对的，落实政策是应该的，但归咎于军、工宣传队同样有失公道，因为这种做法是由1967年3月16日中共中央印发的《关于薄一波、刘澜涛、安子文、杨献珍等人的自首叛变问题的初步调查》所开启，并影响到全国的。这是一个全国性的问题。8341宣传队在"六厂经验"中，对有关工厂的干部、工人的历史问题,不仅是"老账新算",还制造了许多冤假错案。[26] 从陈景贵校友的日记来看,8341 宣传队领导下的"批判资产阶级反动学术权威",其重点也是追查他们解放前的历史问题。

8341 宣传队实际上也没有"批"。他们有本事在学术上批判"资产阶级反动学术权威"吗?"权威"们的著作,他们读得懂吗?

北大既然被毛泽东称为"反动堡垒",《人民日报》又把北大干部定性为"黑帮",在"清队"中揪所谓"黑班底",就不是什么奇怪的事情。一些干部在陈伯达 6.5 讲话的误导下,联名发表声明反对校文革,另外一些干部发表声明支持校文革,这加剧了两派的矛盾。这笔账应该算到陈伯达 6.5 讲话的头上,但陈伯达这篇讲话的背景又是什么呢?毛泽东认为,群众分裂为两派,许多地方发生大规模武斗,一定是有阶级敌人在背后操纵指挥。按照这种逻辑,站队并参加了某一派别的干部便被当成了"黑手"。至于两派都不参加的被认为是"第三势力",这是军工宣传队的发明。

三、8341 宣传队领导下的"继续清理阶级队伍"

63 军派出的军宣队犯了错误,作了检讨,不知道工宣队有没有单独做检讨。总之,军、工宣传队轰轰烈烈开进北大,没有几个月就闹了个灰头土脸。军人必须服从上级命令,63 军宣传队只能作检讨,有什么苦衷,只有他们自己知道了。不过,他们总算解脱了,没有陷入更深的泥潭,笔者为他们感到庆幸。

63 军宣传队和工宣队所犯的"扩大化"错误成为毛泽东派出亲军直接控制北大的一个突破口。

以后,是轮到王连龙、谢静宜、迟群这些人犯更多、更大错误的时候了。

在毛泽东阶级斗争路线的指引下,在中共高层博弈的影响下,没有人能在北大站得住脚。王连龙、谢静宜、迟群也是如此,他们的罪

---

[26] 夏俊生:《文革样板:北京二七厂清理阶级队伍》,载《炎黄春秋》,2008 年第 8 期。

过更大，结局更糟。

1969年7月3日北大宣传队开始第二次清理阶级队伍运动，这次是由8341宣传队领导的。7月17日，宣传队领导小组向市革委会上报《发动群众总结经验，团结起来落实政策》的工作总结。该文归纳前段工作的主要错误是：对两派群众组织"一碗水没有端平"；"没有解决聂元梓一派掌权的错误"；特别是清理阶级队伍中，"继续了校文革打对立派反革命小集团的错误，清队扩大化。"

63军宣传队和工宣队领导的"清队"被指"扩大化"，那么，8341宣传队自己又做得怎么样呢？

据王学珍等主编《北京大学纪事（1898—1997）》1969年8月7日条，《北京大学简报》第210期说：第二次清队至今日，全校共检举揭发1742人次，1956件问题。有312人次坦白交待了557件问题。其中有军统特务5人，中统特务6人，美战略情报局特务1人，日本特务1人，叛徒1人，历史反革命5人，现行反革命1人。

据《北京大学纪事（1898—1997）》1969年8月16日条，《北京大学简报》第218期称：8月8日到8月15日，全校坦白交待259人次，其中中统、军统特务19人，日本特务1人，历史反革命6人，叛徒1人，现行反革命1人。

据《北京大学纪事（1898—1997）》1969年8月24日条，《北京大学简报》第220期称：从7月份清队截止本月24日，共清出特务39人（其中潜伏特务14人）和一个"应变委员会"。

1969年9月4日，宣传队领导小组向市革委会上报《北京大学毛泽东思想宣传队关于清理和改造阶级敌人的情况报告》。《报告》称，"（1969年）7月上旬转入清理阶级队伍工作，截止9月2日告一段落。初步查清北大前身（旧北大、燕大）中统、军统、国民党、三青团等51个反动组织；在现有4711名教职员工中，清出叛徒3人，特务55人（其中潜伏特务17人），历史反革命分子21人，现行反革命分子9人（内含学生1人），地、富、坏分子14人，共102

人，其中大部分人已定案处理。"[27]

他们做得对吗？多年后，王年一指出，"其中绝大部分是冤假错案"。[28]

据《报告》，宣传队"在一个多月之内，连续召开了四次落实政策大会，从宽处理了 36 人，从严处理了 4 人。"一个多月之内开 4 次大会宣布"处理"结果，真正显示了雷霆万钧的威力，但是，他们来得及做调查吗？

被从严处理的 4 个人中，有中文系教授章廷谦。

有人揭发章廷谦是西南联大国民党的区分部委员，章廷谦坚决不承认，于是被作为"从严处理"的典型，于 1969 年 8 月 15 日在万人大会上被宣布为历史反革命分子并当场铐上手铐用吉普车拉走。大会主持人说："现在坐在群众中应该从严的对象，不是一个、两个、十个、八个。但为了给予坦白从宽的机会，今天就拿出这样一个典型，给做个参考。如对你们有参考价值，回去就向工宣队竹筒倒豆子，老实交待问题，免得走上绝路。"[29] 这是多么恐怖的威胁啊！

在这种恐怖气氛下，有些人就采取了乱承认的办法。据中文系林焘教授回忆，他被指有重大历史问题没有交代，专案组日夜轮番对他进行"攻心战"。林自知并无历史问题，坚不胡说。数日后专案组向他透了底，说他在燕大读书时曾接受国民党特务指令在燕园张贴反动传单并准备炸毁学校水塔。这完全是没有的事，林焘坚不承认。但是，在章廷谦被当场铐走的恐怖气氛下，林焘就按照专案组交的"底"承认了自己的"罪行"，果然立即得到从宽处理。林焘回忆说："令人哭笑不得的是，竟然没有人追问一句炸水塔的目的何在、受谁指使、从哪里弄来炸药等等关键问题。"[30] 林焘的冤案证明，8341 宣传队才是搞"逼供信"的能手。他们不打人，但是日夜轮番搞"攻心战"，

---

27 《中央批发北京市革命委员会送来的北大宣传队关于斗、批、改经验总结的三个报告》，山东省革命委员会办公室翻印，1970 年 6 月 6 日。
28 王年一：《大动乱的年代》，第 245 页。
29 王学珍等主编：《北京大学纪事（1898—1997）》，1969 年 8 月 15 日条。
30 陈平原主编：《鲤鱼洲纪事》，北京：北京大学出版社，2012 年，第 19—20 页。

而且会把"底"透露给你，只要你配合他们透露的"底"认罪，就可以立即"从宽处理"。然后他们就可以写"报告"、出"经验"了。

《报告》指称，"法律系教授赵理海在解放前夕亲自接受匪行政院副院长张厉生的指示潜伏下来，准备蒋匪反攻时，从内部应变。解放后长期搜集我国的军事、经济、文化等方面的情报。"《报告》没有提出任何证据，只说是赵"主动坦白"的。主动坦白的不需要调查核实、不需要证据吗？涉及军事、经济、文化等好几个方面的情报，赵是如何搜集的呢？又是如何传递的呢？他的上线是谁呢？这大概是同林焘教授一样的情况，只要你承认了，别的一概不问了。

笔者当年连赵理海这个名字都没有听说过，读到《报告》后才百度了一下，原来，赵理海教授是我国杰出的国际法学专家，对国家的贡献很大。1996 年，80 高龄的赵理海教授当选为国际海洋法庭的大法官。[31]

把国家稀有的人才打成潜伏特务，这样的荒唐事还有多少？

《报告》称，西语系讲师赵琏交代了解放前参加中统的罪行。《报告》还称，"有一个从台湾派遣来的特务分子，主动投案，交代了罪行，并检举了十几名同伙。"

解放 20 年了，北大居然还潜伏着十几个人的特务团伙，太不可思议了，有什么证据呢？

谢静宜、迟群们搞起逼供信来，更加令人恐怖。他们的"从严"和"从宽"真正叫做"逆之者从严，顺之者从宽"。在大会上配合宣传队承认自己是"五一六"的人，后来肯定就没事了。

谢静宜、迟群们的《报告》，欺骗了毛泽东和中央，也欺骗了全国人民。他们炮制这些《报告》或《经验》时，有什么见不得光的内幕呢？

从一开始就处在谢静宜、迟群们领导下的清华大学，又做得怎么样呢？唐少杰指出：

---

31 赵理湖：《怀念胞弟赵理海教授》，见于道客巴巴网站。

从1968年底"清理阶级队伍运动"到1976年10月初"批邓、反击右倾翻案风",工宣队以持续不断的清查和迫害来维系它的统治。整个文革期间,全校1228人被立案审查,178人被定为"敌我矛盾"或"专政对象",58人非正常死亡。其中,由工宣队立案审查者达到1120人,约占教职工总人数20%;被专政者达到167人,1968年底至1970年非正常死亡(被逼自杀)的人数急剧增多,已逾20人,足见清查和迫害之惨烈。工宣队在清华大学的历史就是一部整治、迫害众多教师和干部的历史。他们通过大大小小10余次政治运动给清华广大教师和原有干部套上了一道又一道政治枷锁。[32]

1969年10月17日,北大召开第五次落实政策大会。从宽处理32人,从严1人。会上宣布:"继续清队,一清到底",做到"坦白交待不停,检举揭发不停,内查外调不停,召开落实政策大会不停"。

截至1969年10月底,全校尚有重点审查对象177名。"清队"中问题尚未搞清的人多数被遣往江西鲤鱼洲试验农场接受改造。

多年后,笔者读到陈平原主编的《鲤鱼洲纪事》,才得知发生在那里的一些情况。陈平原在该书的前言中有这样一段话:

对于备受凌辱的"牛鬼蛇神"来说,下放劳动或许是"避难所"——那里毕竟以体力活为主,监管相对放松。可是,"五七干校"里,大批判依旧如火如荼。查《北京大学纪事》,1970年8月:"在江西试验农场召开第六次落实政策大会,共处理43人。其中被定为叛徒4人,特务9人,历史反革命分子11人,伪军、政、警、宪骨干分子4人,反动党、团骨干4人,现行反革命4人,地、富2人。另给5名右派分子摘帽。对上述43人的处理为:不以反革命分子论处、从宽处理者9人;从宽处理、不戴帽子、交群众监督以观后效者2人;从宽、不戴帽子者21人;按人民内部矛盾性质处理者4人;解除群众监督2人。"同年9月8日江西分校党委组织组统计:"农场现有教职员工1996人,其中,专政对象18人,从宽处理交群众

---

32 唐少杰:《清华大学工宣队始末》,载《炎黄春秋》,2015年第2期。

监督者 7 人，'历史不清正审查中的'114 人，留校改造的学生 18 人，第六次落实政策受到处理的 39 人。"虽说在不断"落实政策"，不少人被"从宽处理"（"从宽处理"也是"处理"），可"审查"依旧在继续，思想改造未有竟期。

即便不是批斗对象，置身其中，也是极为压抑。对于曾经生活在鲤鱼洲的北大教职工来说，那是一段痛苦的、难以磨灭的记忆。[33]

不知道这些受到"处理"的是些什么人，有多少是冤假错案。

据《北京大学纪事（1898—1997）》，1970 年 12 月 1 日，第 27 期"简报"中"一打三反"情况统计：1969 年 7、8 月份集中清队以后至今年 2 月份，"又清出叛徒、特务，地、富、反、坏分子和贪污盗窃分子 76 人"。

63 军宣传队的错误之一是整了学生，谢静宜、迟群们不整学生吗？

据《北京大学纪事（1898—1997）》，1970 年 12 月 18 日，江西分校召开了第七次落实政策大会，从严处理了化学系一名 70 年应届毕业学生，宣布他为"现行反革命分子"，戴上帽子，实行群众专政。

1974 年 1 月，工农兵大学生张建中因为攻击江青、王洪文、张春桥和姚文元，被开除学籍和党籍，并被送回上海原单位监督改造。[34]

8341 宣传队炮制的"清队经验"，后来被指为"假经验"。据《北京大学纪事（1898—1997）》，1978 年 8 月 24 日，校党委常委开会通过的《关于推翻清队假经验和为受打击迫害的教职工、学生平反昭雪的决定》，针对的应该就是 8341 宣传队的"清队经验"。笔者没有见过这份决定，但这是可以查得到的。

---

33 陈平原主编：《鲤鱼洲纪事》，第 10 页。
34 陈平原主编：《鲤鱼洲纪事》，第 279 页。

四、谢静宜、迟群完全控制了清华、北大

1969年1月,率领工宣队进驻清华的中央警卫团副团长张荣温兼任清华大学革命委员会主任,但张并不是真正管事的。

据刘冰("文革"前任清华大学党委第一副书记,工宣队进校后,被"解放"并任党委副书记)回忆,1970年底,张荣温被迟群、谢静宜排挤走了。张荣温曾告诉刘冰:迟群、谢静宜有野心,要抓权;他虽然是革委会主任,还得事事听从迟群、谢静宜的。工宣队的一位领导成员惠宪钧告诉刘冰,当时张荣温是迟、谢篡夺清华大学领导权、霸占这块阵地的一大障碍,是赶走张的根本原因。[35] 1970年1月,杨德中兼任清华大学党委书记。据刘冰回忆,杨德中因为是兼职,加之在中办的工作繁重,不能常来学校,也于1971年下半年被免职。[36]

1972年1月,迟群成了清华的党委书记、革委会主任和工宣队的一把手,他还是国务院科教组的副组长;谢静宜由党委常委提升为党委副书记、革委会副主任,后来又担任了北京市委书记。1972年春,海军的刘承能也走了。刘是党委常务副书记,管党委日常工作,但他并不被迟、谢信任,还受到迟、谢亲信的暗中监督,实际上一直在"夹缝"中工作。刘冰后来听说,刘承能也是被迟、谢排挤走的。刘冰接任常务副书记之后,也立即陷入了困境之中,"每次常委会,要研究的问题,决定的事情,会前我都得先找他们,听他们的意见和安排。"[37] 从此,清华大学的一切大权便操纵在迟群、谢静宜二人手中。

1969年9月27日,北大革委会成立,中央警卫团政委杨德中为主任,迟群、谢静宜成为常委。1971年5月24日,杨德中又兼任北大党委书记,迟群、谢静宜成为党委常委。

---

35 刘冰:《风雨岁月:1964—1976年的清华》,北京:当代中国出版社,2010年,第143页。
36 刘冰:《风雨岁月:1964—1976年的清华》,第138页。
37 刘冰:《风雨岁月:1964—1976年的清华》,第144—145页。

1972年1月31日，中共北京市委决定免去杨德中中共北大党委书记、校革委会主任职务，另行安排；同时被免去在北大职务的还有刘信、田双喜、卢洪胜、魏秀茹等人；另行任命王连龙任中共北大党委书记、校革委会主任。[38] 笔者无从了解这一系列变动的政治背景。杨德中是中央警卫局的重要领导成员，还负责周恩来的警卫工作，将他调离或许有堂堂正正的理由，人们也容易理解。刘信是63军宣传队的负责人，田双喜原为63军某师参谋长，卢洪胜也是军人，军内职务不详，田、卢二人曾任北大江西鲤鱼洲分校负责人，魏秀茹是最早进驻北大的工宣队的负责人之一。刘信等人的解职，象征着早期军、工宣传队领导人正式退出北大政治舞台。这一调整的直接结果，是北大的领导权全部为迟群、谢静宜所把控。迟群、谢静宜仍然是北大党委常委和革委会常委，虽然只是常委，但他们仍然有着否定北大党委、革委会决议的权力，决定着北大在"文革"剩余的岁月里的政治立场和方向。比如，革委会副主任周培源按照周恩来的指示，在北大为加强理科教育和基础理论研究所做的工作，以及北大党委所研究的改革方案，就被迟群的一番话否定了。[39]

由此，毛泽东用身边的机要员和警卫干部控制了清华、北大。由于国务院科教组接管了原教育部和国家科委的工作，作为国务院科教组副组长，迟群又控制了国务院科教组，由此又祸害了整个中国的教育和科学事业。

五、8341宣传队利用清查"五一六"对聂元梓、孙蓬一进行清算

周恩来、康生、江青的1.24接见会

1970年1月24日，周恩来、康生、江青接见中央直属系统、文化部、"学部"、教育部等单位的军宣队代表，中央专案组一办、二办、

---

38 李志伟：《北大百年》，北京：作家出版社，2008年，第373页。
39 李志伟：《北大百年》，第373—378页。

三办的人也参加了这个会议。会议开了4个多小时,周恩来、康生、江青作了长篇讲话。[40] 这些讲话在许多单位都作了详细传达,在社会上也迅速传播开来。

这是一次动员继续清查"五一六"的会议。会议过后不久,同年3月27日,中共中央发出了《关于清查"五一六"反革命阴谋集团的通知》(中发[1970]20号)。

这是一项重大的部署,但引发这一部署的真正背景是什么?高层在这一部署上是如何达成一致的?对此,半个多世纪后也没有人说得清楚。但这场持续数年的运动的后果,是大家看得见的。[41]

显而易见的一点是,"九大"已经开过了,"文革"已经进入了斗、批、改的阶段,是时候对"文革"早期的参与者进行清算了。

在1.24接见会上,周、康、江诸人讲话的内容是非常令人震惊的,他们所说的"'五一六'反革命阴谋集团",同笔者略有所闻的那个张建旗的"首都五一六红卫兵团"已经完全不同了。

周恩来说:"'五一六'不但是在1967年发表了'五一六通知'才有的,活动是有根据的,早就存在。经过两年半,逐步认识,得到了一些资料,现在比以前认识清了,……现在还是要继续揭发、批判。既是反革命阴谋集团,阴谋就不是公开的,是秘密的活动,当面一套,背后一套,使用两手打着红旗反红旗。这些人隐藏在最革命的中央文革里,最革命的军队里,就必须深挖……"

周恩来接着讲了"五一六"的著名的头头,而这,竟然就是"国民党特务"吴传启和"叛徒"潘梓年,而且,"根就在吴传启"。这令笔者大为惊讶。笔者虽然在1967年就反对吴传启这伙人,但并没有想到他们竟然是"五一六反革命阴谋集团"的头头。

周恩来揭示了王、关、戚的许多问题,同样令笔者感到震惊,笔者原以为王、关、戚和吴传启等人只是一个借"文革"之机结党营私

---

40 《周恩来、康生、江青接见中央直属系统文化部学部教育部等单位的军宣队代表讲话》,见宋永毅等:《中国文化大革命文库》,2006年,第2版。
41 席宣、金春明:《"文化大革命"简史》,第202—204页;杨继绳:《天地翻覆——中国文化大革命史》,第560—584页。

的人数有限的"反党集团",没有想到他们竟然是规模庞大的"'五一六'反革命阴谋集团",性质已经严重升级了。

康生的讲话,主要是说戚本禹煽动一些机要人员冲击机要部门,夺中央机要局的权。康生还说"关锋抓军委三部,搞军内情报",等等。这是普通民众闻所未闻的事,当然深感惊骇。

江青说:"'五一六'这个反革命阴谋集团,是单线联系,他们上不告父母,下不告儿女,……他们搞秘密活动来颠覆我们的党,颠覆我们的军队,这是不许可的。"据江青所说,王、关、戚很早就要求把吴传启、潘梓年、林聿时拉进中央文革小组,在筹备北京市革委会时,戚本禹想去当第一把手,他们还抢档案,"一种是假借中央文革的名义去封,实际是偷,一种是利用群众抢,这是非常恶劣的。"

普通民众可以怀疑这些中央领导人的讲话吗?

关锋、吴传启一伙被抓起来已经有两年半之久,对他们是如何进行审查的,查清了什么问题,连一星半点都没有公布过,民众一直被蒙在鼓里。1.24 接见会上的讲话,使人们以为中央对这个团伙的审查取得了重大进展。善良的人们听了 1.24 接见会的传达,该有多么的震惊,震惊之余,人们无不认为自己太天真了,阶级斗争观念太淡薄了,对于中央领导人的号召,当然应该响应了。

北京市革委会副主任吴德,也在 1 月中旬作过两次讲话,披露了周景芳一伙把持北京市革委会多个部门,干了许多坏事的情况。笔者没有读到吴德讲话的文本,殊为遗憾。

孙蓬一等人的 1.27 大字报

北大宣传队没有传达 1.24 接见会的讲话。据说,北大宣传队领导小组有这样一个决定:"我们宣传队一进校就批判了极左思潮,早就紧跟毛主席的伟大战略部署。现在我们学校不搞'五一六',外单位搞,我们要大力支持,但我们不参加,我们现在搞教育革命也是毛主席的伟大战略部署。"显然,他们并不赞同 1.24 接见会的精神和部署。分歧是明显的,但究竟有什么背景,笔者一无所知。宣传队搞的"教育革命"到底是个什么东西,下文再议。

但是，1.24 接见会的讲话仍然传到了校园里。

受到这些讲话的鼓动，1970 年 1 月 27 日，孙蓬一、高云鹏等人贴出了题为《紧跟毛主席的伟大战略部署，彻底清查"五一六"反革命阴谋集团》的大字报。[42]

孙蓬一等人知道了 1.24 接见会的讲话内容，但对接见会的背景和高层的斗争却一无所知，他们没有后台，没有高人指点，急急忙忙的行为立即使自己陷入了困境。

现在看来，大字报本身缺陷甚多。首先，盲目跟信 1.24 接见会的讲话精神，没有意识到其中深藏危机。这场运动的目标，实质上已经不是王、关、戚、吴传启那一伙人了，而是指向群众的，包括反对过王、关、戚的干部群众，范围非常广泛。其次，孙蓬一等人盲目跟信的结果，使自己对"五一六"的认识偏离了原先比较符合实际的轨道，一些似是而非、并无确实证据的现象被当成了"五一六"的表现。其三，大字报语气激烈，上纲很高。于是，这张大字报立即成为打击的靶子。孙蓬一等人一下子撞到了枪口上。

8341 宣传队原先是想拉拢孙蓬一来整聂元梓的。保存下来的一份孙的检讨，上面就有哲学系宣传队指导员魏银秋的批语，魏银秋还多次找孙蓬一谈话。但是，孙蓬一并没有揭发出什么"有价值"的材料，反而贴出大字报和宣传队叫板，这下子，谢静宜、迟群们当然要暴跳如雷了。

大字报贴出后，立即遭到宣传队的严厉打击。迟群在大会上宣称："大字报的要害就是要翻案，要夺权"，并发动全校师生员工对大字报的作者进行围攻、批斗。后来，宣传队还对这件事情的过程进行了详细审查，想找出什么"后台"来。其实，"后台"就是 1.24 接见会上领导人的讲话。

孙蓬一等人，没有认识到"文革"的群众运动早已结束，现在北大的当权者是谢静宜、迟群等人，他们带着耀眼的光环进入北大，北大已成为他们的天下，他们自认为手眼通天，故而作风霸道，说一不

---

42 已收入胡宗式、章铎编：《北京大学文革资料选编》（中）。

二，群众中若有人提什么意见和看法，对他们说三道四，那就是对其权威的挑战，就是大逆不道，就得除之而后快。

你不是要抓"五一六"吗？那你就是"五一六"，这就是宣传队的逻辑。不过，宣传队眼下还办不到。要把聂元梓、孙蓬一打成"五一六"，就得先把"红旗飘"的一些人打成"五一六"，毕竟，他们和吴传启团伙的关系太密切了，而且这是众所周知的事情。但"红旗飘"案刚刚被宣传队"一风吹"了，其成员也已毕业离校。总不能这么快就自打耳光吧！所以，宣传队眼下只能组织人对1.27大字报进行围攻，对大字报作者展开大会、小会批判。孙蓬一、高云鹏等人坚持不认错，宣传队就得另想办法。

1970年3月，文科64、65级和理科63、64、65级的学生也毕业了，许多人被分配去了很艰苦的地方。学校里只剩下了教师和职工，而且，从1969年7月到10月，北大又有2200多名教职工被送到江西鲤鱼洲试验农场劳动改造，宣传队要整聂、孙等人更方便了，而且，"机会"也接踵而来。8341宣传队首先制造了高云鹏冤案。

高云鹏冤案

对1.27大字报的围攻没有什么效果，作者们坚不认错。为了彻底打垮大字报的作者，宣传队就盯上了高云鹏。他们认为高云鹏年轻，不像孙蓬一那样难对付，加上一个大罪名，他一定会投降，会听任他们的摆布。他们企图通过高云鹏揭发出"幕后的秘密"，为彻底批倒聂元梓、孙蓬一提供炮弹。于是，"高云鹏冤案"就被制造出来了。

1960年代，因为"战备"需要，北大在陕西汉中建了分校。"文革"开始后，先是周培源和戴新民负责分校的工作。期间分校师生也介入了当地的"文革"运动，引起了一些矛盾。面对这种情况，1967年5月聂元梓派高云鹏前往汉中，动员北大师生返回北京，脱离当地运动。高云鹏很好地完成了这个任务。这时，周培源借口分校存有放射性物质，他要找杨成武请示处理办法，便回了北京。周培源有没有向杨成武汇报情况，笔者不得而知。但周回京后恰逢陈伯达发表

6.5讲话，周见有机可乘，便参加了0363的反聂活动，再未返回汉中。周培源一去不回，高云鹏只好继续留守，以保护分校的财产。

高云鹏滞留分校期间的1967年8月，汉中发生了一起流血事件，史称"8.19炸楼事件"。此事同北大分校和高云鹏毫无关系。到了1970年，始终拿不到聂元梓确凿"罪证"的谢静宜、迟群一伙，决定把这个两年多以前的事件翻出来加以利用。他们先派哲学系宣传队一个姓郑的军人到汉中进行活动，他用诱供的手段，编造了"高云鹏是汉中8.19炸楼事件主犯"的谎言。

1970年7月27日，宣传队召开全校大会批斗高云鹏，揭发、批判高在炸毁汉中汉运司大楼流血事件（即"8.19炸楼事件"）中的"问题"。会上，宣传队领导小组、校革委会负责人宣布了把高云鹏交由汉中地区人民批斗处理的决定。高云鹏被关进了汉中看守所。随后，高云鹏将被判处死刑的谣言又在北大不胫而走，流传多年。

在汉中看守所，谢静宜、迟群的手下魏银秋肆无忌惮地对高云鹏进行逼供诱供。高云鹏对笔者说：

我被抓到汉中后，开始汉中并没有把我当成炸楼案件的当事人，因为当时他们调查的结果并没有我参与炸楼的证据。所以很长时间汉中当局并没有找我"审查"相关的情况。倒是原来哲学系宣传队的指导员，后来是校宣传队副总指挥的魏银秋，整天找我谈话，谈了一个星期。内容是引导我回忆北大文革中的一些事件，都是要给校文革、老聂强加罪名的。有一个要我"回忆"的事件最具代表性。魏银秋启发我很久我都没有理解，后来他干脆告诉我：只要我配合他们"搞清"一件事，明天就能放我出去，而且说他说话是算数的，是说一不二的。他要我说的就是40楼打死一个井冈山学生的事。情节要按他说的来"交待"，即头一天晚上校文革在临湖轩开会，我参加了，会上老聂决定第二天让工人兵团到海淀镇去抓人。被打死的人就是这样被抓住打死的，事件是老聂策划的。我告诉魏银秋，我所知道的情况跟他让我交待的情节完全相反，事先校文革和老聂并不知道工人兵团在抓人。当天上午听说这件事之后，老聂和老孙的态度都是坚决制止的。直到工人兵团都撤回来之后他们还批评了有关人员。说这件事是老聂策划的不符合事实。我拒绝写这样的口供。魏银秋威胁我说，'你不要命了？！'还说他们根据我前几天的交待把材料写了出来。我说你拿出这几天谈话的记录看看，都是你引导我时你自己说的，没有一句是我讲的！魏银秋说我是顽固分子，给我活路我还不走。我说正是因为你们要把我置于死地，我才非要说实话不可。我不能死了还给党找麻烦，对党不忠诚。就这样通过我陷害聂元梓的目的没有达到，但他们在北大却已达到了制造虚假舆论的目的。[43]

制造了虚假舆论之后，他们还想杀人灭口。

魏银秋本以为把"炸楼主犯"这么大的罪名加到高云鹏的头上，高一定会屈服，他们制造伪证诬陷聂元梓的阴谋一定能成功。但是，他的如意算盘落空了。无法向谢静宜、迟群交差的魏银秋恼羞成怒，竟然想借刀杀人。他在汉中的追随者先后两次往陕西省上报"材料"，要求判处高云鹏死刑。因为证据不足，两次都被省上打了回去。这件事情完全没有证据，相反，电信局的工程记录证明，"8.19炸楼事件"前后一周的时间里，北大汉中分校的电话线已经断了，根本无法同外界联系，炸楼事件同高云鹏毫无关系。[44]

九届二中全会期间聂元梓的奇怪遭遇

1970年8月23日至9月6日，九届二中全会在庐山召开。在这次会议上，中央高层又发生了严重的斗争，毛泽东和林彪的关系，由分歧走向分裂。毛泽东写了一篇《我的一点意见》，批判了陈伯达。陈伯达从此跌入深渊。作为中央候补委员的聂元梓，也遭受了池鱼之殃。她被周恩来在大会上点名批评，罪名是"搞串联"。

什么叫"搞串联"？"搞串联"是什么性质的问题？聂元梓真的"搞串联"了吗？

---

43 高云鹏2015年9月10日致胡宗式、章铎信。
44 参见章铎：《从高云鹏的遭遇，看迟群之流的专制》，载《记忆》第155期。

聂元梓是在什么状态下参加九届二中全会的呢？她回忆说：[45]

在九届二中全会期间，我的处境已经很困难，工、军宣队已经隔离审查批斗我两年了，各种帽子都往我头上戴，我自顾不暇，根本不会有心情在中央全会上讲什么话。我是在隔离审查和劳改、批斗中被押送来参加会议的。在大会或小组会上，以及会下，我都没有任何言论，没有任何行动，更没有什么"串联"。会议期间我一个人住一个房间，除开会、吃饭的时候出来，从不出房间。我自知我这样的人出来参加会议，会有人注意我的言行，所以必须十分谨慎。同时，在我思想上对"文化大革命"早就不想干了，想退都退不下来，没有心思参与这些争论，不设国家主席谁知道毛主席有什么想法。

在北京市公安局七处监狱预审的时候，他们也从来没有向我提出这些问题。

关于会议情况，聂元梓回忆说：

庐山会议是70年9月23日下午，由毛主席宣布开幕，林彪做了长篇讲话。因为林彪是毛主席的接班人，是副主席，自然是代表党中央的，大家都认真的听着，还又听了录音，没有感到有什么。（吴德也是这种看法，他回忆说："我当时认为林彪是代表中央讲话的，没有感觉出林彪的讲话有什么特别的意思。"——引者）

然后，开始按地区分组讨论。我参加的是华北组讨论会（这是24日下午的会——引者），会中陈伯达做了煽动性的发言，汪东兴也讲了话，主要是陈伯达讲话震动很大。他说：要设国家主席，可是有人反对毛主席当主席，并且说，有人听了还高兴得手舞足蹈。这一下把大家的情绪给激动起来了。

接着有的代表发言，陈毅也讲了话，河北代表也讲了话，大意都主张设国家主席，请毛主席当主席，谁反对毛主席当主席，有的人还说把他揪出来。这时大家就议论纷纷了。

---

45 本节引用的文字，均见聂元梓：《聂元梓回忆录》中"所谓在九届二中全会上'搞串联'"一节。

但是我没有参加任何人的议论，我也没有在会议上发言，根本也没有想在会议上发言，会议也没有要求每一个人必须发言。

聂元梓在会上没有发言，其实也轮不到她来发言。吴德回忆说：[46]

（陈伯达讲话后），汪东兴跟着讲了话，主要的意思是设国家主席，由毛主席担任国家主席，他也讲了有人反对毛主席的问题。[47]

当时，陈伯达讲话，大家还有疑惑，汪东兴一讲就不同了，他是毛主席身边的人，别人更多地是相信他的讲话。

吴德没有参加小组会，他回忆说：

散会后，吴忠告诉我发言的情况，他说陈伯达、汪东兴讲了话，提出有人反对毛主席。我急忙问：是谁反对毛主席。

吴忠说，他们没有点名，不知道是谁。

这时，大家议论纷纷了。

吴德和汪东兴、李雪峰也议论了会议的事情，吴德回忆说：

晚上，我和李雪峰在会场碰到了汪东兴，我问汪东兴：有人反对毛主席，是什么人？

汪东兴说：有人。枪杆子、笔杆子。

我问李雪峰，李雪峰说他也不清楚。

吴德还在要付印的华北组的会议简报上签了字。吴德、吴忠、汪东兴、李雪峰议论会议情况算"串联"吗？大家的"议论纷纷"算"串

---

46 本节所引吴德回忆，均见朱元石等访谈、整理：《吴德口述：十年风雨纪事——我在北京工作的一些经历》中"庐山会议和林彪事件"一节。

47 汪东兴24日下午在华北组的会上说："我完全拥护林副主席昨天的讲话。""刚才陈伯达同志的发言，我也同意。这种情况是很严重的。我们党内还有这样的野心家，这是没有刘少奇的刘少奇路线，是刘少奇反动路线的代理人。""另有一点建议，根据中央办公厅和八三四一部队讨论修改宪法时的意见，热烈希望毛主席当国家主席，林副主席当国家副主席。"参见王年一：《大动乱的时代》，第296页；另见席宣、金春明：《"文化大革命"简史》，第211页。

联"吗？都不算。但搁聂元梓身上，哪怕聂元梓拒绝发表意见，也得算。

聂元梓回忆说：

第一次华北组会议结束后，晚上，刘锡昌代表倪志福、张世忠到我房间里对我说："我们请你到我们屋里坐坐，说说话。"我没有在意，认为我们都是北京市的代表被选为中央委员和中央候补委员的。我就跟刘锡昌到他们的房间去了。我坐下后，他们问我"设国家主席，怎么有人反对毛主席当国家主席呢？这是怎么回事？"我说不知道。他们三个人怎么问，我也说不知道。

他们这样追问我，我想他们可能是以为我是干部，他们是工人，怎么也会多知道点什么的，可是，我确实不知道，无法回答他们。

刘锡昌、倪志福和张世忠都是工人出身的中央委员，聂元梓也许不应该到他们的房间去。但党章和会议并没有规定委员们在全会期间不能互相走动啊。

8月25日上午继续开会，吴德回忆说：

经过一夜的沸沸扬扬，人们的发言都集中到了所谓有人反对毛主席的问题上，部队同志的发言更激动更气愤。连陈毅同志也说：不论在什么地方，就是有人在墙旮旯里反对毛主席，我陈毅也要把他揪出来。

聂元梓没有发言。但是，会议中途突然宣布会议停止，在离开会场的时候，一位河北委员和聂元梓说了两句话，聂元梓问了吴忠一句话，于是，麻烦来了。聂元梓回忆说：

第二天，华北组又开会，继续讨论。会正在进行中，突然宣布停止，会不开了，也没有说因为什么不开了。这时，大家都莫名其妙，不知道是怎么回事。会中有的人交头接耳，互问怎么回事，怎么会不开了。有的人也没有针对谁说话，就在那讲。怎么会不开呢？这时会已经散了，大家一边往外走，一边说着。因为会议室只有一个门口，虽然不是拥挤不堪，但也都靠的很近，会上发言的那位河北代表

（我不知道他的名字）走在我右边挤在门口，他问我"怎么回事，会为什么不开了？"我说不知道。因为是边走边说，大家都急着从门口出来，当我回答完他的话时，他已大踏步走到我前面好几步远了，然后，他就连头也没有回喊着说："你有功夫到我们这里来坐坐吧！"我推辞地说："好，等有功夫的时候，再说吧。"因为这时我们都是一边走一边喊着说的，在院子里走的人应该是都会听到的。

当我们俩喊着说完这两句话时，我向左边回头一看，吴忠正在我身后，我接着问了吴忠："怎么回事，会为什么不开了？"吴忠说："我也不知道，等我弄清楚了，再告诉你吧。"吴忠因为是我们的领导，我问了他这句话，并没有认为有什么不应该，因此也就不在意，以后也没有再找他说什么。

这天晚上，刘锡昌又到我房间里来找我，叫我到他们那里去坐坐，我问他有什么事情，他说，你来吧，来了就知道了。我去了以后，看到倪志福、张世忠都在等我。他们又对我提出：是怎么回事，今天会为什么突然停止了，到底谁反对毛主席当国家主席？我仍然说不知道，并严肃地说："这么重大的政治问题，咱们不要在下边议论了。"由于我这么严肃拒绝的态度，他们就再没有往下问我了。

聂元梓绝对想不到的是，就在当天，吴德就给周恩来写信报告聂元梓在"搞串联"。吴德后来回忆说：

8月25日，我给周总理写了一封信，信是我和陈一夫同志商量由他起草的。信的内容反映聂元梓在到处串联，揪所谓反对毛主席的人，会议有些不正常。……

吴德对聂元梓的指责有什么真凭实据呢？会议确实不正常，但这并不是聂元梓造成的。

吴德的信送到周恩来处，周那时非常忙，但仍然在当晚就作出了指示。吴德说：

8月25日晚上，我正在看电影，周总理派人找到我，要我去谈话。

周总理说：我已经把你的信在政治局传阅了。

周总理指示我回去以后，组织代表中的工人同志开个会，批评聂元梓，解决她串联的问题。

我从周总理处回来，就开了批评聂元梓的会，会上批评了聂元梓的非组织活动。

于是，令聂元梓莫名其妙的事情出现了，聂回忆说：

记不十分清楚，大约过了一、两天，北京小组的吴德、吴忠、刘锡昌、倪志福、张世忠给我开了一个批斗会，吴德主持会议，批我搞串联，我莫名其妙。可是会上就这么说的，主要吴忠发言，说我找人串联，找部队的人，还有河北的代表，但没讲出事实，没有点名，也没有说我串联到他头上，也没说我对他说揪出反对毛主席的人。倪志福发言也就是这么说的，说我搞串联，但没有讲出什么事实来。使我感到倪志福是跟领导精神的。刘锡昌的态度使我感到他好像很为难，不批评我好像也不行，嘟嘟囔囔两句什么话，我也没有听清楚。张世忠没有发言。

会上我没有接受这种批评，没有承认我搞串联，我讲了刘锡昌他们三个人曾找过我，但这不是串联，其他人我没有接触。所以我也没有检讨。这次会开完后，我认为我没有接受这种批判，事情就算完了，只是心情十分不愉快，想不通为什么批我搞串联。

当九届二中全会要结束时的一次大会上，周总理讲话批评有的人不了解情况，就乱表态，还有咱们的中央候补委员聂元梓同志也在下边搞串联，等等。我感到问题严重，我都听懵了，这是谁、怎么向周总理汇报我什么呢？我真有口难辩，怎么才能向周总理说清楚呢。会后，我仔细地想，这是怎么回事，怎么想也想不通。当时停止开会，大家反映的思想情况都是一样么，怎么他们互相问会议怎么停止不开了，以及说些谁反对毛主席当国家主席就把他揪出来的话，就没有事，而我和河北代表说了那两句话，就是串联呢？我还拒绝了倪志福、刘锡昌、张世忠他们问我的那些话呢，他们怎么就不是串联我呢？你吴德和吴忠以及吴德和李雪峰的问话，不是一样的内容吗？

为什么你们就不叫串联呢？我真想不通！联想到工、军宣队几年来对我的隔离审查、批斗、劳改，失去人身自由的情况，这次叫我来参加会议，我什么话都不敢说，也不敢动，就这点事就上报批我搞串联，周总理又点名批评我，这日子还能过吗？真不如死了好。我想吊死在庐山，以此抗议对我的诬陷。

后来，我想通了，我不能死。我就背这个黑锅，不管多少年，我要背到它一清二楚，看看是谁在诬陷我。

开会批判聂元梓"搞串联"，不单是说说而已，还有简报。吴德回忆说：

我把批评聂元梓会议的情况，手写了一份情况简报，报送周总理。周总理指示政治局传阅了。

九届二中全会上发生的问题，是中共最高层面的斗争，聂元梓的级别太低了，根本扯不上关系。周恩来要政治局传阅吴德写的信和简报，是要传递什么样的信息呢？

事情还没有完。周恩来让政治局传阅的两份材料，最后又传回周恩来手上。吴德回忆说：

从庐山回来后不久，周总理把我找去，把我写给他的信和那份批评聂元梓的简报交给我，他要我把它们处理掉。我一回来就把这两个材料处理掉了。这时，我更意识到了这里边的问题，周总理想得周到。

吴德写的信和简报，如果是实事求是、光明正大的，为什么要"处理掉"呢？难道这件事见不得光？不能保留一个字的证据？但是，如此机密的事情，吴德后来为什么又要清清楚楚地写在回忆录里呢？这是给历史一个交代吗？

聂元梓回忆说：

回到北京，我继续被隔离审查、批斗、劳改。只是在国家重大的节日或会议上，有时还叫我出来参加，记不清一次国庆节还是"五一"劳动节晚宴会上，我到洗手间去，邓颖超追随其后，脸朝另一个方向也不看我,和我擦身而过,却说:"还不检讨!还不检讨!"我说:"没法检讨。"

邓颖超是好意,我理解。只能感谢她。我想检讨,我检讨什么呢?我检讨参加"文化大革命"错了,搞糟啦,那不检讨到毛泽东头上了。我检讨九届二中全会上批我搞串联,可我没有串联呀,我真莫名其妙,我要申辩也无从张口啊!

想来想去,还是没法检讨。

总之,帽子也好,黑锅也好,一个也是背,二个五个也是背,数不清楚的,不管多少个黑锅一样背,就这样一年一年的背下来了。

很多年以后,大难不死的聂元梓从《传记文学》1995年4月号上读到吴德写的《庐山会议与林彪事件》一文,文中写道:

当时,北京组的聂元梓又显示出了'造反派'的能量,极其活跃,到处串联,她找了河北的同志,找了军队后勤部门的同志,一直串联到了吴忠。她对吴忠说有人反对毛上席,要把反对毛主席的人揪出来。吴忠问她是谁反对毛主席,聂元梓也不说具体人。吴忠对聂元梓其人是有警惕的,他说他不清楚情况,也不清楚是什么人反对毛主席,表示不愿意与聂元梓谈这样的问题。吴忠随即把这个情况告诉了我,说聂元梓在串联。

文章里还有一些内容,同后来正式出版的吴德口述回忆录中的内容完全一致,笔者在上文已经引用过了。

聂元梓幸运地看到了吴德的文章,她写道:

看到这些,我突然明白了:原来是吴忠和吴德在诬陷我。主要是吴忠对我的诬陷,还有吴德。而且是有意捏造谎言,进行陷害。从华北组两次讨论会后,吴忠、吴德自己不是也在议论和询问别人吗?会上大家(不是少数人)不是也在议论纷纷吗?有的人不是也提出谁反对毛主席当国家主席就把他揪出来吗?怎么你吴忠、吴德就不算在串联,别人也不算是在串联,刘锡昌、倪志福、张世忠找我也不算串联,就是我和河北代表说了那两句话就算是串联呢?而且加以形容,说什么又显示出了"造反派"的能量,极其活跃。你吴德到处问人,这算什么"派头"?你算不算"极其活跃"?何况,我根本就没有对吴忠说什么"要揪反对毛主席的人"等话,这是吴忠捏造的谎言。

吴德是北京市的负责人,吴忠也是北京市卫戍区的负责人,难道你们不懂什么叫串联吗?你吴德为什么不把刘锡昌、倪志福、张世忠找我的情况和我对他们严肃拒绝的态度同时报告给周总理呢?你和吴忠就是断章取义,捏造假话,有意对我制造政治上的陷害。

吴德这篇文章,解开了我多年的困惑,却又给我留下了百思不得其解的问题:既然这样对我挖苦心思,捏造材料上报,又在中央政治局中传阅,又是中央全会的简报。为什么就要处理掉呢?又为什么作为个人就可以随便处理掉呢?还把总理抬出来,说"总理想得周到",居心何在?

聂元梓读到吴德这篇文章的时候,吴德已经病逝。她以为吴忠还活着,很想问问吴忠,她"串联"的那些人叫什么名字?她"串联"的"军队后勤部门的同志"是谁?关于"串联"的一切情况是怎么回事?但是,吴忠也已经因为车祸死了。[48]

以上只是聂元梓在九届二中全会期间的个人遭遇,和全会上出现的"风波"相比,真正是一件微不足道的小事。但这件小事背后,显然隐藏着某种政治需要。

九届二中全会期间的大事是林彪及其支持者把矛头指向了张春桥,要整张春桥,而这是毛泽东绝对不能容忍的。为了保张春桥,毛

---

[48] 1971年3月至1977年9月,吴忠任北京卫戍区司令员和北京市委书记(分管政法)。在处理"9.13事件"过程中,吴深受毛泽东信赖。在抓捕"四人帮"时,吴也受到华国锋的信赖。1977年9月,吴调任广州军区副司令员。此前,吴已被"揭批查"运动列为清查对象,1979年1月20日,又被中央军委下令免去广州军区副司令员职务。由于吴忠此前已奉命参与指挥对越自卫反击战,负责指挥广州军区南集团部队,大战在即,不能临阵换将,广州军区和许世友司令员扣下了免职命令,吴忠得以指挥部队胜利完成了上级赋予的任务。战后,吴忠受到了长达8年的审查,结论是"没有参与林彪、四人帮篡党夺权的阴谋活动"。吴忠于1987年离休,1990年2月26日在海南因车祸逝世。参见凤凰资讯:《吴忠将军在对越自卫反击战中边指挥边被审查》,2009年11月6日,中华网。

泽东不惜和林彪决裂,并立即把陈伯达拉出来批判,宣布对陈伯达进行审查,高层政局出现了很大的问题。

庐山会议的情况是严格保密的,老百姓一无所知。十一国庆节,陈伯达没有露面,他的名字也从报刊上消失,人们感觉到出了什么事情,但到底是什么事情,是一点也不知道的。

1970年11月6日,中共中央作出《关于成立中央组织宣传组的决定》,组织宣传组的权力范围非常大,它管辖中央组织部、中央党校、人民日报社、红旗杂志社、新华总社、中央广播事业局、光明日报社、中央编译局的工作,还管辖工、青、妇中央一级机构和它们的五七干校,已被撤销的原中宣部和中央政治研究室遗留的事务亦由该组管辖。组织宣传组拥有超级的权力,其组长则是康生。听了文件传达,一位对康生有所怀疑的北大校友,感到一种深深的恐惧。但他不知道,康生在九届二中全会后就称病不出,大权实际上落到江青、张春桥、姚文元手中。

11月16日,中共中央发出《关于传达陈伯达反党问题的指示》,称陈伯达是"假马克思主义者、阴谋家、野心家",号召对陈伯达进行检举揭发,并开展"批陈整风"。

1971年1月26日,中共中央发出《反党分子陈伯达的罪行材料》,[49] 于是,给毛泽东当了多年秘书的陈伯达,曾是中央文革小组组长的陈伯达,中央政治局常委之一的陈伯达,成了十恶不赦的罪人,罪行累累,罪大恶极。

陈伯达的罪行之一是:"陈伯达是肖华、杨、余、傅、王、关、戚、'五一六'反革命阴谋集团的黑后台"。

于是,北大宣传队也要抓"五一六"了。

按照谢静宜后来的说法,早在1970年,她就受吴德之托,向毛泽东请示清查"五一六"的问题,因为北京市已经查出15000多人了,怎么办?毛泽东明确说:"没那么多。"毛泽东还说:"'五一六'

---

49 王年一后来说,"这个材料,若干问题符合事实,许多问题不符合事实。""铺陈了许多不实之词和本人在历史上交代过的问题。"见王年一:《大动乱的时代》,第303页。

既然是一个秘密组织,那它就不可能人数多。人数一多,就保不住秘密了,而且时间很短,没多少日子就完了。大概是(1967年——引者)5月底6月初的那几天的时间,不会发展很多人,即使有,也是极少数几个人的事,不要扩大化。"[50]

谢静宜写道：

事后,我把这一重要指示立即报告了吴德,也报告了办公厅及警卫团的领导同志。他们专门找军管的同志开了会,传达了主席指示。

吴德说："老人家发话了,就好办了。今后北京不能再查了。"清华、北大也根据主席指示不再查了,结束了。后听管专案的人说,审查一阵子,没查出"五一六"分子来。[51]

谢静宜明明白白说这是1970年的事,但令人不解的是,1971年2月8日,中共中央又发出了《关于建立"五一六"专案联合小组的决定》(中发[1971]13号),又称"2.8决定",宣布成立以吴德为组长,李震为副组长,以杨俊生、黄作珍、于桑等为组员共13人组成中央"'五一六'专案联合小组"。于是,清查"五一六"运动成了不可收拾的乱局。[52]

在这乱局之中,8341宣传队1971年在北大大抓"五一六",而且持续到1973年把聂、孙都打成"五一六"分子才收场。

或许这也是政治需要。

8341宣传队在北大清查"五一六"

8341宣传队进北大的主要目的,就是要整聂元梓。宣传队的一位军代表曾经告诉赵建文：整聂元梓是毛主席的意思。[53] 赵是哲学系青年教师,原"除隐患"战斗队负责人,他受到宣传队长时间的审查,目的大概是要查一查聂元梓反关锋、吴传启这件事情的背后有什么

---

50 谢静宜：《毛泽东身边工作琐忆》,第195页。
51 谢静宜：《毛泽东身边工作琐忆》,第196页。
52 杨继绳：《天地翻覆——中国文化大革命史》,第563—565页。
53 王复兴：《抢救记忆——一个北大学生的文革回贴忆录》,第290页。

"黑手",结果他们一无所获。这位军代表大概同赵建文熟悉了,才告诉他这个秘密。而事实,也确实是这样的。

自从举报了关锋、王力、吴传启一伙结党营私之后,聂元梓就不被信任了。贴出了揭发吴传启历史问题的大字报后,对聂元梓的打击就迅速升级。提出了"揪出王、关、戚的黑后台"之后,对聂元梓进行了极限施压。军、工宣队进校后,又对聂元梓进行了两年的隔离审查和批斗,她头上的各种帽子也纷至沓来,但是,聂元梓并没有被批倒。庐山会议之后,新的机会又来了。

要把聂元梓打成"五一六",先得把"红旗飘"的某些人打成"五一六"。

于是,不久前刚刚被"一风吹"的牛辉林等人,又被押回了北大。宣传队的办事效率很高,"红旗飘"立马成了"五一六"。1971 年 3 月 2 日,宣传队在办公楼礼堂召开坦白大会,牛辉林上台坦白了三个问题,一是洪涛介绍他参加"五一六",他又发展了一些人参加了"五一六";二是攻击江青(把以前"一风吹"的材料又捡了回来);三是在"五一六"反革命集团的策划下在北大挑动武斗。牛辉林坦白后,被安排在会场不同位置的"红旗飘"其他成员也纷纷站起来承认自己是"五一六",会议开得很成功。

把"红旗飘"的人重新弄回学校并把他们打成"五一六",宣传队是如何作出此项决定的?这里有什么背景?这是一个谜。"红旗飘"案"一风吹"是毛泽东的意思,把"红旗飘"打成"五一六",请示过毛泽东并获得批准了吗? 这也是一个谜。"红旗飘"们为什么这么痛快地承认自己是"五一六"呢?

把"红旗飘"打成"五一六"不过是演一场戏,迟群、谢静宜一伙真正要下狠手追究和打击的,是聂、孙和新北大公社坚决反王、关、戚的那些人。有人对聂、孙挑头反对关锋、王力一事非常不满,一直耿耿于怀,现在,"秋后算账"的机会终于来了。宣传队大搞逼供信,颠倒黑白,把反对"五一六"的聂元梓、孙蓬一打成"五一六分子",这才算出了一口恶气。他们还想把原新北大公社的积极分子打成"五一六",永绝后患。然而,人算不如天算,"9.13 事件"发生了，波及全国的清查"五一六"运动，在伤害了千千万万人之后，在全国的绝大部分地区和单位，也搞不下去了，只好不了了之。但是，北大的清查"五一六"运动，一直延续到1973年3月。

据《北京大学纪事(1898—1997)》记载，1973年3月1日，校党委举行扩大会议，决定给聂元梓、孙蓬一戴上"五一六"反革命分子帽子，开除党籍，报市委批准后，全校召开大会进行批斗。

会议并宣布清查"五一六"运动到此结束。

从1968年10月起，只要有风吹草动，聂元梓都是在劫难逃。她的"罪名"很多，而且是不断变化的，像走马灯一样转个不停。林彪倒台前批她"反林副统帅"，"9.13事件"后批她"积极追随林彪集团"。到后来"批邓、反击右倾翻案风"的时候，她的罪名又增加了"配合邓小平右倾翻案风"。她的交代材料里，还有"对抗江青的指示""反康生""反林彪问题"这样的内容。[54]

聂元梓、孙蓬一都不反对无产阶级司令部，更不反对周恩来。他们也不反军，军宣队杨处长说聂元梓"对军队的态度是好的"，是客观的评价。他们对谢富治确有看法，但这不等于颠覆北京市革委会。至于"追随林彪反党集团"，聂元梓的级别还够不上。实际上，在"9.13事件"发生之前，宣传队一直在对聂元梓和原新北大公社的一些人进行逼供，要他们交代"反林副统帅"的问题，而这些人哪里有这么高的认识水平呢？说聂元梓"破坏九大路线"，有什么证据呢？历史证明"九大路线"是错误的，现在是否可以反过来说聂的"破坏"是对的呢？

聂元梓、孙蓬一更不是"五一六"，只有武斗和打死人的问题，他们是确有责任的。

聂元梓从响应"五一六通知"写大字报到被打成"五一六"分子，是毛泽东"文革"路线失败的一个活的证明。

聂、孙被打成"五一六"分子，宣传队大功告成，谢静宜、迟群们弹冠相庆，他们在北大的统治已坚不可摧，再没有人敢提什么反对

---

[54] 聂元梓：《我在文革漩涡中》，第319—328页。

意见，他们可以为所欲为了。除了在所谓的"斗、批、改"中大肆迫害知识分子外，他们还成了"四人帮"的打手，继续推动已经失败的"文革"，最终和"四人帮"及"文革"一起覆亡。

谢静宜、迟群指称聂、孙"反对周总理"，完全是颠倒黑白的诬陷。他们自己才是反对周恩来的罪人。《北京大学纪事（1898—1997）》有以下记载：

（1977年）

1月21日 校党委举行扩大会议，揭发批判"四人帮"插手北大、控制两校大批判组反对周总理的罪行。

1月22日 《新北大》校刊发表校教育革命部大批判组的文章《彻底批判"四人帮"反对周总理关于教育革命指示的滔天罪行》。文章说，1970年周总理亲自抓了外语教育革命；1971年，他代表党中央在全国教育工作会议上做了重要指示；1972年，他针对教育革命存在的问题，提出要在广泛实践的基础上，加强基础理论研究；1973年，他又抓了发挥外国专家作用问题。"四人帮"出于篡党夺权的需要，对周总理的指示，极力封锁，拼命对抗。

1月26日 校党委举行扩大会议，继续批判"四人帮"通过迟群、谢静宜、王连龙、魏银秋、郭宗林在北大反对周总理的罪行。

笔者亲身领教过谢静宜、迟群一伙不讲道理、不讲逻辑、颠倒黑白、大搞逼供信的种种手段。毛泽东依靠这些人创造所谓"经验"来指导全国，"文革"怎么能不失败呢？

附记：

原"红代会"核心组的另外四个人也被打成"五一六分子"。

首先是北师大的谭厚兰，1970年6月，她被从解放军某农场押回北师大隔离审查，直至1975年8月被送至北京维尼纶厂监督劳动。

第二个是清华的蒯大富，1970年11月，他被从宁夏某工厂押回清华审查，1973年被送到北京某工厂监督劳动。

第三个是北航的韩爱晶，1971年3月8日，他被从湖南某军工厂押回北航审查，至1975年9月9日审查结束，此后被监督劳动。

地院王大宾，1971年3月9日，他被从成都某工厂抓回北京地院，被关押审查4年，并被开除党籍。

第十七章　谢静宜、迟群控制下的北大（二）

一、8341宣传队领导下的"斗、批、改"

毛泽东力图通过"斗、批、改"达到"天下大治"的设想，进而结束"文革"。但是，历史否定了"斗、批、改"。

席宣、金春明指出：

"斗、批、改"本身就是"左"倾方针的产物，又是贯彻"左"倾方针的手段。旨在通过"斗、批、改"，"把各个单位的领导权，掌握在真正的马克思主义者手里"，这显然是没有可能实现的。因此，随着"斗、批、改"运动的发展，"文化大革命"的动乱并没有消除或者得到缓解，矛盾反而越来越多，引起和助长动乱的因素更加深刻。[1]

王年一认为：

"斗、批、改"否定了建国以后十七年。既错误地肯定了"文化大革命"，就错误地否定了建国以后十七年大量的正确方针政策和成就；既否定了十七年，实际上就在很大程度上否定了包括毛泽东自己在内的党中央和人民政府的工作，否定了全国各族人民建设社会主义的艰苦卓绝的奋斗。这是无法解脱的矛盾。加之又有江青等人的干扰和破坏，"斗、批、改"从总体上说是"左"倾错误的发展。从动乱的程度看，这时比前三年要好一些；就"左"倾思想侵袭的程度看，这时比前三年有过之而无不及。一系列错误的做法，始终遭到干部、

---

[1] 席宣、金春明：《"文化大革命"简史》，北京：中共党史出版社，2006年，第192页。

群众的抵制。

"斗、批、改"因林彪事件的发生而中断。[2]

实际上,教育领域的"斗、批、改",特别是"教育革命",要到很晚的时候才能得到纠正。

毛泽东亲自抓了北京"六厂二校"的工作,作为"斗、批、改"典型,1968 年至 1970 年间,"六厂二校"几乎提供了"斗、批、改"运动所有方面的典型经验。[3] 对于北大来说,这是光荣还是耻辱?

"大批判"是"斗、批、改"的基本动力。以刘少奇及其思想理论为目标的大规模的"革命大批判"运动,几乎贯穿整个"斗、批、改"时期。若干年后,这场运动被指为"内容错误,方法粗暴","给生产、科研、教育、文化各个领域带来巨大的破坏,造成了百花凋零、万马齐喑、思想被禁锢的局面。"[4]

宣传队在北大的"斗"和"批"

在张承先工作组时期,陆平等几个主要"黑帮"被分别关押,群众是斗不着的。群众斗得着的,是系一级干部。在校文革时期,包括陆平在内的众多"黑帮"遭受了许多次批斗。但是,批斗的高潮并不在校文革时期。有当事人回忆,批斗有两个高潮,一个是 1966 年 6 月(工作组时期),另一个是工宣队进校之后。

"一不斗、二不批"是校文革的错误。怎样做才算是"斗"和"批"了呢?如果说"斗"和"批"是指对干部和教授们的错误作出结论和组织处理,那末,校文革并没有这样做的权力,当时也没有这样做的客观条件。况且,中央也没有下达过这方面的政策方针。定性和作结论的事是 8341 宣传队和宣传队建立的党委做的。

1969 年 7 月 2 日晚上,8341 宣传队召开全校"揭发批判陆平大

---

[2] 王年一:《大动乱的年代》,北京:人民出版社,2009 年,第 262 页。
[3] 郑谦:《"斗、批、改"运动与一种社会主义模式》,载《当代中国史研究》,1996 年第 2 期。
[4] 席宣、金春明:《"文化大革命"简史》,第 193 页。

会"，原党委干部钟哲明、刘文兰、孟广平等发言。[5]

北大宣传队在《整党建党的情况报告》中称，"广大党员和群众愤怒控诉和声讨了……陆平、彭珮云等一小撮反革命修正主义分子，在北京大学复辟资产阶级专政的罪行。"这份《报告》于1970年3月5日由北京市革委会上报中央，并于同日由中共中央批发全国。毛泽东批示："照发。"[6] 因此，在正式的中央文件中作出"反革命修正主义分子"和"复辟资产阶级专政"这样的定性是8341宣传队做的，并获得了中央和毛泽东的认可。

1970年8月22日下午举行的中共九届二中全会前的政治局常委会上，毛泽东说："对蒋南翔这样的人留下来好。"但是，因为尚处在"劳动改造"中的蒋南翔对清华工宣队炮制的《为创办社会主义理工科大学而奋斗》一文表示不满，在发表此文的刊物上，理直气壮地写下了批评意见并送交给工宣队，这使他的"解放"又被拖延了数年。[7]

1974年国庆节前夕，清华大学原党委书记兼校长蒋南翔在周恩来过问下获得"解放"。

1974年11月15日，北大党委常委会议，审议了陆平、彭珮云的材料，将他们定性为"走资本主义道路的当权派"。这是8341宣传队"解放干部"的必要程序，"走资派"在当时被认为是走错了路的问题，仍属于"人民内部矛盾"，承认这项罪名并检讨得好，就可以"解放"了。

为了保险起见，会议主持者决定先一步"解放"彭珮云，有关报告很快获得北京市委批准。彭被迟群、谢静宜叫去训话后，被安排到北大政治部政工组，做文书收发一类的一般事务工作。

要"解放"陆平，还需要毛泽东的指示。党委书记王连龙设法向

---

5 陈景贵：《1965—1970那几年我在北大》，香港：香港人民出版社，2017年，第1072页。
6 《中央批发北京市革命委员会送来的北大宣传队关于斗、批、改经验总结的三个报告》，山东省革命委员会办公室翻印，1970年6月6日。
7 唐少杰：《毛泽东与清华大学的文化大革命》，载《粤海风》2001年第6期。

毛泽东请示，毛泽东答复说："可按蒋南翔的办法处理，放了算了。"校党委于 11 月 25 日向北京市委写了报告，报告直接引用了从领袖那里传来的原话。1975 年 4 月，陆平终于获得"解放"，当年 7 月出任七机部副部长兼党组副书记。[8]

按照谢静宜的说法，毛泽东是看到陆平的一封信后，认为态度还好，指示把他"解放"的。[9] 关于陆平的这封信，笔者无从查考。

8341 宣传队进校时，"走资派"早就是死老虎了，宣传队要"斗"的，主要是聂元梓。

至于"批"，"文革"的头两年，中央领导层号召的是"批判资产阶级反动路线""批判刘少奇""批判二月逆流"和"彻底粉碎'二月逆流'新反扑"，并没有作出"批判资产阶级反动学术权威"的部署，而且，北大的学生还不具备那样做的学术素养和能力。那么，军宣队和工宣队，以及 8341 宣传队和他们建立的党委，有这样做的学术水平和能力吗？

他们擅长的是扣帽子。

1975 年 3 月 28 日，校党委常委开会，所作决定之一，就是将历史系原系主任翦伯赞教授"定为资产阶级反动学术权威，人民内部矛盾，开除党籍。"不知什么原因，到了 7 月 30 日，校党委常委又开会进行复审，将"敌我矛盾，按人民内部矛盾处理，开除党籍"改为"反动学术权威，按人民内部矛盾处理，开不开除党籍，由上边决定。"[10]

翦伯赞去世 6 年多了，党委做出这样的决定，就算是"批"了？

反教育的"教育革命"

在"斗、批、改"阶段，还进行了所谓的"教育革命"。

"教育革命"首先从清华大学开始。唐少杰多年后总结说："'教

---

8 钱江：《陆平彭珮云是怎么"解放"的》，见于 www.zz-news.com，原载《世纪》2014 年第 6 期，
9 谢静宜：《毛泽东身边工作琐忆》，北京：中央文献出版社，2015 年，第 225 页
10 有关引文均见王学珍等主编：《北京大学纪事（1898—1997）》，2008 年。

育革命'是毛泽东'文革'理论中时间最久、范围最广和规模最大的乌托邦实践,清华大学成为这一乌托邦实践的主要基地。证明:'文革'时期的'教育革命'是一场反知识、反科学、反理性、反现代化的运动。它以打乱正常的科学研究和教学秩序、整治知识分子、制造师生关系对立等为其主要内容,它几乎是伴随着'文革'的破产而破产。"[11] 唐少杰还指出,"'教育革命'的实质是蒙昧主义,带来的是窒息精神,禁锢思想,扼杀教育,破坏教学,是一场教育的大倒退,甚至是一场文明的大反动。'教育革命'本质是反教育的。"[12]

北大的情况应该和清华相似,但笔者早已离校,没有亲身体会。

1970年3月,北大、清华的宣传队向中共中央提交了《北京大学、清华大学关于招生(试点)的请示报告》,6月27日,中央批转了这份报告,其精神和做法成为1970年至1976年所有高等院校招生工作的圭臬。大学恢复招生有其积极意义,但新的招生办法也带来了许多问题。[13] 这方面的论述甚多,兹不赘述。

1970年7月,《红旗》杂志第8期发表了张春桥、姚文元主持撰写而由"驻清华大学工人、解放军毛泽东思想宣传队"署名的文章《为创办社会主义理工科大学而奋斗》的长文。此文是工宣队进校近两年工作的总结,受到毛泽东的重视,并在《人民日报》《红旗》等报刊上发表,成为"文革"高等院校"教育革命"理论和实践的范文。[14]

1971年,国务院在北京召开了全国教育工作座谈会,与会者多达631人,会期长达三个多月(4月15日至7月31日)。迟群执笔起草了《全国教育工作会议纪要》(以下简称《纪要》),经姚文元修改、张春桥定稿并经毛泽东同意后,该文件于8月13日由中共中央批转全国。

---

11 唐少杰:《毛泽东与清华大学的文化大革命》。
12 彭珊珊整理:《唐少杰:"文革"时期的"工宣队"是个什么组织?》,澎湃新闻,2015年1月13日。
13 李刚:《1972—1976年间中国高等教育的过渡性分析》,载《社会科学研究》,2002年第5期。
14 唐少杰:《毛泽东与清华大学的文化大革命》。

会议期间，谢静宜于 6 月 4 日曾向毛泽东汇报在会议上的发言提纲，毛泽东讲了一大段关于知识分子政策的话。[15] 谢静宜向迟群传达了毛泽东的这段话，但没有在会议上公开传达。1977 年，毛泽东的这一指示偶然被人们发现，成为否定《纪要》的重要依据。[16]

王年一指出，"《纪要》集'左'倾的'教育革命'之大成"，"《纪要》否定了建国十七年来的教育工作，作出了'两个估计'，即：'文化大革命'前十七年教育战线是资产阶级专了无产阶级的政，是'黑线专政'；知识分子的大多数世界观基本上是资产阶级的，是资产阶级知识分子。"[17]

席宣、金春明指出，"这种完全背离实际情况的'两个估计'，长时期成为广大知识分子的精神枷锁。""《纪要》充分肯定和赞扬'工农兵上大学，管大学，用毛泽东思想改造大学'的错误做法，宣称'工农兵学员是教育革命的生力军'，并作了若干'左'的规定。《纪要》成为'文化大革命'中办大学的指导文件，产生了严重的恶劣影响。"[18]

"两个估计"的推手迟群宣称，"我们的学校就是要培养同走资派做斗争的先锋战士。"他还强调说，清华大学只有一个专业，这就是斗走资派的专业。[19]

"两个估计"给教育、科学领域带来了严重后果，且影响时间很长。对《纪要》特别是"两个估计"造成的恶果进行纠正的过程也很艰巨。1977 年 8 月 8 日，邓小平在科学和教育工作座谈会上发表讲话，明确地否定了"两个估计"。同年 11 月 18 日《人民日报》发表《教育战线的一场大论战——批判"四人帮"炮制的"两个估计"》

---

15 中共中央文献研究室编：《毛泽东年谱（1849—1976）》第六卷，北京：中央文献出版社，2013 年，第 383—385 页。
16 吉伟青：《〈教育战线的一场大论战〉发表的前前后后——推翻"四人帮""两个估计"亲历记》，载《党的文献》，2002 年第 1 期。
17 王年一：《大动乱的年代》，第 257—258 页。
18 席宣、金春明：《"文化大革命"简史》，第 201 页。
19 唐少杰：《清华大学工宣队始末》，载《炎黄春秋》，2015 年第 2 期。

一文（以下简称《论战》），对"两个估计"作了公开的批判。[20]而《纪要》的撤销，要等到 1979 年。1979 年 3 月 19 日，中共中央转发中共教育部党组报告，宣布撤销《全国教育工作会议纪要》。

上述《论战》一文的发表对促进思想解放、促进知识分子问题的解决，特别是教育战线的拨乱反正起了巨大的作用，也成为事实上的否定"文革"和冲破"两个凡是"的突破口。《论战》不可避免地也有其历史局限性。后来，有学者对《论战》及作者之一吉伟青的相关回忆文章提出了质疑。[21]

实际上，"两个估计"是《纪要》的核心观点，反映了晚年毛泽东对知识分子问题的基本认知。《纪要》不仅由毛泽东批准下发，毛泽东对 1971 年的全国教育工作会议也是非常关心的，对会议情况也是了解的。[22]

清华、北大教师在江西鲤鱼洲"试验农场"遭受苦难

学生走了，教师就成了革命的主要对象。"革命"的一贯做法是把他们送到艰苦的地方去，一边劳动改造，一边继续搞政治运动。这个场所，官方称之为"试验农场"，谢静宜在其书中则称为"五七干校"。在那个时候，城市里的机关单位到农村去办"五七干校"，已形成了一股大潮。

宣传队选择在江西省鄱阳湖畔的鲤鱼洲建立"试验农场"。据谢静宜回忆，这个选择是汪东兴、杨德中、张荣温、王连龙、迟群和谢静宜一起作出的。汪东兴找来了江西共产主义劳动大学负责人，该负责人推荐了鲤鱼洲这块地方，说那里"土地肥沃，种上稻谷三五年不

---

20 教育部大批判组：《教育战线的一场大论战——批判"四人帮"炮制的"两个估计"》。
21 余焕椿：《一份内参推翻"两个估计"——与<教育战线推翻"四人帮"两个估计前后>商榷》，载《炎黄春秋》，2004 年第 8 期；李刚：《毛泽东和 1971 年<全国教育工作会议纪要>》，载《淮阴工学院学报》，2005 年 4 月；沈登苗：《"两个估计"的真实内容和"版本"归属——基于史料层面的澄清与反思》，载《社会科学论坛》2019 年第 4 期。
22 李刚：《毛泽东和 1971 年<全国教育工作会议纪要>》。

上肥料就能获得大丰收，是最理想的地方。"[23] 这么好的地方，当地人为什么不去开发呢？

据谢静宜所述，当时几位领导强调问了此地有无血吸虫病？江西方面的人肯定答复："没有。"那时中央办公厅的"五七干校"在江西奉贤县，也在鄱阳湖边，没有血吸虫病。于是，事情就定了下来。[24] 按照谢的说法，是江西方面的人欺骗了中办领导。以汪东兴为首的这些大领导，就这么好骗吗？北京的两个大学兴师动众地去江西办农场，不需要通过江西省革委会吗？难道江西省革委会也欺骗了他们？

据刘冰的回忆，鲤鱼洲是血吸虫病的重疫区，当地群众因此都迁走了。可是迟群、谢静宜不听江西有关部门的意见，坚持要在这里办农场。[25]

1969年5月，清华工宣队首先在鲤鱼洲建立了试验农场。5月至10月，先后有5批2821名教职员工（约占教职员工总人数的70%）来到这里劳动改造。后来，有上千名教职员工患上血吸虫病。[26]

在同一拨人领导下的北大紧跟其后。

1969年7月10日，北大宣传队派先遣队23人赴鲤鱼洲筹建农场，8月13日、27日派出第二批、第三批共约600人赴鲤鱼洲进行建厂劳动。1969年10月27日，北大全校20个单位1658人（全是教职工，没有学生），分批到鲤鱼洲实验农场，下乡种地，改造思想。到1971年8月，大约两年时间里，鲤鱼洲成了北大教职员工的主要栖居地。

被送到鲤鱼洲劳动改造的，不全是青壮年，据说只有70岁以上者可以不去，所以这支队伍里出现了66岁的心理学家周先庚和语言学家岑麒祥、62岁的史学家邓广铭和史学家商鸿逵、61岁的法学家

---

[23] 谢静宜：《毛泽东身边工作琐忆》，第204页。
[24] 谢静宜：《毛泽东身边工作琐忆》，第204—205页。
[25] 刘冰：《风雨岁月：1964—1976年的清华》，北京：当代中国出版社，2010年，第142页。
[26] 唐少杰：《清华大学工宣队始末》。

芮沐、60 岁的哲学家张岱年等。

"试验农场"是什么性质？有人说是劳改农场，有人说是"五七干校"，大草房，大通铺，实际上就是放大了的"监改大院"，"宣传队与教职工的关系，实为监管与被监管的关系"，[27] 打人的事情虽然没有了，但这里却是一块死亡之地。

鲤鱼洲是鄱阳湖的一个围堰，是血吸虫病高发区。这是一片早就被当地人放弃了的地方。只要到那里看一看，真相便一目了然。钉螺是看得见的，甚至，"苇叶上的露水里都有血吸虫的蚴尾（似应为尾蚴——引者）"[28]。

陈平原后来写道：

除了自然环境十分恶劣，此地更是出名的血吸虫病高发区。这不是事后才知道的，之所以被农民遗弃，就因为不适合于居住乃至耕作——围湖造田而成的滩涂，钉螺丛生，血吸虫横行。明知此中危险，奈何"军令如山"，只好就此安营扎寨。众多博学多识的"臭老九"，虽然也做了若干自我防护，但基本上无济于事。不到两年时间，危机全面爆发。[29]

在近两年的时间里，宣传队对于血吸虫病的问题是漠视的，危机全面爆发了，他们才向上报告。

1971 年 6 月 10 日，北大江西分校革委会提交《关于血吸虫防治情况的报告》，称："分校地处疫区，尽管积极防治，并不能从根本上消灭血吸虫病。""从 5 月 21 日到 6 月 6 日 17 天内，对分校 10 个连队 358 人进行检查（这只是抽查——引者），查出病人（患上血吸虫病）150 人，占已查人数的 41.9%。加上 5 月 20 日查出的 33 人，共 183 人感染了血吸虫病。病人中，1969 年 8 月至 10 月来场的（先遣队人员）占 91%。"[30] 严酷的是，在后来到达那里的工农兵学员中，

---

27 陈平原主编：《鲤鱼洲纪事》，北京：北京大学出版社，2012 年，第 45 页。
28 王复兴：《迟群草菅人命，任由血吸虫肆虐》，载《记忆》第 152 期，2016 年 3 月 31 日。
29 陈平原主编：《鲤鱼洲纪事》，第 7 页。
30 王复兴：《迟群草菅人命，任由血吸虫肆虐》。

也查出了血吸虫病人。[31]

6月12日,江西分校党委再给北大党委、革委会发函,说:"分校(所在地鲤鱼洲)四周,都是血吸虫较严重的地区,到12日已查出病人二百余人。"[32]

另一个数字更可怕。6月19日,清华、北大合办的江西德安化肥厂在所写的《血吸虫普查情况汇报》中称,5月30日至6月18日全厂普查血吸虫病,北大部分的结果是:宣传队3人全部感染血吸虫病,占100%;北大教工129人中有115人感染血吸虫病,占89%;徒工87人中有29人感染血吸虫病,占33%;小孩(8—12岁)17人中10人感染血吸虫病,占59%;总计:236人,查出有血吸虫的157人,占70%。[33]

谢静宜说:为此,北大党委讨论多次,采取措施:一是干校所有的人不准再去鄱阳湖游泳;二是要女同志不再下水田;三是男同志必须下时一定要穿高腰筒靴。后又根据"五七"干校同志捎信反映,不要轮换了。[34] 谢静宜没有说北大党委何时"讨论多次,采取措施",但一切都已经晚了。

谢静宜说她和迟群等人去干校作调查,在干校医务所看到十几位教师和工宣队员围坐在桌子旁嗑南瓜子(生南瓜子——引者),说南瓜子能治小虫病。[35] 得不到正规的治疗,只能依靠民间土方,这是一幅多么凄惨、无助的景象!

谢静宜说她将情况报告了毛泽东:

毛主席认真听了汇报后,非常重视。他说:"这地方不能再待了,知识分子是国家的宝贵财富,大学需要培养大批的知识人才投入国家建设,染上这种病怎么得了啊!"主席又加重语气肯定地强调:"搬

---

31 陈平原主编:《鲤鱼洲纪事》,第306页。
32 王复兴:《迟群草菅人命,任由血吸虫肆虐》
33 王学珍等主编:《北京大学纪事(1898—1997)》;陈平原主编:《鲤鱼洲纪事》,第7页。
34 谢静宜:《毛泽东身边工作琐忆》,第205页。
35 谢静宜:《毛泽东身边工作琐忆》,第205页。

回北京。如果需要有个地方轮流锻炼一下的话,北京也可以。听说卫戍区农场就在北京郊区。小谢,你去找吴忠同志,请他们卫戍区让出块地,不要多了,分给你们两校。对吴忠说,是我让你去找他的,他会帮助你们的。"[36]

谢说她向汪东兴、杨德中、吴忠报告了毛泽东的指示,吴忠表示可以从南郊团河农场拨给两校各一块地。谢又报告了毛泽东,"撤回北京的农场就这样落实下来"。

不知道这几件事发生的具体日期。

此后,谢静宜又奉毛的命令去江西农场周围调查了血吸虫病的情况。调查回来后向毛泽东作了汇报,毛泽东再次指示说:"搬回北京。"[37]

不知道这是哪天的事。

按照谢静宜的说法,撤销两校鲤鱼洲农场是她向毛泽东作了汇报后毛作的指示。刘冰的说法有所不同。刘冰回忆说:

许多人感染上了血吸虫病,引起了教职工的恐慌。有人写信给党中央、毛主席、周总理,反映了这一严重情况,得到毛主席、周总理的指示,要清华的教职工从江西立即撤回来。1971年7月的一个晚上,杨德中根据中央的意见,在8341部队司令部召开会议,传达毛主席、周总理的指示。学校是刘承能、惠宪钧和我去的,迟群、谢静宜没有到会。后来听说,他们不到会的原因是不赞成农场撤回。但是,中央的决定,他们不敢不执行。[38]

7月20日,北大校党委作出决定:撤销江西鲤鱼洲北大实验农场,在农场劳动的教职员分批撤回。同时在北京大兴县天堂河重建一个农场(占地约一千亩)。撤销的理由是:"教育革命深入发展,招收学生增多,人员紧张;路途遥远,花费物力财力太大;当地血吸虫情况原来调查研究不够,现已发现260多人染上此病。"应该指出,这

---

36 谢静宜:《毛泽东身边工作琐忆》,第205页。
37 谢静宜:《毛泽东身边工作琐忆》,第206页。
38 刘冰:《风雨岁月:1964—1976年的清华》,第142页。

260 多患病人数只是农场一地的，未包括德安化肥厂查出的患病人数。校党委的这个决定，要到 8 月 6 日才向党员传达。而在江西的教职工，要到 8 月 14 月和 16 日才分批到京。[39] 少数押运物资的人要到 9 月中旬才回到北京。[40]

宣传队从来没有向教职工群众传达过毛泽东的指示，以及毛泽东作出这一指示的真实原因。分校撤回北京这样重大的决定，"分校和八连（文科连——引者）都没有正式开会传达过"。[41]

北大教职工离开鲤鱼洲的时候，他们知道"被撤离"的真正原因吗？

对"当地血吸虫情况原来调查研究不够"，这也太轻描淡写了。

钉螺是血吸虫的唯一中间宿主，钉螺成堆的地方，一定是血吸虫病疫区。在水里，血吸虫的尾蚴可以轻而易举地通过皮肤进入人体，血吸虫可以在人体内生存很多年，不断地损害人的脏器，甚至大脑。患上此病，如果诊断及时，治疗及时，是可以治好的。倘若诊断、治疗不及时，便不可逆转，等到多脏器受损后病情恶化时，就无可救药了。

许多人患上血吸虫病的情况，向在鲤鱼洲的全体人员通报了吗？

北大在鲤鱼洲有两千多人，他们当时都做了针对血吸虫病的检查了吗？有些人做过抽查，但还有许多人根本不知道有"抽查"这回事。

所有人回到北京以后，学校才组织自鲤鱼洲回京的教职工和工农兵学员做了一次体检，幸运者被排除了，不幸患病的人（包括 14 岁的孩子）则需要服药打针，而药物是有很大副作用的。[42]

在清华大学，直至 1997 年，学校医疗保健部门还要对昔日的血

---

39 陈平原主编：《鲤鱼洲纪事》，第 341 页。
40 陈平原主编：《鲤鱼洲纪事》，第 39 页。
41 陈平原主编：《鲤鱼洲纪事》，第 306 页。
42 陈平原主编：《鲤鱼洲纪事》，第 39、63 页。

吸虫病患者进行复查和不断的治疗。[43]

在鲤鱼洲还发生了好几起死亡事件，有因公溺亡的，有食物中毒不治死亡的，还有因车祸死亡的。而那场导致二人死亡的车祸，本来是可以避免的。[44]

二、从林彪事件到"批林批孔""四人帮"和"梁效"的产生

九届二中全会后进行了"批陈整风"，毛泽东作了许多批示，点名批判林彪集团的主要成员，并间接地批评了林彪。批陈实质上是批林，但这并没有解决问题。相反，林彪之子林立果还企图"谋反"。而密谋失败后，就发生了"9.13事件"。

九届二中全会上发生的事情，以及会后毛泽东采取的种种措施，广大群众是不了解的。所以，当中共中央文件《关于林彪叛国出逃的通知》传达到普通干部和群众的时候，人们的震惊是无法形容的。震惊之余人们开始觉醒，"忠诚的信仰逐渐变成怀疑，狂热的情感逐渐变成冷淡"，[45] 毛的"文革"不再受到民众拥护，其基础迅速崩塌。

"9.13事件"或"林彪事件"，"客观上宣告了'文化大革命'的理论和实践的失败，成为10年'文化大革命'历史发展的一个转折点。"[46] "这个事件给毛泽东的震动和打击极大。"[47] "林彪事件给毛泽东精神上的打击是沉重的，从这时起，他的健康状况迅速恶化。"[48]

毛泽东的健康出现了严重问题，但中央媒体从未透露过一丝一毫。有关报道一直都在说毛泽东"身体健康，神采奕奕"。

---

43 唐少杰：《"文化大革命时期"清华工宣队诸问题述评》，载《社会科学论坛》，2004年第11期。
44 陈平原主编：《鲤鱼洲纪事》，第276页。
45 王年一：《大动乱的年代》，第324页。
46 席宣、金春明：《"文化大革命"简史》，第222页。
47 中共中央文献研究室编：《毛泽东传（1949—1976）》，第1604页。
48 《毛泽东传（1949—1976）》，第1610页。

历史给过毛泽东好几次纠正"文革"极左错误的机会，但他都浪费了，反而一再地"反右倾"。林彪事件本来在客观上提供了一次纠正"文革"极左错误的重要历史转机，但是，毛泽东没有通过林彪事件从根本上总结经验教训，而是继续在全局上坚持左倾错误方针，终于丧失了这个最重要的历史机会。

9.13 事件后，毛泽东重新评价"二月逆流"和"杨、余、傅事件"

但是，毛泽东对一些具体问题作了重新考虑，改变了过去错误的决定。其中"二月逆流"和"杨、余、傅事件"是两个关系全局的问题，这两个问题不仅严重影响了整个"文革"进程，也同北大的"文革"历史有着重要关系。

毛泽东终于在口头上为"二月逆流"平了反。1971 年 11 月 14 日，毛泽东在接见参加成都地区座谈会的人员时，当着叶剑英的面对大家说："你们再不要讲他'二月逆流'了。'二月逆流'是什么性质？是他们对付林彪、陈伯达、王关戚。"[49] 1972 年 1 月 6 日，毛泽东再次对周恩来、叶剑英说："'二月逆流'经过时间的考验，根本没有这个事，今后不要再讲了。请你们去向陈毅同志传达一下。"[50] 但是，毛泽东的这些讲话当时并未公之于众，中共中央正式作出为"二月逆流"平反的决定还要等到粉碎"四人帮"之后。

毛泽东还作出了否定杨、余、傅一案的表态。1972 年 3 月 25 日，毛泽东在杨成武女儿的来信上批示："此案处理可能有错，当时听了林彪一面之词。"[51] 1973 年 12 月 21 日，毛泽东在八大军区司令对调会上说："所谓的'杨、余、傅事件'是林彪搞的，我听了一面之词，所以犯了错误。"[52] 同样，毛的这些指示，当时也没有告诉老百姓。

---

49 席宣、金春明：《"文化大革命"简史》，第 227 页。
50 中共中央文献研究室编：《周恩来年谱（1949—1976）》，下卷，北京：中央文献出版社，1998 年，第 506 页。
51 《毛泽东传（1949—1976）》，第 1619 页。
52 《毛泽东传（1949—1976）》，第 1515 页。

如果没有所谓的"二月逆流",新北大公社会被称为"二月逆流派"吗?如果不是毛泽东对几位老同志发了那么大的火,中央文革以及王、关、戚、吴传启一伙能够借机兴风作浪吗?如果没有这伙人的暗箱操作,结党营私,群众队伍会发生那么大的对立和分裂吗?

如果没有所谓的"二月逆流",1968年春还会有"彻底粉碎'二月逆流'新反扑"的狂潮吗?还会有声势浩大的"反右倾"运动吗?

如果不是借助所谓的"杨、余、傅事件",群众批判王、关、戚的要求会被当作"右倾翻案风"吗?如果不是借助于"杨、余、傅事件",会发生七校万人冲进北大校园寻衅的事件吗?对新北大公社的极限施压还搞得起来吗?如果没有这种极限施压,新北大公社用得着拿起长矛吗?

把"根本没有这个事"的事情说成"二月逆流"大加挞伐,折腾好几年,使野心家有机可趁,使实事求是的群众组织备受打压,难道这不是对毛泽东"文革"最大的破坏吗?

毛泽东不能容忍别人否定"文化大革命",但在最后的岁月里,他还是承认文化大革命"有所不足",承认"七分成绩,三分错误",承认"文化大革命犯了两个错误:一、打倒一切;二、全面内战。"[53] 毛泽东关于"三七开"的这个谈话,来得太晚了。他想用"三七开"来维护"文化大革命",也已经不可能实现了。

批林整风

"9.13事件"后,在全国开展了"批林整风"运动,运动的规模、声势很大,特别是清查与林彪阴谋活动有关的人和事,牵连到高层和军队的许多人。但民众对此既不清楚,也不再关心。1972年5月20日至6月下旬,中央召开了"批林整风汇报会",中央各部门和各省、市、自治区负责人共321人参加。会议公布了一些批判林彪、陈伯达的文件,但并不能解决人们的疑惑。例如,关于陈伯达的"审查报告"指控陈是"国民党反共分子、托派、叛徒、特务、修正主义分

---

53 《毛泽东传(1949—1976)》,第1770页。

子",陈在毛泽东身边工作多年,位居要职,中央过去没有审查过吗?再如,公布了毛泽东1966年7月8日给江青的信,"可能是想说明毛泽东对林彪早有认识,其实也回答不了过去何以重用林彪这一严肃而尖锐的问题。"[54]

奇怪的是,林彪出了问题,在"批林整风汇报会"上作长篇检讨的却是周恩来。根据毛泽东的指示,周恩来于6月10日、11日、13日连续用三个晚上在会上作了民主革命时期党内六次路线斗争的报告。在讲到王明"左"倾教条主义的时候,周恩来"对自己作了严厉的、毫不留情的剖析,甚至是过份的检讨。"[55] 周恩来在会上当众申明:"我觉得由我来谈谈前六次路线斗争,更着重说说对我自己犯过的路线错误的个人认识,确有其必要性和现实性","我一直而且永远自认为,不能掌舵,只能当助手"。周恩来还表示:"你们了解我的历史上的错误后,就会破除迷信……你们有权力要求我改好,如果改不好而错误犯的又大,你们有权力要求中央讨论,轻则警告,重则撤职,这是毛主席建立起来的党的正常生活。"[56]

听了周恩来的长篇报告,三百多名高级干部有什么感想呢?在批判林彪的高干会上,让周恩来把早已作过结论的历史上的错误重新翻出来检讨,是要达到什么样的效果呢?

民众对这件事一无所知。多年后,他们从王年一的书中也只得到一句话:"周恩来光明磊落地作了自我解剖,感人至深。"[57]

继续"九大"错误的中共"十大","四人帮"的产生

1973年8月21日至28日,中共第十次全国代表大会在北京举行。继"九大"之后,张春桥、姚文元再次成为大会报告的起草人。"十大"的政治报告,继续坚持了"文革"左倾错误的观点,肯定"九

---

54 王年一:《大动乱的年代》,第328页。
55 中共中央文献研究室:《周恩来传(1949—1976)》下卷,北京:中央文献出版社,第1049页。
56 高文谦:《晚年周恩来》,明镜出版社,2003年,第376—377页。
57 王年一:《大动乱的年代》,第328—329页。

大"的政治路线和组织路线,肯定"无产阶级专政下继续革命"的错误理论,肯定"文化大革命"。"十大"通过了新的党章,除删去关于林彪的一段话外(因为这已成为巨大的历史讽刺),仍沿袭了"九大"党章的左倾错误内容,而且增加了新的错误。[58]

"十大"在整体上继续了"九大"的左倾错误。因此,"文革"也只能继续拖下去。由于林彪事件,江青、张春桥一伙似乎成了"英雄",他们巩固和加强了自身势力,获得了更大的政治利益,王洪文当上了中央副主席,甚至一度被毛泽东当做"接班人"。在周恩来病重期间,中央日常工作一度由王洪文主持。

毛泽东曾希望"九大"开成"团结的大会,胜利的大会",又希望"十大""开成真正是团结的、胜利的大会"。[59]但是,他的愿望每次都无法实现,因为坚持"文化大革命"和团结、胜利是不可能相容的。

在"十大"召开之前,在酝酿十大主席团副主席人选时列入王洪文的问题上,"中央内部又发生一场不大不小的风波","对王洪文的反感和不满,在一定程度上反映了许多人对'文化大革命'的不满。"[60] 中共"十大"虽然再次充分肯定"文革",但广大干部和群众对"文革"的厌倦和怀疑情绪仍然在增长。周恩来纠正左倾错误的努力得到广泛支持。"这些都引起了毛泽东对出现'复辟倒退'、出现'修正主义'的错觉和忧虑。"[61]

在批判林彪的问题上,是批林彪的"极左",还是批他是"极右",江青、张春桥同周恩来产生了分歧。最后,毛泽东支持了江青、张春桥、姚文元的观点,说:"极左思潮少批一点吧。"关于林彪路线的实质,毛认为:"是极右。修正主义,分裂,阴谋诡计,叛党叛国。"[62]

---

58 王年一:《大动乱的年代》,第342—343页。
59 《毛泽东传(1949—1976)》,第1661页。
60 《毛泽东传(1949—1976)》,第1661—1663页。
61 席宣、金春明:《"文化大革命"简史》,第243页。
62 《毛泽东传(1949—1976)》,第1648页。

为了批判林彪的"极右",毛泽东又提出了"批林批孔"的问题。而这,又给了江青等人大做文章的机会。

批林批孔,"梁效"登台

"文革"是毛泽东亲自发动的,"批林批孔"最先也是毛泽东提出的。毛泽东发动"文革"时,首先重用的是江青、张春桥和姚文元。而在"批林批孔"运动中,起重要作用的仍然是这三个人。"文革"初期,冲锋陷阵的除张、姚外,还有王、关、戚一伙。"批林批孔"时,因王、关、戚早已垮台,冲锋陷阵的就是谢静宜、迟群和他们控制的写作班子"梁效"了。

"9.13事件"后,林彪在北京的住处受到搜查。据谢静宜、迟群后来的公开讲话,[63] 他们参与了搜查工作。他们向毛泽东汇报林彪也有孔孟之道的言论,引起了毛泽东的关注。毛泽东说:噢,凡是反动的阶级,主张历史倒退的,都是尊孔反法的,都是反秦始皇的。毛泽东让他们搞一个材料看一看,谢静宜、迟群便编了一份只有两三页的材料送给了毛泽东和江青。尽管材料不多,毛泽东仍然想到了可以由此开展"批林批孔"。1973年春,毛泽东写了一首批评郭沫若尊孔的诗,[64] 这首诗在"批林批孔"运动中流传很广。

在"十大"召开之前,毛泽东已经开始了"批林批孔"的部署,同过去一样,也是先"吹风"。

1973年5月间,中央工作会议上传达了毛泽东关于要批孔的意见。[65]

1973年7月4日,毛泽东约张春桥、王洪文谈话。毛强烈地批评了外交部一个内部刊物上对国际形势的判断,并尖锐地提出:"结论是四句话:大事不讨论,小事天天送。此调不改动,势必搞修正。将来搞修正主义,莫说我事先没讲。"[66] "文革"史学者席宣、金春

---

63 这篇讲话的摘录可见王年一:《大动乱的年代》,第355—360页。
64 王年一:《大动乱的年代》,第348页。
65 王年一:《大动乱的年代》,第348页。
66 《毛泽东传(1949—1976)》,第1656页。

明认为毛泽东的这个指责"实在令人难以理解","这种随意性很大的指责,在一定程度上反映了毛泽东对成绩很大的外交部门莫名其妙的不满,也从一个侧面反映了他对领导外事部门工作的周恩来的不满。"[67] 王年一认为,"毛泽东在林彪事件过去两年多以后,又提出中国出'修正主义'的问题,实际上是针对怀疑和否定'文化大革命'的思潮的。"[68]

在这次谈话中,毛泽东还谈到不赞成否定秦始皇,认为林彪的思想根源来源于儒家,认为林彪和国民党一样,都是"尊孔反法"的。学者们认为,"这说明在毛泽东的主观认定上,已开始把批林和批孔联系起来。"[69]

7月17日,毛泽东在会见杨振宁时也谈了儒法斗争的问题。他批评郭沫若"尊儒反法",指出"法家的道理就是厚今薄古、主张社会要向前发展、反对倒退的路线,要前进。"[70] 这表明毛泽东在这段时间里一直在考虑"批林批孔"和"评法批儒"的问题。

8月5日,毛泽东把江青找去,给她看了两首自己写的批孔的诗,并且向江青讲述了中国历史上儒法斗争的情况。毛泽东说:历代有作为、有成就的政治家都是法家,他们都主张法治,厚今薄古;而儒家则满口仁义道德,主张厚古薄今,开历史倒车。[71]

毛泽东已经有两年时间不愿意见江青了,[72] 这次却是例外。这次谈话,估计时间不短。毛泽东这次谈话的意图是什么呢?因为江青不懂历史,毛泽东要亲自给她补补课?抑或是通过谈话给江青布置一项任务?在江青看来,毛泽东和她谈这些,无非就是要她像组织批判《海瑞罢官》一样,再次挑头搞一场大批判运动罢了。江青后来确实是想大干一番的,却又被毛泽东阻止了。

江青一伙在"文化大革命"中采用的惯技,是打着毛泽东的旗号,

---

67 席宣、金春明:《"文化大革命"简史》,第243页。
68 王年一:《大动乱的年代》,第350页。
69 席宣、金春明:《"文化大革命"简史》,第243页。
70 《毛泽东传(1949—1976)》,第1657页。
71 《毛泽东传(1949—1976)》,第1657页。
72 参见《毛泽东传》所引张玉凤的回忆,第1684页。

把毛泽东的错误推向极端，以实现他们自己的目的。毛泽东的这些谈话，为江青一伙再次兴风作浪，攻击周恩来，找到了依据。[73]

"批林批孔"，必须先把孔子批臭。8月7日，《人民日报》发表了广东中山大学教授杨荣国的文章《孔子——顽固地维护奴隶制的思想家》，这是毛泽东批示发表的，不需要讨论。由江青、张春桥、姚文元等人控制的各种写作班子，也迅速行动起来，写出了大量批判孔子的文章。这些文章不久就发表在各大报刊上。

在"十大"即将召开之时，8月20日，江青在中央政治局会议上提出要将毛泽东评述中国历史上儒法斗争的谈话内容写入"十大"政治报告，主持会议的周恩来以"要理解消化一段时间"为理由没有采纳。毛泽东当时没有提出异议，[74]但"批孔"照样进行。

"十大"闭幕后，9月8日至11日，迟群控制的国务院教科组召开了"全国教育系统批孔座谈会"，各大报刊也开始争先恐后地发表"批孔"文章。

9月23日，毛泽东在会见外宾时说：秦始皇是中国封建社会第一个有名的皇帝，我也是秦始皇，林彪骂我是秦始皇……我赞成秦始皇，不赞成孔夫子。[75]

9月，迟群、谢静宜提出要把"批孔"作为深入"批林整风"的大事来抓，要把"批孔"与"深入教育革命"结合起来。到10月份，他们就在清华大学对党委副书记何东昌发动了突然袭击，进行批判，并在清华发动了所谓"反右倾回潮运动"。这场运动持续了三个月，何东昌被扣上了"反对工人阶级领导""反对教育革命"等罪名，总帽子是"右倾复辟势力代表人物"。迟群、谢静宜还说，报告了主席老人家，主席支持他们。[76]

这时，在高层又发生了对周恩来和叶剑英进行错误批评的事情。1973年11月17日，毛泽东根据片面的汇报，误认为周恩来在一次

73　席宣、金春明：《"文化大革命"简史》，第244页。
74　《毛泽东传（1949—1976）》，第1659页。
75　王年一：《大动乱的年代》，第349页。
76　刘冰：《风雨岁月：1964—1976年的清华》，第157页。

外事活动中说了错话。根据毛泽东的意见,中央政治局于11月21日至12月初,连续开会批评周恩来和叶剑英的"错误"。会上,江青等人攻击周恩来、叶剑英"丧权辱国""投降主义",声称这是"第十一次路线斗争",诬蔑周恩来是"错误路线的头子"。[77]这件事情对于江青等人利用"批林批孔"把矛头指向周恩来起了重要作用。《毛泽东传》的编著者指出:"毛泽东在外事方面对周恩来的批评,更使江青等认为有机可乘,可以借此一举打倒周恩来,扫除他们夺取最高权力的严重障碍。"[78]

这次错误批评对周恩来的伤害很深。但在当时,民众对上层的这些情况是一无所知的。

1974年元旦,江青等控制下的"两报一刊"联合发表社论,十分引人注目地提出:"要继续开展对尊孔反法思想的批判";"中外反动派和历次机会主义路线的头子都是尊孔的,批孔是批林的一个组成部分。"[79]

要把林彪的"尊孔"当作一项重大罪行来批判,两三页的材料显然不够。1973年下半年,在江青的指挥下,谢静宜、迟群多次带人去林彪住地,翻箱倒柜,反复搜检,终于以北大、清华大批判组的名义编出了一份名为"《林彪与孔孟之道》(材料之一)"的材料。

1974年1月12日,王洪文、江青将这份材料报送毛泽东,并建议转发全国。毛泽东批示:"同意转发"。1月18日,中共中央将"《林彪与孔孟之道》(材料之一)"作为中共中央1974年第1号文件的附件转发全党。于是,中共"十大"要求放在首位的"批林整风"运动,忽然变成了"批林批孔"运动。

王年一写道:"'批林批孔'是借题发挥,实质是要解决现实问题。毛泽东批准开展运动,目的是肯定'文化大革命'的理论和实践,防止'右倾翻案'。"[80]

---

77 席宣、金春明:《"文化大革命"简史》,第246页。
78 《毛泽东传(1949—1976)》,第1680页。
79 《毛泽东传(1949—1976)》,第1680页。
80 王年一:《大动乱的年代》,第353页。

王年一指出:"毛泽东批准了开展所谓'批林批孔'运动。江青一伙利用毛泽东的错误,打着'批林批孔'的旗号,把矛头指向周恩来。"[81]

有了毛泽东的批准和和1号文件,江青等人准备大干一场了。

中央文件本应按正常正规的渠道下发,这当然需要一些时间。但江青等不及了,她要利用这个时间差搞她自己的一套,显示她是负责"批林批孔"的中央领导人。

在中央文件下发之前的1月13日,江青给空军司令员马宁写信并派谢静宜的丈夫苏××(在空军工作)送去材料。她还给陆军第20军防化连写信,派谢静宜、迟群专程送去。1月22日,她给海军政治委员苏振华写信。[82] 此外,江青还给国务院文化组、中国科学院、中共北京市委等单位甚至下乡知识青年等写信、送材料,要求深入开展"批林批孔"运动。江青对迟群等说:"你们都是我的炮队,我把你们放出去替我放炮。"[83]

谢静宜、迟群原先标榜自己是"毛主席的两个兵",但此时,他们为什么成了江青的"炮队"了呢?

1974年1月24日,江青以个人名义给中央军委和全军指战员写信,又要驻京机关部队开万人大会,动员开展"批林批孔"运动。[84] 王年一称这次会议是江青"背着中央政治局、中央军委"召开的,江青在军队里并没有职务,驻京部队怎么会听她的?会议究竟是怎样开起来的?这是一个谜。

1月25日下午,又召开了中央直属机关、国家机关的万人"批林批孔"动员大会。据《毛泽东传》,这次会议是江青策动的,而主持中央日常工作的周恩来,快到当天中午才得知开会的消息。[85] 江青是如何策动这次大会的,也是一个谜。

---

81 王年一:《大动乱的年代》,第351页。
82 王年一:《大动乱的年代》,第361—362页。
83 《毛泽东传(1949—1976)》,第1681页。
84 《毛泽东传(1949—1976)》,第1682页。
85 《毛泽东传(1949—1976)》,第1682页。

笔者不了解驻京部队大会的情况，但"1.25大会"显然是个严重的事件。王年一指出，"江青等人俨然以党中央'批林批孔'主要负责人的身份在会上出现，颐指气使，竟置周恩来等中央领导人于被领导、被指责的地位。"[86] 会前，江青对谢静宜、迟群讲了许多攻击周恩来的话。会上，谢静宜、迟群发表了长篇煽动性讲话，大肆吹捧江青，并有意将到会的周恩来、叶剑英置于受指责的地位。他们大批"走后门"问题，就是直接针对叶剑英的。谢静宜、迟群讲话时，江青、姚文元等频繁插话，一唱一和，配合对周、叶的突然袭击。在会上，郭沫若被点名批判，被责令站起来。

20军党委及其下属防化连给江青写了信，南京军区党委又出了一份学习江青信的报告，而这些信和报告又于1月25日以"中共中央文件"的形式获得转发。江青似乎已经凌驾于国务院、中央军委之上了。江青等人还制造了一系列事端，引起严重混乱。他们甚至插手军队，横加干预。

"1.25大会"让谢静宜、迟群大出风头，谢、迟准备大干一场。1月26日，谢、迟二人要王连龙主持召开清华、北大两校党委常委联席会议，会议决定将两校批林批孔研究小组改名为"北京大学、清华大学大批判组"，并扩大队伍。这个大批判组，后来以"梁效"之名著称。1月28日，清华、北大两校召开党委常委联席会议，讨论《两校党委致江青的信》和两校批林批孔研究小组《给江青的信》。会议决定，两封信修改后，经两校党委常委审阅定稿上送。会议还决定大批判组的活动地点设在北大北招待所，要单独为大批判组成员开伙，解决他们吃好、住好的问题。[87] 谢静宜、迟群和两校党委的这些事，报告过毛泽东吗？两封给江青的信，有没有报送给毛泽东？这两封信，是给江青的"效忠信"吧？

"1.25大会"之后，江青、迟群等人将大会录音进行修改复制，准备在全国各地播放，被毛泽东出手制止。据张玉凤回忆，"1.25大

---

[86] 王年一：《大动乱的年代》，第355页。
[87] 王学珍等主编：《北京大学纪事(1898—1997)》，1974年1月26日、28日条。

会",毛泽东事先不知道,谢静宜、迟群的讲话,毛泽东事先也不知道。毛泽东并指示大会的录音不要放。[88] 显然,这种情况并不是毛泽东希望看到的。

江青等人是准备大干一场的,但被毛泽东泼了一盆冷水。毛泽东觉察到问题的严重性,对江青等人提出了尖锐的批评。毛泽东对江青的态度,此后也发生了明显的变化。2月6日,江青将迟群等反映"批林批孔"情况的材料转送毛泽东,并附信件再次求见,但被毛泽东拒绝了。毛泽东在2月15日给叶剑英的回信中批评江青"形而上学猖獗,片面性",明确指出"小谢、迟群讲话有缺点,不宜向下发。"迫于压力,江青不得不于2月18向毛泽东写出检讨。此后,江青又不断提出要见毛泽东的请求,毛泽东于3月20日致信江青,拒绝了她的要求。[89] 毛泽东后来还批评他们说:"有意见要在政治局讨论,印成文件发下去,要以中央的名义,不要用个人的名义,比如也不要用我的名义,我是从来不送什么材料的。"[90] 毛泽东这样批评,等于完全否定了江青在"批林批孔"中的全部做法。

高层的这些事情,民众当然一无所知。北京的老百姓,只是听说了"1.25大会"。有些机关单位进行了传达,人们也就听听而已。这场运动开始时来势汹汹,似乎有第二次文化大革命的势头,[91] 但它显然没有后劲,只有姚文元控制的宣传系统一直在发表"梁效"一类写作班子的文章。这些文章虽然不少,但并没有揭示出林彪更多的罪行,也谈不上以科学的态度批判儒家思想和分析所谓儒法斗争,他们不过是摘引孔子所说的"克己复礼""兴灭国,继绝世,举逸民"等词句,借以影射批判所谓"修正主义逆流""复辟资本主义"。"梁效"等写作班子的一些文章,还假借"批孔",大批"周公""宰相",含沙射影地攻击周恩来,这自然引起了民众的愤怒。这种愤怒在周恩来

---

88 《毛泽东传(1949—1976)》,第1685页。
89 《毛泽东传(1949—1976)》,第1683—1686页。
90 席宣、金春明:《"文化大革命"简史》,第251页。
91 毛泽东后来也提到:说批林批孔是第二次文化大革命是不对的。见《毛泽东传(1949—1976)》,第1701页。

逝世后便如火山爆发般喷涌出来。

　　毛泽东批准发动"批林批孔"运动，但不希望再度出现动乱局势。《毛泽东传》的作者指出，"对国内的'批林批孔'运动，毛泽东很少发表具体意见。经他批准下发的党中央关于'批林批孔'的几个文件，主要是强调要注意掌握政策，防止和纠正运动中的偏差，以及要注意'抓革命，促生产'。"[92]

　　"批林批孔"也是烂尾的运动，《林彪与孔孟之道》出了"材料之一"以后，再没有什么"材料"了。"批林批孔"和后来的"反击右倾翻案风"，只是濒临死亡的"文革"的回光返照（杨继绳语）。[93]

　　"批林批孔"运动虽然烂尾，江青也受到毛泽东的批评，但"梁效"却受到"四人帮"的青睐。据《北京大学纪事》，1974年6月12日、14日，王洪文、张春桥、江青、姚文元两次召见"梁效"成员，授意"揪大儒""批宰相"。6月16日，江青带"梁效"部分成员到天津巡游。在住地，她指令谢静宜向他们宣读一份国外电讯。该电讯说："中国当前的斗争，是以周恩来为代表的温和派和以江青为代表的激进派的斗争。"谢解释说：读这份外电，"就是让大家了解了解"。《北京大学纪事》的编者说，这"进一步露骨地表明江青所谓'揪大儒''批宰相'，矛头是对着周恩来的。"

毛泽东批评"四人帮"

　　距毛泽东1973年8月5月召见江青大谈儒法斗争不到一年，1974年7月17日，毛泽东在政治局会议上当面批评江青："江青同志，你要注意呢！别人对你有意见，又不好当面对你讲，你也不知道。不要设两个工厂，一个叫钢铁工厂，一个叫帽子工厂，动不动就给人家戴大帽子，不好呢，要注意呢。"又说："你也难改呢！"他还指着江青向其他政治局委员表示："她算上海帮呢！你们（指江青、张春

92　《毛泽东传（1949—1976）》，第1692页。
93　杨继绳：《天地翻覆——中国文化大革命史》，第898页。

桥、姚文元、王洪文——引者)要注意呢,不要搞成四人小宗派呢!"毛泽东还宣布:"她并不代表我,她代表她自己。""总而言之,她代表她自己。"[94]

对于江青来说,这是非常严厉的批评。毛泽东第一次在政治局会议上批评"上海帮"和"四人小宗派",对于这四个人来说,未来将带来致命的后果。对于江青的无理取闹和霸道,高官们大多看在毛泽东的面子上,不和她计较,现在,毛泽东公开声明和江青划清了界限,对于江青来说,是十分难堪的事情。11月6日,毛泽东和李先念谈话时也批评江青:"叫她不要搞上海帮,她要搞。"[95] 12月下旬,毛泽东在同王洪文谈话时第一次提出了"四人帮"的概念,他警告王洪文:"'四人帮'不要搞了,中央就这么多人,要团结。""不要搞宗派,搞宗派要摔跤的。"[96]

民众不知道这些事情,直到"粉碎四人帮"之后,毛泽东的这些话才被公布出来,并成为批判"四人帮"的最强有力的武器。

"四人帮"或"上海帮"或"四人小宗派"的产生是必然的。在九届一中全会上,江青、张春桥、姚文元都成了政治局委员,但是,他们原先号令天下的指挥所或活动舞台,同中共中央、中央军委、国务院平起平坐的"中央文革小组",却无声无息地收摊了。江青只有一个政治局委员的头衔,也没有分配她管某一方面的事情,这让"文革"以来一直颐指气使、喜欢揽权的江青深感失落。在九届中央委员会的政治局里,江青、张春桥、姚文元和其他政治局委员都搞不到一起,同军委办事组的几个政治局委员更是势同水火。林彪事件之后,他们的势力表面上大为增加,但获取更多政治地盘的努力却一再受挫。江、张、姚三人,再加上王洪文,同政治局的其他成员始终搞不到一起,有共同语言的只有他们四个人。四人之中,姚文元一直是舆论总管,有一堆事要管;张春桥当了副总理和解放军总政治部主任,有许多文件要看。张、姚可能还要过问上海的事。王洪文在"十大"

---

[94] 《毛泽东传(1949—1976)》,第1693页。
[95] 《毛泽东传(1949—1976)》,第1706页。
[96] 《毛泽东传(1949—1976)》,第1711页。

上被毛泽东当作接班人推出，一时风头无两，但王洪文才不堪用，很快便被弃置一旁。王遂以吃喝玩乐来作消极对抗。从"九大"到"十大"，江青仅有一个政治局委员的头衔，既没有自己可以发号施令的地盘，也没有了可供驱使的追随者，谢静宜、迟群送来那两三页的林彪"尊孔"的材料，于是一拍即合，迟、谢就成了她的"炮队"。

谢静宜、迟群成为江青的"炮队"

谢静宜曾是毛泽东的机要员，深受毛的信任，她要见毛泽东，比江青容易太多了，但她后来为什么投入江青门下，成为江青的"炮队"了呢？谢静宜为什么不先请示毛泽东呢？

谢静宜在"1.25大会"上说，他们早先整理的那份只有两三页的林彪"尊孔"的材料，也给江青送了一份，"江青同志看了以后，立即找我们去了，就是说，给我们提了意见了，感到东西不多，江青同志指示啊，东西不多，有些不够准确，还有一些个别的是牛头不对马嘴的"，迟群补充说，"当时讲到了，抓这件事是非常重要的，是当前的一个大方向。"谢静宜说，他们想成立一个班子，"专门下点功夫好好地搞一下"，江青同意了，"而且指示我们要老中青三结合"。也是在江青的提议下，他们先后四次到林彪原住地去寻找材料。迟群说，《林彪与孔孟之道》（材料之一）"是在江青同志直接地、具体地指导下编写的"。谢静宜在大会上说，她和迟群"感到江青同志像抓样板戏一样这么认真啊。当然，样板戏江青同志抓了好多年了，但是专案工作江青同志也是有几年的经验了。"[97]

显然，"《林彪与孔孟之道》（材料之一）"的编写，成为江青把谢静宜、迟群抓到自己手里、为她所用的一个契机。谢静宜、迟群成了江青的"炮队"。

在搜集林彪"尊孔"材料的同时，他们还抓住北京一个五年级学生的一封信大做文章。1973年12月12日，《北京日报》刊登了这个小学生的信和日记摘抄，并加了很长的编者按语，提出"在教育战线

---

97 王年一：《大动乱的年代》，第355—356页。

上，修正主义路线的流毒，还远没有肃清"，"要警惕修正主义的回潮"。12月28日，《人民日报》又全文转载《北京日报》的文字，并加了该报的按语，赞扬这个小学生"敢于向修正主义教育路线开火"，号召"要注意抓现实的两个阶级、两条路线、两种思想的斗争"。接着，由迟群控制的国务院科教组又用电话通知各省、市、自治区教育厅局，组织学校师生学习《北京日报》和《人民日报》刊登的文字，把"批判修正主义教育路线复辟回潮"、批判"师道尊严"推向了全国。[98] 于是，刚刚恢复了一点点的教育领域又遭殃了。

"1.24大会"和"1.25大会"没有给江青带来什么好处，反而受到毛泽东的严厉批评。但江青并没有收敛，相反，她带着谢静宜和迟群，继续为"批林批孔"大喊大叫。谢静宜、迟群二人也没有认识到自己有什么错误，而是率领着北京大学、清华大学大批判组即"梁效"，继续充当江青和"四人帮"的"炮队"。在后来的"批邓、反击右倾翻案风"中，他们还有许多的表演。

在筹备"四届人大会议"的时候，江青还想插一手，把她的"炮队"送上权力高位，利用他们来控制权力。

由于周恩来病势日重，毛泽东于1974年10月4日提议邓小平任国务院第一副总理。江青等人对此大为不满，便屡屡向邓小平发难。10月11日，中共中央发出通知，决定"在最近期间召开第四届全国人民代表大会"，"四人小宗派"打算利用这个机会获取更多权力。他们除了在政治局会议上向邓小平发难和派王洪文去长沙向毛泽东告状外，江青还多次给毛泽东写信，提议让王洪文、谢静宜任全国人大副委员长，让迟群当教育部长，让毛远新、迟群、谢静宜、金祖敏列席政治局，作为"接班人"来培养，并以自己没有工作为名，向毛泽东伸手要官。江青的要求被毛泽东拒绝。11月12日，毛泽东在江青的信上批示："不要多露面，不要批文件，不要由你组阁（当后台老板）。你积怨甚多，要团结多数。至嘱。""人贵有自知之明。又及。"11月20日，毛泽东在江青的另一封信上批示："你的职务就是

---

[98] 刘冰：《风雨岁月：1964—1976年的清华》，第158页。

研究国内外动态,这已经是大任务了。此事我对你说了多次,不要说没有工作。至嘱。"[99] 12月下旬,当王洪文向毛泽东提出江青任职的问题时,毛泽东说:"她的工作是研究国际,读《参考》(指新华社编印的《参考资料》,每天出版两本——引者),两本。我也是啊。"[100]

按照毛泽东的指示,江青等人不但不能"组阁",也不能担任中央和全国人大的主要领导人。至于江青的工作,就是每天读两本《参考资料》,关注一下国际问题,别的什么事都不用干。

然而这一切,老百姓都是不知道的。

1975年1月13日至17日,第四届全国人民代表大会第一次会议在北京举行。谢静宜在"十大"上已当选为中央委员,在"四届人大"上又当选为人大常委会委员。

迟群没有当上中央委员和教育部长,于是,他的野心家本性就爆发了。

三、清华大学刘冰等人上书揭发迟群、谢静宜,毛泽东发动"批邓、反击右倾翻案风"

刘冰等人上书揭发迟群、谢静宜

从清理阶级队伍到斗、批、改,毛泽东都是利用8341宣传队的"经验",来指导全国的运动。谢静宜主要起了向毛泽东汇报和传达毛泽东指示的作用,迟群这个宣传科副科长,大概是这些"经验"材料的主要捉刀人。这两个人不过是工具而已,但他们不仅极左,而且心术不正,野心勃勃。

谢静宜和迟群打着毛泽东的旗号,蒙骗了许多人。但是,他们的真实面目,终究是会暴露的,而迟群的暴露尤为充分。

谢静宜和迟群在清华大学一手遮天,排斥异己,称王称霸。清华原党委领导人,除蒋南翔外,刘冰、何东昌等人都是由谢静宜、迟群

---

99 《毛泽东传(1949—1976)》,第1708页。
100 《毛泽东传(1949—1976)》,第1712页。

控制的宣传队"解放"的，但是，你必须服服贴贴，完全听从他们，否则，他们就会想方设法整你，置你于死地而后快。1973年10月，他们向何东昌发动突然袭击，并连续三个月用各种形式对何进行批判，给何东昌加上了多种罪名，总帽子则是"右倾复辟势力代表人物"。[101] 他们施展阴谋，力图拉拢刘冰，想让刘冰成为他们的驯服工具，但他们失败了。[102] 即便是宣传队的领导人，只要不听他们的话，或者被认为不听话的，也会被排挤走。

谢静宜和迟群的种种恶劣行为，让党委副书记刘冰看不下去了，原工宣队的三名负责人——现为党委副书记的惠宪钧、柳一安及党委常委吕方正也看不下去了。他们决定上书毛泽东，反映迟群和谢静宜的问题。

1975年8月13日，刘冰等人写了第一封信并附关于迟群的材料。送信的过程颇为曲折，最后送到了中共中央副主席邓小平那里。刘冰等人非常高兴，"认为主席马上要看到我们的信了，主席定会惩恶除弊，定会使我们大喜过望。"[103]

然而，他们并没有收到任何回音。于是，1975年10月13日，刘冰等人又写了第二封信并附关于迟群的补充情况。这一次，上书人把谢静宜也挂上了，"要使主席和中央知道谢静宜也有问题"。[104] 这次送信的过程也很曲折，最后也是送到邓小平手里的。

两封信和材料都由邓小平转送给了毛泽东。但是，谢静宜和迟群的问题是不能碰的，是不允许揭发的。这和1967年那会儿吴传启的问题不容揭发颇为相似。

在给毛泽东上书之后，刘冰等人还寻求向北京市委领导吴德、丁国钰反映情况，但都遭到了拒绝。

刘冰等人对上书的内容是非常谨慎的，刘冰后来说："我们的宗旨是：一定要实事求是，给主席反映问题决不能有丝毫粗心或不实。"

---

101 刘冰：《风雨岁月：1964—1976年的清华》，第154—157页。
102 刘冰：《风雨岁月：1964—1976年的清华》，第162—165页。
103 刘冰：《风雨岁月：1964—1976年的清华》，第184页。
104 刘冰：《风雨岁月：1964—1976年的清华》，第192页。

鉴于毛泽东对这两封信作了不符合事实的断语，并借此掀起了又一轮政治风暴，笔者在此作一些摘录。[106]

刘冰等人的第一封信主要批评迟群："近几年来，迟群同志在赞扬声中经不起考验，没有自知之明，也没有知人之明，思想和作风上起了严重变化。官做大了个人野心也大了，飞扬跋扈，毫无党的观念，搞一言堂，搞家长制，资产阶级生活作风越来越重，背离了主席接班人五项条件的要求。"刘冰等人在信中揭发了迟群五个方面的问题：

一、资产阶级个人野心严重

他经常在谢静宜同志不在场的时候炫耀自己："我和小谢是主席的两个兵"，"我可以到省里干一干"，"到军区干一干"，"我要当官有的是，让我当国防科委主任，我都不干"，"清华大学是个社会，当好一个部长不一定能管好我这个清华大学"，还说什么一个清华的校长，就能当总理。

十大和四届人大后，他没有当上中央委员，没有当上部长，极端不满，多次大哭大闹，不接电话，不看文件，不工作。连续几个星期不分昼夜地吃安眠药、喝酒、睡大觉。烧毁了两床公家被褥，不刷牙，不洗脸，装疯卖傻，躺倒不干。深夜一个人跑到校外马路上、野地里乱窜，惊动了清华、北大一些教职工四处寻找。大发雷霆，骂不绝口，乱蹦乱跳，撞坏眼睛，摔裂肋骨。把公家的几套茶具统统摔碎，把两张大写字台的玻璃板全部打碎，多次撕破公家窗帘，把工作人员辛勤劳动种的蔬菜统统拔下来扔掉，发泄不满。骂这个是"混蛋"，那个要"滚蛋"。甚至大骂"四届人大常委有什么了不起"，"人大也有右派参加"，"别人不提我当四届人大代表，主席提我"。

在谢静宜同志面前讽刺挖苦，在背后骂她"一个臭机要员"，"当中央委员有什么了不起"，多次吵闹不休地要搬出清华，说什么"我在这里你就别在，你在这里我就走"，多次半夜三更去踢谢静宜同志

---

105 刘冰：《风雨岁月：1964—1976年的清华》，第179页。
106 两封信及其附件均见刘冰：《风雨岁月：1964—1976年的清华》。

的门，发泄不满，几次叫嚷"你们给我召集党委扩大会，我要讲话，把所有问题都端出来，我不当党委书记了"。同志们不同意他召开会议，他就自己下手拨电话，叫总机通知开党委会，后被制止才没开成。后来，在一次基层干部会上，他突然闯来，狂呼大叫："我是反革命，我是反革命修正主义分子……我讲这些话，你们回去都给我传达。"影响极为恶劣。

二、毫无党的观念

不接受市委领导。不请示汇报工作，布置下来的工作，他就打折扣。近四年来，市委要求党委书记参加的会，他一次也没有去过。市委召开会议，传达中央文件，因等吴德同志延长了半天时间，他就不满地说："吴德，一个普通工作人员，你们就那么重视。"市委要求副书记参加的会，他常不让去，派工作人员顶替。市委确定清华在会上介绍经验，常遭到他的阻挠，如一次市委科教组已通知北京市各大专院校和有关局，在北京展览馆召开千人大会，交流批林批孔情况，市委通知清华在会上发言，头一天晚上，他一知道就给否定了。市委科教组几次来电话催问，我们三番五次地向他请示说服，但他固执己见，结果把这个会搅得没有开成。

教育部成立后，他极为不满，他听说教育部要求每期《清华战报》送一份给教育部，就立即告诉校政治部："《清华战报》除了市委送一份外，其他一律不给，教育部也不准给。"对国务院科教组负责人他挨着个骂，骂"刘希尧是老右"，骂"李琦吃社会主义，在家抱孙子"。

三、搞一言堂、家长式的恶劣作风

身为党委书记经常不参加党委会议，他要参加的会一般都是中途到场，开口就是："我刚才又处理了几个首长交办的事情"，"看了一大堆文件"。经常不听委员们讨论发言，就下车伊始，乱说一通。一旦激动起来，就倒背着手，在会议室里来回踱步，趾高气扬地向委员们训话。党委做出的决议，他一个人就可以推翻。例如系里领导班子几年定不下来，就是因为他一会同意，一会又推翻。

他讲话时，嘴上说叫别人补充，别人真的插了话，他就不高兴了。他一讲话就要人写反映，下午讲了话，晚上就要看情况反映，稍有迟缓就发脾气。简报上写了迟群的名字他就高兴，写了别人的名字就不满地说："是谁在领导。"

今年他更是一手遮天，撇开主管书记，今天说我要直接管保卫部，明天说我要直接管政治部，背着这个书记骂那个书记，对谁也不信任。校机关人员常年日以继夜，辛辛苦苦地工作，都被他说得一无是处，叫骂"政治部要改组"，"教改处不得力"，"保卫部是哪家的！？"

四、任人唯亲，封官许愿，违反党的干部政策

中层以上干部的配备讨论只是个形式，实际上只有他一个说了算数。

他从清华选到国务院科教组的一个军代表，教育部让本人回部队，他就将其弄到学校，说："我要叫他当人事处长，给他们（指教育部）看看。"别人不同意才做了副处长。

一个工宣队员说过："对迟群和谢静宜同志的态度，就是对中央的态度。"他虽然口头上说这个话不对，但实际上他很欣赏这个人，要他当了武装保卫部长，不是党委成员，却让他同时领导人事处，规定"别人不要去乱叨咕"，把主管人事保卫工作的副书记甩在一边。

他提一批干部，过了不久又换掉，再提一批，使得干部长期不能稳定。市委管的干部他不报告，随意撤换和提拔。

封官许愿。对一位管常务的副书记说："我是政委，你是司令员；我当书记，你当校长。"并且立即向外单位的同志介绍说"这是我们的校长"。

五、严重的资产阶级生活作风

半年前，实际上他有自己使用的公务、警卫人员 2 人，司机 1 人，秘书 1 人，现在略有减少。由一名 23 级转业干部长年伺候他，给打饭、洗衣服等。去年，曾同时在城里占用三个四合院，不缴房费。他的办公室装双层玻璃，双层门，说是为了保密。叫人修房子，修了他又骂人家帮倒忙。在机关院里都装上灯，通宵开着，还指定管保卫

的副书记每天注意去给开灯。

向保卫部的同志说:"中央首长都关心我的安全,你们要加强保卫工作。"他住的地方周围会议室不准开会,进机关办事的教职工不准进机关二道门,不准进他的院,甚至连几个党委副书记到他的房子谈工作,都得先在外面等候,由他办公室的工作人员请示他同意后才能进去。

深夜曾叫人陪着他用录音机放音乐,说是"我现在要靠这个来调剂脑筋"。借吃安眠药装糊涂乱摸一个女工作人员。

刘冰等人在第二封信中除了继续反映迟群的问题外,还提到了谢静宜:

最近,我们向她反映对迟群的意见后,她越来越明显地袒护迟群的错误,在一次书记会上,因为一个干部的批准手续问题,她借题发挥,用威胁的口气说"岂有此理,你们告去吧!"联想到十大以后迟群发泄不满情绪时,她跪在迟群面前握着迟群的手讲些不合原则的话,当时我们就实在看不下去。

刘冰等人揭发的事虽然发生在清华大学,但谢、迟二人也是北大的太上皇,他们在北大毫无劣迹吗?北大党委内部还有敢于揭发他们的正直人士吗?

刘冰等人上书招来横祸并引发"批邓、反击右倾翻案风"运动

刘冰等人以为毛泽东了解到迟、谢的劣迹后一定会惩恶除弊,但是,他们完全想错了。他们的两封信不仅给自己招来了横祸,还促使毛泽东发起了一场"批邓、反击右倾翻案风"的运动。

据《毛泽东传》,毛泽东看了刘冰等人的第一封信后,指着放文件的桌子对秘书说:"先放着。"毛泽东看到第二封信后,要秘书把第一封信找出来,又看了一遍。《毛泽东传》的作者写道:"这件事引起毛泽东很大不满。他认为,刘冰等的意见代表了对'文化大革命'不

满甚至要算账的一批人的态度。"[107]

1975年10月19日,毛泽东在会见外宾后同李先念、汪东兴等谈话时说:"清华大学刘冰等人来信告迟群和小谢。我看信的动机不纯,想打倒迟群和小谢。他们信中的矛头是对着我的。迟群是反革命吗?有错误,批评是要批评的。一批评就要打倒,一棍子打死?小谢是带三万工人进清华大学的,迟群我还不认识哩。"毛又说:"我在北京,写信为什么不直接写给我,还要经小平转。你们告诉小平注意,不要上当。小平偏袒刘冰。你们六人(邓小平、李先念、汪东兴、吴德、谢静宜、迟群)先开会研究处理。此两封信印发中央政治局在京各同志。清华大学可以辩论,出大字报。"[108]

不是解决问题,而是解决提出问题的人,这是一个典型的事例。这也很像1967年夏和1968年春对聂元梓、孙蓬一和新北大公社的打压。

1967年8月,毛泽东还能做出抛弃关锋、王力的决断,但这一次,他连对迟、谢作些批评都做不到了。他不能容忍别人批评迟、谢,还迁怒于邓小平。

没有人可以违抗毛泽东的指示。10月23日,邓小平主持召开中央政治局会议,传达讨论了毛泽东的谈话,决定按照毛的意见,召开清华大学党委扩大会议传达讨论。

11月3日,北京市委第一书记吴德到清华大学召开会议,他宣称要把毛泽东批示的主要精神给大家传达一下,但是,"他对主席的指示,隐而不露,用他自己的话说了一大篇。这些话哪些是主席的,哪些是他自己的,谁也分不清楚,但给人的印象是:刘冰等人是反对毛主席的。"[109] 于是,一场"反击右倾翻案风"的狂飙在清华刮起,刘冰等人受到了大会、小会的轮流批斗。

毛泽东不但要保护、包庇迟、谢二人,也不满足于对刘冰等人进行批判,他还想通过这件事情让广大干部再次对文革表示"效忠"。

---

107 《毛泽东传(1949—1976)》,第1753—1754页。
108 《毛泽东传(1949—1976)》,第1754—1755页。
109 刘冰:《风雨岁月:1964—1976年的清华》,第201页。

11月2日，他对毛远新说：

"有两种态度，一是对文化大革命不满意，二是要算账，算文化大革命的账。""他们信中的矛头是对着我来的。""你们告诉小平注意，不要上当，小平偏袒刘冰。""清华所涉及的问题不是孤立的，是当前两条路线斗争的反映。"[110]

毛泽东为什么指责刘冰等人的信"动机不纯，想打倒迟群和小谢"呢？笔者以为，毛很清楚信里举报的内容是真实的，迟、谢的问题是严重的，他们已经无法在清华待下去了。但这两个人做的许多事情，又同中、后期的"文革"路线密不可分，他们的问题同张春桥的历史问题一样，是不可触碰的，所以，毛泽东不仅没有批评迟、谢，反而把迟、谢同自己和"文革"等同起来，把反映迟、谢的问题同对"文革"的态度等同起来。毛泽东护短到了如此程度，使迟、谢等人更加嚣张，其结果，恰恰增加了他们的罪恶。

毛泽东说，"我在北京，写信为什么不直接写给我，还要经小平转。"问题是，如果直寄毛泽东，毛泽东能收到吗？会不会落入谢静宜、毛远新、江青手中？刘冰等人正是担心这一点，才想方设法通过邓小平转信，邓是主持中央工作的副主席，只要他批上"送主席"几个字，那就谁也不敢扣留了。笔者以为，这两封信抬头是"小平同志转呈毛主席"和"邓副主席并呈毛主席"，这可能犯了忌，家丑不可外扬，揭发迟、谢二人丑恶行为的材料，怎么可以让邓小平看到呢？这有点像1967年不允许张贴揭发吴传启历史问题的大字报一样。

毛泽东指责邓小平"偏袒刘冰"，有什么事实根据呢？邓小平可以把刘冰等人的信压下来不报送毛泽东吗？

若干年后，"文革"史学者评论毛泽东的这些指示时说："除了第一句话，这里每一句话都是错误的，而且错得显然和严重。"[111]

由于周恩来病重住院，毛泽东决定重新起用邓小平。1975年1月5日，邓小平被任命为中央军委副主席兼总参谋长和第一副总理。

---

110 《毛泽东传（1949—1976）》，第1754页。
111 王年一：《大动乱的年代》，第413页。

在随后的中共十届二中全会上,又被选为中共中央副主席和政治局常委。在第四届人民代表大会上,又被任命为第一副总理。邓小平实际上主持了中央的日常工作。

邓小平复出后,雄心勃勃,要搞"全面整顿"。起初,毛泽东是支持他的,为此,毛泽东在 1975 年 4 月还批评了"四人帮"。但到 10 月份,情况不一样了。

在刘冰等人上书之前,毛泽东对邓小平的看法已经发生了变化,而这,同毛远新的汇报不无关系。

毛远新是毛泽东的侄子,"文革"中是著名造反派头头,后来又成为辽宁省革委会负责人和中共辽宁省委书记。1975 年 9 月 27 日和 10 月 2 日,路过北京的毛远新两次向毛泽东汇报辽宁省情况,其中颇有对邓小平的负面看法。10 月 10 日,毛泽东把毛远新留在身边,担任毛泽东和中央政治局之间的联络员。毛泽东年事已高,病情逐渐加重,行动、说话都很困难,在这种情况下,思想上很左的毛远新作为联络员向毛泽东作的汇报,不可避免地会带有左的倾向性甚至是歪曲性,这必然影响到毛泽东对事物的判断。

毛远新同迟群、谢静宜关系密切,在毛泽东面前偏袒迟、谢并为他们辩护的,正是毛远新。毛远新对邓小平也有看法,他向毛泽东作的汇报,[112] 促使毛泽东重新估价和衡量邓小平正在主持的整顿工作。

于是刘冰等人的上书,成了毛泽东再次批邓的导火索。在批判刘冰等人的同时,11 月初,根据毛泽东的意见,政治局部分委员几次开会,同邓小平"讨论文化大革命问题",对邓小平作了错误的批评。毛泽东还提出由邓小平主持"做个决议",肯定"文革""基本正确,有所不足,七分成绩,三分错误",但是,邓小平委婉地拒绝了。[113]

---

112 王年一:《大动乱的年代》,第 410—411 页。
113 杨继绳认为,"对这个说法还需要研究"。杨继绳根据邓小平给毛泽东写的几封信和 1975 年邓接见新西兰新闻代表团的讲话中对"文革"的表态,认为"邓是可以完成毛交给他的这个任务的"。邓曾要纪登奎帮他起草这个决议,纪登奎开始答应,后来推掉了,邓小平为此非常生气。最终结果是邓未能就"文革"问题向毛交上一份可以令毛满意的答卷。参见杨继绳:《天地翻覆——中国文化大革命史》,第 928—932 页。

《毛泽东传》的作者写道:"这使毛泽东十分失望。"[114]

失望之余,毛泽东决心"批邓"。因为毛泽东不久前说过一些肯定邓小平的话,而且邓主持工作大半年的成绩也很显著,颇得民心,在这种情况下,就采用了一个特别的方法,就是召开"打招呼"会议。

11月下旬,中共中央根据毛泽东的意见,在北京召开了有党、政、军机关130多名领导干部参加的打招呼会议。会上宣读了毛泽东审阅批准的《打招呼的讲话要点》,这等于是毛泽东亲自出面批评邓小平。这个文件转达了毛泽东关于刘冰等人上书的讲话,并且说:"中央认为,毛主席的指示非常重要。清华大学出现的问题绝不是孤立的,是当前两个阶级、两条道路、两条路线斗争的反映。这是一股右倾翻案风。"对此开展辩论"是完全必要的"。文件还说:"清华大学的这场大辩论必然影响全国。"这就正式提出了"反击右倾翻案风"的问题。11月26日,中共中央又向各省市自治区党委第一书记、各大军区党委第一书记、中央和国家机关各部委党的负责人、军委各总部和各军兵种党委第一书记,发出《关于转发〈打招呼的讲话要点〉的通知》,通报了打招呼会议情况。1976年2月5日,中央通知将《打招呼的讲话要点》扩大传达到党内外群众。

这是要在全党、全军、全国人民中公开批判邓小平的节奏啊。而且,邓小平的地位也随之发生了很大变化。自1975年12月24日起,毛泽东接见外宾时,邓小平不再陪同。1976年1月21日,毛泽东让华国锋负责国务院,邓小平"专管外事"。1月28日,毛泽东又让华国锋主持中央日常工作,邓小平交出了全部权力。

不止于此,1976年2月25日,中共中央又召集各省、市、自治区和各大军区负责人会议,会上传达了《毛主席重要指示》,即由毛远新整理的毛泽东自1975年10月至1976年1月多次关于"批邓、反击右倾翻案风"的谈话。多年后有学者评论说:"《毛主席重要指示》在一系列问题上混淆了是非。"[115] 另两位学者说:"这些谈话,

---

114 《毛泽东传(1949—1976)》,第1756页。
115 王年一:《大动乱的年代》,第417页。

无论从理论方面或实际方面，都是很难令人信服的。"[116]

《毛主席重要指示》是经毛泽东审阅批准的，但是，时势已经不同了。1975年底至1976年初的党心民心，已经不在毛泽东的"文革"一边，和1966年下半年相比，相距何止天壤。1966年发动"文革"时，毛泽东春风得意，真正叫"时来天地皆同力"，而到1975年时，已经是"运去英雄不自由"了。

毛泽东亲自发动的这次"批邓、反击右倾翻案风"，表面上没有人反对，实际上，除了"四人帮"及其少数追随者外，在中央层面已经没有支持者了。相反，这场运动促使人们更加认识到"文革"的错误。

文件和会议没有多大效力，从清华大学掀起的"批邓、反击右倾翻案风"浪潮，也无法获得民众的支持。这场运动是建立在沙滩上的。谢静宜、迟群控制的"梁效"等写作班子，尽管发表了许多文章，制造了很大的声势，但这适足于自欺而已。一时沉默的人民大众的愤怒，很快就会爆发出来。

周恩来逝世，"四五运动"

1976年1月8日，周恩来逝世。周恩来在广大人民心中有着崇高的威望，他的逝世引起了全国人民的无限悲痛。看到周恩来形销骨立的遗容，民众的心都在滴血。但是，人民群众对周恩来的悼念，却受到了来自"四人帮"的阻挠和压制。这激起了广大人民无比的愤怒。人民群众奋起抗争。从3月底开始，许多城市的广大群众，都利用清明节的传统习俗，冲破"四人帮"的阻力，举行悼念周恩来的活动。其中，以北京天安门广场的悼念活动规模最为浩大。

人们不仅悼念周恩来，还把矛头指向了"四人帮"那些人，天安门广场上的许多诗词、悼词和讲演，指出江青、张春桥等人是祸国殃民的"野心家""阴谋家"，提出了"打倒野心家、阴谋家"的口号。这使"四人帮"一伙非常紧张和恐慌。最后，在毛泽东批准下，于4

---

116 席宣、金春明：《"文化大革命"简史》，第290页。

月 5 日出动大批工人民兵和警察，用木棒镇压了天安门广场的群众运动，时称"四五事件"。"文革"结束后，这一民众运动被称为"四五运动"。人们在这场抗议运动中表现出来的对"文革"灾难的反思、对"批邓、反击右倾翻案风"的憎恶，彰显了民心的向背，成为不久后抓捕"四人帮"的群众基础，这也是后来改革开放的群众基础。

沉疴中的毛泽东听信了毛远新的汇报，听信了姚文元控制下的《人民日报》记者关于天安门广场事件的所谓"现场报道"，把天安门广场群众的悼念和抗议活动定性为"反革命事件"，并作出了撤销邓小平的一切职务，保留党籍，以观后效的决定。

"四人帮"以为自己胜利了，但是，他们的日子已经不多了。

四、毛泽东逝世和"文革"的终结

毛泽东逝世

1976 年 9 月 9 日凌晨，一代伟人毛泽东逝世。那天下午，人们从广播中听到中央发布的毛泽东逝世的讣告，简直不敢相信自己的耳朵。铭刻在人们头脑中的，是毛泽东横渡长江和接见红卫兵时的意气风发的形象。

毛泽东是中华人民共和国的缔造者，在中国历史上开创了一个新的时代，他的历史功绩是伟大的。但是，他亲自发动、亲自领导的文化大革命，是完全错误的。"文革"给中华民族带来了深重的灾难，也严重损害了毛泽东的健康，耗尽了他的生命。

历史发展曲曲折折，但总归是要向前发展的。伟人的生与死，都是伟大的。毛泽东的逝世，给终止"文革"错误路线提供了历史契机。早就想把"四人帮"抓起来的一些人，不用担心投鼠忌器了。

"四人帮"及谢静宜、迟群等被捕

毛泽东的逝世，使"文革"失去了领导者。毛发动"文革"时最积极的推动者和"文革"末期最坚定的维护者，只剩下"四人帮"和迟群、谢静宜等极少数人了。全国亿万个家庭，没有受到"文革"伤害的，恐怕微乎其微。

没有了毛泽东的支持，"四人帮"在政治局里完全陷于孤立。但他们缺乏自知之明，还在中央政治局会议上提出给江青安排工作、把本应返回辽宁的毛远新留在中央"准备三中全会的报告"的要求，江青还想控制毛泽东那里的文件，等等。江青仗着毛泽东遗孀的特殊身份，不顾华国锋面临着处理毛泽东丧事等一大堆紧迫繁重的工作，反而给华出难题，纠缠不休，这使被毛泽东称为"老实人"的华国锋也忍无可忍，终于下了把"四人帮"都抓起来的决心。

加快"四人帮"覆亡的，是他们移花接木，偷梁换柱，又捏造了一个"按既定方针办"的所谓"毛主席的临终嘱咐"。

1976年4月30日晚，华国锋在陪同外宾接受毛泽东接见之后，留下来向毛泽东汇报工作，毛泽东亲笔给华写了三句话："慢慢来，不要招急""照过去方针办"和"你办事，我放心"。华国锋在中央政治局会议上传达了前两句话。

但是，在"四人帮"的操控下，两报一刊在9月16日的社论中把"照过去方针办"篡改为"按既定方针办"，并说这是"毛主席的临终嘱咐"，随后，各种媒体都连篇累牍地加以宣扬。

10月2日，华国锋在一个文件上的批示中指出，毛主席1976年4月30日亲笔写的是"照过去方针办"，"按既定方针办"六个字错了三个。这就戳穿了他们伪造毛主席"临终嘱咐"的伎俩。但"四人帮"对此未予重视，相反，10月4日，他们控制的"梁效"写作班子在《光明日报》头版发表了《永远按毛主席的既定方针办》的长篇文章。文章说："篡改毛主席的既定方针，就是背叛马克思主义，背叛社会主义，背叛无产阶级专政下继续革命的伟大学说。""任何修正主义头子胆敢篡改毛主席的既定方针，是绝然没有好'下场的。"

这不是同华国锋10月2日的批示公开叫板么？

这篇文章很自然地被看作是一个严重的信号，一个表明"四人帮"实行全面夺权已经迫在眉睫的信号。"四人帮"垮台后，这篇文章被指为是"四人帮"搞政变的"反革命动员令""反革命宣言书"

"反革命信号弹"。[117] 无论有无背景，无论作者如何辩解，这篇文章当时所产生的效果就是这样的。

华国锋、叶剑英、汪东兴等人感到事不宜迟，迅速作出反应，于10月6日把"四人帮"抓了起来。随后，迟群、谢静宜等人也被逮捕。

谢静宜、迟群直接控制的"北京大学、清华大学大批判组"也宣告覆亡。这个"大批判组"主要以"梁效"为笔名，在"批林批孔""批水浒"和"批邓、反击右倾翻案风"的过程中发表了大量文章，控制了全国的舆论，颠倒是非，混淆黑白，起了极其恶劣的作用。"梁效"被指为"是'四人帮'江青的一支反革命别动队"，其成员受到清算。

随着"四人帮"及其党羽被捕，喧嚣了十年的"文革"，实际上宣告终结。

官方正式宣布"文革"结束，是十个月以后的中共十一次全国代表大会。

但是，对"文革"的反思和重新评价，还有待于时日。

---

117 杨继绳：《天地翻覆——中国文化大革命史》，第1000页。

第十八章 "文革"结束之后

一、"文革"结束之后官方对"文革"的评价

抓了"四人帮",但还要"照过去方针办"

华国锋下决心抓捕了"四人帮",但是,在对待"文革"的问题上,他还要"照过去方针办"。[1]

1976年10月18日,中共中央向党内发出通知,列举了王洪文、张春桥、江青、姚文元反党篡权的罪行和毛泽东1974年2月以来对他们的批评,宣布了对其进行隔离审查的决定。若干年后,王年一作了如下评价:

> 这个通知充分说明,粉碎"四人帮"的理论还是所谓"无产阶级专政下继续革命的理论"。它宣称王、张、江、姚是"党内资产阶级的典型代表""不肯改悔的正在走的走资派",号召"坚持无产阶级专政下的继续革命",要求"继续批邓""正确对待文化大革命",充分说明除粉碎"四人帮"外,它还是"照过去方针办"。
>
> 全党拥护这个通知是拥护粉碎"四人帮"。在要不要"照过去方针办"上,党内是有分歧的。这个分歧当时不明显,为粉碎"四人帮"的胜利所掩盖,后来就突出了。[2]

1977年8月12日,华国锋在中共十一大的政治报告中说:

> 粉碎"四人帮"是无产阶级文化大革命的又一个伟大胜利。

---

[1] 王年一:《大动乱的年代》,北京:人民出版社,2009年,第456页。
[2] 王年一:《大动乱的年代》,第459—460页。

在强调了"文革"的必要性后，华国锋说：

经过这场政治大革命，我们党取得了第九次、第十次、第十一次重大路线斗争的胜利，粉碎了刘少奇、林彪、"四人帮"三个资产阶级司令部，在反覆争夺中夺回了被他们窃取的那一部分权力，使我国的无产阶级专政空前巩固，为毛主席的革命路线全面地、正确地贯彻落实扫清了道路。

现在，"四人帮"打倒了，我们可以根据毛主席的指示，实现安定团结，达到天下大治了。这样，历时十一年的我国第一次无产阶级文化大革命，就以粉碎"四人帮"为标志，宣告胜利结束了。[3]

1978年3月5日，五届人大第一次会议通过了新的《中华人民共和国宪法》，但其"序言"中仍宣示"第一次无产阶级文化大革命胜利结束"。

打倒"四人帮"，但仍然要维护"文革"，这显然是行不通的。后来提出的"两个凡是"的方针（即"凡是毛主席作出的决策，我们都坚决拥护，凡是毛主席的指示，我们都始终不渝地遵循"），更是受到了广泛的批评（如关于真理标准问题的讨论对"两个凡是"的批评）。石仲泉指出："由于推行'两个凡是'的错误理论，压制关于真理标准问题的讨论，党的十一大继续肯定'文化大革命'的错误理论、政策和口号，又使各项工作受到很大影响。不改变原来的主要领导人，要纠正'左'倾错误是不可能的。"[4]

带来重大历史转折的是中央工作会议和随后召开的中共十一届三中全会。

十一届三中全会带来重大历史转折

1978年11月10日，中央工作会议在北京召开。会议的议题本

---

[3] 转引自杨继绳：《天地翻覆——中国文化大革命史》，香港：天地图书有限公司，2016年，第1014页。
[4] 石仲泉：《1981年〈关于建国以来党的若干历史问题的决议〉与党的百年华诞》，载胡耀邦史料信息网。

来只是讨论经济工作,但与会者提出了许多迫切需要解决的思想路线是非和重大历史是非的问题,如为天安门事件、"薄一波等六十一人叛徒集团""二月逆流""反击右倾翻案风"等错案平反的问题。面对与会者的强烈要求,中央政治局常委进行了讨论,做出了为天安门事件、"二月逆流""薄一波等六十一人案件"平反,以及为彭德怀、陶铸、杨尚昆等人平反的一系列决定。最后,还宣布"反击右倾翻案风是错误的",并将1975年至1976年连续下发的12个有关"反击右倾翻案风"的中央文件全部予以撤销。

为期36天的中央工作会议打破了"两个凡是"方针的束缚,把原本准备讨论经济工作的会议,开成了"为全面拨乱反正和开创新局面做准备的会议"。

1978年12月18日至22日,中共十一届三中全会在北京召开。全会批判了"两个凡是"的方针,高度评价了关于真理标准问题的讨论,果断地停止使用"以阶级斗争为纲"的错误口号,做出了把全党工作着重点转移到社会主义现代化建设上来的决定。经济建设从此成为全党全国不可动摇的中心任务,中国经济改革的大幕随之揭开。全会还增选了中央领导机构成员。这次全会"是新中国成立以来党的历史上具有深远意义的伟大转折,结束了1976年10月以来在徘徊中前进的局面,开始全面、认真地纠正'文化大革命'中及其以前的'左'倾错误。"[5] 邓小平实际上已经成为党中央领导集体的核心,"邓小平时代"由此开启。

撤销"公安六条",制定首部刑法和刑事诉讼法,对林彪、江青集团进行审判

十一届三中全会还提出了加强社会主义法制建设的任务。

1979年2月,由公安部建议并经中共中央批准,撤销了"公安六条"(即中共中央、国务院于1967年1月13日联合颁布的《关于在无产阶级文化大革命中加强公安工作的若干规定》)。人们后来说

---

5 《关于建国以来党的若干历史问题的决议》。

"公安六条"是"非法之法""专制之法""荒唐的恶法",指其为祸惨烈,[6]但其确确实实在全国实施了12年。

1979年制定了第一部刑法,即《中华人民共和国刑法》,规定了八类犯罪,反革命罪列为第一章,冠于其他各类犯罪之首。法律专家认为,"本法为审判林、江集团案主犯提供了实体法的依据"。[7]

同年,还制定了第一部刑事诉讼法,即《中华人民共和国刑事诉讼法》,法律专家认为,"本法为审判林、江集团案主犯提供了程序法的依据"。[8]

有了法律依据,1980年2月,中共中央纪律检查委员会决定把林彪集团案和江青集团案移交司法机关依法审理,追究刑事责任。

1980年9月29日,五届人大常委会通过决定,成立最高人民检察院特别检察厅和最高人民法院特别法庭检察、审判林彪、江青反革命集团案主犯。

1980年11月20日,特别法庭开始对林彪、江青反革命集团案进行审理。特别检察厅厅长黄火青宣读起诉书。

1981年1月25日,特别法庭对林彪、江青反革命集团案做出了判决。这次审判,被认为是"历史性的审判",判决也被认为是"具有历史意义的判决"。[9]多年后,杨继绳指出,"从整个审判过程来看,是胜利者对失败者的审判,是政治审判。"[10]

1980年11月至1981年1月的这场审判不涉及路线问题,不涉及工作上的错误,不涉及党纪、军纪、政纪,更不能涉及毛泽东、周恩来的错误,[11]因此,审判不能解决"文革"的问题。

---

6 崔敏:《为祸惨烈的"公安六条"》,2015年6月13日,道客巴巴网。
7 马克昌主编:《特别辩护——为林彪、江青反革命集团案主犯辩护纪实》,北京:中国长安出版社,2007年,第26页。
8 马克昌主编:《特别辩护——为林彪、江青反革命集团案主犯辩护纪实》,第26页。
9 马克昌主编:《特别辩护——为林彪、江青反革命集团案主犯辩护纪实》,第288页。
10 杨继绳:《天地翻覆——中国文化大革命史》,第1015页。
11 马克昌主编:《特别辩护——为林彪、江青反革命集团案主犯辩护纪实》,第32页。

《关于建国以来党的若干历史问题的决议》对"文革"做出结论

为解决"文革"的问题，从1979年11月开始，在邓小平、胡耀邦的主持下，中共中央开始起草《关于建国以来党的若干历史问题的决议》（本节下文简称《决议》）。1981年6月27日，中共十一届六中全会通过了这个《决议》。参与起草工作的石仲泉称，这一《决议》的"总设计师"是邓小平，"总工程师"是胡乔木。[12]

《决议》最重要的部分，是从根本上否定了"文化大革命"和"无产阶级专政下继续革命"的错误理论和实践，并对"文化大革命"发生的直接原因和复杂的社会历史根源作了深入分析。

《决议》指出，"这场'文化大革命'是毛泽东同志发动和领导的"，而"实践证明，'文化大革命'不是任何意义上的革命或社会进步。""历史已经判明，'文化大革命'是一场由领导者错误发动，被反革命集团利用，给党、国家和各族人民带来严重灾难的内乱。""对于'文化大革命'这一全局性的、长时间的左倾严重错误，毛泽东同志负有主要责任。"

《决议》将毛泽东晚年的错误同林彪、"四人帮"的罪恶活动区别开来。毛泽东"在'文化大革命'中重用过林彪、江青等人，但是，他们组成两个阴谋夺取最高权力的反革命集团，利用毛泽东同志的错误，背着他进行了大量祸国殃民的罪恶活动，这完全是另外一种性质的问题。"

《决议》同样重要的一个部分，是明确了毛泽东的历史功过。毛泽东"虽然在'文化大革命'中犯了严重错误，但是就他的一生来看，他对中国革命的功绩远远大于他的过失。他的功绩是第一位的，错误是第二位的。"《决议》将毛泽东晚年的错误与他的正确思想即毛泽东思想区别开来，"简言之，凡错误的思想理论概不属于毛泽东思想。

---

12 石仲泉：《1981年〈关于建国以来党的若干历史问题的决议〉与党的百年华诞》。

毛泽东思想只包括毛泽东的正确的科学理论。"[13]《决议》指出："因为毛泽东同志晚年犯了错误，就企图否定毛泽东思想的科学价值，否认毛泽东思想对我国革命和建设的指导作用，这种态度是完全错误的。"《决议》强调，"毛泽东思想是我们党的宝贵的精神财富，它将长期指导我们的行动。"

《决议》对于统一党内的思想无疑有着重要的意义。官方的学者们后来就是在《决议》的框架内对"文革"进行研究和叙述的。如席宣、金春明后来对"文革"的解释是：

> 事实是，中国"文化大革命"有其特定的含义：它是在社会主义条件下，由执政党的领袖亲自发动和领导，以所谓"无产阶级专政下继续革命理论"为指导，由党的中央委员会作出决定并号召全民参加，笼罩着反修防修的神圣光环，运动的重点是整所谓党内走资本主义道路的当权派，性质是"一个阶级推翻一个阶级"的政治大革命，形式是发动亿万群众自下而上地揭露党和国家的黑暗面，全面夺权。显然，这样的"文化大革命"，在国际共产主义运动的历史上是独一无二的，是中国特殊历史条件下的特殊产物。[14]

《决议》的起草费时近20个月，经过七次修改，其间又交党内4千名高级干部进行讨论。杨继绳认为，这个过程"是达成妥协的过程，是取得共识的过程。"他认为，《决议》"是根据1981年掌权者的政治需要和当时的历史条件来叙述和评论建国以来的社会实践。说它是一部历史问题的决议，不如说它是一部政治问题的决议，是对当时面临政治问题的折衷和妥协。有了这种妥协，才有全党的共识，才有三十年改变中国、影响世界的改革开放历史活剧。这个决定当然不可能反映历史的真实，不是历史的最终总结。"[15]

---

13 石仲泉：《1981年〈关于建国以来党的若干历史问题的决议〉与党的百年华诞》。
14 席宣、金春明：《"文化大革命"简史》，北京：中共党史出版社，2006年，第2—3页。
15 杨继绳：《天地翻覆——中国文化大革命史》，第1126页。

关于"反革命罪"

时代总是不断向前发展的。

1979 年 7 月 1 日颁布的《中华人民共和国刑法》是新中国第一部刑法典。此前，只有 1951 年 2 月 21 日由中央人民政府委员会批准公布施行的《中华人民共和国惩治反革命条例》，共 21 条。1979 年的刑法基本上还是延续了 1951 年条例的主要内容和理念，将反革命罪作为分则第一章保留下来，第 90—104 条，共规定 15 个条文、12 个罪名。

法学家胡建淼认为，"反革命罪，是以惩治反革命罪犯为目的，重在以思想与政治倾向等主观因素归罪"，"反革命罪的设立对于巩固我国新生的革命政权、维护社会秩序，起了一定的作用，同时由于该罪以是否具有反革命目的主观要素作为区别反革命罪和非反革命罪的根本标准，从而导致思想定罪，而且在很多时候成为那些心术不正的掌权者打击和排斥异己的杀手锏。"[16]

1981 年，中国人民大学法律系二年级学生徐建在《探索与争鸣》杂志刊文《"反革命"罪名科学吗？》，对"反革命罪"提出了质疑。这是 1949 年以来第一篇正式质疑反革命罪的文章。此文招致不少文章的批判甚至高层的追查。但时代毕竟有了进步，大学当局认为这是学术问题，不是政治问题，保护了这名学生。这名学生同反革命罪擦肩而过。[17]

1997 年 3 月 14 日，修订后的《中华人民共和国刑法》公布。新刑法最大的变化，就是取消了反革命罪，另设危害国家安全罪。修订后的刑法也不再使用反革命宣传煽动罪的罪名。

1999 年的宪法修改，将"镇压叛国和其他反革命的活动"修改为"镇压叛国和其他危害国家安全的犯罪活动"。2012 年刑事诉讼法修改，也将反革命罪的表述删除。反革命罪一词从此完全退出了我

---

[16] 胡建淼：《反革命罪的存废——从政治刑罚到法律刑罚》，2019 年 3 月 20 日，正义网。

[17] 胡建淼：《反革命罪的存废——从政治刑罚到法律刑罚》。

国法律的历史舞台。胡建淼认为,"反革命罪的取消,不仅仅是文字表达上的技术问题,而是一个法治理念问题。它标志着中国刑法,实现了从政治刑罚到法律刑罚的转变。"[18]

2021年《中共中央关于党的百年奋斗重大成就和历史经验的决议》重申否定"文革"

2021年11月8日至11日,中共第十九届中央委员会第六次全体会议在北京召开。会议审议通过了《中共中央关于党的百年奋斗重大成就和历史经验的决议》(本节下文简称《决议》)。这是中共历史上第三个重大历史决议,[19] 同前两个决议"主要总结党的历史教训,分清历史是非"不同,这个《决议》主要总结中共百年奋斗重大成就和历史经验,主要着眼于未来。11月12日,中宣部副部长王晓晖在中共中央新闻发布会上称,"从建党到改革开放之初,党的历史上的重大是非问题,前两个历史决议基本都解决了,其基本论述和结论至今仍然是适用的。"王晓晖还强调"党的十一届三中全会召开二十周年、三十周年、四十周年也都作过了系统总结。"

《中共中央关于党的百年奋斗重大成就和历史经验的决议》的全文于2021年11月16日正式发布。关于从"大跃进"到"文革"的这段历史,《决议》是这样叙述的:

> 遗憾的是,党的八大形成的正确路线未能完全坚持下去,先后出现"大跃进"运动、人民公社化运动等错误,反右派斗争也被严重扩大化。面对当时严峻复杂的外部环境,党极为关注社会主义政权巩固,为此进行了多方面努力。然而,毛泽东同志在关于社会主义社会阶级斗争的理论和实践上的错误发展得越来越严重,党中央未能及时纠正这些错误。毛泽东同志对当时我国阶级形势以及党和国家政治状况作出完全错误的估计,发动和领导了"文化大革命",林彪、

---

18 胡建淼:《反革命罪的存废——从政治刑罚到法律刑罚》。
19 前两个决议是1945年六届七中全会制定的《关于若干历史问题的决议》和1981年十一届六中全会制定的《关于建国以来党的若干历史问题的决议》。

江青两个反革命集团利用毛泽东同志的错误，进行了大量祸国殃民的罪恶活动，酿成十年内乱，使党、国家、人民遭到新中国成立以来最严重的挫折和损失，教训极其惨痛。……党作出彻底否定"文化大革命"的重大决策。

在中国共产党的百年历史中，十年或十一年的"文革"只是很短的一段，但"教训极其惨痛"。鉴于这种教训，中共果断结束了"以阶级斗争为纲"，把党和国家工作重心转移到经济建设上来。历史证明，只要不人为地、翻来覆去地搞政治运动和"阶级斗争"，经济自然会发展起来。

二、"文革"中和"文革"后官方对聂元梓的清算

（一）"文革"过程中的两轮清算

对聂元梓的清算实际上很早就开始了。"文革"10年，对她清算了8年。

8341宣传队时期的清算

首先是毛泽东要对聂元梓进行清算。8341宣传队进北大的首要目的就是清算聂元梓和校文革。这个目的很容易就达到了，毛泽东的亲信谢静宜、迟群很快就掌握了北大的大权。聂、孙被打成"五一六分子"后，北大再没有人敢于对谢、迟一伙说一个"不"字，这也是揭发迟、谢问题的上书出自清华而不是北大的原因之一。同样，"梁效"的主要成员出自北大，连著名的历史学家和哲学家都被谢、迟一伙所迷惑、拉拢，看不出"文革"已经失败的种种迹象，还在争先恐后地巴结江青和谢静宜、迟群，干出"天快亮了还尿了炕"的事情。

毛泽东要清算聂元梓，根本原因并不是"一不斗，二不批"之类的事情（这是全国性的问题，而且中央当时也没有出台相关政策），而是聂元梓这一派从1967年春就脱离了毛的"文革"路线，反过来把矛头指向了中央文革的要员关锋、王力。毛泽东抛弃了王、关、戚

之后，聂、孙和新北大公社不明大局，不知进退，还要抓住不放，要揪什么"黑后台"。凡此种种，聂元梓这一派就被认为是代表了右倾势力，干扰或破坏了毛的"文革"大计，对"文革"构成了威胁。"二月逆流"曾经让毛大发雷霆。指责新北大公社是"二月逆流派"的各种材料，毛泽东不会没有看到，这当然会引起他的疑虑，早晚要查个清楚。聂元梓这一派调查吴传启，想以此坐实关锋"结党营私"的罪名，这种做法是否有什么背景，也是要查的。为达此目的，必须把聂元梓打倒，同时把北大完全控制在自己手里。谢静宜、迟群领受了这个任务，但他们并没有实事求是地调查历史真相，而是大搞逼供信，罗织罪名。他们根本就没有什么原则，加给聂元梓的罪名也是不断变化的。在九届二中全会之前，聂元梓曾有过一条罪名是"反陈伯达"；"9.13事件"之前，有过一条罪名是"反林副统帅"。而到后来，又说陈伯达、林彪是聂元梓的"后台"。

抓捕"四人帮"之后的清算

抓捕"四人帮"之后，新的领导人"照过去方针办"，也是要对聂元梓进行清算的。不止于此，"五大领袖"的另外四个人也要被一起清算。一个精密的计划被制定出来，逮捕令也获得最高层的批准。

按照既定计划，1978年4月8日北大党委向北京市委报送《对聂元梓审查及处理意见的报告》，提出将聂元梓定为反革命分子，清除出党，并建议依法惩办。该报告的具体内容不得而知，但《北京大学纪事》披露了报告附列的两件材料。其一是周培源1978年1月8日写的材料，据称，1973年7月17日，毛主席接见杨振宁博士时，说："聂元梓这一派太坏了！"当时周培源说："陈伯达是她的后台"。毛主席说："林彪是陈伯达的后台"。

附件之二是李正理1978年1月19日写的材料，据称，1971年5月19日，周总理在接见美国高尔斯登和西格纳二位教授时，谈到北京大学在"文化大革命"中打派仗、冲击教授时说："北大有个女人很坏，这些都是她搞的。"[20]

周恩来的话是1971年讲的，毛泽东的话是1973年讲的。此前，谢静宜、迟群们已经把聂、孙打成了"五一六分子"。毛、周二人的话，周培源和李正理肯定在当时就向王连龙和北大党委作过传达或报告。谢静宜、迟群显然也会知道。到了1978年，为了新的政治需要，周培源和李正理二人又把好几年前的毛、周讲话写成材料，上呈党委。北大党委以此为据，将聂元梓"清除出党"。他们忘了，早在1973年3月1日，北大党委已经开除了聂元梓和孙蓬一的党籍。早已经失去党籍的人再次被"清除出党"，这样的怪事就在北大发生了。

北京市委迅速批准了北大党委的报告，于是，1978年4月19日，北大召开全校教职员工大会批斗聂元梓、孙蓬一。党委副书记韦明在会上宣布：经上级党委批准，决定开除聂元梓、孙蓬一的党籍，开除聂元梓、孙蓬一的公职，建议依法惩办。宣布后，由专政机关逮捕了聂元梓、孙蓬一。于是，一个新奇的景象出现了：自1968年9月以后就受到军、工宣传队审查、批判，随后又受到谢静宜、迟群领导的8341宣传队批斗达8年之久的聂元梓、孙蓬一，同谢静宜、迟群、王连龙被同台批斗了。在北京市召开的批斗谢静宜、迟群的大会上，把聂元梓拉去陪斗，而且押着聂元梓绕场一周，似乎她是谢、迟的同伙。

这是统一部署下的行动。据百度百科相关词条，蒯大富、韩爱晶在聂元梓、孙蓬一被捕的同一天被北京市公安局以"反革命罪"逮捕。谭厚兰大概也是在同一天被公安局逮捕的。王大宾于4月29日在武汉被武汉市公安局正式逮捕，武汉市公安局向王大宾宣布：这是经华国锋、叶剑英、李先念、汪东兴、纪登奎等五位中央领导签字批准的。[21]

新的领导班子要用原首都大学红代会的"五大领袖"同林彪集团

---

[20] 王学珍等主编：《北京大学纪事（1898—1997）》1978年4月8日条，北京：北京大学出版社，2008年。
[21] 王大宾：《王大宾回忆录》，香港：中国文革历史出版有限公司，2015年，第182页。

和"四人帮"一起为"文革"承担罪责，但他们并没有什么新的材料。吴德自己承认："粉碎'四人帮'以后，北京市又把这些人抓起来，批判了一下，批判的材料就是当年那些，没有新的。"[22]

党委副书记韦明 1978 年 4 月 19 日在会上宣布的"建议依法惩办"，依什么法呢？当时实行的还是"公安六条"。"公安六条"要到次年 2 月才被中央撤销，新的《中华人民共和国刑法》也要到次年 7 月才会颁布呢。

半个多世纪后回望历史，毛泽东对"聂元梓这一派"的指责并不奇怪，其深恶痛绝之状也不难理解。关于周培源的说词，上文已作分析。李正理是北大生物系教授，植物学家，"文革"中可能受到冲击，但笔者不了解他的情况。他向周恩来诉说北大打派仗和冲击教授的情况应该是真实的，但周恩来说"北大有个女人很坏，这些都是她搞的"，未免有欠客观。周恩来身居中枢，掌控全局，有什么事情是他不知道的？北大为什么分裂成势不两立的两派，周心中不清楚？周为什么要周培源退出"井冈山"，而不是支持周培源领导"井冈山"去夺取这个"很坏的女人"的权呢？彼一时此一时也，在周恩来讲这句话之前，谢静宜、迟群控制的北大党委已经把聂元梓、孙蓬一定性为"五一六反革命分子"并开除党籍了，周恩来不紧跟毛泽东的意图批判聂元梓，能行吗？

笔者永远感谢周恩来，若不是有周恩来的亲笔批示，北大的人怎么能顺利进入档案馆调查到吴传启历史问题的材料呢？若不是周恩来适时出手促使关锋、王力垮台，处于内外夹攻下的新北大公社还能坚持多久？

我们从不后悔的是，新北大公社在"反二月逆流"的狂飙中采取了坚决维护周恩来的立场。当社会上出现反周恩来的传单时，我们立即报告了总理办公室，并按指示将这些传单寄了过去。

湖南"湘江风雷"头头捏造了陷害周恩来的"007 号密令"，此

---

22 朱元石等访谈、整理：《吴德口述：十年风雨纪事——我在北京工作的一些经历》，北京：当代中国出版社，2008 年，第 57 页。

案涉及洪涛，湖南方面要调查洪涛，却在公安部受到阻挠，"洪涛是左派，不能调查"。由于孙蓬一在 4.12 讲话中点了洪涛的名，且白纸黑字登在校刊上，由此，北大学生获得了湖南省军区的信任与支持，得以参加此案的调查。北大先后上报过两份调查报告，每份报告都是厚厚的一本（包括许多照片，第一份报告还包括部分证据原件）。第一份报告就是聂元梓当面交给邓颖超的。第二份报告是在关锋、王力垮台后上报的，那是为了揭发戚本禹与此案关系的，是对第一份报告的补充。谢静宜、迟群一伙用这件事陷害聂、孙，完全是颠倒黑白，他们敢全文公布这两份材料吗？

地院东方红反"二月逆流"是很积极的，但其头头王大宾是维护周恩来的。在张建旗的"首都五一六红卫兵团"猖狂攻击周恩来时，王大宾写信给周恩来，表示了保卫周总理的决心，随后，王大宾收到了邓颖超的亲笔回信。[23] 当王大宾毕业离校去成都一家工厂之时，周恩来还抽出时间专门接见了他，周嘱咐王大宾回四川后改一个名字，隐姓埋名。[24] 王大宾于 1969 年 1 月离开地院去成都某工厂工作，但清查"五一六"的运动，并没有放过他。王大宾后来明白了，"这就是政治"。[25]

是的，这就是政治。不止于此，复出后的邓小平、陈云、彭真等人还要继续对他们进行清算。

（二）"文革"结束后的清算

对聂元梓的刑事审判

在审判了林彪、江青反革命集团案之后，就开始了对"五大领袖"中除谭厚兰外的四个人的审判。谭厚兰因为已患绝症，被免予起诉，不久就病故了。

首当其冲的当然是聂元梓。

---

23 王大宾：《王大宾回忆录》，第 174—175 页。
24 王大宾：《王大宾回忆录》，第 170—171 页。
25 王大宾：《王大宾回忆录》，第 173—181 页。

由北京市人民检察院分院1982年10月5日发出的指控聂元梓的（82）京检分审字第212号起诉书，1982年10月29日公诉人孙成霞在法庭上的发言，官方指定的辩护律师季学权、史兰生1982年10月29日在法庭上的辩护词，以及北京市中级人民法院作出的(82)中刑字第1436号刑事判决书，以及聂元梓本人的上诉书的节选，均载于《聂元梓回忆录》，[26] 笔者在此不再抄录，有兴趣的读者可以查阅。

审判者是遵循他们自己制订的法律条文来进行审判活动的吗？《聂元梓回忆录》中专有一节"判决中的骗局"，[27] 讲述了这个过程。为方便读者，笔者将这一节附在下面。

这是一场政治审判。高层所需要的，只不过是走个法律形式和判处聂元梓17年监禁这样一个结果，而且，判决也是在法庭之外早就决定了的。聂元梓《我在文革漩涡中》有一节"关于彭真同志与邓小平同志决定对我判刑的情况"，[28] 读者可以查阅。聂元梓是抗日战争时期就参加革命的干部，而且做过情报工作，一些老上级对她还是了解的，有些情况，她是可以了解到的。

判决书中漏洞甚多，是经不起质证的。聂元梓不接受这一判决，但是，她被剥夺了在法庭上最后陈述的权利，甚至被剥夺了上诉的权利。按照法律规定，聂元梓有十天的上诉期，但在十天内要写完上诉材料是不可能的，经与法院共同商定，聂元梓先写了一个简单的陈述交上去，再写上诉书补充材料。但是，聂的上诉书补充材料还没有写完，高级法院的终审判决书就下来了。高级法院根本没有重新审理，怎么就能发出终审判决书呢？聂元梓认为这样的终审判决书是非法的，始终拒绝接受。所以，《聂元梓回忆录》里没有这件文书。

---

[26] 聂元梓：《聂元梓回忆录》，第371—455页。
[27] 聂元梓：《聂元梓回忆录》，第360—365页。
[28] 聂元梓：《我在文革漩涡中》，第353—355页。

附编　学生分批毕业后北大的几件大事

附：《聂元梓回忆录》"判决中的骗局"一节

尽管我把王力和李讷的这些证词驳斥得有条有理（事实上，在李讷转告我毛主席指示要我去上海串连之前，李讷已经向孙蓬一、李清崑，李玉英，陈葆华等人讲了毛主席的指示，只是我长期被关押，不知道这些情况。后来在他们接受审查时已经写了证明材料），但是，他们还是强行给我定罪，然后就不审问了。说是很快就要开庭审判，让我请律师为自己辩护，可是又不允许我自己请律师，必须他们代我请。他们这样做也是违法的，等于剥夺我的辩护权。我的辩护律师是他们代替我请的，此时，我考虑前后我已经失去人身自由十六年（1968-1983），不仅外界人不知道我的情况，还认为我是北大革委会的副主任，"九大"的中央候补委员呢，就是北大的人也不是都了解实情的。他们派一个人来，自然律师必须听听他们的意见，所以我要求给我请两个律师。我想，多一个人听我申诉，多一个人了解我的事情也好。如果我死了，就这一个人，还不知道他怎么说呢。结果替我请了两个律师，当我和两个律师谈话的时候，律师根本就不认真听我说，他们在那里打盹睡觉。我想，他们这也是没有办法，对我的判决是在法庭之外早就决定的，他们怎么可能为我进行公正地无罪辩护呢？不过，我是不管你听不听，是真睡觉还是假装迷糊，我都要说，要是我死了，你们总还是知道一点儿实情，知道我自己是怎么辩解的吧。多一个人知道真情，总会有好处的。

从一九八二年十月对我提出起诉，到一九八三年三月十六日法庭判决，为时半年。法庭宣判那天，在法庭外面等候的时候，看管我的队长和另一个来人（我不知道他是什么人）跟我谈话说："等一会儿开庭的时候，你要守纪律，不要讲话，等休庭了，会有人找你谈话的，你有什么话，等休庭以后再说。"反复地给我讲这些话，让我一定接受，遵守警告。

我就说，"那我要是有意见要讲呢？""那也要等到休庭以后，等到专人找你谈话的时候再讲你的意见。"

尽管他们这样讲，我还是没有对他们表态，我不能听他们的，我该讲就要在法庭上讲出来。我要行使法律规定的被告人讲话的权利。等宣判以后，我就坚持要讲话，我不接受这个判决。结果宣判一结束，他们就把麦克风都给关掉了。我说话根本没有人听得见，刑警强拉着我退庭，连拉带推地把我拉走了。

宣判完了，最起码要有一个让被告表态的机会，接受不接受判决。这是法律条文中明确规定的。可是，我却被无理地剥夺了最后在法庭上申辩的机会。即使是在七处监狱的时候，审问我，也是只许他们讲话，不理睬我的辩驳。他们讲的话都有记录，等到我反驳他们对我的指控的时候，他们根本不听，也不记录，我说什么都是白说。当时我就提出抗议，为什么不记录我的申辩？只要没有把我的嘴封上，我就要说话，就要为自己辩护。你听不听是你的事，我必须坚持我自己的意见，我必须坚持维护为自己辩护的权利。

结果呢，本来在宣判以前他们讲过，宣判完了会有人跟我谈话的，但把我送回看守所监狱以后，根本没有人理睬我。他们所说会有人找我谈话，完全是谎言，是欺骗，没有任何人来找过我。他们不理睬我，我就找看守所监狱的狱长谈了一次。我向狱长指出：我没有罪，关押我，判决我，都是违反法律的，都是无效的，你不能执行，我要上诉，要写上诉书，详细地为我自己辩护。我还对狱长说：我的案情已经被他们搅混得非常复杂，在只有十天的上诉期里（当时法律规定，从初审判决之后给被告人用来提起上诉的时间非常短，只有十天），我无法完成我的上诉书全部内容，因此在我上诉期间，你应该给我时间写上诉书，不能把我转到监狱去；你要送我进监狱，你得先跟我打招呼。他答应说：好吧，我不执行，我不送你；我要是送你走，我一定先和你讲一声；你的上诉书一下子写不出来，你先写个简述给我，然后再详细地写你的上诉书。这么做是经过监狱和法院同意的，是共同约定，应该共同遵守的。

这样，我先写了一个简单的陈述交上去，就专心致志地写我的上诉书补充材料。可是，我的上诉书补充材料还没有写完，高级法院的终审判决书就下来了——这太荒谬了。中级法院对我进行宣判后，我按照法律程序向高级法院申诉，我应该提交上诉书，然后才由高级法院重新调查审理。现在却出现了这样的怪事：我的上诉书还没有写完，高级法院就作出最后裁决！如果我不上诉，就不需要他们再次判决；如果我要上诉，他们最少也要看看我的上诉书吧！

终审判决书送来了，他们要交给我，我拒绝接受。我说，这是违法的，终审判决书是无效的，我不能收，让我写上诉书的补充材料，是与法院共同商定的，我还没有写完呢，怎么就能进行终审判决？非法的终审判决书，我坚决不要。我在监房里，隔着门，他们在门外，就把终审书通过门上的小洞塞给我。他们怎么塞进来，我就怎么塞出去，就是不接收。他们没有办法，就走开了。过了一会儿。乘我不注意，又突然地给我塞进来。我就又扔出去。最后，还是他们罢手了。

监管我的人员，还做我的思想工作，他们说，你走吧，到监狱中去，条件比这里好，到那里你可以自由出入房间活动，你看你在这里呆了多少年，总是在监房里，监狱那边比这里自由，你还是走吧。我仍然坚持我的要求，不能把我送走。看守所也答应了。结果呢，有一天大清早，监狱里的队长找我说：收拾你的东西。我就问要到哪儿去，他说：等一会领导跟你谈话就知道了。你先上汽车，在车上等着吧。结果就硬把我送走了。

从以上审判的全过程来看，每一个步骤都采取欺骗的行为，我不得不被他们送到延庆监狱。车行到半路，在汽车上，他们又要给我判决书。我说，你给我我就扔掉，扔到这大野地里，我坚决不拿。这样就把我的终审判决书交给延庆监狱了。

到了延庆监狱，七处监狱的人向监狱的监管人员对我做了一个情况介绍，告诉监狱长说，我的罪行是积极追随林彪、江青反革命集团，颠覆无产阶级专政，等等。不过，他们也说了几句真话。延庆监狱里的犯人，有时候在院子里劳动，每逢有新的犯人来，就有老的犯人躲在办公室的墙外偷听情况，想知道新来的犯人是怎么回事。后来，就有老犯人对我说，七处送我到监狱的人员，向监狱介绍我的情况，讲了我很多的好话，讲我在七处监狱遵守纪律，这个好那个好，讲得人家都不明白，老犯人就想为什么表现这么好，还要送到这里来？听到介绍情况的最后一句话，原来是坚决不认罪！

我到延庆监狱以后，因为是新来的，监狱长找我谈了一次话。他给我讲要接受改造，给我讲，判处我十七年有期徒刑，并且讲了刑期的具体折算办法，把"四人帮"监禁我的时间也计算在十七年内。有关判刑和刑期折算的问题，他念的就是一个两寸宽的小纸条。我就抗议说，判我这么重的罪刑，这么重要的政治犯，你就念的是这么一个简单的小纸条，拿一个人的政治生命当儿戏，我坚决不接受，我没有罪！我对监狱长讲，即使你们要判决我，也应该给我一个关于刑期的正式文件，不能连这样的纸条都只是你拿着念，不给到我手里。我还讲，刑期的折算有问题，我现在坐在共产党自己人的监狱里，这和当年"四人帮"整我，把我隔离审查，性质是不一样的：那时候我是受迫害，因为我反对王、关、戚，反对江青、陈伯达、康生，反对谢富治的极左思想，他们掌权的时候就迫害我。现在呢，我的问题是搞错了，是自己人冤枉自己人，把我的问题搞错了。虽然我是一直处于监禁之中，但是，前后两个阶段的性质不同，不应该混为一谈，应该给我平反。监狱管教人员说，你傻不傻，给你把被监禁的前后两个阶段算在一起，你还可以早出狱，不然你在监狱蹲的时间就更长了。你不要认这个死理。我呢，就是要叫真，就是要认死理，就像我前面讲的，虽然是在监禁中两次逃跑，这两次逃跑的性质不一样；这两次监禁，性质也要分得一清二楚！至于我要为此在监狱中多关多少年，我都不加考虑，我不是唯利是图的投机分子，我虽然关进监狱了，我仍然是毕生追求真理的共产党人，我的志气永远不能倒！

我就像在中共中央第十一届五中全会上通过的《关于建国以来若干历史问题的决议》中所讲的那样：

"'文化大革命'初期被卷入运动的大多数人，是出于对毛泽东同志和党的信赖，但是除了极少数极端分子以外，他们也不赞成对党的各级领导干部进行残酷斗争。后来，他们经过不同的曲折道路而提高觉悟之后，逐步对'文化大革命'采取怀疑观望以至抵制反对的态度，许多人也因此遭到了程度不同的打击。"

我从一九六七年初，就开始与王、关、戚展开斗争，并且为此一直遭受迫害。粉碎"四人帮"以后，党应该实事求是地给我做一个切合实际的历史结论,对我所犯的错误进行严厉的批评,我愿意诚恳地接受党和人民群众的批评,作出最深刻的检查。我跟随党革命这么多年,即使是在最困难的时候,在我被江青等人迫害最残酷的日子里,我都没有动摇过共产主义的信念。对江青等人对我的迫害,应该平反而不应该判刑,更不应将因为反他们而受迫害的日子也算刑期。.

聂元梓对判决书的申诉

很多年后读到对聂元梓的判决书,忽然发现,当年北大反对派指控聂元梓的种种罪名,如"资产阶级反动路线""陶、王的资产阶级反动路线""二月逆流派""分裂中央文革""反对谢富治""夺北京市革委会的权",等等,等等,一概都不见了。甚至,连"武斗"的事都没有提。另外,谢静宜、迟群等人把聂元梓打成"五一六分子"时强加给她的反对周总理的罪名也不见了,因为这个罪名是不能成立的,而迟、谢在这个问题上的做法是见不得光的。

针对判决书所定的"罪行",聂元梓在监狱中写出了详细的说明和申述,于1983年8月完成,即《聂元梓回忆录》中"我的上诉书"一节。[29] 2007年,聂元梓还向北京市高级法院提出"刑事诉讼状","请求北京市高级法院:根据事实,依照法律,对本案进行彻底复查,依法客观、公正地予以改判,宣告申诉人无罪。"[30] 聂的这些努力一概没有效果,但"我的上诉书"收录在回忆录里,可供未来的学者研究之用。

聂元梓的上诉书篇幅很长,不再抄录。

谢甲林对判决书的质疑

最高人民检察院离休干部谢甲林有一篇文字《谈聂元梓案的几大疑问》,[31] 谨抄录如下。

---

29 聂元梓:《聂元梓回忆录》,第396—455页。
30 聂元梓:《我在文革漩涡中》,第346—353页。
31 已作为附录收入聂元梓:《我在文革漩涡中》,第953—959页;亦载《记忆》第220期。

针对1983年3月16日北京市中级人民法院(82)中刑字第1436号《刑事判决书》"判处被告人聂元梓有期徒刑十七年，剥夺政治权利四年"，我根据事实，依照法律，参考法理，提出以下几大疑点：

（一）《刑事判决书》称："本庭确定，被告人聂元梓在'文化大革命'初期，积极追随林彪、江青反革命集团，参与推翻人民民主专政的政权的阴谋活动。"

"文化大革命"初期，从政治上、法律上确认"林彪、江青反革命集团"了吗？如确认，"伟大领袖毛主席"怎么能找一名林彪这个"反革命集团"头子为接班人呢？在中共九大上怎么能通过把他写入《党章》呢？全党全国人民怎么会喊他"副统帅"呢？这不是玷污了"伟大、光荣、正确的中国共产党"和伟大的中国人民吗？事实是，当时林彪是中国共产党的第二号人物、副统帅，江青是"中央文革"的领导人，连周总理都不得不喊："誓死保卫毛主席、誓死保卫林副主席，誓死保卫中央文革，誓死保卫江青同志"。被告人聂元梓当时又怎么能知道"林彪、江青反革命集团"呢？她不是天才，即使天才也超不过伟大领袖毛主席和中央九大的全体代表呀。

1971年9月13日林彪等人窃机叛逃摔死，经调查研究后，党中央才确认他们是反革命集团。1976年10月6日，以华国锋为首的党中央一举粉碎"四人帮"。1976年10月18日，中共中央以中发（1976）16号《中共中央文件》向全党发布《通知》："现将王洪文、张春桥、江青、姚文元反党集团事件通知你们"。从此，自中央到全党才知道"王、张、江、姚反党集团"。1976年12月中央发出《王、张、江、姚反党集团罪证（材料之一）》，1977年3月中共中央发出《王、张、江、姚反党集团罪证（材料之二）》，1977年9月中共中央发出《王、张、江、姚反党集团罪证（材料之三）》。一年来，从中共中央到全党都称王、张、江、姚为反党集团，之后才称他（她）们是"江青反革命集团"，进而称"林彪、江青反革命集团"。"文化大革命"初期，毛主席和党中央以及毛主席逝世后的党中央都不知道"江青反革命集团"，更不知道"林彪、江青反革命集团"，而强把他们加到被告人聂元梓头上，合情、合理、合法吗？

《中华人民共和国刑法》第九十条规定："以推翻无产阶级专政的政权和社会主义制度为目的的、危害中华人民共和国的行为，都是反革命"。这是最基本的法定要件。反革命是故意犯罪，不是过失犯罪，主观上没有反革命目的，就是客观上有反革命行为，可以构成其他犯罪，但不构成反革命罪。"文化大革命"初期，被告人聂元梓只知道林彪是副统帅，是上了党章的毛主席的接班人，江青是中央文革第一副组长，是无产阶级司令部的领导人，而不知道他（她）们是"林彪、江青反革命集团"，怎么能"参与推翻人民民主专政政权的阴谋活动"？即使后来"林彪反革命集团"爆炸，显示了他们的反革命目的，但是，当初毛主席不知道，党中央不知道，全国人民都不知道，硬让聂元梓知道，世界上哪有这种逻辑呢？她既不知道"林彪、江青反革命集团"的反革命目的，自己更没有任何反革命目的，是与反革命罪不沾边的。

（二）《刑事判决书》称：查明被告人聂元梓犯罪事实如下：1966年11月15日江青等密谋决定，派聂元梓去上海"造反"。聂元梓按照江青的授意，到上海后，单独同江青反革命集团主犯张春桥密谈，……进而夺取上海领导权的策略。

众所周知，"文化大革命"是伟大领袖毛主席亲自发动、直接领导的，是根据中共中央《关于无产阶级文化大革命的决定》（即"十六条"）进行的。1966年6月1日晚，根据毛主席的批示，中央人民广播电台全文广播了聂元梓等七人签名的大字报和人民日报评论员的评论，揭开了"文化大革命"的序幕，当天，改组了北京市委，夺了市委的权，派工作组到北大，夺了北大党委的权。1966年8月5日毛主席发表了《炮打司令部——我的一张大字报》，全国轰动，"造反有理"响彻云霄。工作组被赶走了，八届十一中央全会决议大串连，从首都开始"向党内一小撮走资本主义道路当权派夺权"势不可挡了。无论谁派聂元梓去上海"造反"，都是毛主席和无产阶级司令部的"战略布署"。毛主席无罪，党中央无罪，怎么成了"被告人聂元梓犯罪事实"呢？

《刑事判决书》认定聂元梓犯罪理由是江青"派聂元梓去上海

'造反'的"，"单独同江青反革命集团主犯张春桥密谈"的。令人诧异的是：1981年1月23日中华人民共和国最高人民法院《特别法庭判决书》中，对此没有确认是江青、张春桥的犯罪事实。中国自古以来的法律、法理都有"决事比"："举重以明轻"，重行为没有罪，轻行为更没有罪了。密谋者和派者的主犯江青、密谈者的主犯张春桥没有罪，而被派者聂元梓就更没有罪了。

（三）《刑事判决书》称：1967年4月14日，林彪、江青反革命集团主犯康生写了个便条给聂元梓，要聂元梓"组织调查组"，"系统地调查彭真、刘仁的问题"。但聂元梓组织的调查组的调查结果，没有发现北京市委有一个叛徒，北大校文革给康生写了报告并结束调查。

判决书还写到："1968年7月，彭真专案组在康生的授意下，以北大揪叛徒兵团的报告为重要根据，诬陷彭真是大特务，致使彭真遭到逮捕，冤狱多年。"

事实上，彭真在1966年5月16日中央政治局扩大会议上，刘少奇主持讨论通过的"五一六通知"中就被打倒了。1967年3月16日中央印发了61人自首叛变材料和毛主席的"最高指示"后，先是周总理批示孙蓬一的报告，后才是康生给聂元梓的信，以此开展揪叛徒工作的。当时，根本不存在林彪、江青反革命集团。聂元梓怎么能知道康生多年后成了林、江反革命集团的主犯呢？北大揪叛徒兵团是文革初期的群众组织，彭真专案组是中央的机构，中央机构公然以群众组织的报告为重要依据，致使彭真遭到逮捕，冤狱多年，能说得过去吗？

（四）《刑事判决书》称：文革初期，在聂元梓篡夺北大领导权期间，校系两级领导干部、教授、讲师200多人被诬陷为黑帮、走资派、资产阶级反动学术权威。事实是，文革开始后，1966年6月初，中央在刘少奇、邓小平主持下，决定派工作组到北大领导文化大革命，北京市委决定改组北大党委，一切权力归工作组，是工作组掌管了北大的党政大权。因此，称聂元梓篡夺北大领导权，纯属诬陷。

1966年8月8日，中共八届十一中全会通过《关于无产阶级文化大革命的决定》。据此，同年8月30日，在中央派王任重亲临指导下，北大文革代表大会开幕，9月11日选举产生了校文革，聂元梓任主任。北大校文革是依照党中央的决定，在中央派人指导下，由全校师生员工代表大会选举产生的，既非篡夺北大的领导权，又非篡夺工作组的领导权。

据《北京大学纪事》记载：北大工作组进校后，从1966年6月1日至6月26日不到一个月，全校各级干部、教师等被批斗的达230人。工作组撤走后，一直由各系各单位群众自己管理、批斗。校文革66年9月成立后，也没有接收，直到68年3.25发生武斗时，为了这些人的安全，才由校文革集中管理，群众称为"监改大院"，或称"黑帮大院"。至1968年5月16日，管制的干部、学者、师生218人，比工作组时期少12人。军、工宣队进北大后，从1968年8月19日到10月22日，全校共挖出够敌我矛盾性质的542人，比校文革时期多324人，比工作组时期多312人。由此可见，始作俑者是工作组，登峰造极者是宣传队，校文革排在第三。为什么多者不犯罪，少者反而犯罪了呢？

（五）《刑事判决书》称：1968年4月7日，聂元梓指使某些人，在校内制造反革命小集团冤案，严刑拷打，致使多人受伤，其中邓朴方下身瘫痪，终身残废。

事实证明，邓朴方是自己跳楼致"下肢瘫痪，终身残废"的，与聂元梓并无关系。毛毛著《我的父亲邓小平——"文革"岁月》一书中写道："8月末的一天，是令我们铭心刻骨的一天。……哥哥因不堪虐待，不愿受凌辱，趁看押的造反派不注意时跳楼以示最后的抗议。"

《刑事判决书》为什么把发生在"8月末的一天"的事写成"4月7日"呢，大概是罗织罪名的需要吧？！

（六）《刑事判决书》宣布："判处聂元梓有期徒刑17年，剥夺政治权利4年。刑期自判决执行之日起计算，判决执行以前的日期，以羁押一日折抵刑期一日。"但判决书没有具体说明聂元梓到底因犯什么罪、每罪该判多少刑，也没有写明折抵多少天，哪年哪月哪日期满。在聂元梓的要求下，法院口头通知说：在四人帮时期关押批斗4年3月5天，粉碎四人帮后继续关押批斗。1978年4月19日被逮捕，1983年3月16日被判刑，共折抵刑期9年2月3天，执行到1991年1月12日止。

1968年8月19日军宣队进校后，聂元梓开始受到不间断的批判。后来又遭到迟群一伙的残酷斗争和无情打击，并于1973年初被戴上"五一六"反革命分子的帽子。粉碎四人帮后，聂元梓继续被关押、批斗，直至判刑。在批斗迟群、谢静宜的大会上，还被拉去陪斗。真是咄咄怪事！

聂元梓响应党中央和伟大领袖的号召，参加文化大革命仅两年左右的时间，却遭到如此长期的迫害。聂元梓一案，实属空前绝后的案例。

（七）《刑事判决书》称：经法庭调查辩论，听取证人证言，核实与本案直接有关的证据，事实清楚，证据确实、充分，足以认定。但事实又是怎样的呢？请看被调查人谢甲林的讲述：

我原是最高检察院干部，文革初期，中组部抽调我参加北大工作组，任保卫组（二组）副组长。工作组撤销走后，任校文革、工军宣队保卫组组长。1969年1月，我被调回高检院。聂元梓被逮捕后，北京市政法委专案组多次找我调查三个问题：一是聂元梓在文革初期怎样积极追随林彪、江青反革命集团的，他们之间怎么搞阴谋活动的；二是聂元梓成立北大揪叛徒兵团调查诬陷彭真、薄一波、安子文等人；三是聂元梓怎样迫害、诬陷黑帮、走资派、反动学术权威的，怎样严刑拷打，致邓朴方"下身瘫痪，终身残废"的。

我给专案组实事求是的介绍了在工作组、校文革、宣传队时期所作所为和所见所闻的情况。我说，文革初期没有林彪、江青反革命集团，不知道他们之前有什么阴谋，否则，九大选举林彪为党中央副主席并写入党章，选举四人帮为党中央成员，不是玷污了伟大的导师、伟大的领袖、伟大的统帅、伟大的舵手毛主席和伟大、光荣、正确的中国共产党和九大的全体代表吗！？我还说，揪叛徒是中共中央和最高指示在先，周总理的批示在中，康生的信在后。当北大有关组织向我咨询有关外调的事情时，我到高检院借了50年代肃反文件汇编二册，重点给他们讲明查敌伪档案的手续和必须注意的问题。我对他们说：不要只查敌伪档案，要防止假材料以免上当受骗，还要调查在世的敌方承办人员以及我方在押人员等。关于邓朴方致"下肢瘫痪，终身残废"的情况，专案组叫我证明是1968年4月7日。我说不是4月7日，是1968年8月31日（毛毛的书里面写明是"8月末的一天"），我说邓朴方跳楼和聂元梓无关。聂元梓专案组三番几次要我按照他们的要求出证，但我坚持实事求是，没有依照他们的说法作证，最后和专案组还闹僵了。我说：我干了一辈子司法工作，要实事求是。他们说：你不作证必定影响你的职务、提升和待遇的。我说：死也要实事求是，不作伪证，何况职务、提升和待遇呢。

因为我不作伪证，1986年11月给我留党察看一年的处分。我本来是市高级法院的区、县法院院（疑漏"长"字——引者）、庭长培训班党支书主任，市司法局宣教处、研究室负责人，1990年3月离休时，《离休证》上写明："谢甲林，29年8月生，45年4月参加革命工作，处级干部，原行政16级，享受副处级待遇。"新中国成立60年时，2009年7月中组部明文规定："抗战时期参加革命工作处级及以下的离休干部，享受副司局级医疗待遇。"我因在1986年有了上述处分，就不让我享受这个医疗待遇了。

总之，聂元梓等七人依据"五一六通知"写出的那张大字报，当时在北大确实引起了轰动。但是，如果没有毛主席指示公开发表和人民日报文章，在全国起不了推波助澜作用。文革初期，没有林彪、江青反革命集团，否则，就玷污了伟大光荣正确的中国共产党和九大以及党章。批斗走资派，横扫一切牛鬼蛇神，打倒彭真等人，是"五一六通知"和"十六条"决定的，聂元梓等人只是执行者。夺北大领导权的是工作组，夺工作组权的是中央文革，校文革是王任重亲临指导，依"十六条"选举产生的。揪叛徒是党中央和最高指示，总理有批复，康生的信在后，把他的信提到第一位，不言比他重要的指示和批复，是别有用心的。1968年8月19日宣传队进驻北大，夺了校文革的权，聂元梓被审查、批判，失去自由。邓朴方8月末的一天跳楼致残，与聂元梓无关。从宣传队进校，聂元梓就成了关押批斗的对象；粉碎四人帮后，继续关押批斗直到逮捕、判刑。这说明文革十年中，她长期受迫害。只抓文革初两年两个月的事，而不管七年十个月的事，是不公正的。公正是党规国法的头等大事。

谢甲林　2010 年 5 月 31 日

笔者对判决书的补充质疑（1）：关于去上海串连

笔者认为，说聂元梓去上海串连"造反"是错误的，甚至是严重错误，都是可以接受的。但是，把这件事说成是江青指使的，并据此将此事定为聂"刑事犯罪"的一大罪状，没有证据，是站不住脚的。聂元梓回忆说，"审讯我时，我要求江青出庭作证或请法庭出示与江青勾结的证据，可他们拒绝江青出庭作证，既无旁证，又无佐证，可以说没有一个能证明是江青指使我到上海造反的相关资料。"[32] 聂元梓回忆说，"我让我儿子到中级法院要江青指示内容，法院竟然说：'连《判决书》都不是我们写的，是我们念的，江青指示的内容我们不知道，你去问中央专案组吧。'"[33]

聂元梓去上海串连"造反"，是执行的毛泽东的指示，传达人是李讷。北大有好些人知道此事，但他们是不被允许出庭作证的。那么李讷呢？聂元梓回忆说，"预审员告诉我，说李讷否认了这件事。我追问说：李讷是怎么否认的？预审员讲不出具体内容来。我又说：李讷否认她转告我毛主席指示我去上海串连的内容，那么李讷连着两天到北大来找我，干什么呢？我们谈了两次，她都和我谈些什么？她为什么突然间无缘无故地来找我？预审员还是回答不出来。预审员只能说，你和李讷两个人谈话是密谈，密谈没有旁证，不能算数。我说，那你们说我在上海和张春桥是密谈，那也应该不算数了，对这个问题，预审员就更加无法辩解，闭口无话可说了。"[34] 预审员始终没有拿出李讷否认这件事的文字材料。笔者以为，公、检、法的人员有

---

[32] 聂元梓：《自序：该由谁来承担历史的罪错？》，载聂元梓：《我在历史的漩涡里》。
[33] 聂元梓：《我在文革漩涡中》，第 350 页。
[34] 聂元梓：《我在文革漩涡中》，第 337 页。

没有去找过李讷,都是一个疑问。

聂元梓活了下来,并且看到了《王力反思录》,其中有一段是这样的:"毛泽东对文化大革命的想法,是想把北京的群众组织、学生、工人、机关干部的造反派连在一起,通过聂元梓等人到上海串联,把北京和上海连成一片。主席的设想,组织个班子去上海,最早他想李讷(肖力)要去,聂元梓去,阮铭也去,搞个比较大的班子。聂元梓住在中央文革(应是中央文革记者站的驻地或宿舍——引者),叫她负责筹备这个班子。李讷找过我,我介绍她见过聂元梓(李讷是北大毕业的,她要见聂元梓,并不需要王力介绍,而且她已经找过两次了——引者)。江青说李讷去不去,毛主席正在考虑,因为她正在搞农村文革的指示。后来江青又传达毛主席指示,李讷不去,阮铭也不去,班子不要这么大,聂元梓也不要代表北京市的红卫兵组织,只代表她自己和北大的群众组织,用北大群众组织的名义去上海……我跟聂元梓说时再三叮嘱这几条,说是毛主席、中央文革的决定。"[35]

王力这段文字证明,聂元梓去上海这件事,源头上是毛泽东的指示,江青和中央文革是执行者,聂元梓则是基层的执行者。马克昌主编的《特别辩护——为林彪、江青反革命集团主犯辩护纪实》一书详细介绍了对江青的 8 次开庭审问的过程,[36] 其中并没有提及江青指派聂元梓去上海的事情。

最先到上海造反的是北京的红卫兵。据卜伟华记述,1966 年 8 月 30 日下午,上海市委在文化广场召开欢迎北京红卫兵大会,北京红卫兵约 3000 人参加了大会。会上,北京红卫兵指责上海市委把运动搞得冷冷清清,甚至提出上海市委犯了路线方向错误,必须改组,把上海市委欢迎北京红卫兵的大会变成了声讨上海市委的大会。[37]

后来,上海的工人也起来造反了。1966 年 11 月 9 日,上海一些工厂的造反派联合成立了"上海工人革命造反总司令部"(简称"工

---

35 王力:《王力反思录》,香港:北星出版社,2001 年,第 758—759 页。
36 马克昌主编:《特别辩护——为林彪、江青反革命集团主犯辩护纪实》,北京:中国长安出版社,2007 年,第 222—252 页
37 卜伟华:《砸烂旧世界》,第 260 页。

总司"），由于上海市委采取"不赞成，不支持，不参加"的方针，不承认他们是"革命群众组织"，于是发生了很大的矛盾。11月10日，部分工人造反派强行登上火车，要到北京"告状"，他们还卧轨拦截列车，造成沪宁线中断，史称"安亭事件"。张春桥奉命于11日晚乘飞机前往上海处理这一事件。在听取了工人们的意见后，张没有执行中央已经确定的方针，而是于13日下午签字答应了"工总司"提出的"五项要求"。张春桥在事后才给陈伯达打电话报告情况，而中央文革小组当晚给张春桥打电话，认为他对这个问题的判断是对的。11月16日，毛泽东批准了张春桥对"安亭事件"的处理，并且指出：可以先斩后奏，总是先有事实，后有概念。[38]

"安亭事件"及对此事件的处理，对"文革"的进程有着极大的影响。

卜伟华认为，毛泽东原来并没有要在工农业生产领域大搞文化革命的计划，所以他在1966年10月曾设想文化大革命在1967年春节前就可以结束了。但运动大规模展开之后，出现了许多意想不到的事情，毛泽东的想法也在不断地调整。1966年11月发生的安亭事件，使毛泽东改变了初衷。毛泽东支持工人造反派造反，一下子将文化大革命的范围大大地扩大了。[39]

让聂元梓去上海串连，去支持上海的造反派，正是毛泽东在"安亭事件"发生后作出的决定。

李讷第一次来找聂元梓，是11月12日上午的事，聂不在，李讷同孙蓬一等五六人作了交谈。同日下午，李讷同聂元梓作了单独交谈。11月13日下午，李讷再次找聂元梓谈话。12日和13日，正好是"安亭事件"发生之后、张春桥在上海处理这一事件的时候。

11月12日上午，李讷听了孙蓬一等人关于北大运动情况的汇报后，说了一段话，大意是：北大的造反派不要只着眼于北大的运动，目前全国许多地方群众还未发动起来，造反派受压，尤其上海造反派

---

38 王年一：《大动乱的年代》，第93—96页；亦见杨继绳：《天地翻覆——中国文化大革命史》，第339—345页。
39 卜伟华：《砸烂旧世界》，第298—299页。

压力很大，希望北大的造反派去支持他们。李讷说，今天来找聂元梓就是要同她谈这个问题，这是主席的意思。⁴⁰ 当天下午，李讷同聂元梓谈话，这次主要是聂元梓汇报运动情况，提出了许多问题请李讷向毛泽东请示，她还表达了外出串连的愿望。11月13日下午，李讷再次来到北大，她对聂元梓说：你昨天谈学校的情况和问题，我都向主席汇报了。主席说，学校的事情不多，聂元梓想出去走一走，好嘛，可以出去。上海和外地的运动比北京开展得晚，现在一些地方群众运动发动得不够好，领导不够得力。主席同意你去上海串连，还希望你多走几个地方。李讷还说：你出去串连不能同一般学生、教员一样，到处跑跑看看，你要宣传主席的思想和路线。她还说，现在主要是发动群众，全国的运动搞不起来，光你北大搞也不行。⁴¹

李讷传达的话，反映了毛泽东在"安亭事件"发生后有了新的想法。《毛泽东传》的作者也说，"在'安亭事件'后，毛泽东决心把'文化大革命'从文化教育单位和党政机关扩展到工矿企业和农村中去，开展全面的'阶级斗争'，把它看作是巩固社会主义制度、防止资本主义复辟所必须的重要步骤。这确实是毛泽东正在思考和酝酿着的新的重大部署。"⁴² 聂元梓去上海串连，不过是"新的重大部署"中的一个小小的环节而已。

11月14日上午，聂元梓召开了校文革常委会，讨论如何执行毛泽东指示和工作安排的事情。如果不是李讷转告毛的指示（并且是常委亲自看到李讷两次来找聂元梓），校文革常委决不会同意聂元梓到上海去，更不会让孙蓬一也同她一起去。没有上述理由，姜同光（法律系研究生，校文革副主任）也不会接受临时主持学校工作的任务。

而当聂元梓等人拿着中央文革办事组代买的火车票于19日到达上海时，毛泽东支持上海工人造反派的态度已经很明确了。"工总司"已经获得合法地位，上海市委已经处在风雨飘摇之中，聂元梓赴上海"造反"，完全符合毛泽东当时的意图。至于她实际所起的作用，自

---

40 智晴：《文革初期聂元梓赴沪大有来头》，载《记忆》174期。
41 聂元梓：《我在文革漩涡中》，第90—91页。
42 《毛泽东传》，第1458页。

然同"三司"驻沪联络站是无法相比的。

聂元梓、孙蓬一在上海还见过陈丕显,交谈过,算不算"密谈"?为什么就一个字也不提了呢?

笔者对判决书的补充质疑（2）：关于诬陷朱德的问题

《判决书》给聂元梓列出的另一大罪状是诬陷朱德委员长。《判决书》称：

一九六七年一月,聂元梓得知戚本禹诬陷"朱是反毛的"讲话之后,即批准"新北大公社"与中国作家协会"革命造反团"成立"联合批判班子",以批判《朱德将军传》为名,对朱德委员长进行诬陷。这个"联合批判班子"相继炮制出《篡党、篡军大野心家朱德的自供状》《历史的伪造者、反党的野心家——再揭<朱德将军传>的大阴谋》,两篇文章,诬陷朱德委员长是"混进党内的大军阀","大投机家、大阴谋家、大野心家'等,刊登在《新北大》报上,印五十多万份,发往全国,进行宣传煽动。

《新北大》刊登批判朱德的文章当然是错误的,作为校文革主任,聂元梓当然负有责任。应当指出,1967年1月,"新北大公社"还没有成立。由中共中央文献研究室编的、1993年由人民出版社出版的《朱德传》,理应是一本严肃的著作,但有关章节的作者,却把《新北大》写成《新北大战报》,同一作者在某刊物上发表的一篇文章中又写成《新北大报》。北大从未有过《新北大战报》,至于《新北大报》,那是北大"井冈山"的小报,这份小报和这个组织,要到1967年7、8月才先后问世。这位作者,显然没有作过调查,没有见过这一期《新北大》。

笔者当时没有读过这期《新北大》,更不了解这两篇文章的写作和编发过程。回顾历史,对朱德的批判是从高层贯彻下来的,北大的人觉悟不高,没有抵制,而是跟风,但在当时的历史环境下,这并不是什么了不得的事情。

对朱德的批判,早在"文革"群众运动开始之前,就在中央层面发生了。1966 年 5 月举行了批判彭、罗、陆、杨的政治局扩大会议。卜伟华写道："朱德不同意这次会议的做法，对批判彭、罗、陆、杨持消极态度，而且因为他曾反对说毛泽东思想是马列主义的顶峰等问题，被责令于 5 月 23 日在大会上作检讨。……高、饶事发，朱德即被责令检讨；彭德怀挨批，朱德又被迫检讨。这次也不例外。"[43]

当时还开过一个由刘少奇主持的范围很小的高层会议，对朱德进行批判，会上颇有一些言词激烈的发言。[44] 李豫生的文章《人大副校长孙泱之死——我所搜集的相关材料》的"附录一：1966 年 5 月 23 日政治局的朱德批斗会"中，有一节"朱德批斗会记录"，详细披露了批判会的过程。[45]

这是很高层次的会议，发言者都是党、政、军的元老级人物，他们对朱德的指责和批判，是"文革"时期在群众中批判朱德的源头。

据《王力反思录》，毛泽东说过："现在在我们国家里，群众今天提打倒这个，明天打倒那个，没有什么了不起。"毛泽东还举例说，群众喊打倒朱德、打倒陈云、打倒陈毅的口号，没有什么了不起。[46] 卜伟华也引用了王力的这些回忆，并说这些话是毛泽东在 1967 年 7 月 1 日同张春桥、戚本禹等人谈话时说的。[47]

高层的事情，虽然没有向民众正式传达，但传言还是有的。在那个时候，有高层批判和中央文革号召在先，毛泽东又予以容忍或默认，群众组织批判朱德是不算"攻击无产阶级司令部"的。否则，写批判文章的人当时就被抓起来了。

---

43 卜伟华：《砸烂旧世界》，第 89—90 页。
44 卜伟华：《砸烂旧世界》，第 89—90 页；戚本禹：《戚本禹回忆录》，香港：中国文革历史出版社，第 391—392 页。
45 李豫生：《人大副校长孙泱之死——我所搜集的相关材料》，载《记忆》第 300 期；有关会议材料在网络上也可以查到，如 2022 年元旦笔者在网上查得：《批判朱德会议记录 - 百度文库》，见（baidu.com）https://wenku.baidu.com/view/cb23d9030740be1e650e9a21.html，另有，肖思和：《刘少奇主持的朱德批判会惊人内幕》，见 https://weibo.com/ttarticle/p/show?id=2309404262521535135683
46 王力：《王力反思录》，第 1017 页。
47 卜伟华：《砸烂旧世界》，第 564 页。

在基层，对朱德的批判首先是在中南海里头开始的。1967 年 1 月 10 日，戚本禹奉江青之命，开会布置揪斗朱德。这天晚上，一伙人闯到朱的住处，因为朱不在家，他们就在门前和墙上贴满"朱德是黑司令""朱德是大军阀""炮轰朱德"等大字报。[48] 戚本禹也承认："在中南海里面贴朱德、康克清的大字报，也是江青叫我去布置的。"[49]

随后，北京街头出现了批判朱德的大字报和大标语。据赵云阁，中南海西门、府右街、天安门等处贴出的诬陷朱德的大字报和大标语就是中南海的一些人贴的。[50]

据人民大学陆伟国的文章，1967 年 1 月 21 日晚，戚本禹在全国政协小礼堂对人大的红卫兵头头说："还有朱德，他是大野心家，一贯反对毛主席。你们要把他揪出来，批倒批臭。"戚还说，"你们人大不是有个走资派叫孙泱吗？他给朱德当过秘书。你们可以通过搞孙泱的问题，把朱德的问题搞清楚。"[51]

戚本禹这番话不是对北大说的，北大本来不用参与此事，但是，作家协会的人找上门来了。

孙泱是人民大学党委副书记、副校长，1937 年，他作为朱德秘书根据朱德口述写过《朱德自传》。1939 年，作家刘白羽受委派写作朱德的传记。据刘白羽的说法，传记的初稿 1941 年写于延安。[52] 但这本传记始终没有出版。大概在 1960 年代初的某年，传记有了打印本，题为《朱德传》（《朱德将军传》可能是误称，也可能是初稿的题目）。在当时情况下，打印本的印数显然很少，但数十年后的旧书市场上仍可见到。[53]

---

48 王年一：《大动乱的年代》，第 107—108 页。
49 戚本禹：《戚本禹回忆录》，第 525 页。
50 公诉人赵云阁 1983 年 5 月 20 日在法庭上的发言，转引自李豫生：《人大副校长孙泱之死——我所搜集的相关材料》。
51 陆伟国：《孙泱之死》，载《昨天》第 189 期。
52 刘白羽：《大海——记朱德同志》，北京：中国青年出版社，1985 年，第 313 页。
53 孔夫子旧书网曾有一册《朱德传》油印本出售。据介绍，这是一册 16 开的油印本，总 27 章，共 106 页。该网并刊出该书封面、注文 1 则、目录 2 页陆伟国还讲到，人民大学的一个群众组织"三红"到中国作家协会去要这份稿本，当时控制作协的是"革命造反团"，他们拒绝交出这份稿本。"三红"又去冲击作协的宿舍，但一无所获。

中国作协的地方不大，人也不多，经受不起"三红"的冲击。刘白羽虽然被打倒了，但"革命造反团"的人仍想保护《朱德传》的打印本。他们商议，认为把打印本送到北大去保管是最安全的，并且可以共同开展批判。[54] 该组织内有北大中文系的毕业生，还有一些人虽然不是北大毕业的，但同北大中文系的人也很熟悉，不乏联系渠道。笔者推测，作协"革命造反团"首先是同北大中文系联系的，由此联系上聂元梓。《朱德传》的一份打印本，是确实交给了北大中文系的。

聂元梓多年后回忆说："当时中国作家协会的一个群众组织的人在一次会议上说，刘白羽写的《朱德将军传》有不符合事实的问题，让我表态。我表示同意由中国作家协会的造反派和新北大公社（新北大公社当时尚未成立——引者）联合批判《朱德将军传》中不符合事实的地方。但至于刘白羽写的怎样不符合实际，当时会议没有讨论。之后我就离开学校到北京市工作一段时间，批判《朱德将军传》的事情，就由在校的人主持。我在校请假三个月，到校外开会，正在参加筹备北京市革委会和北京市大专院校红卫兵代表大会的时候，发现新北大校刊登出了'朱德是大野心家'的文章。当初讨论批判《朱德将军传》的时候，并没有说要进一步地把火烧到朱德身上。批判朱德，这显然是严重的错误。当时我立即打电话给校文革，要求他们马上收回校刊，并指令检讨错误。校刊就这样收回了一些，已经发出去的，无论如何，收不全了。我所做的，祇是亡羊补牢而已。这件事当然我也有责任，但我没有反朱德委员长。后来开'九大'的时候，开

和正文首页的图片。据注文，刘白羽原著有12万字，写于1941年1月1日至10月8日，打印本为缩写本，删去了某些自然风景的描写、过细的历史背景的交代以及某些不甚确切的议论，约8万字。油印本封面题为'朱德传'，署'刘白羽著'，没有印制单位及时间。油印本中的部分章目同后来正式出版的《大海——记朱德同志》是一致的。

54 笔者数年前见过某本书内有关此事的一页的图片，但眼下无从查找。

了一个小会，批判朱德，我就没有发言。"[55]

聂元梓提到的那个会议，笔者至今都不了解。推测起来，会议应该是在1967年1月底至2月初那几天里开的。1967年1月是一个非常忙碌的月份，北大在搞军训、批判"虎山行"、批判孔繁、同樊立勤辩论，在教育部夺权并同北师大井冈山发生矛盾，等等。聂元梓参加了北京市的夺权活动，忙着"北京革命造反公社"的事情，后来又奉命参加筹备"首都大专院校红代会"和筹备北京市革命委员会的工作。聂元梓同意了北大同作协造反派合作的事情，但没有过问具体工作，没有审阅稿件，错误就此酿成。对于《判决书》，她写道：

> 法庭没有提供任何事实，证明是我批准《新北大》校刊写诬陷朱德委员长的文章。我当时在全校宣布：请假三个月，参加筹建"北京市革命委员会"的工作。此时在校外我发现了《新北大》校刊写有诬陷朱德委员长的文章，我当即通知《新北大》校刊停止发行，已发行的责令尽力收回，同时令他们做深刻检讨。此事当时谢富治和部分参加"筹委会"工作的人员都可证明。法庭不应当把戚本禹诽谤诬陷朱德委员长的罪名强加在我的头上。[56]

两篇错误的文章发表在1967年2月16日出版的《新北大》上。从署名看，两篇文章的第一作者都是"中国作家协会革命造反团"，第二作者则是"'新北大公社'红尖兵革命造反团"。其中细节，只有《新北大》编辑部的直接经办人才能说得清楚。新北大公社2月15日才刚刚成立，"'新北大公社'红尖兵革命造反团"，很可能是为了同"中国作家协会革命造反团"相对应而临时编出来的名字。

北大学生的组织很少带有"造反"两字。1966年有"红色造反联军"，这是一个反对聂元梓和校文革的组织。1967年出现"新北大公社革命造反总部"，这是从新北大公社分裂出去的组织。1968年出现"新北大井冈山兵团革命造反总部"，这是从井冈山兵团分裂出来的组织。

---

55 聂元梓：《聂元梓回忆录》，第483—484页。
56 聂元梓：《我在文革漩涡中》，第350页。

聂元梓的辩解词是否属实，也只有《新北大》编辑部的直接经办人才能证明。这期《新北大》到底印了多少，实际发行了多少，只有管印刷发行的人才清楚。

笔者以为，新北大公社是2月15日成立的，其总部要到3月上旬才拼凑起来，新北大公社总部对这件事情显然是不了解的。北大的动态组，当时正被那条"又粗又长的黑线"所吸引，对批判朱德的事没有兴趣。

《朱德传》的打印本送到中文系的时间，应该是1967年1月底至2月初那几天。2021年12月，笔者向中文系校友祁念曾求证，经祁确认，1967年2月初，中文系负责人华××和严××二人把打印稿交给他，要他写一篇批判文章。那一年的春节是2月9日，祁在春节后便被派到《红旗》杂志社当记者，直到1968年工宣队进校后才回到学校。从拿到打印稿到去《红旗》杂志社，中间只有短短几天时间，他没有写批判文章，也没有把打印稿交回系领导手里，系领导也没有再过问此事(这显然同聂元梓批评校刊、叫停此事有关)。他也不认识作协"革命造反团"的人，从无联系。1968年春北大发生武斗后，他把这份稿本送回老家藏了起来。由此，这份打印本躲过了北大武斗的劫难，也没有落到谢静宜、迟群一伙手里。"文革"结束后刘白羽复出，祁将稿本寄还给了刘白羽。打印本的失而复得，使刘白羽大为惊喜。1985年，这部稿本在修订后正式出版，字数增加到20.7万字，书名为《大海——记朱德同志》。

据祁念曾的回忆分析，中文系没有其他人拥有打印稿，也就没有人可以写批判朱德的文章。笔者以为，如果有北大的人写了文章，作者或第一作者应该署北大的某个战斗队的名字，然而并没有这样的事情发生。校刊上发表的文章，应该都是作协的人写的。当然，校刊编辑部是有责任的。

笔者对判决书的补充质疑（3）：关于"揪叛徒"问题

《判决书》给聂元梓列出的还有如下罪状：

一九六七年四月十四日，林彪、江青反革命集团主犯康生写了个便条给聂元梓，要聂元梓"组织调查组"，"系统地调查彭真、刘仁的问题"。聂元梓立即成立了北京大学"揪叛徒兵团"，并将组建情况和活动动向报告了康生、谢富治。聂元梓写信给谢富治，要求"协助"，原公安部副部长李震即秉承谢富治的旨意，接见了"揪叛徒兵团"负责人，准予到全国各地查阅档案。聂元梓事先同被调查人谈话，作了安排，然后让"揪叛徒兵团"派人按照她提供的线索进行调查。"揪叛徒兵团"主要根据被调查人提供的假材料，在聂元梓的直接授意下，写报告给康生，诬陷"彭真、薄一波、安子文与胡仁奎、李伦狼狈为奸，向蒋介石汇报，进行投敌叛国活动"；"解放后，胡、李又在彭、薄、安的长期包庇下，窃踞我党的重要职务潜伏下来，成为我党内的一个极大隐患"。上述报告，经康生批交当时的中央专案办公室"彭真专案组"。一九六八年七月，"彭真专案组"在康生授意下，以上述"报告"为重要根据，诬陷彭真是"大特务"致使彭真遭到逮捕，冤狱多年。李伦也被诬陷为"特务"，冤狱近八年。

北大当时负责"揪叛徒"的战斗队一般叫"第二战斗队"（也叫"揪叛徒兵团"），该战斗队的成立过程及其活动情况，笔者一无所知。数十年后读到谢甲林的文章，才对其成立的过程有了些许了解。

对于北大师生来说，"揪叛徒"是党中央的号召。1967年3月16日，中共中央印发了《关于薄一波，刘澜涛，安子文、杨献珍等六十一人的自首叛变材料》，这个文件还以中共中央名义加了经毛泽东批准的批示。批示指出："揭露这个叛徒集团，是无产阶级文化大革命的胜利，是毛泽东思想的伟大胜利。"中央在批示中还引用了毛泽东1967年1月31日的一段批语："党政军民学，工厂、农村、商业内部、都混了少数反革命分子、右派分子、变节分子。此次运动中这些人大部分自己跳出来，是大好事。应由革命群众认真查明，彻底批判，然后分别轻重，酌情处理。"[57]

在这个中央文件发下来之前，北大还没有人做过"揪叛徒"的事。

---

57 王年一：《大动乱的年代》，第 164 页

这个文件下发的时候，新北大公社总部为应付"反二月逆流"狂潮，正处在焦头烂额之中，没有人想过这件事情。中央下了文件，校文革领导当然是要执行的。于是，首先有了周恩来的批示。

1967年4月3日有一次接见会，孙蓬一正好坐在周恩来对面，距离很近，孙给周恩来写了一个条子，周恩来作了批示。据后来见过这个批件照片的同学告，孙蓬一写的是："总理：我们获得一些叛徒的线索，是否可以调查？"（大意）；周恩来的批示是："可以调查，但材料不要公布。周恩来"

1967年4月14日，康生在接见会上，写了一封短信给聂元梓，说："天津南开大学卫东组织了调查彭真、刘仁等调查团，看到旧北京市委内隐藏了许多叛徒。我想新北大应组织调查组，系统地调查彭真、刘仁等黑帮的具体材料。"这件事情是公开的，康生写的这张便笺是经过会场上许多人的手传递给聂元梓的。

在那个年代"揪叛徒"，谢富治和康生是绝对绕不过去的两个人，谢掌控公安部，康生则是中央审查委员会的成员，是高层掌控干部审查的人。北大的"揪叛徒"工作后来被他们所利用，是注定的事。

完全没有受他们干扰的事，是"除隐患战斗队"的人拿着周恩来批件的照片，直接去了武汉档案馆。当时档案馆已经军管，据说军管部门向总理办公室核实，证明批件是真的。由此，北大的人顺利地查到了吴传启的历史资料。吴传启不是叛徒而是国民党员，所以用大字报简要地揭露了他的历史问题。在陈伯达6.5讲话的高压下，详细材料没有公布，但上报了。

有了周恩来的批件和康生的条子，但北大的人还是不知道该怎么操作。在谢甲林的建议下，聂元梓给谢富治写了一封信，并附上周、康指示的原件，请示办法。谢富治批示："李震同志，请按总理、康生的指示办。"随后，北大相关人员见了李震（时为公安部常务副部长），作了汇报。李震让秘书叫来公安部办公厅主管介绍信的处长，当面言明给北大开介绍信的事项。这位处长要求，必须把外出调查人员名单送公安部审查备案。只有名单上的人，才可以持校文革介绍信到公安部转开介绍信。[58]

这是一套公事公办的手续，但在《北京大学纪事》编写者的笔下，"送公安部审查备案"，变成了"送'康办'备案"，"公安部转开介绍信"，变成了"携'康办'介绍信"。"康办"管这么具体的事情吗？如果这不是《北京大学纪事》编写者的刀笔手法，而是真实情况，那么，在"康办"备案、携"康办"介绍信外出调查的事情，同聂元梓是毫无关系的。

因为要查敌伪档案，"第二战斗队"的成员全是中共正式党员，并且在公安部有备案，他们必须绝对保密，内部也不能随便议论，也从未公布过任何材料。

1967年6月28日，中共中央又发出《关于"抓叛徒"问题的通知》。1968年2月5日，中共中央转发黑龙江革命委员会《关于深挖叛徒工作情况的报告》。因此，"第二战斗队"的工作并不违反当时中央的规定。他们在具体工作中有什么问题，应当具体问题具体分析。

据《彭真年谱》，1966年5月4日，彭真向刘少奇、邓小平提出北京市的工作，他以后不管了。刘少奇、邓小平表示同意。5月16日，中央政治局扩大会议第二次全体会议宣布撤销彭真的职务。从5月22日起，彭真被软禁在家中。5月23日，中央政治局扩大会议决定停止彭真的中央书记处书记职务，并撤销彭真的北京市委第一书记和市长职务。5月24日，中共中央政治局常委会决定成立中共中央审查委员会，对彭真等人进行专案审查。7月9日，中央专案审查委员会成员康生宣布成立彭真专案小组，应专案小组办公室的要求，彭真写了检查、自传等若干材料。12月6日，彭真由北京卫戍区监护。彭真多次受到专案小组的审问，多次被批斗并遭殴打，在《红旗》《人民日报》及各种群众组织的小报上受到严厉批判。[59]

康生要求北大调查旧北京市委内部叛徒问题的指示，聂元梓不

---

58 谢甲林：《谢甲林法学文集》，北京：时代弄潮文化发展公司，2013年，第47—48页。
59 《彭真传》编写组编：《彭真年谱》第四卷，北京：中央文献出版社，第484—493页。

能不接受，不能不执行，但调查结果却是否定了康生的看法。聂元梓在申诉中说，"我们组织人员经过周密的调查，旧北京市委没有查出一个叛徒，遂给康生写报告，结束了康生交给的这一工作。"[60] 聂元梓说的这个报告应该是有案可查的，如果属实，那么，"第二战斗队"的人做事还是实事求是的。

但是，调查人员发现了胡仁奎、李伦可能是国民党特务、而彭真同他们来往密切的线索，对彭真产生了疑问。

聂元梓并不认识胡、李二人，只是早年从姐姐、姐夫（他们都是中共地下情报人员）口中听说过他们的名字。她的一份遗稿讲到了这件事情：

4. 认为彭真同志有特嫌的看法是战斗队自己提出来的。我曾经提出去调查聂元素、梁寒冰（聂元梓的姐姐、姐夫——引者），说他们认识胡、李，但没有任何我个人的观点，什么时间去调查是战斗队自己决定的。大约5、6月，战斗队写给康生一个调查报告，送我及其他校文革副主任审阅。我不同意转送，并批示："继续调查，要核实材料，要调查胡仁奎，要调查李伦本人等等。"（聂元梓可能还不知道胡已经去世了——引者）7月，战斗队向校文革常委汇报，又提到彭真有特嫌，薄一波、安子文与胡、李关系问题等。我认为没有牢固的材料，对彭真是否有特嫌要抓关键，首先要弄清胡、李是不是特务，彭真的问题就清楚了。8月，战斗队认为调查清楚了，写了报告给康生，其中引用了李克农、王世英、李处良（延安交际处）的证明材料，说明胡、李有问题。这样，我也搞不清了，同意战斗队报康生，由领导决定。

5. 中央彭真专案组1967年8月接收了战斗队，从此战斗队与校文革没有联系，工作由他们直接领导。1968年秋，中央专案组向中央写报告要求处置彭真同志，引用了战斗队给康生报告的材料，但未

---

60 聂元梓：《我在文革漩涡中》，第351页。

向我和校文革讲，我们也根本不知道他们写报告给党中央的问题。[61]

以上引文中提到的"李处良"，笔者怀疑并非人名，似应为"李处长"。

聂元梓的这篇遗稿或许是准备在法庭上自我辩护时使用的提纲，但法庭没有给她讲话的机会。

李克农是中共情报系统的领导人之一（1962年逝世），王世英是中共资深情报工作者，李处良（长）是接待各方来宾的延安交际处的负责人，并负有统战、情报等多重任务，不知道他们留下的证明材料是什么样的，但他们对胡仁奎、李伦的身份显然是有怀疑的。在这些材料面前，聂元梓当然"搞不清了"。在这种情况下，她才同意上报调查材料，由上级去判断。这是正常的做法。

聂元梓的遗稿表明，"第二战斗队"写的材料是1967年8月上报的，随后该战斗队便被中央彭真专案组接收。另据《彭真年谱》，同年9月，彭真专案组引用该材料写出《彭真包庇国民党大特务胡仁奎、李伦进行特务活动，并通过胡、李与蒋介石、阎锡山暗中勾结》的诬陷材料。[62] 这是中央专案组的事情，聂元梓一无所知。而彭真被从北京卫戍区临时关押处转送至秦城监狱关押，是10个月之后的1968年7月15日。显然，这是高层的政治决定。中央级的专案组要求逮捕彭真，是因为彭真在监护期间"反革命气焰一直非常嚣张，拒不交代问题"，[63] 至于把"第二战斗队"的材料作为依据，不过是借口而已。

笔者没有见过"第二战斗队"的这份材料，它是如何"诬陷"的，无从了解。胡仁奎、李伦的名字，笔者当年也没有听说过。

数十年后，笔者才读到何奇（中国企业管理协会原副会长）所撰

---

61 王复兴主编：《聂元梓遗稿——检查、交代、申诉及访谈》，奥斯汀：美国华忆出版社，2021年，第247—248页。
62 《彭真传》编写组编：《彭真年谱》第四卷，第495页。
63 《彭真传》编写组编：《彭真年谱》第四卷，第501页。

介绍胡仁奎的文章。[64] 据该文，胡仁奎、李伦系夫妇，胡系中共老党员，长期从事特情工作，其革命经历极为曲折且扑朔迷离，富有传奇色彩。何奇文章的题目"毛泽东蒋介石座上客 根据地国统区穿梭人——胡仁奎传奇"表明，胡仁奎是一位很高层次的特情人员。何奇没有说明其文章的材料来源，笔者推测他至少见过胡仁奎、李伦所写的自传一类文字，以及李伦晚年的口述资料。特情人员的情况确实复杂，胡不仅是中共地下党员，也是国民党员，而且加入了国民党特务机构"中统"。就何奇的文章而言，也仍有令常人难以理解的地方。如抗战胜利后在南京，胡仁奎被任命为国民党中央党部设计委员，并有国民党中统方面的身份和任务，但这些都向中共领导人汇报过，所以他可以经常出入中共代表团驻地梅园新村，同周恩来、董必武等人都很熟识。但是，中共代表团撤离南京时，并没有告诉胡仁奎今后同组织上联络的方法，实际上切断了同他的联系。南京的中共地下党也没有联系过他们。胡仁奎、李伦夫妇等待数月，一直没有人同他们联系。二人遂自行到北京寻找党组织，北京的地下党不了解他们的情况，无法接纳他们，向上级请示，得到的回复是："中央指示：还是请你在外边，不要回去。"显然，这是中共情报系统高层的决定。李克农等情报系统的领导人，对胡、李二人的看法是有保留的。

彭真是胡仁奎的"贵人"。胡1926年就加入共产党了，但后来他的上级失踪了，他和组织失联了。胡一直在寻找党组织，直到1937年8月下旬，才由彭真通知他恢复了组织关系。北平解放后的第二天，胡直接找到了彭真，才从"地下"回到"地上"。这时，国民党政府即将崩溃，胡仁奎已无特情工作可做，新中国成立后，百废待兴，需要大批干部，给胡仁奎、李伦夫妇安排一份工作，是理所当然的事情。

高级特情人员的行为常常为人们所误解，而又不能公开解释。1939年10月，胡仁奎、李伦结婚。"也就从这个时候起，党内有些

---

64 何奇：《毛泽东蒋介石座上客 根据地国统区穿梭人——胡仁奎传奇》，载《炎黄春秋》，1997年第5期；该文以《"红色特工"胡仁奎》为题，亦载于《文史月刊》，2006年第7期。

人怀疑李伦是国民党派遣特务，并向党中央发了电报。"[65] 能够向党中央发电报的党内人士，级别一定很高吧？他们报告了"假材料"？《炎黄春秋》发表何奇文章时特别加了"编者按"，提到"长期流传着胡仁奎叛变、其妻李伦是国民党派遣特务的传说"。不光是传说和私下议论，还有顺口溜："胡仁奎朝总裁，带回美人来；大洋两千块，电台。"顺口溜说的是抗战时期晋察冀边区行政委员会副主任委员胡仁奎被蒋介石收买了，蒋介石送给他一位美女，还给了大洋两千元，带着特务、电台回到了边区。顺口溜的产生，证明这件事流传很广，知道的人很多。然而这只是表面现象，真实情况并非如此，胡的做法都是经过党组织批准的，至于李伦，那是毛泽东都认识的。这些都是高级机密，当时当然不能澄清，但解放后仍然没有人出面说明真实情况，传说一直在流传。而且，自"潘汉年、杨帆案"和"胡风反革命集团案"以来，人们看待原地下党干部和特情人员时有了异样的眼光，许多人遭到怀疑，"文革"中更是在劫难逃。胡、李二人在"文革"中受到怀疑和调查，显然是"事出有因"。

胡仁奎曾任对外贸易管理局副局长、贸易部办公厅主任、海关总署副署长等职，1962年任北京林学院院长，1966年12月逝世。他没有机会公开为自己辩护。李伦在"文革"中受难，一方面是因为他们本身的经历确实复杂，而能够证明他们清白的人，有的级别太高，群众组织的调查人员是接触不到的；还有一些知情人被打倒了，而"文革"当局又要利用他们历史的复杂性证明有关官员的"罪行"。官方指派的律师季全学、史兰生在审判庭上为聂元梓辩护时指出，"诬陷彭真以及对彭真进行人身迫害，都应由康生负首要罪责。诬陷迫害李伦的情况，同样也是出于康生的阴谋。1967年8月19日，康生在逮捕李伦报告上亲笔批示'李伦（胡仁奎老婆）确系蒋匪特务''应逮捕审讯'。1969年7月13日，搞李伦专案的承办人认为李伦定为特务证据不足，写出释放李伦的报告。又是康生在这个报告上批示：'李伦是老特务，在延安已清楚知道，此人应定案判刑'，致使李

---

65 何奇：《毛泽东蒋介石座上客 根据地国统区穿梭人——胡仁奎传奇》。

伦冤狱近八年之久，可见诬陷迫害李伦，始终出于康生之手。"[66]

胡、李二人的平反，要等到"文革"结束、康生被否定之后。

1979年1月，中共中央组织部出面，"对有关胡仁奎夫妇的所有误传澄清了事实，又对所有错误论断与处分，予以平反。"但是，详细情况大家还是不清楚，疑问并不能马上消除。为了消除人们的疑惑，《炎黄春秋》特请对胡仁奎夫妇情况有研究的何奇写了文章。[67]由此，他们的传奇经历才为人们所知。

"第二战斗队"在1967年8月就被中央的彭真专案组接收了，他们此后无论做了多少事情，办了多少案子，同聂元梓和北大校文革都没有关系了。

《北京大学纪事》编者指责："该兵团携'康办'介绍信派人到全国20多个城市查阅敌伪档案，提审在押人员，凭犯人口供，搜集编造老干部的材料，制造了十多起大案、冤案。其中，如'百人专案'，将叶剑英按照中央决定，营救被国民党关押的300多名我党干部出狱，说成是叛徒；搞北京地下党一案，诬陷刘仁。"如果此说不是编者的刀笔，那么，该战斗队的调查工作，显然超出了中央彭真专案组的管辖范围，难道他们已经由中央专案委员会直接指挥了？这些事情同聂元梓毫不相干，所以庭审中根本没有提及。

1967年春，有人曾向聂元梓出示一份名单，这是中宣部在"文革"前掌握的文教系统有自首变节行为的干部名单，某些名人赫然在列。聂认为，这曾经是极小范围内少数领导知道的绝密材料，况且这些人的问题早经组织上查清楚，并且做了结论，因而不宜在公众中公开。聂元梓同这位人士商量后取得共识，这份名单不走漏给任何人，不拿出去。[68] 在这件事情上，聂元梓显然是清醒的，做法也是对的。

---

66 聂元梓：《聂元梓回忆录》，第388—389页。
67 《炎黄春秋》发表何奇《毛泽东蒋介石座上客 根据地国统区穿梭人——胡仁奎传奇》一文时的"编者按"。
68 王复兴主编：《聂元梓遗稿——检查、交代、申诉及访谈》，第406页。

笔者对判决书的补充质疑（4）：关于诬陷迫害常溪萍的问题

《判决书》给聂元梓列出的罪状还有：

一九六六年七月和九月，被告人聂元梓伙同孙蓬一等人，两次大字报诬陷曾任北京大学"社教"工作队党委副书记常溪萍是"镇压北大社教运动的刽子手"，"暗藏的反革命黑帮"。被告人聂元梓将大字报交给江青，转到上海，在华东师大等处贴出。一九六六年十一月聂元梓到上海，煽动打倒常溪萍，伙同华东师大的一些人多次对常溪萍进行批斗，致使常溪萍受到极其残酷的折磨，于一九六八年五月二十五日含冤去世。常溪萍的爱人陈波浪也因此受到株连，被迫害致残。

律师季全学、史兰生指出："聂元梓对常溪萍有诬陷行为，但是致使常溪萍遭到残酷迫害以致含冤死去的直接原因，则是一年多以后张春桥又进行诬陷迫害的结果。""聂元梓在诬陷常溪萍时没有提及陈波浪，也没有对陈波浪实施株连的行为……就追究株连和迫害的罪责而言，被告人聂元梓不应负刑事责任。"[69]

笔者当年不了解给常溪萍写的大字报的内容，半个多世纪后才读到这两篇大字报。

大字报之一题为《常溪萍是镇压北大社教运动的刽子手，是暗藏的反革命黑帮》，大字报于1966年7月26日在北大东操场的大会上转给上海市委负责人，8月14日张贴在华东师范大学。笔者不知道最早在这张大字报上签名的有哪些人，聂元梓说她并未在上签名。笔者后来见到的宣传材料，作者有聂元梓、杨克明等16人，聂元梓的名字可能是后来补上去的。大字报的作者里没有孙蓬一，当时孙蓬一不在学校。

大字报之二题为《常溪萍在北大社教运动中是个叛徒，是前北京市委反革命修正主义集团镇压北大社教运动进行反革命倒算的急先

---

69 聂元梓：《聂元梓回忆录》，第389—390华页。

锋》，作者为"北京大学揭发常溪萍问题小组"聂元梓、孔繁、孙蓬一等17人，时间为1966年9月20日。

常溪萍于1966年8月30日在华东师大文革代表大会上作了一个检查，主要讲了参加北大社教运动的过程，检讨了自己的错误，也揭发了陆平等人口头上讲的好听，行动上阳奉阴违，进行反攻倒算的问题。在北大社教运动中，常溪萍推动了张磐石被罢免和社教运动的翻盘，但他自己也陷入了困境，所以他后来拒绝对他的拉拢和提拔，也拒绝再回北京。北大社教运动的积极分子被打了下去，不了解常溪萍陷入困境的情况。工作队撤离北大时，常溪萍曾经提出，不要因为社教运动的转折而批判前一阶段给陆平和校党委提意见的积极分子。但是，积极分子们不知道这件事情。

两份大字报和常溪萍的检查都是那个时代的产物，都有当时的政治背景。

最主要的背景就是"五一六通知"的普遍传达。人们被告知，彭真和北京市委都被打倒了，问题很严重；陆定一和中宣部也被打倒了，中宣部被称为"阎王殿"；陆平和北大党委被打倒了，被称为"黑帮"和"反动堡垒"。

最直接的背景是《人民日报》6月5日的社论，社论指出："陆平等这一小撮保皇党，拼命抵制和破坏社会主义教育运动。北京大学的革命师生在社会主义教育运动中，揭发了陆平这些保皇党反党反社会主义的大量言行，揭发了他们实行修正主义教育方针的大量材料，但他们仍然顽抗。他们在前北京市委的直接指挥下，还疯狂的反扑，进行反攻倒算。他们给革命派捏造了种种罪名，戴了许多帽子，组织围攻，轮番作战，他们对一批积极分子进行的这种残酷斗争，竟长达七个月之久。这是1965年发生的一个极端严重的反革命事件。"

用《人民日报》社论这样的新的政治高度、新的政治标准去看北大社教问题和常溪萍当年的作用，结论当然就完全不同了，常溪萍被认为是"社教叛徒"也就不奇怪了。常溪萍的检查表明，他对他自己在北大社教运动中的行为也有了新的认识。

聂元梓等人并没有马上给常溪萍写大字报。直到7月下旬，他们得知常溪萍负责领导上海的高等院校的文化大革命运动，感到十分震惊，这才写大字报提出了疑问，并作了揭发。9月20的大字报的内容更为详细，是对第一份大字报的补充。笔者以为，大字报揭示的事实并非无中生有，因为那是作者们的亲身经历。但作者们同常溪萍从未有过沟通的机会，对他后来的处境缺乏了解，因而认识有片面性。比如常溪萍不赞成对社教积极分子进行打击报复，但他没有公开申明过，普通党员都不知道。最主要的，是作者们受《人民日报》社论的影响，评价标准完全不同了，因而有了"叛徒""刽子手""黑帮"等种种指责。

聂元梓等人奉命去上海支持造反派，他们在华东师大参加常溪萍的批斗会，发言批判常溪萍，是完全错误的。

笔者对判决书的补充质疑（5）：关于"监改大院"和"专案组"的问题

对聂元梓的指控还有"监改大院"和"专案组"的问题。《判决书》称：

一九六八年四月七日，被告人聂元梓指使"新北大公社"某些人，在校内制造了"反革命小集团"冤案。为此，设立专案组，以抓"反革命小集团"骨干份子为藉口，先后将邓朴方、邓楠、颜品忠、韩琴英、彭秋和等十余名教师、学生绑架到校，严刑拷打，致多人受伤，其中邓朴方下身瘫痪，终身残废。八月九日、十四日，北大校文革办公室向江青、陈伯达写报告和绝密《简报》，诬陷"邓小平通过其子邓朴方组织反革命集团，控制北大运动"。

1982年10月29日，律师季全学、史兰生在审判庭上指出："监改大院"和"专案组"的问题，我们认为她应负一定责任。但是，必须指出"监改大院"以及"专案组"进行的残酷的人身迫害，并不是在聂元梓的授意或策划下进行的。"[70]

---

70 聂元梓：《聂元梓回忆录》，第390页。

"监改大院"也称"黑帮大院",其中情形,笔者当时并不了解。笔者在第十五章中研讨往事,介绍了"文革"中"清理阶级队伍"的由来。这件事情,上有毛泽东的重要指示和中央文件,中间有北京市革委会1968年5月15日发出的《关于清理阶级队伍工作中几个问题的通知》,北大校文革执行了上级的指示,并参考了西安交大的"经验"。这件事情做得很糟糕,孙蓬一1977年1月3日给笔者的信中提到,"建立那个学西安交大经验的'黑帮大院'更是荒谬绝伦,特别是里面出现了违法乱纪的现象,虽下令制止,但也收效不大,大失人心。"西安交大那个"经验",是登了报的?还是上了文件的?笔者无力查证,希望将来能有人作些研究。

笔者也不了解"专案组"的情况。多年后一些网络信息显示,颜品忠、韩琴英、彭秋和大概是樊立勤那个"东方红公社"的成员,但是,遭到最严重伤害的樊立勤为什么没有出现在这个名单上呢?

笔者当年对邓朴方的情况一无所知。他跳楼的时候,工宣队已经进校,校文革各机构已经被工宣队接管,新北大公社也已经解散了,邓朴方对这些情况完全不知道?或者他以为,未来的日子更难熬,更没有希望?

北大校文革办公室的"简报",笔者一份都没有见过,无从置评。

聂元梓当然是有错误的,但判决书提出的罪状是不能成立的。聂元梓不认罪,始终拒绝接收不合法的所谓"北京市高级人民法院刑事终审裁定书"。1983年7月27日,聂元梓被用欺骗的方法强行送入延庆监狱。关押聂元梓的法律手续是不完备的,没有正式的法律文书,只有非正式的小押票,上面只有关于刑期的简单规定。聂元梓写报告要求法院补充手续,报告于1983年8月初送达,但法院始终没有答复。因此,聂元梓在监狱里不穿囚服,也不参加劳动改造。

延庆监狱于1984年12月20日送聂元梓回京"保外就医"。

聂元梓还在等待法院的答复和补充关押监狱的法律文书时,1986年10月16日却又被北京市中级人民法院的一纸"刑律裁定书"宣布假释,似乎一切都过去了。

在极其艰难的人生境遇中,聂元梓坚强地活了下来。她在2005

年出版了回忆录,尽管粗糙,笔者还是从中了解了许多原先不知道的事。她的回忆录经过修订,于 2017 年再版。这两本回忆录可供"文革"研究者参考。

聂元梓于 2019 年 8 月 28 日病逝,享年 98 岁。

附记:孙蓬一的悲剧

研究北大"文革",孙蓬一是一个绕不过去的人物。

孙蓬一,山东蓬莱人,生于 1931 年 1 月。他的父亲于 1938 年参加八路军,1944 年惨遭敌人杀害。1943 年,孙蓬一离家投奔了山东抗日根据地,1945 年参加八路军,1946 年加入了中国共产党。孙蓬一在部队里学过医,抗美援朝时,他是中国人民志愿军的一名医务人员。孙蓬一是参加过战争并立过功的。

1953 年 9 月,孙蓬一因病转业至南京铁路医院工作。

一位校友记述了其亲眼所见的孙蓬一的医术:"一天,一位亲戚拄着拐来我宿舍,右脚几乎不能着地,在他们那里治了一个多星期不见好。正好孙蓬一也在,他看了看,摸了摸,然后让这位伤者坐在床上,把他上身与床框紧紧绑在一起,让我用力拉他的腿,我拼命地拉,就要顶不住时,只见老孙挥手'啪'的一下朝他的膝盖打了下去,说时迟那时快,伤者大叫一声,接着老孙让他下地,很奇妙,他站直走了起来。"

看来,孙蓬一掌握了一定的中医骨科技术,而且富有经验。如果能够得到深造,一定能成为一名好医生。然而,1955 年 9 月,组织上让他进入北大哲学系学习,这在北大被称为"调干生"。这是他人生的一个重大转折。

1958 年 7 月,孙蓬一提前毕业,任政治课教员。1961 年回哲学系任教员。

1957 年反右时,孙蓬一还是学生,革命烈士的家庭出身和他自身的经历决定了他是反右的积极分子,但是,也就是在这个时候,他对哲学系总支书记有了很大的意见。孙蓬一是学生党支部的,学生支部要向总支书记汇报、请示,但就是找不到总支书记在哪里。同样,教工支部也找不到总支书记。总支书记为什么不在岗位上,实在是很奇怪的事情。

留校任教的还有好几个党员调干生,哲学系教师中的党员队伍迅速扩大。然而,一次次政治运动的结果,使包括孙蓬一、孔繁在内的过半数的党员都对总支书记有了很大的意见。党员队伍内部矛盾不断发展,但党委书记陆平及其党委,却不能及时公正地解决这些问题,导致矛盾更加恶化。等到陆平决定调走原总支书记、派聂元梓接任的时候,为时已晚。聂元梓无法调和双方矛盾,不选边站便无法开展工作。后来有人指责聂元梓"陷入两派太深",原因盖出于此。

社教运动开始后,孙蓬一等人成为积极分子,他们批评的对象,主要是前总支书记。他们平时接触不到陆平,无从对陆平形成什么看法。有一次孙蓬一和张恩慈到工作队办公室,谈到有些问题一下子捅到"天上"(指校党委),坐在一旁的张磐石淡淡地说了一句:"天也快塌了。"这句话让两位助教吓了一跳,因此得以留下深刻的印象。[71] 这件事说明,要打倒陆平的是中宣部派出的工作队,并不是孙蓬一这些年轻教师。

孙蓬一这些普通党员不知道,这场运动的根本问题在高层,是高层的博弈。高层博弈导致北大社教翻盘,而后又发生了对积极分子进行清算的严重事件。这是孙蓬一们无法理解、无法接受的。孙蓬一参加了长达 7 个月的第二次国际饭店会议,住着高级饭店,有不错的伙食,但会议却是杀气腾腾,哲学系整肃的目标主要是聂元梓,其次是张恩慈等。孙蓬一等人对会议的做法表示强烈的不满,孙蓬一说的梦话——"莫名其妙,反对!反对!"——甚至被同房间的对立派人员汇报了上去,矛盾之尖锐可见一斑。积极分子们中间流传的一句

---

71 参见陈徒手:《故国人民有所思:1949 年后知识分子思想改造侧影》,北京:生活·读书·新知三联书店,2013 年,第 218 页。

"杀了孙蓬一，还有郭罗基"，则是反映了积极分子们面对打压的激愤之情。

北大社教运动烂尾，哲学系社教积极分子被分派去郊区参加"四清"，而且很有可能是"肉包子打狗"，不让他们再回北大了。聂元梓等七人写第一张大字报的时候，孙蓬一不在学校，否则他一定会签名的。张承先工作组时期，他被借调到中央文革办事组，当了一名工作人员。数十年后，笔者曾见到原办事组的王广宇，他对孙蓬一还有着很好的印象。

1966年8月，聂元梓奉命筹建北大的文化革命委员会，人手不够，便把孙蓬一要了回来。选举校文革时，他当选为委员。

中央文革副组长王任重对聂元梓"不听话"有所不满，他召见孔繁、杨克明，要他们牵头成立"党组"，而让聂元梓边缘化。这一做法引发了哲学系左派的分裂，孙蓬一显然是坚决支持聂元梓的。王任重的计划失败后，孔、杨放弃职守，以串连之名离开学校。1966年10月下旬，由聂元梓提议，孙蓬一参加校文革常委会议，主持日常工作。但笔者当时同孙蓬一没有接触，也不了解校文革的内部情况。

1966年11月8日，由聂元梓、孙蓬一等十一人署名，贴了《邓小平是走资本主义道路的当权派》的大字报。1966年11月19日，孙蓬一等人随聂元梓到上海串联，在那里参加了上海市造反派的一些活动，聂元梓先返回北京，孙蓬一是1967年1月7日回到北京的。

孙蓬一忠于共产党，一向听从党的召唤，积极投入政治运动。但是，他的阅历太浅了，他太天真，太幼稚，他对政治的认识是理想化的，以为那是神圣的、纯洁的，他的这种天真和幼稚最终给他带来了灾难。

从贴邓小平大字报到去上海串连，孙蓬一都是紧跟毛泽东"文革"路线的，对中央文革也还没有发生怀疑，但到1967年1月底2月初，他的思想发生了重要的变化。引起他思想变化的因素来自多个方面。

孙蓬一于1967年初从上海返京，1月7日回到学校。北京的情况，同他去上海的时候已经大不一样了。

一件重要的事情，是陶铸被打倒和吴传启团伙的乘势崛起。1966年12月中下旬，北大还是吴传启们拉拢的对象，但没过几天，在对待卢正义的问题上，北大就成了这个团伙的绊脚石。曾经和林杰对拍桌子的北大学生，把这些情况告诉了孙蓬一。到1月底，北大《动态报》的几个学生，陆续向孙蓬一介绍了他们发现的"一条又粗又长的黑线"的情况。孙蓬一在1977年1月3日给笔者的来信中说，正是这些学生，"最早向我提到了以王、关、戚为后台的，在北京市有一伙新的招降纳叛结党营私的集团。""我当时觉得你们说的是正确的，不过那时谈这种问题，其危险性是不言而喻的。我当时没有和你们一起议论，也未表态支持你们，出于保护你们的考虑，我还'劝诫'你们不可乱说。"

另一件事是关锋、王力亲自出马，为了他们那个团伙的利益向北大抡起了大棒。

毛泽东发动的"一月夺权"，立即被王、关、戚、吴传启团伙所利用，这个野心勃勃的团伙有自己的、完全排他性的路线图和计划，当北大遵照周恩来的讲话派人出去参与"夺权"后，发现处处碰壁，而碰上的，全是这个团伙。孙蓬一在来信中回忆说，面对这种局势，"我的态度是，我们尽量撤出来，不参与其中，可更冷静地观察、分析，以得出准确结论。所以，当一讲了夺权要先解决授权问题，要先开各种代表会后再夺权时，在讨论中，我是主张全部撤回来。当时聂提出，高教部可暂不撤，因为那里发生了原则性的争议。我同意了。结果，发生了高教部事件。"

北大在高教部的坚持，触犯了关锋、吴传启这个团伙的利益，怒不可遏的关锋、王力亲自出马向北大施压。孙蓬一在十年后回忆说："2月3日，王、关同时分别给我打电话。真是恶人先告状，倒打一耙，明明是谭厚兰一伙保卢正义保红了眼，纠集了其同党欺负我们，而关、王却反诬我们打了他们，关、王第一次向我们露出了狰狞面目，赤裸裸地从幕后走到前台。我四处打电话将聂找回来以后，我们去高教部，负屈含冤地将我们的队伍劝回来了。可是正当我们悲愤填膺的群众，在军训解放军的大量耐心的政治思想工作下，刚刚平息下来时，关、王又给我打来电话，说我们要搞三路进军。如果说前一次电话是拉偏架，这一次则是大打出手了。"

关锋、王力用谣言来打压北大，恰恰暴露了他们自己，孙蓬一由此有了切身体会，清醒了许多。孙蓬一在信里说："高教部事件后，你们一月间向我所谈的问题就更轮廓鲜明地展现在我的面前了。"他真真切切地感受到了这个团伙的野心和危害性。这个团伙，也真真切切地被北大的人盯上了。

这是孙蓬一在"文革"中一个重要的转折点，也是他人生的又一个重大转折。那个时候，新北大公社还没有成立。1967年3月，孙蓬一出任校文革第一副主任，这比新北大公社的成立稍晚了几天。

随后是暴风雨般的"反二月逆流"狂潮。在北大，这时新北大公社顶在了前面。公社总部那几个年轻教师和学生，不知道高层发生了什么，但他们看到了站在潮头之上的依然是那个团伙，疑虑大增，便保持距离，采取了"炮轰派"的立场，并且一再声明保卫周总理。他们很为周恩来和国务院打抱不平，这被认为是"站错了队"，是"二月逆流派"。在中央文革特别是王、关、戚看来，聂、孙和新北大公社已然离开了毛泽东的"文革"路线。而吴传启团伙在这一狂潮中的表演，更是增强了北大一些人对这个团伙的看法。

作为"文革"的一个标志物，聂元梓在名义上参与了北京市革委会的筹备工作，后来又当了北京市革委会副主任。尽管只是一个摆设，她还是看到了、感受到了那个团伙排斥异己、结党营私的疯狂。很快，以周景芳为首的一伙人就控制了北京市革委会和《北京日报》的大权。

1967年4月1日发表的戚本禹的长篇文章，是"文革"开始全面批判刘少奇的一个信号，是当时的"大方向"。关锋、吴传启一伙利令智昏，企图利用这个机会扩大他们在中央文革内部的地盘，正当他们兴致勃勃地进行人事布局时，发生了"4.8民族宫事件"。

民族文化宫的"民族工作展览"是"文革"前就有的。批判这个展览只涉及"文革"前的"走资派"，符合"大方向"，新北大公社一些人对洪涛们观察已久,对"批展"也作过评估,认为不会涉及洪涛本人,不会有什么风险,就参加了"批展"的活动。

新北大公社只伸出了一根触须,却引来了这个团伙的大打出手。

"学部联队"头头洪涛亲自指挥,出动了手下的全部力量,还欺骗、利用了地质学院东方红的一批打手,对参加"批展"的各群众组织的人员大打出手,制造了一起震惊北京市的武斗事件。

新北大公社的人不知所措,但聂元梓、孙蓬一看出了这一事件背后的实质,"4.8民族宫事件"成了聂、孙4月10日向中央文革领导人揭发关锋、吴传启一伙结党营私的导火索。其直接的结果,就是关锋、吴传启们的计划或布局成了泡影。

关于4.10进言的情况,本书第十章已有介绍,兹不赘述。

4.10进言是一件影响北大"文革"进程的重要事件,孙蓬一回忆说,"当时给我的印象是,不能反王、关,但是下面的一伙是可以反的,认为江青还是支持我们的。这就更造成了错觉,认为她是代表毛主席的,与王、关、戚是不同的。" 孙蓬一的这个"错觉",也是聂元梓和新北大公社许多人的"错觉"。这个"错觉"带来的后果是严重的。

孙蓬一本来打算好好部署一下,再启动公开揭发吴传启的行动。但是,还没有来得及部署,甚至,聂、孙等人还没有想好如何部署,就发生了"4.11事件"。[72]

"4.11事件"是地院东方红等组织"打上门来"的严重事件。谁在给他们出主意?谁在给他们打气撑腰?

这或许是关锋、吴传启团伙对聂元梓、孙蓬一4月10日揭发他们的一种反应。对于聂、孙的揭发,戚本禹会立即传播给关锋、王力,并由此传播到吴传启、周景芳、洪涛诸人,而利用某些群众组织对持不同看法的其他群众组织进行挑衅、施压,是这个团伙的一贯伎俩。这一次,他们故伎重施,用来对付北大。

---

[72] 参见本书第十章,并见胡宗式:《"4.8民族宫事件"的蝴蝶效应》,载《记忆》第310期

地院东方红等组织以为北大好欺负，自己有强大的后台支持，于是得寸进尺，成功地挑起了事端。

"4.11事件"成为孙蓬一4.12讲话公开揭露阴谋团伙的导火索。孙蓬一隐忍很久了，现在人家都打上门来了，是可忍，孰不可忍？

4.12讲话是孙蓬一在"文革"中最重要的讲话。[73] 这个讲话的矛头指向了毛泽东 "文革"指挥部中王、关、戚几员大将，把中央文革费尽心力织起来的一张大网捅了个窟窿，从而切切实实地给毛的"文革"造成了麻烦。

关键的是，这个讲话给江青造成了很大的被动，得罪了江青，而孙蓬一对此却没有认识。江青后来说的一句话——"聂元梓那个助手不好，出了许多坏点子"——便成了孙蓬一噩运的起点。解决不了问题，就先解决提出问题的人。于是，孙蓬一成了首先需要"解决"的人。

孙蓬一还有一个4.13讲话，讲述了谢富治没有公正处理北大和地院矛盾的事情，引发了"炮打谢富治"，由此背上了"反谢"的罪名。

孙蓬一心直口快，脾气有点火爆，遇事容易失去冷静，向有"大炮"之称，但他是共产党的一个热血的、忠诚的党员。他能够认识到关锋、吴传启一伙正在利用"文革"结党营私，已经很不容易了。但他对于高层政治斗争的复杂性和残酷性是不了解的，他所获得的信息也是很有限的，这便无法对大局作出预判。在1967年4月的时候，36岁的孙蓬一还认识不到"文革"本身是错误的，认识不到"王、关、戚问题"的根源是"文革"的左倾路线，认识不到江青和王、关、戚其实是一伙的，认识不到只要关锋不倒台，反吴传启是不会成功的。

4.12讲话和4.13讲话立即惊动了高层，于是就有了4月14日的会议。

---

[73] 参见本书第十章，讲话全文见胡宗式、章铎编：《北京大学文革资料选编》（上），奥斯汀：美国华忆出版社，2020年。

江青在讲话中强调："我们小组是一致的"，"不要想钻空子"，"炮打谢富治是不妥当的，是错误的。"。康生也强调，"我们小组是一致的"，反对谢富治"是极大的错误"。

陈伯达和姚文元在讲话中都批判了"摘桃子的理论"。[74]

聂、孙都受到了批评，但这些领导人没有一个公开为吴传启站台。相反，吴传启、林聿时、潘梓年不得不秘密离开北京，流亡外地。他们以为这就算是实施了"切割"，就影响不到关锋了。与此同时，陈伯达、关锋、戚本禹一起出面对聂元梓进行打压，不允许北大揭发吴传启。

聂元梓不听话，反而批准贴出揭发吴传启历史问题的大字报，于是，陈伯达6.5讲话的大棒就抡下来了。

北大陷于大乱，孙蓬一首当其冲。北大的反对派首先把矛头对准孙蓬一，"打倒孙蓬一"的口号响彻校园，"打倒孙蓬一"的标语随处可见，还有人四处捉拿孙蓬一，要抓他去"批斗"，严重威胁到他的人身安全。[75] 在新北大公社内部，也要对孙蓬一进行"整风"，孙蓬一作了好几次检查才得以过关。在当时情况下，孙蓬一的检查是很难做的，因为有很多事、很多话本来是对的，但是不能在会上讲。

新北大公社在极其困难的情况下，坚持下来了，没有垮台。两个多月后，关锋、王力垮台，吴传启、林聿时、洪涛一伙束手就擒。新北大公社熬过了难关，那些把"分裂中央文革"当作法宝来用，一直在为关锋、吴传启团伙站台鼓噪的人傻眼了。

但是，戚本禹还在台上，极左的路线也没有改变，江青还公开表示了对孙蓬一的不满，所以，新北大公社只能继续观察，本来可以做一些"宜将剩勇追穷寇"的事情，却什么也没有做。

实际上，聂、孙和新北大公社，都已经被抛弃了。聂、孙以为自己是在为毛泽东的"文革"清除隐患，其实毛泽东是不认可的，这是

---

74 有关讲话全文见胡宗式、章铎编：《北京大学文革资料选编》（下），第73—83页。

75 参见陈焕仁：《红卫兵日记》，香港中文大学出版社，2006年，第348—350页，第367页。

真正的悲剧所在。但是，人们要到数十年后才能明白这一点。

清华大学胡宗华晚年在评论聂、孙 4.10 进言时说："从那一刻起，在毛看来，聂元梓是不可信任的了，注定今后聂元梓不会有好的结果。""反吴传启的斗争是惊心动魄的，政治风险极高的。它反对的是关锋、王力，是中央文革的少壮派，是毛泽东的得力干将，实际上是反对毛泽东。"[76]

关锋、王力的垮台，证明中央文革领导人 4 月 14 日的讲话并不正确，孙蓬一的 4.12 讲话倒是对的。但是，他们会肯定孙蓬一吗？不会的，相反，孙蓬一的厄运真正地开始了。

9 月 1 日，江青亲自出面批孙蓬一。聂元梓后来为孙说情，也遭到江青斥责："你自己泥菩萨过河自身难保，你还保他呢？！"[77] 江青的这种态度有什么背景呢？仅仅是因为孙蓬一的 4.12 讲话让她十分被动，现在要出口气？要报复一下？江青回避自己在王、关、戚问题上的责任，反而迁怒于孙蓬一。笔者以为，这实际上是后来清算聂元梓的前奏。

毛泽东抛弃了关锋、王力，江青无力补天，无可奈何，但对民间有关王、关、戚及其团伙的议论和批判，她很是不爽，一直憋着一口气。她的"二月逆流"心结根深蒂固，耿耿于怀，很想找机会发泄一下。

1968 年初，事先没有请示毛泽东，自以为是、自以为能行、匆忙办起来的"高校学习班"成了新的斗争场所。当忍无可忍的人们发出了要求批判王、关、戚的呼声时，"文革"领导层惊慌失措了，愤怒了。1968 年 3 月 11 日晚，江青对石油学院"大庆公社"大发雷霆，开启了再次批判"二月逆流"的闸门。在她看来，要求批判王、关、戚就是为"二月逆流"翻案。

北大"井冈山"觉得新的机会来了，孙蓬一再次成为攻击对象。

---

76 胡宗华口述、嘉仁整理：《我在清华参加文化革命》，载《华夏文摘周刊》，第 1065 期。

77 王复兴编：《聂元梓遗稿——检查、交代、申诉及访谈》，美国华忆出版社，2021 年，第 213 页。

3月19日，北大"井冈山"发表"严正声明"，声称"目前在全国这股右倾翻案风已经成为主要危险"，"以一小撮叛徒、特务和顽固不化的走资派为主要社会基础的'二月逆流'派就是这次刮右倾翻案风的急先锋"，而"陆平保皇党和坏人孙蓬一之流是当前北京市为'二月逆流'翻案的中坚和骨干"，"当前我们与陆平保皇党和坏人孙蓬一之流这一伙'二月逆流'派的斗争就是两个阶级、两条道路、两条路线的斗争。"

1967年9月以后，孙蓬一"大炮"熄火，一直保持低调。他虽然被点名要求参加高校学习班，但领头挑战学习班的是聂元梓，并不是孙蓬一。然而，因为他被江青批评过，便成了北大校内外反对派眼中的"软柿子"。

3月21日晚，北大"井冈山"派人抄了孙蓬一的家。3月22日，北大"井冈山"总部发出《通缉孙蓬一的通缉令》。其成员敲锣打鼓地进行游行，高呼"打倒现行反革命分子孙蓬一！"。北京农业大学东方红的1000多人来北大游行，呼喊："打倒孙蓬一""揪出聂元梓"等口号。3月23日，新人大公社等六个组织到北京市革委会示威，并发表《声明》："打倒聂元梓、孙蓬一"，"聂元梓从市革委会滚出去"。3月25日，这场闹剧以"七校万人冲击北大事件"的形式达到高峰。

曾经以4.12讲话引领新北大公社的孙蓬一，现在要靠新北大公社来保护了。

"3.25事件"背后的势力错误地估计了形势。他们没有想到，1968年3月的新北大公社已经不是一年前刚刚成立时的那个窝窝囊囊的新北大公社了，他们经历了陈伯达6.5讲话之后艰苦斗争的考验，现在再对他们搞胁迫已经没有用了。1968年3月22日晚上，新北大公社召开团长会议，决定成立"武卫指挥部"，这是"极端施压"政策打压下的产物。

"3.25事件"幕后制造者的行为是见不得光的，所以"文革"结束后审判聂元梓时，检方起诉时没有提北大武斗。其原因，就是为了避免在法庭上提到"3.25事件"。

一把手聂元梓没有受到指控，那么二把手孙蓬一有罪吗？

孙蓬一是有错误的，他自己早就承认了错误，并且写过检讨（见本书第十四章）。

虽然孙蓬一有时表现得"左"，但他思想上对"文革"路线之"左"，是不断有所认识，有所抵制的。例如，1967年4月，他主张解放除报上点名的陆平等人以外所有的干部——此事被对立派嘲讽为"由极左跳到极右"。最突出的例子，就是他的4.12讲话。又如，1967年7、8月"揪军内一小撮"口号盛行的时候，他不同意这个口号。[78] 另外，1970年2月，全校组织揭发批判孙蓬一的时候，有人揭发孙蓬一反康生。聂、孙和新北大公社一些人对康生确实有所怀疑，这是一种有根据的怀疑，但他们只限于观察，没有人贴过大字报。

军宣队和工宣队进校后，孙蓬一成为审查对象。宣传队搞的"清理阶级队伍"过于猛烈，导致短时间内20多人自杀，孙蓬一对此忧心忡忡，聂元梓去参加"九大"会议的时候，孙蓬一还叮嘱聂不要只顾自己，要她向中央反映情况。

8341宣传队是毛泽东亲自派出的，目的就是要直接控制北大，一是对聂元梓等人进行清算，二是依托谢静宜、迟群制造"斗、批、改"和"教育革命"的"经验"，以指导全国。宣传队一度把孙蓬一当做拉拢对象，但没有成功。后来，孙蓬一等人相信了中央领导人1970年1月24日关于清查"五一六"的讲话，贴出了一张大字报，于是惹怒了宣传队，召来了猛烈的批判。最后，宣传队把聂元梓、孙蓬一都打成了"五一六分子"，开除党籍，强制劳动改造，才算罢休。

孙蓬一也被遣往江西鲤鱼洲农场劳动改造，在那里，他的一言一

---

[78] 在武汉"7.20事件"后，聂元梓曾受到《红旗》杂志社论"揪军内一小撮"口号的影响，而孙蓬一是反对的。聂元梓说："我的这些反军指导思想，当时受到驻校解放军的批评（63军同志提出了意见）。以后我们重新学习，对《红旗》社论关于揪军内一小撮的反动思想，认识到是错误的。孙蓬一在这个问题上的认识是对的，曾对我进行过批评。我们以后就纠正了这个错误思想，派到外面去的同学，也没有进行这方面的活动。"参见王复兴编：《聂元梓遗稿——检查、交代、申诉及访谈》，奥斯汀：美国华忆出版社，2021年，第236页。

行都受到监视。鲤鱼洲那个地方是有田鼠的，而当地的狗擅长捕鼠。田鼠洞有两个或好几个出口，当地的狗会分工把守，互相合作。老孙说了一句，"真稀奇，狗逮耗子哎。（大意）"这句话被汇报上去，于是老孙又受到了批判，罪行是攻击宣传队"狗逮耗子"。

对于聂元梓、孙蓬一来说，参与"文革"是没有"试错"机会的，每走一步都充满风险，走错一步便是万丈深渊。

8年多来不断遭受打击的孙蓬一终于对"文革"有了比较清醒的认识。他从一个贴邓小平大字报的人转变为坚决拥护邓小平"出山"的人。1976年，当全国掀起"批邓反击右倾翻案风"狂飙之时，受谢静宜、迟群控制的北大宣传队，还派人登门诱迫正在受审查的孙蓬一参加所谓"批邓"，这一可耻阴谋为孙蓬一断然拒绝。

2014年10月31日《记忆》第120期刊登了由戴为伟整理的"郑仲兵口述——北大文革片段"，其中有这样一段文字：

（孙蓬一）文革中，他最早提出中央文革极左路线的问题，公开提出反对王、关、戚。我也是在这个过程中跟他成为好朋友的。

文革后期，工军宣队进校后，他一直挨整。那时候，我们偷偷地见过面。大概到了"四人帮"垮台不久，那是天安门事件一周年（1977年），他还没被解放，他从劳改的地方跑出来，先到天安门广场，再到我家。我们一起去看看阮铭，他（到阮铭家）就跟阮铭说，我真希望邓小平能够早一天出来工作。阮铭挺冷静的，就说："邓小平要出来，第一个就要拿你这样的人开刀！"当时孙蓬一霍的一下子站起来，说："即便是这样，为了党、国家、民族的大局，我也在所不惜！"

孙、阮的对话至今还回旋在我的耳际，然而不幸被言中了。过不到半年，抓"五大领袖"的时候，把他也抓了。

孙蓬一政治上的天真、幼稚，由此可见一斑。

笔者毕业离校后，再未见过孙蓬一，但后来我们有过通信。自1976年11月11日至1977年1月12日，孙蓬一给笔者夫妇共来了六封信。从孙蓬一的来信中，笔者深切感到，他是一个共产主义的忠实信徒，他对毛主席、周总理的热爱达到了愚忠的程度，他也衷心拥护邓小平出来主持工作。我们之间的通信后来未能继续，是因为孙蓬一被北大党委骗回学校再次关押起来。孙蓬一亲属写于1979年8月的一份申诉信里讲述了这件事情：

> 他被捕的过程是：1978年4月3日北大党委派人来到家里，以党委主要负责人找孙谈话为名，让孙立即回校。孙信以为真，认为是要为他澄清问题了，因此饭都顾不上吃，便欣然跟来人立即返校。然而他却万万没有想到回校之后却根本没有任何负责人谈话，而由几个素不相识的人空口无凭地宣布对他实行"隔离审查"。孙蓬一强烈要求找校党委负责人谈话竟被置之不理，也不许申辩。后又给校党委写信并要求将信予以公布和转送中央，也被拒绝（这时并未宣布是敌我矛盾）。4月8日突然召开全校批判大会，给戴上"反革命分子"的帽子，逼其低头弯腰。4月19日他的姐姐从千里之外的宁夏银川专程赶到北大询问弟弟情况，竟遭蛮横对待。接着就以开批判大会为名，将孙拉到群众大会批斗，并当场宣布定为"反革命分子，清除出党，开除公职"逮捕入狱。

于是，一个曾经的忠诚的共产党员，被实行了"无产阶级专政"。1983年7月13日，北京市中级人民法院判处孙蓬一有期徒刑十年。

笔者没有见过起诉书和判决书，不知道他被安上了什么罪名，无从进行分析。笔者以为，有司所使用的，还是谢静宜、迟群一伙过去整的那些材料，是见不得光的。

"郑仲兵口述——北大文革片段"中还有以下文字：

> 后来孙被弄到青海，服刑期满了，还在那个（劳改）农场里面，还被变相关押。之后，他的姐姐冒着生命危险，到青海，把他偷偷地带出来。那时候已经是"六四"过了。他到了我家，我母亲，还有郑伯农、王若水、阮铭、萧灼基、胡志仁、李春光和另外一些熟悉的朋友都到我家。当时我看他不大正常，谈到激动的时候，把筷子都折断了。因为他是逃跑出来的，他姐姐就把他带到大连去了。他姐姐、姐夫都是老军人，住在一个干休所里。
>
> 但是他在那边知道一些六四"政治风波"的真实情况之后，就控

制不住（自己）了，在干休所大骂。后来家人找个借口，把他送到精神病院。他从那个地方出来，（病）时好时坏。清醒的时候，他就跟人家说，我现在是工资、党籍都没有，靠老婆养着。后来又一次说，一个部门（大概是民政部门）说他是烈士子弟，一个月补助他15块钱。拿到那15块钱后，他说，你看，我现在是五六十岁的人了，还要靠我父亲来生活。结果当天他就去撞屋里的暖气包，头破血流，没死；以后又想办法用煤气结束自己的生命，也被救过来。他本是一个极其自重、自尊的人，唉，反正他的命运比聂元梓还要惨得多。

天真、率直、不识时务的孙蓬一想不通这一切，他的精神和信仰全都崩溃了。

孙蓬一对共产党、毛泽东和周恩来的愚忠，禁锢了自己的头脑，不能透过表象看清事物的本质，作为一个教员，他不了解高层政治，他心目中的高层政治，是高度理想化的，而事实并非如此，不是他所能理解得了的，于是他崩溃了。

导致孙蓬一崩溃的，还有对他肉体上的摧残。老孙的大姐从大连到青海去看望老孙，当时老孙已经刑满，但没让回来，给他安排到就业队。大姐发现老孙身体很差，没有医疗条件，请假回来看病又得不到批准，便领着老孙不辞而别回到北京，暂住到老孙的外甥家里。

高云鹏老师向笔者讲述了他当时见到孙蓬一的情景：

我和老孙围绕着朝阳体育场散步聊天。老孙说了他被送往青海服刑的情况，他和蒯大富、韩爱晶坐在同一趟火车上，彼此传纸条互通消息。到青海监狱后，那里山高皇帝远无法无天，拿"犯人"不当人看。大家在荒野上劳动，不怕你跑。因为杳无人烟，跑几天也碰不到人，野兽倒是随处可见。所以跑了也会把命丢到野外。在监狱里他备受打击，曾被关到禁闭室，屋子太矮太小，不能躺着也站不起来，一关就是一星期。饭也很难吃。他心里不平，就在禁闭室里敲着饭碗大喊大叫："××广播电台现在开始广播……"他对我滔滔不绝说起来没完没了。我觉得老孙的精神状态有些不太正常，没有引别的话茬，只听他讲了。

高老师觉得老孙精神不正常，希望能到精神病医院去看看。在朋友和家人的努力下，老孙被送去安定医院检查。著名神经精神病学专家、安定医院院长陈学诗亲自出诊，诊断为"躁狂抑郁症"，是双相的（双相障碍，即既有躁狂或轻躁狂发作，又有抑郁发作的精神障碍——引者），当时正处在躁狂期。症状非常明显也非常典型。在陈院长关照下，孙蓬一住院治疗了一段时间，病情稳定之后，大姐领着老孙去了大连，在大姐家继续吃药养病。这中间青海当局曾追到大连，大姐告诉来人说老孙就在另一间屋里躺着，让他们去看，并表示说他们可以把老孙"押解"回去。来人一看老孙正躺在床上大睡，怎么叫也叫不醒（这显然是药物的作用），只好离开。他们又到大连精神病院去调查，医院证实老孙是严重的精神病。

青海当局怎么会把这个包袱带回青海自己背着呢？他们走了，走时告诉大姐说让老孙在这里养病，由大姐照顾，他们不再对老孙负责了。

高老师说：

老孙在大连治了一阵子病，躁狂期过去又转到抑郁期了。这个时期有些可怕，因为病人处在抑郁状态，严重的时候会有轻生的倾向，而且病情发作的时候又难于预防。这时老孙就回到长辛店自己家里，由柴大姐负责照料了。病继续在安定医院治疗。当然就是吃些抗抑郁的药。病人是不会主动去服药的，都是柴大姐偷偷把药碾碎放到粥里让老孙坚持着把药吃了。此后老孙一直处在抑郁状态，没有再躁狂。但是精神类的药物对身体都有伤害，所以老孙的身体越来越虚弱。就这样维持了几年，后来在长辛店医院去世了。

高云鹏老师是研究心理学的，故笔者求证于他，希望他能从心理学角度进行分析。高老师认为：

我觉得老孙的躁狂抑郁症绝不是大姐带他回北京以后才有的。追溯起来不仅在青海时病情表现已很明显，甚至在抓他的时候他就是一个病人。躁狂的时候情绪激动，难于抑制。他在大会上喊口号之类的行为都不是正常的精神状态。在青海被关禁闭室，究其原因，以及他在禁闭室里做"广播电台播音"都是病态的表现。大姐领他回到北京，我亲眼所见，老孙的躁狂状态已经达到了顶峰。在郑仲兵家的表现已很典型。我看到他在日常生活中除了情绪激动难于控制、思维敏捷、语言流畅外，还表现出狂妄自大、追求奢侈的行为。这些都是躁狂的病态表现。后来转成抑郁，和躁狂时的表现就相反了。他觉得自己是世界上最无用的人，活在世上是社会的累赘，给社会造成负担。因此他就有轻生的念头。发展起来也是很危险的。

现实是残酷的。孙蓬一的病态的症状，在掌权者眼中，成了他不思悔改和抗拒的罪状，于是一步一步升级对他的惩罚，最后还要判刑、坐死囚牢的禁闭室。刑满了还不准回家，把他扣留在边远地区就业。这就是一种要置他于死地的处置。

孙蓬一于1996年病逝，享年65岁。向老孙遗体告别时，校内外许多得知消息的人都赶来参加了。哲学系派了两辆大轿车，其中有不少原"井冈山"的人。王若水刚刚动过手术，也赶来参加。大家对孙蓬一都很同情。

聂元梓生前，曾多次对笔者谈到孙蓬一。她说：

"文革"中几乎全北京市的对立面不仅骂我，而且经常把孙蓬一也给捎上，称作聂孙之流。孙蓬一有很多优点：敏锐、率真、敢做敢为，人称"孙大炮"。

过去我对他太耿直、性子过急估计不足。其中一个原因是在1966年8月初毛主席大字报还没有发表之前，江青请我到她家吃饭，饭间她讲了许多刘少奇坏话，说王光美时，说些穿什么衣服啦，婆婆妈妈的。从江青那里回来之后，我把江青的话只跟孙蓬一一个人说了说，而且叮嘱他千万别外传，后来确实孙蓬一没有对任何人讲。所以我以为孙蓬一嘴还是挺严的。

让聂元梓没有想到的是孙蓬一1967年4月12日和13日的两次讲话，聂认为，"这在战略上犯了极大的错误，使我们非常被动。"聂元梓对笔者说：

这件事使我非常生气，我曾经有过把孙换下来的想法，免得他再捅漏子。不过后来我想：孙的炮筒子性格在客观上也许是件好事。因为在那以前，社会上上至领导阶层许多被打倒的老干部、部队首长，下至普通老百姓，不仅仅是北大，而且是全北京市乃至全国许多人都对当时中央文革王、关、戚、康生、谢富治不满，个别的跳出来就当反革命抓了，而更多的是埋在心里不敢说。当得知孙蓬一这么一说，可说出了他们的心里话。从那以后，很多人找我们了解情况，发泄内心的不满。因此也团结了不少意见一致的人。

聂元梓说的是真实情况。孙蓬一的讲话亮明了北大的态度，相当于竖起了一面旗帜，团结了许多人。有人还提供了调查线索和极具价值的材料。但是，这也招来了利用"文革"结党营私的那个团伙的仇恨和打压。他们暂时打不倒聂元梓，便把孙蓬一当作攻击的首要目标，恨不得食其肉寝其皮。聂元梓说：

可悲的是，孙蓬一自己从那以后没有一天好日子过。我觉得孙蓬一太单纯，甚至天真，有时也会偏激，还是没有把问题看透，对上边抱有幻想。比如78年本来斗我时，他是陪斗。但是当场由于他态度太过激愤，公安把老孙的下巴卸掉了。

后来他也被抓了进去，判了十年，在监狱里吃了不少苦头，还为别的犯人打抱不平蹲过死牢，哎呀那罪受的！才六十几岁就去世了，很不幸，太可惜了，至死也没能得到申诉。

孙蓬一是个悲剧人物，但他是一条汉子。孙蓬一千古！

附： 北京大学文革大事记 （1964-1983年）

导 言

编写《北京大学文革大事记》，为后人了解和研究北大文革的发生、发展提供一个基本的脉络，是研究北大文革的基础性工作。

这本大事记，不仅覆盖了文革十年，还前述至1964年北大社教运动，后书至1983年聂元梓等被判刑。力图对北大文革这一历史事件的前波后澜加以叙述，为后人提供更加完整的历史线索。重点是1966年到1968年文革前三年的群众运动期，这是最具戏剧性的场景，众多人物从"伟大领袖"到一些极具个人特质的北大学子在北大这个全国瞩目的舞台上进行了形形色色的表演。

由于文革档案至今不对公众开放，本大事记的资料主要来自下列几个方面：校刊《新北大》、井冈山兵团的《新北大报》；当时文革大字报和其它油印资料；有关北大校友的日记；北大校友的回忆；王学珍、王效挺等主编的《北京大学纪事》（北京大学出版社出版发行）等。这几方面的资料，尽管有些得来非常不易，弥足珍贵，但都有自己的局限性。如文革期间的出版物和报刊充满了文革和派性思维；个人日记受作者的个人经历和观察角度的限制；几十年后的文革回忆更难免有回忆者自觉或不自觉的记忆过滤。那本《北京大学纪事》，除了在叙述史实上有不少瑕疵外，在构架和选材上还必须遵循当时官方的政治导向。我们在使用这些资料时，十分慎重，相互交叉对比力求去芜存真。即使这样，这份《北京大学文革大事记》仍免不了有偏差、遗漏，恳请知情者指正。

1964 年

1~3月

2月13日毛泽东在大会堂召开教育座谈会(即"春节座谈会")。刘少奇、邓小平、彭真、蒋南翔、陆平等16人参加。毛泽东在座谈会上提出：学制要缩短，教育要革命，要贯彻"少而精"的原则。

陆平先后召开各种会议，传达、学习毛泽东"春节指示"，并结合学校实际提出贯彻的建议。他说：中央提出两种劳动制度，两种教育制度。今后学校的方向是半工半读，这是反修、防修的三项根本措施之一（一项是社会主义教育运动，一项是干部参加劳动，一项就是两种劳动制度、两种教育制度）。

开展学大庆、学解放军活动。

4月 总结"五反"运动[1]进展情况。继续组织师生参加农村社教运动。

5~6月 中央在北京召开工作会议，讨论社会主义教育运动等问题。毛泽东、刘少奇对整个国内政治形势做出更为严重的估计，认为全国有1/3的基层单位，领导权不在我们手里，而在敌人和它的同盟者手里，更加突出地强调防止"和平演变"的紧迫性，并要求从反修防修和防止世界大战的总体战略来部署工作。

7月 以中宣部副部长张磐石为组长的中宣部调查组十人进入北大进行调查研究。

8月22日 陆平主持召开会议，研究哲学系党内整风问题。谢道渊、彭珮云、聂元梓等参加。

8月24日 哲学系党总支委员会开会，开始党内整风。陆平、彭珮云参加会议。在五院会议室陆平讲了四点：①哲学系党内思想分歧是长期存在的，再不解决是不行的。党委对哲学系意见分歧认识不够，是有缺点的，也未发动党员群众达到思想上的真正统一，使分歧

---

[1] 1963年3月1日，中共中央发出《关于厉行节约和反对贪污盗窃、反对投机倒把、反对铺张浪费、反对分散主义、反对官僚主义运动的指示》。简称增产节约和五反运动。

长期存在。这次下决心真正解决，党委常委要下决心帮助哲学系解决这个问题。党委也算是整风，接受经验教训。②如何解决？首先要对于党内长期存在的原则分歧弄清是非，统一思想，并指示弄清是非的标准是毛泽东思想；把原则性与非原则性争论区别开，充分地揭露矛盾，真正做到大家把意见讲出来，不要有顾虑，把问题摆到桌面上来。③步骤：先充分揭露矛盾，然后集中几个大问题进入专题讨论交锋，总支书记把主要力量投入整风工作。④条件：认为条件很好，全党有共同的愿望，中宣部、高教部有工作组在这里及时指导。

8月29日 张磐石向中宣部写了《一号报告》。《报告》说，调查组7月2日到北大以后"最突出的一个印象是北大党委阶级斗争观念薄弱。在北京大学，资产阶级知识分子的进攻是很猖狂的，特别集中地表现在教学和科学研究领域中，校内帝国主义、蒋介石、修正主义的特务间谍活动，贪污盗窃分子、流氓分子的活动也相当严重。北大党委对这些问题却没有认真抓。"《报告》声称北大党员干部队伍"政治上严重不纯"。《报告》说："哲学系聂元梓向我们反映，北大党委对中央的方针政策没有认真贯彻执行，选拔和重用一大批政治上不纯的干部。"

8月 市委大学科学工作部彭珮云到北大蹲点，兼任北大党委副书记。

9月12日 校党委召开全校教职员学生大会，党委第一副书记戈华做关于学习"九评"的报告。

9月14日 学校决定文科三、四、五年级学生、全体文科研究生、党政干部、教师共约1400多人，作为第一批参加农村社会主义教育运动，地区以北京市郊区为主。

9月25日 校党委召开扩大会议，讨论《红旗》杂志署名文章对冯定的批评。周培源副校长传达了毛主席对冯定著作的批评："当时主席问我：你们北大有个冯定，他有修正主义观点，他写的书，发行了几十万册。"

9月 哲学系内部讨论陆平的报告时有两种不同意见：一种意见指向在1961年改选时给总支提意见较多的同志，认为哲学系乱的根子就在这部分人。另一种意见主要是孔繁、孙蓬一为代表，认为哲学系问题多，根子在于王庆淑和她领导的总支核心。

10月22日　中宣部向张磐石传达：彭真、陆定一批准在北京大学进行社会主义教育运动试点。

11月5日　中共中央宣传部开始在北京大学进行社会主义教育运动试点。试点工作由五人小组及其领导下的工作队领导。五人小组的成员是：张磐石（中央宣传部副部长）、刘仰峤（高等教育部副部长）、徐子荣（公安部副部长，后由侯西斌处长参加）、庞达（中宣部教育处副处长）、宋硕（中共北京市委大学部副部长）。张磐石担任社教工作队队长。

11月14日　社教工作队写了《在北京大学进行社教运动试点的初步计划》（修正稿）。《计划》中说：这次运动的主要任务是：（一）搞清学校在贯彻执行党的方针政策特别是教育方针方面存在的问题；（二）搞清学校意识形态领域内的阶级斗争状况，击退资产阶级和修正主义在政治、思想、学术等战线上的进攻；（三）搞清学校各级组织的领导权究竟掌握在无产阶级手里还是资产阶级手里；（四）搞清学校干部和师生特别是领导干部的政治面貌和思想状况，整顿党团组织，清理全校师生员工及其住校家属的阶级成分，重新组织革命的阶级队伍；（五）清查学校后勤部门和理科各系经济上的"四不清"问题，粉碎资本主义势力的猖狂进攻。

11月15日　在全体工作队员会议上，张磐石向大家介绍了调查过程及哲学、技物等八个系的问题。他说："哲学系正在进行的大论战，就是一场阶级斗争，是北大阶级斗争的缩影。"

11月18日　张磐石召开全校社教积极分子大会，向他们介绍八个系存在的问题，说明北大阶级斗争的严重情况。

11月29日　张磐石以《北京大学调查小组》名义写了《北大调查组第二次报告》（即2号报告）。《报告》说：调查组的工作到10月中旬已基本告一段落，从11月初开始已在部分单位逐步转入社教。《报告》列举了哲学、技物等系的情况后说：北大党委的领导"实际上走的是资产阶级的道路方向"。

12月

校刊继续刊登批判冯定的文章。

在揭发校党委问题的过程中,哲学系、经济系、技术物理系、机关总支较为活跃。一些党委委员也起来揭发陆平的问题。

各系工作组向学生宣讲社教"双十条"时,把党内揭发的"校系阶级斗争"情况在学生中公布。

1965年

1月6日 社教工作队召开北大党委扩大会,工作队党委副书记刘仰峤做报告。他说:我们学校的运动在党内阶级斗争的盖子已初步揭开,初步形成了积极分子队伍,工作队员已有200多人。现在准备有步骤地把运动推向党外,发动大家揭发领导的问题。他说这次运动的重点是整党内的领导骨干中间走资本主义道路的人,学校里首先是校党委。

1月11日 张磐石召开全体工作队员和积极分子大会并做了报告。他说:北大社教运动第一阶段的斗争高潮已初步形成或接近形成,整个北大从校到系,20条战线团团包围起来。他表扬了几个工作组"斗争旗帜鲜明",批评了几个工作组"斗争旗帜举得不高",甚至"在斗争中还有倒退的,这很值得警惕。"

1月14日 中央公布《农村社会主义教育运动中目前提出的一些问题》(即"二十三条"),成为指导"四清"运动的工作文件,明确规定运动的重点"是整党内走资本主义道路的当权派"。

1月23-24日 陆平、彭珮云先后在贯彻中央"二十三条"的市委全会(扩大)高等学校小组会上发言,对北大工作队提出了一些原则性的批评:工作队把北大党委和大多数总支撇在一边,没有实行三结合;对北大总的估计、特别是对北大干部队伍的估计,不符合实际情况,工作队领导对干部不是重在表现,而是过于重成分、出身、历史,这就意味着唯成分论;对北大许多领导干部不经说服教育,就给戴上大帽子进行批判斗争；连党委书记、副书记向市委请示汇报，也被当作阴谋活动"追逼交代"。

2月9日 社教工作队党委召开了队党委扩大会，听取校党委书记陆平对运动的意见。

2月17-18日 社教工作队党委召开党委扩大会，对2月9日陆平的发言进行批驳。

2月22日 中宣部部长陆定一给中宣部所属的各工作队做报告，结合"二十三条"，回顾了前一段工作。他特别讲到北大：现在搞成两肚子气，双方都要学"二十三条"，检查自己的缺点。

3月3日 中央书记处召开会议，着重讨论了北大社教运动。邓小平总书记主持会议。中央书记处对北大做出了基本估计：北大是一个比较好的学校，陆平是好同志犯了某些错误，不存在改换领导的问题。

3月5日 陆定一对北大社教工作队全体队员及北大党委常委做报告，主要讲解"二十三条"。把北大社教的五人小组扩大为八人小组，增加校党委书记陆平和副书记戈华、彭珮云，由八人小组来领导北大社教运动。

3月9日 市委在国际饭店开始召开北大党员干部会（即第一次国际饭店会议），市委书记处书记万里作报告。

3月12日 万里听取各组召集人汇报讨论情况，传达了中央书记处3月3日对北大的基本估计及对北大工作队工作的估计。

3月15日 万里听取各组召集人汇报，回答了各组提出的一些问题。

3月17日 工作队党委副书记、上海市委教育卫生工作部副部长常溪萍给邓小平等写信反映对张磐石的意见，并建议中央派人检查张在北大的工作。随后，中央办公厅秘书室派人与常溪萍谈话并写了谈话纪要，上报中央领导同志。

3月19日 第一次国际饭店会议结束。中宣部副部长张子意向全体工作队员做报告，他在肯定前一段社教成绩的同时，着重讲了工作中的缺点和错误。

3月21日 陆定一和陆平谈话。陆定一对陆平说：毛主席说了，你是好同志犯了某些错误，放心好了。以后第一书记还是要你做下去。名声不好了，这不要在乎，向同志们讲清楚就行了。揭发出来的问题，有的是对的，有的不对。今后与同志们好好合作，把工作搞好。

3月25日 社教工作队党委和校党委共同组织召开全校参加运动的党员副处级以上干部会，播放张子意副部长的报告录音。

3月26日 社教工作队党委书记张磐石和校党委书记陆平共同主持党员干部大会，由宋硕传达万里在国际饭店会议的讲话。全体工作队员、积极分子、校党委委员、正副总支书记、正副系主任、正副处长900人参加。

3月30日 邓小平对常溪萍与中办的谈话纪要做了批示，批评张磐石在北大工作中对"二十三条"是患得患失的，抵触的。……再这样顶牛下去，北大工作要受损失。彭真也在文中做了批注：直到最近，就是说"二十三条"已经下达这么久了，中央书记处也为北大开过会了，有的同志还是有错误怕检讨，而且听不得不同的意见。

4月2日-29日 中宣部在民族饭店召开北大四清工作队部分骨干会议。会议对张磐石的错误进行了批判。陆定一代表中央五人小组宣布：撤销张磐石北大工作队队长职务；许立群任北大工作队队长；八人小组改为九人小组，九人小组成员是：许立群、刘仰峤、庞达、宋硕、陆平、戈华、彭珮云、侯西斌、常溪萍。

5月4日 在五四运动场举行盛大篝火晚会，陆平出席。

5月5-6日 全体教职员和研究生党员大会，收听陆平、许立群、张子意、陆定一在民族饭店会议上的讲话录音。

5月7日 工作队召开全体队员和北大教职员党支部书记、行政科长以上及校党委机关干部参加的大会。由九人领导小组组长、新任工作队队长、队党委书记许立群布置工作。

5月17日 陆平召开汇报会，听取各系对中央关于北大社教问题指示的讨论情况。大家同意中央关于张磐石在北大社教运动中所犯错误的指示，认为社教运动中的积极分子和被批判同志之间的隔阂还很深，在一些问题上分歧严重。

5月26日 社教工作队召开工作队员和学校支部书记、教研室主任和机关副科长以上党员干部会，许立群报告工作。

6月3日 校党委召开扩大会，陆平提出运动中对校系领导干部的要求：①统一思想要统一到"二十三条"上来。②领导干部要以自觉革命的态度来参加清理工作。③运动清理完以后，要迅速转到检查总结工作。

6月29日 彭真在人民大会堂小礼堂向北大工作队全体队员和北大党员干部做报告。彭真在报告中说："从根本上把大是大非问题解决好，办法是总结经验教训，采取整风的、批评自我批评的办法。""解放思想，增强党性，在真理面前人人平等，去掉拒绝批评的挡箭牌。"

7月1日 校党委召开党委扩大会，讨论关于运动的部署。陆平说：九人小组开会研究，根据彭真报告精神，为加快运动的进展，准备利用暑假校系领导干部集中清理思想，总结工作。他说：彭真报告是北大党员增强党性、加强团结的重要武器，因此要①组织党员干部认真学习，领会精神，增强党性，端正态度；②校系两级总结工作，首先党委总结，各系根据党委总结把本系主要问题总结一下；③各级干部主要是校系领导干部清理思想，按团结—批评—团结的方法，自觉革命，别人帮助。陆平还说：工作队员已经中央批准放暑假，我们有九人小组领导，有市委，中宣部、高教部领导，应该有信心把这一次学习搞好。

7月6日 校党委召开教职员支部副书记、教研室副主任、副科长以上党员干部会，布置认真学习彭真报告，在学习的基础上，三级干部（主要是校系两级）清理思想，总结工作。

7月26日 校党委召开党委扩大会，陆平传达市委、中宣部、高教部的通知：定于29日在国际饭店召开北大党员干部整风学习会（即第二次国际饭店会议）。参加范围：校系两级主要领导干部、吸收部分支部干部和有不同意见的同志参加（28日集中）。

7月29日 北大党员干部整风学习会开始，到会250多人。会议由市委、中宣部、高教部及原九人小组成员共14人组成领导小组

附：北京大学文革大事记（1964-1983年）

（蒋南翔和市委的邓拓、吴子牧、张大中、项子明参加领导小组），许立群为组长，市委书记处书记邓拓为副组长（因许立群很少到会，实际领导人是邓拓）。

8月23日 领导小组召开整风学习会全体会议，邓拓主持。领导小组成员宋硕汇报学习情况。许立群说："下一步，领导小组研究，继续提倡自觉革命，增强党性，进一步解决大是大非问题。准备开几次大会，由常委同志将自己清理的内容在会上讲讲，但不开大会提意见，意见在小组提。"许立群还说："张磐石把许多干部说成资产阶级当权派，不搞调查研究，乱提高，他的错误影响很大，领导同志说：张到北大来把党弄分裂了，要充分认识。"下星期大会小会结合。

8月25~9月1日 陆平、戈华等七人在大会做了清理检查，各小组进行讨论。

9月1日 整风学习大会告一段落。

9月4日 第二次国际饭店会议举行全体大会，宣布除哲学、经济、技物三个组和校党委常委还需继续讨论外，大部分单位告一段落。

9月9日 哲学系留校的全部教职工党员来参加会议，加上已经来的21人，共有43人参加下一段哲学系整风学习（分三个小组）。新领导小组成员是：彭珮云、刘文兰（校党委办公室副主任）、何静修（中宣部干部）、李康林（市委大学部干部），彭珮云任组长。领导小组宣布整风内容是解决哲学系党内历史上的分歧和去年四清运动中的问题。

9月9日-25日 哲学系在小组会上摆问题，大家基本上是采取解决问题的态度。

10月6日 哲学系开始把小组会改成大会，大家在大会上鸣放了一些观点，摆了一些事实。

10月14-15日 哲学系总支副书记孔繁在哲学系党员干部整风学习会议上发言，针对分歧的另一方提出的问题，发表了不同的意见。一些人认为他的发言没有分清哪些是大是大非，哪些是小是小非。

10月16日 陆平到哲学系的整风会上指示："王庆淑的问题挂起来，讨论冯定的问题，冯定的问题是大是大非问题。"随后，在讨论冯定问题的名义下，展开了对聂元梓的批判。

10月20日 召开校长办公会。会上陆平校长说：理科师生3700人已经下去参加农村社教了。根据中央精神，最近想再组织一批人下去。

10月 各总支都在组织党员学习。总支正副书记、党员正副系主任在党员大会上做了清理、检查。党员都在支部生活中联系思想提高认识、澄清事实、分清是非、检查缺点、增强党性。同时也对张磐石的错误指导思想和做法提出了批评。

11月10日 上海《文汇报》发表姚文元的文章《评新编历史剧〈海瑞罢官〉》（以下简称"姚文"）。"姚文"点名批判北京市副市长吴晗，矛头直指彭真。

11月17日 校党委召开党总支委员、团总支书记以上干部会布置工作。关于党员整风学习，一般争取在11月25日前告一段落。

11月18日 校党委副书记史梦兰自四川两次来信（11月10日、11月18日）：来四川参加四清的北大师生1511人已安全到达目的地。化学、技物两系在峨边县，物理、地球物理、无线电三系在眉山，东语系在彭山县，数学、生物、地质地理三系在资阳县。机关干部编在各系。

12月6日 校刊编辑部开会布置近期宣传报道要点，主要是鼓励师生参与"姚文"引发的"学术讨论"，搜集、组织这方面的动态和文章。时任校刊记者的马士林（图书馆系1964级学生）将此情况通报给同班好友李永长等二人。李永长当即表示他要写一篇文章与"姚文"商榷。

12月27日 由李永长执笔的文章《对〈评新编历史剧海瑞罢官〉一文的几点疑问》刊登在校刊的头版上。该文发表时，署名"方史"（不久，《人民日报》转载了此文）。

附：北京大学文革大事记（1964-1983 年）

1966 年

1~5月

1月5日 伊敏（党委常委，人事处处长）在哲学系党员干部整风会上发言，谈了五个方面的问题：①有关反右派斗争的一些问题[2]；②关于反右倾和甄别工作问题；③关于哲学系总支改选问题；④总支改选以后的一些问题；⑤哲学系党内斗争主要的经验教训。

1月12日 法律系党总支委员会研究学术批判如何深入的问题，北京市委大学部宋硕出席会议并讲话。他希望法律系加强学术研究，写出有质量的文章，并将海瑞断狱的资料进行系统整理，编出资料。

1月24日 校党委常委开会，决定25日党员干部会的议程为：①把党员干部整风学习会的结果向大家报告，澄清是非，提高认识，增强团结；②布置当前工作和今后任务。会上，说明社教工作队不再回来了。

2月1日 历史系举行半工半读开学典礼，邓拓、翦伯赞、宋硕、陆平、彭珮云等出席大会。为总结半工半读经验，党委副书记彭珮云到历史系昌平十三陵基地蹲点。

2月2日 校党委常委开会，传达市委大学部工作会议精神。

2月5-8日 校党委、校行政分别召开党员干部座谈会，部署学习毛主席著作。

2月11-12日 校党委宣传部、组织部召集部分党政干部学习焦裕禄事迹。

2月21日 校党委召开文科党员、理科总支书记会议，传达中

---

2 反右派斗争中北大共划右派705人，其中学生691人，占全校参加运动学生总数的7.7%。其他高等学校学生右派一般4%左右。当时全校划右派人数最多的单位，如物理系4年级，达23%；数学系4年级2班，达32%。又据《北京大学纪事》1986年2月记载：全校共划右派分子716人，教职员120人，学生596人。若以716人推算，反右补课增补右派数应为205人。

央文化革命五人小组的汇报提纲（即《二月提纲》）。

3月5日　大庆油田"铁人"王进喜来校做报告。陆平到十三陵历史系半工半读基地做教改动员报告，希望他们写好三部书：《中国通史》《世界通史》和《考古学》。

3月7日　从2月23日以来，校党委连续召开扩大会议，传达、贯彻北京市委学习毛主席著作经验交流会精神。

3月8日　河北省邢台发生大地震。

3月25日　《红旗》杂志第4期刊载戚本禹、林杰、阎长贵文章：《翦伯赞同志的历史观点应当批判》。

3月29日　法律系撰写的《试论海瑞的平冤狱》一文，以史群的署名在《人民日报》发表。文章批评吴晗在学术研究中的"超阶级"观点，并认为他夸大了海瑞的"平冤狱"的作用。

3月31日　历史系召开党员、积极分子会议。彭珮云在会上传达市委邓拓的讲话精神。

4月1日　市委大学部召开全市各高校干部会议，介绍北师大、北师院及北京大学法律系学术研究、学术批判的经验。会上散发了《北京大学法律系师生查阅1500卷史料，证明"海瑞平冤狱"完全是假的》简报。

4月7日　校党委常委会讨论学术批判问题，决定当前重点搞翦伯赞问题。

4月12日　4月5日和12日，校党委两次召开文科部分教师座谈会，对翦伯赞的"反马克思主义史学观点"进行揭发、批判。

4月9日-12日　邓小平主持召开中共中央书记处会议，周恩来参加。会上，康生传达毛泽东对中央文化革命五人小组《关于当前学术讨论的汇报提纲》的批评意见，并对彭真进行批评。会议决定：①拟以中共中央名义起草一个通知，彻底批判文化革命五人小组《汇报提纲》的错误，并撤销这个提纲；②成立文化革命文件起草小组，报毛泽东和政治局常委批准。起草小组组长由陈伯达担任，江青、刘志坚任副组长，康生任顾问。

4月14日　学校召开文科部分青年教师、研究生、本科生座谈会，揭发、批判翦伯赞的"反马克思主义、反毛泽东思想的史学观点"。

4月16日 《北京日报》发表《关于"三家村"和〈燕山夜话〉的批判》文章，点名批判邓拓、吴晗、廖沫沙。学校召开8000人大会，批判吴晗反党反社会主义的立场和思想。

4月19日 以中央书记处的名义通知首都各单位：①《北京日报》16日的编者按和材料，因为北京市委毫无自我批评，首都各报都不要转载；②各高等院校、各单位、各基层单位，停止执行北京市委布置的那种制造混乱的措施。这两条措施实际上是停止了北京市委的工作，置北京市委于瘫痪之中。

4月21日 学校决定，抽调历史系、法律系、政治课教研室部分师生组成批判组，由法律系党总支统一领导，研究批判翦伯赞的史学观点。

4月16日-24日 毛泽东在杭州主持召开中共中央政治局常委扩大会议，主要批判彭真，同时讨论撤销中央文化革命五人小组及其汇报提纲，重新设立文化革命小组等问题。

4月22日 《北京日报》发表历史系、法律系合写的批判吴晗"反党反社会主义"的文章。

4月23日 校刊转载《人民日报》发表的《翦伯赞同志的反马克思主义历史观点》一文。《人民日报》编者按说："在近年来我国史学领域的阶级斗争中，吴晗同志和翦伯赞同志都是反马克思主义史学的主将。"要"彻底揭露、彻底批判、彻底打倒历史学中的资产阶级思想"。

4月下旬 物理系1962级学生汪静瑜（女）在四川乐山专区眉山县参加"四清"期间离奇死亡，至今未得到伸冤。

5月1日 "五一"节彭真没有露面，引起一些人的关注。

5月4日-26日 中共中央政治局扩大会议在北京举行，刘少奇主持会议。会议根据毛泽东四月在杭州召开的中央政治局常委扩大会议上的意见，对彭真、罗瑞卿、陆定一、杨尚昆进行批判，并决定停止或撤销他们的职务。毛泽东虽未出席，但会议完全按其部署和安排进行，由康生负责向毛泽东汇报并向大会传达指示。5月16日，会议通过了陈伯达等人起草、经毛泽东修改的《中国共产党中央委员会通知》（即《五一六通知》）。

5月5日 已调到中央马列主义研究院工作的张恩慈给毛泽东写了一封题为《我对北大社教运动的意见》的信件。这份《意见》中，对北大"四清"工作队、北京大学党委和北京市委在领导北大"四清"方面和北大贯彻教育方针等问题上提出了不少尖锐的看法。（注：11日，毛泽东在审阅时把标题改为《张恩慈同志对北京大学"四清"运动的意见》，并批示："少奇同志阅后，印发有关同志。" 13日，刘少奇批示："此件请即印发政治局扩大会议各同志。"）

5月8日 《解放军报》发表了高炬的评论《向反党反社会主义的黑线开火》，《光明日报》发表何明的文章《擦亮眼睛，辨别真伪》。《解放军报》还刊载了林杰、马泽民、阎长贵、周英、滕文生、靳殿良合写的《邓拓的〈燕山夜话〉是反党反社会主义的黑话》。校刊转载了上述文章。

5月13日 校党委召开党员干部会议，传达中央批发的《林彪同志委托江青同志召开的部队文艺工作座谈会纪要》。

5月14日 党委书记、校长陆平召开干部工作会议，传达宋硕在市委大学科学工作部召开各校党委书记紧急会议上传达中共中央华北局的指示精神："要求学校党组织加强领导，坚守岗位"，"群众起来了要引导到正确的道路上去"。

▲《人民日报》发表林杰的文章《揭发邓拓反党反社会主义的面目》。

▲曹轶欧（康生夫人）和高教部副部长刘仰峤、马列主义学院的张恩慈（原北大哲学系教师）等七人，以中央理论小组调查组的名义来北京大学"调查"。曹轶欧任组长，刘仰峤任副组长。

5月16日 中共中央政治局扩大会议通过《五一六通知》。

5月17日 中央理论小组办公室正式来函：介绍曹轶欧、刘仰峤、张恩慈等7人来校调查文化革命情况。

▲8日、10日、14日、16日先后发表了姚文元、戚本禹等揭发

批判邓拓的文章，校刊转载了其中的两篇：《评"三家村"》和《评〈前线〉〈北京日报〉的资产阶级立场》。

5月18日　邓拓自杀。

5月20日　下午党委召开党员干部会，传达党中央《五一六通知》。哲学系总支书记聂元梓和副书记赵正义参加会议。

5月22日　聂元梓和赵正义召集哲学系教员杨克明、宋一秀、夏剑豸、高云鹏等人开会，向他们传达了《五一六通知》内容，几个人商量写大字报。期间，聂元梓曾去西颐宾馆见曹轶欧，请示可不可以给陆平贴大字报，得到肯定的答复。

5月23日　中共中央政治局扩大会议作出决定：一、停止彭真同志、陆定一同志、罗瑞卿同志的中央书记处书记的职务，停止杨尚昆同志的中央书记处候补书记的职务，以后提请中央全会追认和决定。二、撤销彭真同志的北京市委第一书记和市长的职务；撤销陆定一同志的中央宣传部部长的职务。三、调陶铸同志担任中央书记处常务书记，并兼任中央宣传部部长；调叶剑英同志担任中央书记处书记，并兼任中央军委秘书长。他们的中央书记处书记的职务，以后提请中央全会追认和决定。四、李雪峰同志兼任北京市委第一书记。

▲中国科学院哲学社会科学部干部吴传启贴出题为《评杨述的"青春漫语"》的大字报。

5月25日　下午1点左右，聂元梓、宋一秀、夏剑豸、杨克明、赵正义、高云鹏、李醒尘七人签名的《宋硕、陆平、彭珮云在文化革命中究竟干些什么？》的大字报在学校大饭厅东墙上贴出。大字报贴出后，引起校内极大的反响。下午3点，哲学系贴出一批批判邓拓的大字报，还有三张批判宋硕、陆平的，也有两张说聂元梓大字报是转移目标的。晚5点以后大字报多为批判聂元梓等的大字报。哲学系研究生孙月才由于公开表态支持聂元梓等，受到一些人两小时的围攻。

▲晚，校党委常委开会研究聂元梓等七人大字报问题，并请示国务院外办。外办副主任张彦答复：这是党和国家纪律，不要违反国家利益，要内外有别。常委中有两种意见：一种认为对大字报要加强管

理，坚决按中央文件精神办，动员聂本人把大字报揭下来贴到指定地点（室内）；另一种主张坚决支持群众运动，支持大字报，支持左派，大字报已贴出了，不能揭下来。党委常委、教务长崔雄崑要陆平对聂元梓大字报明确表态。

▲晚8点，校党委召开党员干部大会，陆平讲话，他指出：写大字报贴到外边不符合"内外有别"的指示精神。校党委第一副书记戈华、校党委常委崔雄崑拒绝出席大会。

▲周恩来总理派中共中央华北局书记李雪峰、国务院外办副主任张彦等来北大，于当夜12点在办公楼礼堂召开党员干部会议，传达国务院有关文件。张彦传达周总理的指示说：大字报可以贴，但北大是涉外单位，要内外有别。李雪峰说："今天晚上我们来了惊动了你们，你们也惊动了我们，你们贴出了大字报，是好事。北大是有革命传统的，在全国、全世界都有影响。搞好社会主义文化大革命，要按中央指示进行。北大的党要把运动领导好，斗争要有组织、有纪律、有领导。"

5月26日-31日 在党委的组织下，批聂元梓的大字报占了大多数。"七人大字报"的作者赵正义、高云鹏等被围攻；历史系教师魏纪文、哲学系研究生孙月才等人因支持聂元梓等七人的大字报挨了打。

5月27日 《红旗》杂志、《光明日报》编辑室编辑的《文化革命简报》第13期刊登了聂元梓等七人的大字报。

5月28日 中央文化革命小组正式宣告成立。毛泽东任命陈伯达为组长、康生为顾问（1966年8月2日中央决定陶铸任中央文革顾问，名列康生之前），江青、王任重、刘志坚、张春桥为副组长，成员有谢镗忠、尹达、王力、关锋、戚本禹、穆欣、姚文元等七人，并拟补充四个大区的干部，即郭影秋（中共北京市委文教书记，代表华北局）、郑季翘（中共吉林省委文教书记，代表东北局）、杨植霖（中共青海省委第一书记，代表西北局）、刘文珍（中共中央西南局宣传部长，代表西南局）总共十八人，然郭、郑、杨、刘四人只在文革初期出席过几次讨论起草文件的会议，仍在原单位工作，因此实际上是十四人。

5月29日 校党委常委开会听取文化革命办公室上周运动情况汇报。汇报说：据"学三食堂"统计，内贴大字报五百多张，其中批聂元梓的近四百张。会上，党委第一副书记戈华、常委崔雄崑提出：我们的运动势必牵扯到社教运动和推行修正主义路线问题，北大党委能否搞好？群众对党委又相信又不相信，必须请求上面派工作队来。

▲戈华、崔雄崑正式写报告，反映"陆平镇压革命的罪行"，要求中央、华北局派工作组来校领导文化革命。

▲刘少奇、周恩来、邓小平等开会研究，决定由陈伯达率临时工作组进驻人民日报社，由张承先率工作组进驻北京大学。

5月30日 刘少奇、周恩来、邓小平"关于派临时工作组到人民日报社"致信毛泽东，毛泽东批示："同意这样做。"

5月31日 陈伯达率工作组进驻人民日报社并改组报社领导班子。

5月 聂元梓揭发了安子文的腐败问题。（注：聂元梓和吴溉之1965年结婚，吴家和安子文家经常来往。在来往的过程中，聂发现安子文和一位非党员女士邓觉先过从甚密，此女还干预中组部的工作，聂元梓向上级反映情况。）

6月

6月1日 康生将《红旗》杂志、《光明日报》总编室5月27日编辑的《文化革命简报》第13期刊载聂元梓等人的大字报报送毛泽东。毛泽东批示："康生、伯达同志：此文可以由新华社全文广播，在全国各报刊发表，十分必要。北京大学这个反动堡垒，从此可以开始打破。 请酌办。"晚8时半，中央人民广播电台根据毛泽东的批示，全文播发了聂元梓等七人的大字报。

▲华北局派张承先为组长的工作组（首批32人）进入北大。

▲《人民日报》发表社论《横扫一切牛鬼蛇神》。

6月2日 凌晨零点30分，华北局工作组在办公楼礼堂召开全校党团员干部、学生干部大会，一千多人出席。

▲《人民日报》头版以《北大七同志一张大字报揭穿了一个大阴谋》为题，全文发表这张大字报。《人民日报》还发表了社论《触及人们灵魂的大革命》和评论员文章《欢呼北大一张大字报》。

6月4日 《人民日报》发表了经毛泽东批准的两篇新华社电讯：

中共中央决定：由中共中央华北局第一书记李雪峰同志兼任北京市委第一书记，调中共吉林省委第一书记吴德同志任北京市委第二书记，对北京市委进行改组。李雪峰、吴德两同志业已到职工作。北京市的社会主义文化大革命的工作，由新市委直接领导。

中共新改组的北京市委决定：（一）派以张承先为首的工作组到北京大学对社会主义文化大革命进行领导；（二）撤销中共北京大学党委书记陆平、副书记彭珮云的一切职务，并对北京大学党委进行改组；（三）在北京大学党委改组期间，由工作组代行党委的职权。

▲《解放军报》刊登宋一秀等6人写的《捣毁北大"三家村"黑帮的反动堡垒》，该文讲述了5.25大字报贴出后陆平布置反扑的情况。

▲陈伯达来校看大字报，并向学生讲话。

▲大批师生从"四清"前线回来，参加学校运动。

▲《人民日报》发表中央人民广播电台工作人员、北京大学毕业生吴志成等十三人的来信。来信说："在中央人民广播电台一日晚上'各地电台联播节目'时间，播送聂元梓等七位同志的革命的战斗的大字报时，编辑部曾经不断接到北大右派打来的质问的电话，他们气势汹汹地质问编辑部：谁让你们播这张大字报？"

6月5日 《人民日报》发表题为《做无产阶级革命派，还是做资产阶级保皇派？》的社论。社论说："陆平等这一小撮保皇党，拼命抵制和破坏社会主义教育运动。……他们对一批积极分子进行的这种残酷斗争，竟长达7个月之久。这是1965年发生的一个极端严重的反革命事件。"

▲中央人民广播电台播送哲学系研究生孙月才的大字报《我控

诉这种非法暴行》，《人民日报》在第二版刊登了这张大字报。

▲《人民日报》发表"第一张大字报"七位作者的文章"党中央的决定百倍地鼓舞了我们的斗志"。

▲戈华、崔雄崑被吸收参加工作组领导小组（北大教师王茂湘、李清崑、孔繁等 10 人进入工作组工作）。

6月6日 从 6 月 2 日开始，北京市每天都有各大专院校、各中学、机关单位上万人来北大看大字报、开座谈会。校园里贴满了大字报，"内外有别"很快失效。据统计，仅从 6 月 1 日至 6 日这六天，北大就贴出了近五万多份大字报。

6月10日 晚上，毛泽东在杭州召开的中共中央政治局常委扩大会议上说：关于文化大革命，要放手，不怕乱，放手发动群众，要大搞，这样把一切牛鬼蛇神揭露出来。不一定派工作组，右派捣乱也不可怕。北大一张大字报，把文化革命的火点燃起来了，这是任何人压制不住的一场革命风暴。这次运动的特点是来势凶猛，左派特别活跃，右派也在顽抗、破坏，但一般不占优势。打击面宽是必定的，不可怕，以后分类排除。要在运动中把左派领导核心建立起来，使这些人掌握领导权。不要论什么资格、级别、名望，不然这个文化阵地我们还是占领不了的。在过去的斗争中出现了一批积极分子，在这场运动中涌现了一批积极分子，依靠这些人把文化革命进行到底。

6月11日 历史系副主任、三级教授、中共党员汪籛，服毒身亡，时年 50 岁。

6月12日 中共中央、国务院决定停止高教部部长、原清华大学校长蒋南翔的工作。北大一些学生到清华支持反蒋南翔，张承先驱车赶至清华大学，将学生劝回，以"记名字"相威胁。

6月13日 中共北京市委召开干部会议，张恩慈、孔繁（哲学系教师）在会上控诉"陆平黑帮在北京大学执行修正主义路线，实行资产阶级统治的罪行。"

6月15日 工作组召开全校师生员工文化大革命动员大会。张承先在其长篇动员报告中说："北大是彭真集团长期统治的堡垒"。"要把斗争矛头对准挂共产主义羊头卖反党狗肉的人；对准反党反社会主义的资产阶级知识分子"。"对一般的资产阶级学术思想也要批判"。"斗争黑帮分子，要摆事实、讲道理。要提高警惕，严防敌人的破坏"。

6月16日《人民日报》发表了"南京大学革命师生揪出反党反社会主义分子匡亚明"的消息和社论《放手发动群众　彻底打倒反革命黑帮》。

▲从6月初开始，仿照毛泽东的《湖南农民运动考察报告》中的做法，各系各单位揪斗干部、教师的行为逐步升级，戴高帽子、挂黑牌、推搡、揪头发、坐喷气式、毒打、往身上贴大字报等情况日益加剧。工作组虽尽量劝阻，但未能奏效。在留学生宿舍楼对面的大字报苇席栏上，有人贴出抄写的毛主席著作《湖南农民运动考察报告》全文。

▲技术物理系学生批斗总支书记石幼珊。

6月17日　晚饭后，体育教研室青年教师举行批斗支部书记马士沂大会，校体育代表队的一些学生参加了批斗会，会上约20名干部、教师也被揪到台上陪斗。

▲哲学系召开全体师生大会。孔繁发言揭露陆平在北大如何反毛泽东思想。张恩慈揭发国际饭店会议内幕。下午哲学系部分师生去中宣部斗争许立群等人。

6月18日　上午，化学、生物、历史、哲学等系不约而同纷纷将本系的"黑帮分子""反动学术权威"等拉到学生宿舍区多个地点批斗。在38楼东门还设立了"斗鬼台"，"斗鬼台"三个大字贴在38楼东门入口高台阶的外墙上。有些学生为了表示自己革命，采取了激烈的行动，他们四处抓人来批斗，游街、罚跪、戴高帽、用墨汁涂面、拳打脚踢等。被批斗的有团总支书记、党总支委员、年级党支部书记或辅导员等，罪名则是"修正主义苗子""推行修正主义教育路线""保皇派"之类。工作组组长张承先来到中文系批斗现场，他表示支持学生们的积极热情，但要大家听毛主席的话，听党中央派来的北大工作组的话。他特别指出，必须有组织、有计划，不能让坏人钻空子，不能被坏人利用。

晚 10 点，工作组召开全校广播大会，张承先做广播讲话。他在揭露了校内外四个坏人之后说，这些坏人利用革命青年的革命热情，浑水摸鱼，制造混乱，他们的行为是破坏运动的反革命行为。他强调要加强革命秩序，提高革命警惕，防止少数坏人钻空子，在工作组的领导下搞好文化大革命。

6 月 19 日 工作组向中共中央和中共北京市委呈送了《北京大学文化革命简报》（第九号）。

6 月 20 日 中共中央将北大工作组"六一八"事件的《九号简报》批转全国。刘少奇批语："现将《北京大学文化革命简报》（第九号）发给你们。中央认为北大工作组处理乱斗现象的办法是正确的、及时的。各单位如果发生这种现象，都可以参照北大工作组的办法处理。"

6 月 21 日 工作组向中共中央和中共北京市委呈送《关于北京大学二十天文化革命情况的报告》。

6 月 22 日 邓小平通过邓朴方转达对工作组的四点指示：①真正左派要和工作组结合起来；②要相信工作组；③运动中要不断分类排队，选准打击目标；④斗争牛鬼蛇神要准备好。

6 月 22-23 日 工作组召开全校万人"揭露、控诉"大会，批斗陆平、彭珮云。孔繁和张恩慈在会上做控诉发言。

6 月 26 日 据工作队秘书组不完全统计，6 月 1 日至今，校内各级干部和教师被批斗人数已达 230 人。其中被撤职 2 人，群众罢官 153 人；被斗 192 人，被打 94 人，被戴高帽游街 107 人。另统计，校系两级干部 188 人中，被斗 94 人，占总数 50%。其中撤职、停职各 2 人，群众罢官 90 人，被打 44 人，游街 44 人。

6 月 27 日 下午，陈伯达来校看大字报，并听取张承先、曹铁欧的汇报。他要工作组迅速绘制"陆平、彭珮云黑帮"政治关系和社会基础图表。并说："六一八"事件不简单，是一个反革命事件，一定有一个地下反革命司令部，要把这个地下司令部挖出来。

7月

7月1日 陶铸来北大讲话。

7月3日-11日

7月3日工作组上报《北京大学文化大革命一月情况汇报提纲》。《提纲》说："北京大学是修正主义的前北京市委的一个重要据点"。陆平和"原北大的反动的社会基础结合起来，依靠、重用大批政治上严重不纯的人，结成反党的宗派集团，控制了校、系两级领导大权，实行残酷的资产阶级专政"。北京大学已"成为一个顽固的反党反社会主义的""地富反坏右麇集的顽固的反动堡垒"。《提纲》还说："六一八"事件"是反党反社会主义的阶级敌人在运动发展的关键时刻对工作组进行的一次突然袭击"，"制造混乱，企图打乱工作组的作战部署"，把"文化革命引到邪路上去"。各系共揪出了24个重点人。

"六一八"事件后，根据工作组的安排，各单位对群众进行左、中、右分类排队。各系对黑帮中的"尖端分子"分别开了批斗大会。同时，以班为单位，由各班文革小组组织大家学习、对照、检讨，参与乱揪乱斗的人更是个个要作检讨。北大关起门来，不准外单位人员随便进入北大。同时，揭、批了一批"反动学生"。

7月12日 地球物理系学生陈必陶等五人贴出批评工作组的大字报《把运动推向更高阶段》。张承先回应，这是打着红旗反红旗，向工作组夺领导权。大字报在校内引起强烈反响，各种观点纷纷亮相。一时间，批工作组的大字报纷纷上墙，只是调门不一，激烈的要撤换张承先，一部分认为要分清延安和西安。

7月15日 上午，在听取北大工作组领导小组的汇报会上，吴德说："六一八"事件中，好人是多数，坏人是极少数，但好人也做了检讨。好处是警惕性提高了，副作用是对工作组和左派的意见不敢提了。加上工作组控制比较紧了些，运动就死巴了。

晚9时，吴德找张承先谈工作，传达李雪峰对北大工作组的批评。

7月16日 工作组召开全校积极分子大会，张承先作动员和检查报告。

7月17日 凌晨1点半，吴德电话通知张承先，传达李雪峰指示：对"六一八"事件要作重新估计。

上午，张承先去市委找吴德研究工作。与此同时，学校广播台播放张承先16日的检查报告录音。中午12点30分，张承先赶回广播台，又做了补充检查报告。

7月18日 凌晨，吴德电告张承先，让工作组组织学习南京大学、中山大学关于文化革命的报告，并对照检查工作。上午，领导小组学习、检查。与此同时，北京市委书记处召开会议，李雪峰在会上对北大工作组领导小组进行了批评。他说："六一八"事件"是万人革命的行动"，"整个估计这个事情是反革命事件是错误的。估计错了，就应当进行自我批评"。"18天的轰轰烈烈，一个月来冷冷清清，跟这件事有很大关系"。

晚10时20分，张承先代表领导小组在全校广播大会上再次做补充检查。

7月19日 根据毛泽东的意见，刘少奇主持召开中共中央政治局常委扩大会议，研究文化大革命的有关问题。陈伯达在会上提出要撤销工作组，刘少奇、邓小平等多数人反对。会后，请示毛泽东，毛泽东决定撤销工作组。

▲聂元梓在哲学系讲话，指出工作组犯了方向、路线错误。她说"北大的文化革命处在一个关键时刻"。聂元梓讲话后，哲学系的同学贴出许多大字报，发表讲演，揭发工作组的错误。也有些人说聂元梓的讲演是"无组织、无纪律"，"与党组织对立"。

▲历史系学生写了一封给党中央毛主席的公开信，批评工作组的错误路线。

7月20日 孙月才等8人贴出《张承先同志，如果你不革命，我们就不要你领导》的大字报，说工作组犯了右倾路线错误。

▲贺小明（贺龙之女）、吕宏等干部子弟贴出保工作组的大字报。

▲李丹林（李雪峰之女）和同班同学王海治等人贴出《批评工作组，拥护工作组》的大字报。罗志刚、王复兴等11人在李丹林等人

大字报旁贴出针锋相对的大字报，批评工作组"犯了方向性错误"。

7月22日 根据工作组安排，近一半师生参加在天安门广场举行的百万人抗美援越大会。

▲江青、陈伯达等人来北大。在燕南园的院墙边，江青对闻讯前来的师生说："我们是代表毛主席看望大家的。"

▲参加天安门集会的师生返校后，见到校园内多处贴有关于江青等来北大的《号外》（生物系学生樊立勤所写）。

7月23日 陈伯达、江青再次来北大调查。江青说："革命是个大熔炉，最能锻炼人了。谁不革命，谁就走开！革命的，和我们在一起！"陈伯达说："对于'六一八'这个事件说成是反革命事件，是不对的，错误的！"

▲在钓鱼台12号楼，毛泽东听取李雪峰、吴德汇报北京市文化大革命情况，陶铸、康生等参加。毛泽东说：我考虑了一个星期，感到北京的运动搞得冷冷清清，我认为派工作组是错误的。现在工作组起了什么作用？起了阻碍作用。领导干部都不下去，不到有乱子的地方去看看。你们不去看，天天忙于具体事务，没有感性认识，如何指导？

7月25日 上午，在钓鱼台12号楼召集中央文革小组成员和各中共中央局负责人开会，主要讨论修改《无产阶级文化大革命的形势和党的若干方针问题》。谈到工作组的问题时，毛泽东说：主要是要改变派工作组的政策。不要工作组，要由革命师生自己搞革命，成立革命委员会，不那么革命的中间状态的人也参加一部分。谁是坏人？坏到什么程度？如何革命？只有革命师生懂得，工作组不懂得。他们到了那里，不搞革命。学校里的问题，一个叫斗，或者叫批判，一个叫改。工作组一不会斗，二不会改，起坏作用，阻碍运动。近一个月，工作组是阻碍群众运动的。阻碍革命势必帮助反革命，帮助黑帮。它坐山观虎斗，学生跟学生斗，拥护工作组的一派，反对工作组的一派。群众对工作组有意见，不让向上面反映，怕人告到中央。打不得电话，打不得电报，写信也写不得，西安交大就是这样。要允许群众通天，任何人都可以写信给中央！我们有些人不革命了。你不革命，总有一天命要革到自己头上来。

▲晚9点半，中央文革在东操场召开群众大会，辩论工作组问题。江青主持会议。康生说："有人把北京新市委派来的工作组说成是党中央派来的，毛主席派来的。你们别听那一套。毛主席一个工作组也没派。你们的工作组是北京新市委派来的。""文化革命你们是主人，不是我们，更不是工作组。这正是毛主席首先叫我告诉你们的重要任务。"

7月26日 晚7点半，中央文革在东操场继续召开群众大会，辩论工作组问题。

▲中文系学生李扬扬代表高干子女做了肯定工作组的发言，并宣读了她所代表的干部子弟的名单（共31名），其中还有毛泽东的"儿媳"张少华。这引起江青的不满，于是江青说了一大段既同家务事有关，又同当前政治大局有关的话。江青不承认张少华是毛家的儿媳妇，还说历史系郝斌在顺义四清时，打击她的女儿李讷。

▲李雪峰在会上口头宣布撤销北京市委驻北京大学工作组。

7月27日 新市委大学文化革命委员会的赵唯里作为观察员，来北大帮助成立校文化革命委员会的筹备组织。聂元梓主持座谈会，讨论筹备组织的成员组成问题。各系推选筹委会委员。

▲王任重给北大送来一张大字报，其中说：我相信北大革命师生员工，一定能够在全国无产阶级文化大革命中起带头作用。

7月28日 北京大学文化革命委员会筹备委员会成立。聂元梓主持会议，确定筹委会组成，聂元梓任筹委会主任委员。

7月29日 北京市在人民大会堂召开北京市大专院校和中等学校文化大革命积极分子大会，李雪峰宣读撤销工作组的决定，刘少奇、周恩来、邓小平讲话，承担派工作组的责任。刘少奇说："无产阶级文化大革命到底怎样搞，当时我也不晓得怎么搞。……这回可以说老革命遇到了新问题。"会议将结束时，毛泽东出来接见全体代表。

7月30日 工作组组长张承先、副组长张德华作检查。

7月 杨克明给中央写信，报告《北京大学的全国第一张马列主义大字报的产生经过》。

8 月

8月1日　中央召开八届十一中全会，聂元梓、杨克明等列席会议。

▲清华大学附中红卫兵的《论无产阶级革命造反精神》传抄到北大。其中"三论"中提到毛主席语录："马克思主义的道理，千头万绪，归根结底就是一句话，造反有理！"

8月2日　毛主席接见聂元梓、杨克明和张恩慈，参加接见的还有康生、曹轶欧。毛主席对聂元梓说：北大应该成立文化革命委员会。学校应该有一个这样组织。你回去，可以把校文化革命委员会组织起来。先成立一个筹备组织，再进行民主选举。

8月4日　晚8点，在东操场召开全校万人大会，批判张承先、张德华。朱德、江青、康生、姚文元、廖承志等参加大会。李雪峰正式宣布撤销工作组。康生在发言中传达毛泽东的话，说聂元梓等人的大字报是"20世纪60年代北京公社的宣言"。会议进行中，北大附中学生彭小蒙用皮带抽打了张承先，保卫组副组长谢甲林上去阻拦。

▲聂元梓应江青的邀请到钓鱼台中央文革住地吃饭。江青对聂元梓说："会有新的情况，明天你就知道了。"

8月5日　在一份6月2日的《北京日报》右上角毛泽东批写了一段文字："全国第一张马列主义的大字报和《人民日报》评论员的评论，写得何等好啊！请同志们重读一遍这张大字报和这篇评论。可是在五十多天里，从中央到地方的某些领导同志，却反其道而行之，站在反动的资产阶级立场，实行资产阶级专政，将无产阶级轰轰烈烈的文化大革命运动打下去，颠倒是非，混淆黑白，围剿革命派，压制不同意见，实行白色恐怖，自以为得意，长资产阶级的威风，灭无产阶级的志气，又何其毒也！联系到一九六二年的右倾和一九六四年形'左'而实右的错误倾向，岂不是可以发人深醒的吗？"随后，毛泽东对这段文字作了修改，并加上标题《炮打司令部——我的一张大字报》，作为八届十一中全会文件印发。

▲同日，根据毛泽东的意见，中共中央发文宣布："中央一九六

六年六月二十日批发北京大学文化革命简报（第九号）是错误的，现在中央决定撤销这个文件。"

▲聂元梓发表广播讲话，说"工作组是人民内部矛盾"，"个别人或是别有用心的人企图想借清理工作组错误的机会把革命左派一棍子打死，这些我们必须要坚决地反对。"

▲聂元梓等人在教育部贴出题为《徐非光是北大社教运动的一个大叛徒》的大字报。签名的有：北京大学聂元梓、孔繁、孙蓬一、岳田、李清崑、陈葆华、马云章；中宣部阮铭；教育部陆善功。

8月8日 八届十一中全会通过了《中国共产党中央委员会关于无产阶级文化大革命的决定》（即"十六条"）。《人民日报》发表社论：学习十六条，熟悉十六条，运用十六条。晚上中央台广播这一决定。

▲北京中学生中的干部子女贴出一副对联：老子英雄儿好汉，老子反动儿混蛋。横批：绝对如此（后来改为基本如此）。此对联也在北大出现。物理系有人把这副对联贴在某学生宿舍门外，以此打击不同意见的同学。

8月10日 晚7时15分，毛泽东亲自来到中共中央群众接待站，他说："你们要关心国家大事，要把无产阶级文化大革命进行到底！"

8月11日 吴德代表北京新市委检查前一段错误，宣布撤出全部工作组。

8月12日 八届十一中全会闭幕。

▲文化部代部长肖望东和文化部副部长石西民到北大，送来新出版的《毛泽东选集》并在大饭厅举行了发授仪式。

8月13日 工作组撤出北大。

▲八届十一中全会会议公报发表。

▲王任重支持中学红卫兵在工人体育场召开十万人大会斗争"小流氓"。

8月14日 聂元梓等17人的大字报"常溪萍是镇压北大社教运动的刽子手，是暗藏的反革命黑帮"送给上海华东师大。

8月15日 校文革筹委会在工人体育场召开十万人大会，批斗陆平。被斗和陪斗的人一律挂黑牌，但会上没给陆平戴高帽子，且允许他坐着，这引起一些人的批评，说"文斗变成温斗"。

8月17日 毛主席第二次为校刊题刊头《新北大》（因第一次写了错字，所以这次毛泽东旁提："送聂元梓同志，如不好可再写"）。

8月18日 毛主席在天安门广场接见百万革命群众。天刚破晓，毛泽东身穿军服，来到北京大学革命师生中间。七时十六分，毛主席又在天安门城楼上接见了聂元梓、杨克明、李清崑等北京大学革命师生的代表。次日，《人民日报》刊发了毛主席接见北大代表的大幅照片。

▲全国大串连开始。

8月19日 《中国青年报》第三版以题为《毛主席和北大革命师生在一起》，报道了毛主席18日接见北大革命师生的情况。

▲清华大学出现反对王光美和刘少奇的大字报，北大许多人前往观看。

8月20日 北京工业大学学生谭立夫发表一篇关于血统论的演说，迅速流传，很快传到北大。对谭立夫的观点，校文革筹委会和北大多数师生均表示不支持。

8月21日 《红旗》杂志第十一期重新发表"第一张大字报"和《人民日报》评论员文章。重新发表的评论员文章增加了一句话："对于一切危害革命的错误领导，不应当无条件接受，而应当坚决抵制。"

8月22日 校文革筹委会主办的《新北大》创刊号发刊。

8月23日 《人民日报》发表题为《最热烈最坚决地支持红卫兵的革命行动，工农兵要坚决支持革命学生》和《好得很》的社论。

▲北大有人转抄贴出毛泽东的《炮打司令部——我的一张大字报》。

8月24日 《人民日报》在显著位置报导毛主席为北大校刊题字《新北大》，说这是"破旧立新的动员令，灭资兴无的号召书"。同时发表题为《欢呼<新北大>在斗争中诞生》的社论。社论写道："不把旧北大的那些资产阶级反动势力打倒、打碎，就不可能有无产阶级的革命的新北大诞生出来、建立起来。""为破旧立新而大喊大叫，这是刚刚创刊的《新北大》的战斗任务，也是一切无产阶级革命报刊的战斗任务。"

▲校文革筹委会派人到北京车站劝阻外出串连的同学，让他们回学校参加运动。

▲陈伯达来北大看大字报。对昨天北大转抄并贴出"我的一张大字报"，陈伯达说：毛主席的文章关系重大，没有人民日报刊登，没有人民广播电台广播，没有主席的同意，就贴出了，这很不好。关于给刘少奇贴大字报的问题，陈伯达说：我以个人身份提出意见，最好不贴大字报，贴了他也看不见，最好写信给他。

▲以贺鹏飞为首的清华大学红卫兵联系清华附中等12所中学红卫兵到清华大学，撕毁已张贴的反刘少奇大字报。下午贺鹏飞等组织人马，推倒古建筑"二校门"。

▲乔兼武（东语系学生）贴出题为《聂元梓想存，想亡？》的大字报。

8月27日 陶铸就串联问题给聂元梓和校筹委会一封信，希望"在搞好本单位革命的基础上，积极支持大串联。"

▲首都大专院校红卫兵司令部（一司）成立。江青、谢富治、杨成武、张经武、刘志坚等出席会议。北大"毛泽东主义红卫兵"参加一司。

8月29日 《人民日报》发表《向我们的红卫兵致敬》的社论，称赞"破四旧"的举动。同时发表《中国共产党中央委员会关于无产阶级文化大革命的决定》。

8月30日 北京大学文化革命代表大会召开。中央文革副组长王任重出席开幕式，聂元梓致开幕词。

▲乔兼武、杜文革贴出题为《造三个大反》的大字报（主要内容为：取缔党团组织，代之以革命委员会；党政合一为革命委员会；砸烂从中央到地方的一切办公室。）。

8月31日 晚上，在五四运动场召开关于《造三个大反》大字报的辩论会。

▲历史系办公室门口出现一幅对联:"庙小神灵大,池浅王八多"。李讷汇报给毛主席,毛主席说,应该将"浅"字改为"深"字。

8月 北京掀起"红八月风暴"。当一批中学生来北大"破四旧"时,聂元梓在广播中号召北大学生前去保护校内文物。

9月

9月2日 《新北大》报道:自7月29日至8月28日,一个月内,到北大串连的外地人员共约212.4万多人次。

9月5日 首都大专院校红卫兵总部(二司)成立。江青、谢富治、杨成武、刘志坚、汪东兴等出席大会。北大"毛泽东思想红卫兵"参加二司。

9月6日 首都大专院校红卫兵革命造反总司令部成立(三司)。刘志坚、郑维山、戚本禹、周荣鑫、杨奇清出席会议。三司以北京地质学院东方红为核心。

9月7日 建工部五局四公司北大分校653工地的一派工人组织,在该工地召开汉中第一次大规模批斗"走资派"棣华(时任公司党委书记兼副总经理)大会。主管北大汉中分校工作的周培源副校长在大会上表态支持这一造反行动。随后,另一派拥护棣华的工人组织开始围攻周培源,把周培源包围在北大分校的教学楼里不能出来。

9月9日 我校设四个投票站、两个流动票箱,广大师生员工投票选举校文化革命委员会。全校有选举权人数应是13835人。因外出串连等原因,实际参加投票选举的9609人。其中有效票数是9566张,废票43张。选举有效。选举结果:聂元梓、孔繁、戴新民、聂孟民、白晨曦、杨克明、孙蓬一、赵正义、李志刚、徐运朴、邓朴方等42人当选为北京大学文化革命委员会的正式委员,10人当选候补委员。

▲校内个别高干子弟要成立"红五类子弟协会",聂元梓没有支持。

▲经济系教员杨勋发表声明,说她"遭到围攻"。杨勋原是校筹委会委员,在经济系正式提名校文革候选人时落选。

9月11日　校文化革命代表大会选举产生北京大学文化革命委员会（简称校文革）常委和正副主任。名单如下：

主任：聂元梓　　副主任：孔繁、聂孟民、杨学琪、白晨曦。

常委会委员：冯迎玺、戴新民、段心济、廖淑明、徐运朴、刘宗义、刘国政、牛占文、唐春景。

9月12日　校文化革命代表大会闭幕。聂元梓致闭幕词，北京市委书记处书记刘建勋出席闭幕式并致贺词。

9月13日　《新北大》发表社论《文化革命委员会的光荣使命》。

▲河北省贫协副主任齐建光老大娘和西藏翻身农奴索朗卓玛来校作忆苦思甜报告，并参加斗争陆平、彭珮云大会。

9月20日　晚上，全校在五四运动场批判陆平、彭珮云。

9月21日　北大红卫兵统一工作委员会成立，孙蓬一负责。

9月22日　《新北大》发表孔繁的文章《陆平黑帮统治下的北京大学是一个顽固的反革命堡垒》。

9月24日　晚，在五四运动场，继续召开批判陆平、彭珮云的大会。

9月26日　下午3点40分日本松山芭蕾舞团来访。孙月才等参与接待并回答他们所提的问题。

9月27日　《新北大》第10期刊登北京大学红卫兵统一工作委员会《第一次全体会议公报》。毛泽东主义红卫兵和毛泽东思想红卫兵表示不同意"统一工作委员会"的决定。

9月30日　《新北大》刊登哲学系聂元梓、宋一秀、赵正义、高云鹏、杨克明、夏剑豸、李醒尘的文章《无私才能无畏》。

▲聂元梓等17人揭发常溪萍的第二张大字报在上海华东师大贴出。

9月　在党组问题上，王任重指示北大成立党组筹备组由孔繁、杨克明负责，引起左派内部矛盾。

▲9月底"新北大红旗兵团红卫兵"成立，总部由5人组成，他们是：王金玉（技术物理系）、刘冲（经济系）、李长啸（经济系）、任瑚琏（中文系）、史新国（哲学系）。

10 月

10月1日　林彪在国庆集会上发表讲话，发出了批判资产阶级反动路线的号召。

▲我校物理系五年级学生、校文化革命委员会副主任聂孟民代表全国革命师生在天安门城楼上讲话，毛主席同聂孟民亲切握手。

▲晚上，聂元梓在天安门城楼西边看焰火。烟火晚会还没有开始时，毛主席在工作人员陪同下，在城楼上走来走去，看到聂元梓，说："聂元梓，你来了啦？怎么样啦，你们好不好啊？"又问："谭厚兰来了吗？"聂元梓说："来了。不知她到哪里去了。"随后，又简单地说了几句话。有人给聂元梓和毛主席两人照了一张像（这张像片在北大校园里张贴过）。

10月2日　《红旗》杂志第13期发表题为《在毛泽东思想的大路上前进》的社论，提出要批判资产阶级反动路线。

▲针对教育部的徐非光在北大社教运动中的问题，聂元梓、孙蓬一、孔繁、杨克明、李清崑贴出大字报《左派就是左派，叛徒就是叛徒》。

10月5日　中央批转《军委总政治部紧急通知》：凡在运动初期被工作组或校党委打成"右派""反革命分子"的一律平反，解放过去受打击的革命群众，彻底放手发动群众。个人被迫写的检讨材料，应全部交还本人处理。也可以当众销毁。

▲《新北大》第13期刊登聂孟民文章《终身难忘的时刻》。文章讲述他在天安门城楼上受到毛主席等领导人接见的动人场景。

10月6日　物理系二年级学生路远、周闯贴出《搬开聂元梓，北大才能乱》的大字报。

▲经济系教员杨勋贴出《北大文化大革命又处在关键时刻——兼评聂元梓同志8月5日的广播讲话》的大字报。

▲校内贴出了《王任重，责任重》《北大与武大》等大字报，矛头直指中央文革副组长王任重。

10月7日　下午，聂元梓在全校大会上作动员报告，号召广大革命师生员工积极投入大辩论,并欢迎大家给校文革和她本人提意见。

10月8日 《新北大》第14期发表题为《欢呼这场大辩论》的社论。

▲化学系四年级一班吴方城等5人贴出批驳路远、周闯的大字报,题目是《路远、周闯见鬼去吧!——评当前的一股歪风或给某些同志浇瓢冷水》。

10月9日 新北大井冈山红卫兵(简称"井冈山"或"井")成立。"井"认为校文革执行了"挑动群众斗群众的资产阶级反动路线"。

10月10日 晚上,由北京公社发起,在五四运动场召开串联会,探讨运动怎样搞。会上就"上揪下扫"发表不同意见。聂元梓在会上发言:"如果这条路线发生在我身上,就批判我"。

▲孙月才贴出《绝不允许炮打无产阶级革命司令部》的大字报。其主要观点是支持校文革(不是评论中央两个司令部的斗争)。有些人反对这张大字报,说是"大毒草","新保皇势力","小资产阶级革命家"。

10月11日 下午,在五四运动场举行全校大会,向资产阶级反动路线开火。孔繁代表校文革发言。

10月12日 哲学系风雷激战斗队贴出《要彻底革命,不要改良派》的大字报,说两条路线斗争到了新的阶段,资产阶级反动路线采取了更隐蔽、更精致的形式,并从八个方面说明聂元梓执行了改良主义路线。

▲廖淑明(校文革常委)、杨学琪(校文革副主任)贴出大字报《整常委会的风》。

▲文二(一)"逐浪高"战斗队贴出题为《支持聂元梓,北大才能乱——论北大两条路线的斗争》的大字报。

10月13日 北京市在展览馆剧场召开第一次彻底批判以李雪峰为代表的北京市资产阶级反动路线大会。北大"延安战斗队"在会上发言。

▲孙月才贴出大字报:《北大无产阶级文化大革命中两条道路斗

争的形势和特点》。

10月14日　夏天兵贴出大字报《论机会主义的真面目——兼评杨勋同志十月六日的大字报》。

▲新北大"六一战斗队"贴出题为《北大要大分裂——北大就是要两个以上的校文革委员会》的大字报。

10月15日　新北大"红色造反联军"（简称"红"或"红联军"）成立。它是由多个单位组成的联络站性质的组织，设有联络总部，下辖四个纵队，其宗旨是反对校文革。

10月16日　晚，聂元梓发表广播讲话，赞成"上揪下扫"口号。"上揪"张承先、李雪峰，"下扫"反动路线在北大的影响，哪有就扫到哪。对聂的讲话有两种不同反映：大部分认为"上揪下扫"是今后的大方向；"井冈山红卫兵"等单位发表声明，说聂元梓在"耍阴谋、放暗箭""自己中间溜掉"，"批判李雪峰是聂元梓转移视线"。

▲哲四学生赵丰田贴出大字报《拨开迷雾万千重，试看庐山真面目》。

10月17日　徐运朴（校文革常委）等四人贴出题为《孔繁，你企图把大辩论引向何方？》的大字报，说杨勋的后面有孔繁撑腰。

10月18日　校文革组织的赴大庆参观团（由各系推选2名红卫兵代表组成）今日回到北京。参观团在矿区参观了钻井架、输油泵等，铁人王进喜接见了参观团代表并作报告，他勉励大家："青年人要与工农相结合，就要能吃得了苦。"

10月19日　一些战斗队召开纪念"6.18"和庆祝"8.18"大会。工作组副组长张德华被揪回来批斗。

10月20日　"毛主席的好工人"尉凤英来北大。晚上，她在大饭厅做活学活用毛主席著作报告。

▲聂元梓发表讲话支持大串连。井冈山红卫兵指责聂元梓耍阴谋，并开除两名外出串连的战士。

10月20日-21日　校文革召开常委扩大会议，会上提出"常委首先要整风"。孔繁等则表示要外出串连"不参加整风"。校文革常委会内部的矛盾表面化。会上估计，大部分师生已外出串连，在校人员只剩下三四千人。

▲ 21日，哲学系"岿然不动"战斗队贴出题为《聂元梓等同志是无产阶级革命派，绝不是资产阶级改良派——兼驳哲学系"风雷激"战斗队"要彻底革命，不要改良派"》的大字报。

10月22日 《人民日报》发表题为《红军不怕远征难》的社论，号召红卫兵步行串连。

10月24日 在校文革常委会议上聂元梓提议：因五个常委外出串连，经部分常委研究，提名陈影、姜同光、侯汉清、孙蓬一、王海忱参加常委会议，加强常委集体领导。会议同意聂元梓的意见。

10月25日 下午，新北大北京公社红卫兵战斗团、新北大东方红公社、新北大赤戟战斗队、新北大毛泽东思想红旗兵团等五十多个单位，发起并组织了"全国第一张马列主义大字报诞生五周月纪念大会"。"五·二五"大字报的作者之一宋一秀讲话。在纪念会上，新北大东方红公社、新北大红卫兵战斗队的代表、文二（四）班的阎志胜、首都兄弟院校和南京大学红色造反队代表先后在大会上发言。大会结束前，把陆平拉出来示众。

10月26日 哲学系"风雷激"战斗队贴出题为《再论要彻底革命，不要改良派！——兼答哲学系"岿然不动"战斗队》的大字报。大字报说："北大向何处去？我们主张大乱，反对一切包办代替，搬开一切铁盖子"，"经过大动荡、大改组、重新组织革命队伍"。

10月27日 北师大井冈山造"工业学大庆展览"的反。理由是刘少奇的照片比毛主席的大、比毛主席的多，没有林彪的照片。戚本禹在现场支持造反。29日陈伯达写信对北师大的行动表示支持。

10月28日 校文革办公室发出《加强对黑帮管理》的通知。将"黑帮分子"先后集中到朝阳区南磨坊、昌平县太平庄，监督劳动。

10月29日 下午，在五四运动场召开批判李雪峰大会。出席大会的有中共北京市委负责人吴德、刘建勋。李雪峰向全体到会的革命师生做检查。李雪峰检查之后，大会发言进行批判。代表北大发言的是物理系60级学生陶一飞（捍卫毛泽东路线联络站的召集人之一）。会议结束时，北京政法学院红旗突然将李雪峰架走拉到政法学院批判。国务院下令追查，保护李雪峰。

10月30日 经济系讲师李志远贴出题为《两条路线，两种世界观》的长篇大字报。大字报认为"北大的社会基础不变，聂元梓执行反动路线是必然的。""聂元梓、陆平、张承先是革命的同路人。"

10月31日 晚上，王力、关锋来北大。聂元梓在北大临湖轩接待他们。王力说："在中央文革我们是同王任重有斗争的。听说王任重利用孔繁、杨克明反你，我们是同情你的，支持你的。听说张恩慈也从中活动。你把这方面的情况谈谈，王任重到底在北大都搞了些什么鬼？"聂元梓介绍了这方面的情况，并说明天还有两个群众大会，一个是红联军、井冈山召开的会，另一个是红旗兵团等组织召开的，我应当持什么态度？关锋说："不能参加红联军、井冈山召开的大会，那些组织中有王任重搞的势力在继续活动。"

▲杨克明外出串连，校文革改组《新北大》编辑部，由刘国政、陈影负责。

▲北京召开纪念鲁迅大会，北大部分群众参加。

▲北京大学捍卫毛泽东路线联络站声明：将于11月1日 由'新北大红色造反联军'召开的纪念 6.1 大字报发表五周月大会，是针对聂元梓同志，所谓批判聂元梓为代表的校文革的资产阶级反动路线。我们拒绝参加并另行召开大会。

10月 北大出现关于刘少奇的大字报，内容主要抄自高级党校的大字报。

11月

11月1日 红旗兵团、东风兵团、北京公社等组织在东操场召开"纪念大字报发表五周月"大会。聂元梓在会上发表讲话。她说："北京大学校文革执行的是以毛主席为代表的无产阶级革命路线"。聂元梓建议将"六·一"定为新北大校庆纪念日。会议期间，反对派来人要拉聂元梓去他们的会场接受批判，双方发生冲突。聂元梓表态：要站在这个无产阶级讲台上讲话。

▲与东操场会议的同时，井冈山红卫兵、毛泽东主义红卫兵、新北大毛泽东思想红卫兵等组织，在五四运动场也举行了纪念"六•一"五周月大会。大会着重批判以聂元梓为首的校筹委会和校文革执行了"一条新的隐蔽的资产阶级反动路线"，并认为"这条路线的特点就是改良主义"（杨勋坐在主席台上）。

11月2日 红联军等将"两名外地中学生的公开信"抄成题为《北大聂元梓为首的校文革执行资产阶级反动路线的铁证》的大字报，说聂元梓在11月1日大会上"挑动群众斗群众"，是执行反动路线的大暴露。

▲晚上，聂元梓在临湖轩召开校文革常委会，听聂在东操场的讲话录音。捍卫毛泽东路线联络站的胡宗式和陶一飞因事要找聂元梓正赶上听录音，聂元梓就让他们一起听录音。反对派所指的"铁证"是：聂元梓讲话时引用的一段毛主席语录"凡是反动的东西，你不打，它就不倒。这也和扫地一样，扫帚不到，灰尘照例不会自己跑掉。"录音中有这段语录。听完录音后，发言者一致认为没有问题。但聂元梓仍不放心，她把录音带拿走，找广播台的机务删掉这段语录。这件事后来演变成"修改录音带事件"。

▲经济系延安战斗团游击队贴出大字报"绝不许李志远歌颂陆平和攻击聂元梓同志"。

11月3日 红旗兵团发表《在中学生公开信的背后是什么？》的大字报，驳斥攻击聂元梓的观点。

11月4日 下午7点40分，"井"负责人魏秀芬从北京大学捍卫毛泽东路线联络站负责人手中借走东操场大会录音带，答应听完就还，同时答应第二天将他们在五四运动场开会的录音借给北京大学捍卫毛泽东路线联络站。

11月6日 晚上9点，北京大学捍卫毛泽东路线联络站两人到魏秀芬的住处索要录音带，未果。

▲新北大捍卫毛泽东革命路线联络站发表声明，质疑"井"等久借录音带不还的目的，并声明由此产生的一切后果由他们负责。

11月7日　红联军"浪滔天"战斗队贴出题为《可耻的行径，卑鄙的勾当》的大字报，说"校刊第廿期刊登的聂元梓讲话是伪造品"。

▲下午 3 点，捍卫毛泽东路线联络站和井冈山红卫兵双方代表在哲学楼 206 室举行谈判，魏秀芬仍然坚持不还录音带。

11月8日　聂元梓、孙蓬一等 11 人署名的大字报《邓小平是走资本主义道路的当权派》在校内贴出。

▲井冈山红卫兵建立广播站。

11月9日　经济系延安战斗团游击队贴出大字报《李志远的矛头所向——评李志远的大字报〈两条道路与两种世界观〉》。

▲历史系延安战斗队李炳煌、葛英会贴出大字报《一篇资产阶级反动路线的代表作——评"两条路线与两种世界观"》。

▲在戚本禹、林杰的支持下，谭厚兰率师大 200 多人，去山东曲阜造孔子的反。

11月11日　新北大捍卫毛泽东路线联络站发表"关于新北大井冈山红卫兵总部十一月四日从我站借走录音带一事的真相"(11月 7 日，双方代表会谈，魏秀芬等人故意拖延，不按约定交回录音带)。

11月12日　李讷（毛泽东与江青的女儿）来北大，向聂元梓传达毛泽东要聂元梓去上海支持上海造反派的指示。

▲下午 5 时许，井冈山红卫兵和红联军等组织派 20 多人砸了《新北大》编辑部。同时发表《告北大和全国革命同志书》，说"《新北大》完全违背毛泽东思想，压制我们革命造反派的意见，成了校文革贯彻资产阶级反动路线的御用工具"，"《新北大》第 20 期刊登的聂元梓讲话是经过精心删改的伪造品，去掉了聂元梓挑动群众斗群众、把群众打成反革命的恶毒词句，是聂元梓执行反动路线的遮羞布。""革命无罪，造反有理"。

▲晚上，不少本校和外地人员参观了被砸现场。经济系延安战斗团写出文章，披露校刊编辑部被砸的经过。聂元梓陪同李讷观看了被砸现场。李讷说，砸校刊是反革命事件，要聂写报告上交中央文革。

11月13日　历史系延安战斗队发起串联会，会上有人分析：

"砸《新北大》编辑部,就是反动路线没有出路的表现,总想找出一个像样的聂元梓挑动群众斗群众的例子,想有人把他们打成反革命。"

11月14日 王力、关锋在政协小礼堂接见聂元梓等人。王力说:听到校刊被砸后,江青委托我们问你们,与张恩慈有关系吗?聂元梓等回答说:我们没有发现。王力要求校文革,写一份《新北大》校刊被砸的简报。

▲晚上,"井冈山"等单位向常委会提出要求:"广播台要单独为他们广播,《新北大》在复刊时,每期出刊前要和他们协商"等。

11月15日 北京农大附中学生伊林、涤西贴出大字报《致林彪同志的一封公开信》。

11月17日 《新北大》第二十一期发表编辑部声明:一、《新北大》第十八~二十期的方向是正确的,旗帜是鲜明的,"井冈山"等少数人竟把聂元梓和李雪峰放在同等被批判的地位,是方向性的错误,原则性的错误,是我们坚决反对的。二、对"井冈山"等肆意践踏十六条的行为,提出严重抗议。三、要求迅速交还抢去的东西,派人清理档案,如有损毁,由他们负完全责任。

11月19日 聂元梓等人到达上海,组织"捍卫毛泽东思想战斗团",介入上海的文化革命。

11月20日 红旗兵团"灭资兴无"战斗队贴出大字报《再论聂元梓等同志是无产阶级革命派,绝不是资产阶级改良派——兼驳"风雷激"战斗队〈再论要彻底革命,不要改良派〉》。

11月21日 晚,校广播台广播校文革对井冈山、红联军等五个单位向校文革常委会提出的一些要求的答复。

▲经济系文革主要领导人分裂成两派:李志远等反对校文革,王茂湘、杨娴支持校文革。上午经济系文革会议研究"解散"问题。王茂湘提出,文革办公室存放一些工作组时期的材料,应整理一下,准备交给将要成立的平反小组。下午6点,经济系文革正式解散。

11月22日 上午,杨娴同红色尖刀连的朱成华(地质学院朱成昭之弟)交代系文革留下的几件事,谈到有工作组时期的"夺权记"

（王茂湘在场），双方达成协议：经济系文革的材料共同查封，原文革人员个人手中的材料也上交，一并封存。

▲晚上，校文革传达中央、中央军委、总政和新市委有关平反的一系列指示，校文革副主任杨学琪作广播讲话，要求全校革命师生很好学习中央关于平反的指示。

▲聂元梓在上海"控诉、揭发、批判上海市以曹荻秋为代表的资产阶级反动路线大会"上发言。她说："我们这次到上海串连，有两个目的：首先是来向上海革命战友学习革命经验，并答谢上海战友对我们的革命支援；其次是来揪北大社教运动的头号叛徒常溪萍！"

11月23日 井冈山红卫兵等单位下午在大饭厅向各地革命师生介绍自己的观点，称自己是"革命造反派"，说聂元梓为首的校文革执行了"资产阶级反动路线""挑动群众斗群众"，并拉宣传车到天安门广场宣传，打标语战。

11月24日 复旦大学"阿斗"兵团发表文章《"诸葛亮"到上海》，批评聂元梓。

11月25日 红旗兵团横扫千军贴出大字报《新北大在前进——论以聂元梓同志为首的校文革执行的是以毛主席为代表的无产阶级革命路线》。

11月26日 经济系双方白天一起做封存工作。一位"红色尖刀连"的人跑来提出把黑材料"夺权记"全部交给他们，双方发生争执。后来"红色尖刀连"单方面将经济系文革档案室的文件柜和档案室的门都贴了封条，并声明"谁也不能启封之"。晚上，"红色尖刀连"自己却来砸了。砸档案室时，经济系彭澎闻声出来要保护档案，受到斥骂、拖拉，并限制其人身自由。

11月27日 经济系彭澎、肖必凡等对"红色尖刀连"前一天晚上粗暴违反中共中央国务院关于文化革命中保护国家档案和机密的规定的行动，对其限制人身自由的做法表示严正抗议，彭澎同时贴出大字报，揭露了肇事的过程。延安战斗团等单位对此事表示强烈抗议。

▲校广播台晚上对哲学楼前和五四运动场丢失喇叭、变压器一事发表通告。紧接着"红色造反广播台"广播"红色尖刀连"声明，说抢的都是黑材料，并扬言要公开，还说他们偷来的广播器材"不准别人拆走"。

▲聂元梓在上海中央文革记者站和张春桥见面。聂元梓说，我和张春桥的谈话，没有不可告人的。

11 月 28 日 红旗兵团、北京公社、东风兵团、延安战斗团发表公报，控诉红色尖刀连打砸抢经济系文革资料室。

11 月 30 日 "红色造反广播台"广播抢来的"部分黑材料"（该台语）：张承先工作组时期写的"夺权记"和经济系的有关简报（随后把这些材料抄出公布于大饭厅）。

▲在上海，井冈山、红联军"打落水狗"战斗队发表题为《聂元梓为什么现在来上海？》的文章。

▲在上海戏剧学院，聂元梓、孙蓬一、孙月才等参加与北大"反聂派"会见会，聂元梓、孙蓬一讲话，并回答相关问题。

11 月 1966 年 3 月 8 日，邢台发生强烈地震后，周总理指示北京建筑设计院：研究天安门、故宫、大会堂、钓鱼台等建筑能否抗拒 8 级地震，并提出加固措施。因为建筑设计院没有编程人员，故到北大数力系求援。计算数学教研室文革小组负责人陈成森知道消息后，主动联络唐世渭、孙辩华、张乃吉、李文旬（女）、曲圣平等人，支援建筑设计院。他们不要报酬，只是要求给每人一张汽车月票。经历一年多的努力，1968 年 4 月完成任务。

▲至 11 月底，北大支持聂元梓、校文革的较大组织有：红旗兵团、北京公社、东风兵团和红教工兵团。

12 月

12 月 1 日 红联军总部发言人在串联大会上作了题为《聂元梓为首的校文革执行资产阶级反动路线的新发展》的长篇发言。

12 月 2 日 井冈山、红联军在上海联络站印发首都"齐卫东"的《评上海市委的资产阶级反动路线》（九评）。

12月4日 对于批评林彪和炮轰中央文革的行为，中央文革认为是一股黑风（时称"12月黑风"），号召全市的造反派给予反击。首都三司举行"大反击"，他们把"誓死保卫毛主席""坚决拥护中央文革小组的正确领导""向资产阶级反动路线猛烈开火""打垮阶级敌人的新反扑"等标语贴在天安门前和观礼台。其宣传车奔驰全市，高呼"誓死保卫毛主席""誓死保卫林副主席""誓死保卫中央文革小组"等口号。

12月5日 聂元梓在复旦大学发表讲话。

12月6日 聂元梓在上海参加江南造船厂座谈会并发言。

▲北大广播台评论员文章《造谣污蔑既无损于北大广播台，也无助于红联军》。

▲北京大学红卫兵中文系东方红战斗队贴出大字报"聂元梓同志十一月一日的讲话好得很！"

12月7日 校文革号召全体师生员工立即行动起来迎头痛击资产阶级反动路线的新反扑。当夜，北京大学红卫兵等组织举行示威游行。

▲乔兼武写了一份题为《谈"致林彪同志的一封公开信"》的传单，称"北农大附中革命小将伊林、涤西的致林彪同志的公开信贴得好。一好是冲破了一个大框框，二好是更广泛地实行了大民主，三好是公开信的基本内容、基本精神正确。"

12月8日 北京公社、红旗兵团等组织在大饭厅召开"迎头痛击资产阶级反动路线的新反扑"誓师大会。

12月10日 北大虎山行战斗团（简称虎山行）贴出《毛主席的大民主万岁！》的大字报。

▲北大还出现题为《第一把火》的大字报，矛头指向中央文革。

▲杨炳章（经济系教员杨勋之弟、经济系旁听生）表态支持虎山行的大字报《毛主席的大民主万岁》，随后受到批判。

12月12日 "红色造反台"播出"虎山行"大字报《毛主席的大民主万岁》。

▲红旗兵团召开群众大会，批斗乔兼武和杨柄章。

12月13日 "红老虎""毛林陈之兵"两个战斗队贴出大字报《把运动推向更高阶段——从炮轰中央文革谈起》。

12月14日 陈伯达、康生、江青等与三司、北航红旗等单位代表座谈。会上康生作了如下插话:"对反革命分子实行严厉镇压,这是最大的民主""凡是反对毛主席和林副主席的就是反革命,他们不是群众,是群众的敌人。""对中央文革的态度是要不要无产阶级专政的问题。"

12月15日 北京大学红卫兵、红旗兵团、北京公社联合发起成立"首都高校斗争彭、陆、罗、杨反革命修正主义集团大会筹备处"。

12月16日 聂元梓离沪回校。回校后聂向王力汇报了上海之行。

12月19日 红旗兵团缴获了乔兼武所写的传单《谈"致林彪同志的一封公开信"》后,于19日凌晨2时半将乔兼武扭送北京市公安局。

▲人民教育出版社李冠英等人贴出大字报《陶铸贯彻执行的是什么路线?》。教育部卢正义贴了支持这张大字报的大字报。

▲在"延安"等战斗队召开的批判"虎山行"的大会上,杨炳章上台为"虎山行"辩护,当场被"群众专政",并送交公安部。

▲红旗兵团哲学系伏虎战斗团建红战斗队贴出大字报"砸烂乔兼武的狗头,为乔兼武翻案的人绝没有好下场"。

12月20日 在工人体育场召开北京市"斗争彭、陆、罗、杨反革命修正主义集团大会"。戚本禹、姚文元、吴德出席大会。聂元梓在大会上发言。

▲戚本禹写给人民教育出版社徐×等人一封信。信中说"给陶铸贴大字报是可以的,有人把贴大字报的同志说成'反革命',进行围攻斗争是错误的。"

▲《红旗兵团》延安战斗团赤遍红球战斗队贴出大字报"杨勋——资产阶级反动路线的政治代表——兼评《井冈山》《红联军》的大方向"。

12月21日 下午一点，北京市十五个文教单位在工人体育场召开批判彭、陆、罗、杨大会，中央文革小组的穆欣参加了大会。北大也派人参加了大会。周扬、安子文、许立群、林默涵、田汉、阳翰笙、吴晗、宋硕、彭珮云等被拉出来示众。

▲上午在五四运动场，由红旗兵团、北京公社、红教工兵团联合召开"斗争反革命分子杨炳章、乔兼武誓师大会"。与此同时，井冈山红卫兵和红色尖刀连在大饭厅举行"斗争杨炳章大会"。

▲由于"红色造反台"播送了"虎山行"反中央文革的大字报，北京公社于凌晨摘掉了"红色造反台"的全部喇叭。

▲针对十二月初"红野牛""热枪冷炮"贴出的一篇大字报"造三个大反"（即：推翻现存校系文革；破除对社教的盲目信任；解放除陆平、彭珮云以外的所有黑帮），红旗兵团《革命风火》《大无畏》《捉鳖》战斗队贴出大字报：揭穿《红野牛》的真面目——初评大毒草"造三个大反！"。

12月22日 晚上，毛泽东主义红卫兵部分成员自封总部并抓了总部领导人。

▲毛泽东思想红卫兵总部被自己造反成员查封。

▲哲学系"风雷激"战斗队发表造反声明：承认在12月17日前犯了方向错误；红联军成立以来大方向是错误的；承认聂元梓为首的校文革执行毛主席的革命路线。

▲红旗兵团贴出大字报《把反革命分子杨炳章的反动嘴脸拿出来示众》。

▲根据周总理相关指示，深夜，红旗兵团派人抓了杨勋，并送交公安部。（注：1966年7月26日，杨炳章给毛泽东写了一封信，其中建议不要让江青出来工作。信以杨勋、杨炳章署名。几个月后，周恩来指示康生、谢富治抓人。）

12月23日 北京公社、红旗兵团、北京大学红卫兵总部、东风兵团、红教工兵团等34个组织向"三司"发出照会，严正要求三司开除北大"井冈山"。

▲晚，新北大东风兵团、硬骨头战斗队、新北大狂飙战斗队、新北大东方红公社、北京公社0363支队、红旗兵团红梅战斗队、击长空战斗队、新北大赤卫战斗队、红教工兵团从头越战斗队、延安战斗队、红色清道夫战斗团、缚苍龙战斗团共12个战斗组织，查封了红联军总部。

▲赵丰田发表退出红联军的声明，他说："我宣布承认错误，改变观点，并宣布退出红联军。"

12月24日 聂元梓在大饭厅讲话，认为校文革执行的不是反动路线，并说反对她的人多数是好的。

▲红旗兵团参加了由学部红卫兵联队牵头组织的批判彭、罗、陆、杨大会，地点在北京工人体育馆。

▲东风兵团"革命风火""大无畏""捉鳖"等战斗队贴出大字报"愤怒声讨极端反动的反革命分子杨炳章"。

▲东风兵团等12个战斗组织发表查封红联军总部的《公告》。

12月26日 技术物理系132班崔子明、席关培、张拯今日再次致信康生（12月12日写了第一封信），质疑中央文革对"十二月黑风"的处理。

12月27日 在工人体育场召开"彻底批判刘邓资产阶级反动路线大会"，中央文革小组戚本禹、穆欣参加。聂元梓、蒯大富、谭厚兰先后在大会上发言。

12月29日 在工人体育场召开批斗彭真、刘仁、郑天翔、万里、吴晗大会，北大参加了这个大会。会上，将张文松、陆平、范瑾、彭珮云、冯基平等人揪出来"示众"。

12月31日 中共中央、国务院下达《关于对大专院校革命师生进行短期军政训练的通知》。中央文革决定首先以清华、北大、北航、地院、男二中、男二十五中等校为军训试点单位。

▲牛辉林率领北京大学红卫兵抄吴溉之（聂元梓前夫）的家。期间，哲学系教员陈葆华在场，聂元梓坐小车指路。

1967 年

1月

1月1日 《人民日报》《红旗》发表元旦社论《把无产阶级文化大革命进行到底》。社论指出："一九六七年，将是全国全面展开阶级斗争的一年。"

▲北大、清华等二十几所高校在市内举行彻底批判刘邓资产阶级反动路线大游行。游行中首次喊出"打倒刘少奇！"的口号。

▲康生将崔子明等三人（技术物理系学生）给他的信作了批示并转给中央文革小组的人传阅。康生在批示中写道：一小撮反革命分子跳出来反对中央文革，乃蚍蜉撼大树，没有什么了不起。要将一切反动言论使它永抬不起头来。

1月3日 晚，陈伯达、江青、康生、王力、杨成武等在人民大会堂接见聂元梓、夏剑豸等五位代表。江青在讲话中说："你们学校刘邓路线具体表现在孔繁、杨克明身上。"

1月4日 周恩来、陈伯达、康生、江青等中央首长在接见"武汉赴广州专揪王任重革命造反团"时指出：陶铸到中央来，并没有执行以毛主席为代表的无产阶级革命路线，实际上是刘、邓路线的忠实执行者。

1月4-5日 生物系三年级学生樊立勤在大饭厅召开辩论会，主题是校文革执行什么路线的问题。

1月5日 上海《文汇报》发表了上海工人革命造反总司令部等十一个革命群众组织的告上海全市人民书，标题是"抓革命，促生产，彻底粉碎资产阶级反动路线的新反扑——告上海全市人民书"。

▲在筹备批判陶铸大会时，北大代表不同意高教部延安公社（卢正义为首）参加大会，为此和林杰发生冲突。北大认为卢正义是叛徒，林杰等认为卢正义是左派。晚上，林杰、吴传启召开协调会，要延安公社作为发起单位，北大则提出由北京医学院八一八加入发起单位，因为第一个贴陶铸大字报的不是延安公社而是北医，林杰拒

绝。由于多数单位支持北医，延安公社没能参加第一次"批陶"大会。随后，"批陶"组织分为两派。（注：学部联队、师大井冈山等单位组织了"首都批判刘邓路线新代表陶铸联络委员会"，出版刊物《批陶战报》；矿业学院东方红、体育学院毛泽东主义兵团、北医八一八战斗团、新北大公社、清华井冈山兵团等单位组织了"斗争陶铸筹备处"，出版刊物《斗陶战报》，2月20日创刊。）

1月6日 晚上，在大饭厅召开由校文革发起的辩论会（大会主席徐运朴）。樊立勤在会上作了长篇发言。

▲批判王任重联络站、红旗兵团、东风兵团、12.26兵团、红军兵团、北京公社贴出"王任重在北大的罪行录"。

▲李清崑在校文革常委会上发言谈王任重问题：①反对北大8月15日在工人体育场召开的十万人批判陆平、彭珮云大会，说开个小会就够了；王自己却开十万人大会斗争小流氓。②指定孔繁、杨克明筹建党组，不要聂元梓。③像清华那样，想在北大重用高干子女。④说"斗争乔兼武违背十六条"。

1月8日 63军和装甲兵一千多人组成的军训团进入北大。

1月9日 《人民日报》转载《告上海全市人民书》，同时发表了"编者按"，其中写道："《告上海全市人民书》是一个极其重要的文件。这个文件高举以毛主席为代表的无产阶级革命路线的伟大红旗，吹响了继续向资产阶级反动路线猛烈反击的号角。这个文件坚决响应毛主席抓革命促生产的伟大号召，提出了当前无产阶级文化大革命中的关键问题。这不仅是上海市的问题，而且是全国性的问题。"（从1月9日开始，由上海发端的自下而上的夺权风暴迅速波及全国，此即"1月夺权风暴"。）

1月10日 《新北大》发表《热烈欢呼上海革命造反派的伟大胜利！坚决支持上海革命造反派的革命行动！——致上海革命造反派同志电》。

▲下午在大饭厅召开辩论会，主要是揭发孔繁、杨克明。李清崑说："据聂元梓传达，江青同志说砸新北大校刊是现行反革命行为"。红旗兵团抄了魏秀芬的宿舍。

▲在北京工人体育场召开批判陶铸大会，聂元梓在会上发言。

▲北京新华书店的造反派在天安门焚毁了刘少奇、邓小平的人头像，并向全国新华书店发出烧毁刘少奇画像的呼吁。

1月11日 上午全校师生在西校门集合，夹道欢迎解放军同志来我校执行军训任务。

▲按中央文革"清理外地来京人员，反对经济主义，维护交通"的指示，军训延期进行。校文革成立总指挥部，同时派人去北京站、全国总工会、劳动部、交通部、团中央等地协助工作。

▲校文革在办公楼召开会议，传达昨晚中央领导人在人民大会堂接见群众时的讲话精神。

▲红旗兵团委派数力系学生谢定国（笔名扬子浪）等上午去北京日报与少数派"星火"挂了钩，广播了"北京大学毛泽东思想红旗兵团"致北京日报革命造反派的公开信。北师大井冈山先来了一步，支持对立派。后来北航红旗也参与《北京日报》事务。这些学校组成一个"联络站"，在"联络站"内部，矛盾重重。北大和北航观点基本一致，出版了一期《北京日报》，被师大等批判，后被中央文革勒令停刊。

1月13日 中共中央和国务院联合颁布了《关于在无产阶级文化大革命中加强公安工作的若干规定》（即"公安六条"）。

▲晚八点半在大饭厅开全校师生会议，介绍指导军训的装甲兵部队和63军的首长，有副司令员郭迎春、副政委穆湘等。聂元梓讲话，传达中央精神和安排具体工作。按军训编制，部队官兵也一起下去清理外来人员，维护交通。

▲樊立勤发表声明："以聂元梓同志为首的北大校文革执行的是一条不折不扣的资产阶级反动路线"；"必须立即揪回孔繁、杨克明，让他们老实交代，并彻底批判。"

1月14日 在北大等单位的协助下，北京车站基本恢复正常，每天发四十多列车（以前最少的一天是两列，还发生打列车员、破坏列车等现象，使交通堵塞）。

▲北京化工学院造反派宣布接管化工部；北京轻工业学院接管

了一轻部和二轻部；北京建筑设计院毛泽东思想红卫兵接管了该院党委、人事、财务、保卫、行政等部门。

1月15日 学部民族所的洪涛和统战部的刘郢，带领一部分人抢劫了统战部和国家民委的档案。中央民族学院红卫兵将洪涛、刘郢扭送公安部，公安部将其收押。

1月16日 陈伯达、江青接见聂元梓、孙蓬一。陈伯达说："王任重很坏，当着江青同志的面讲了孔繁、杨克明很多好话，讲了聂元梓很多坏话。"江青说："我们要保你，从政治上关心你，帮助你。孔繁到哪里去了？你们要揪他！"还说"北大的风格不是过了，而是太温了。希望注意克服无政府主义，小团体主义，极端民主化，希望北大同学能做出样子来。"

▲《北京日报》部分职工1月14日发表了《告全市革命造反派同志书》，要和全市革命造反派一致行动，彻底砸烂前《北京日报》《北京晚报》，踢开所谓的新编委会，起来闹革命。师大井冈山、清华井冈山、北大、北航红旗等12个单位14日成立了"彻底摧毁旧《北京日报》，促进《北京日报》新生革命造反联络站"。18日师大井冈山和北京日报社的星火燎原宣布夺权，《红旗》杂志林杰表示支持。

1月17日 公安部办公厅秘书处印发《公安部某负责人就1月15日"红色联络站"接管中央统战部档案的讲话》。中央民族学院红卫兵总部对这个"讲话"十分不满，到公安部理论。洪涛等人以冲公安部和迫害左派为名，将民族学院红卫兵总部负责人郑仲兵扭送到公安部，公安部将其关押了13天。

▲针对有些院校冲击《解放军报》社，林彪给《解放军报》写了一封信，指出：解放军报社是保护单位，学生和干部不要到里面去揪人，欢迎他们送大字报。20日，陈伯达又两次紧急通知：外单位群众不得冲击《解放军报》社。北大校文革反对冲击《解放军报》社，发表声明并派广播车到现场宣传，引起一些单位（如铁道兵工程学院）不满，后来他们多次到北大游行示威。

1月18日 在人民大会堂小礼堂接见群众组织代表的会上，周总理说:"我们要把夺权斗争汇成一个总的运动"。"今天、昨天已经开始有三十多个单位到北京市委去夺权了,已经进驻北京市委大楼,我们要祝贺他们的胜利。夺权会出现一些问题,但不能陷到事务当中去。北京市的一些综合性大学,像北京大学、清华大学、人大、师大等在北京的夺权当中要下大的力量。不是派一小部分人去的问题,也不是就开几个大会的问题,要起主导作用。"

1月19日 响应周总理号召,北大组成夺权指挥部,孙蓬一、徐运朴负责。

▲晚,聂元梓作题为《无产阶级革命派大联合大夺权万岁》的广播讲话。

▲我校红教工兵团"挺进战斗队"于1月19日20:20进驻高教部、教育部,并发表"一号通告"。

▲北京大学红卫兵、红旗兵团进驻北京市委,参与夺权。

▲北大曾派出13支队伍(教育部、北京市委、华北局、中监委、北京造反公社、交通部、劳动部、团中央、总工会、统战部、中宣部、北京日报、光明日报)参加夺权斗争,但真正参与夺权的仅教育部一处。有的地方如交通部、劳动部、团中央、总工会等一些单位,原来就有北大学生在那里协助清理外来人员,夺权发生时就地介入了那里的夺权活动。去华北局夺权时,只是"宣布夺权","要求干部明天准时上班"。当中央及时制止华北局的夺权时,北大人马很快便撤出来了,这被李雪峰戏称为"两小时的政变"。到统战部时,见到地质学院等校已在,北大便退出来了。在中宣部,北大支持以阮铭为首的毛泽东思想红卫兵,后中央文革批评阮铭夺《红旗》杂志的权,宣布其夺权无效。(注:《红旗》杂志在中宣部院内,后勤系统如总机、小车班由中宣部负责。)

1月20日《新北大》刊登聂元梓的署名文章《无产阶级革命派大联合大夺权万岁》,并刊登《打倒篡党、篡军、篡政的阴谋家贺龙》的文章。

▲教育部延安公社、师大井冈山等在教育部实行反夺权。晚上,在高教部,师大井冈山和高教部延安公社转移材料,北大方面阻拦,

附：北京大学文革大事记（1964-1983年）

双方发生冲突。

▲樊立勤贴出大字报《康生你是什么人——这是我给康生同志的第一张大字报》。

▲北京市30个群众组织联合成立"首都革命造反派创立新《北京日报》联合委员会"，夺了北京日报的权，并发表了"夺权宣言"。北大是成员之一。

1月21日 清华大学出现"调查康生问题联络委员会"，清华井冈山、北大樊立勤、农大东方红、天大八一三、北京体院毛泽东主义红卫兵、党校红战团等参加。

▲军内机关和院校分成"一筹"和"二筹"两派，其分歧的焦点是对肖华的态度。北大动态组和"二筹"联系，批判资产阶级反动路线联络站和"一筹"联系。

1月22日 周总理和中央文革小组陈伯达、康生、江青、关锋、王力等召集部分学校的代表座谈。江青说："今天到会的大都是同我们共过患难的战友，因此可以坦率地交交心。目前，在北京大量出现了诽谤总理、康生和我们的大字报，你们明确表态了没有？""我们对你（指蒯大富），自己的战友，希望你成长得更快。可是你在北大，还有……（聂元梓答：井冈山、红联军）你的态度是错误的"。"现在就是有人要孤立毛主席、林彪同志，我们不要上当，不要中了敌人的奸计。北大乔兼武提出'怀疑一切'的口号，是极为反动的。"师大井冈山代表在接见会上发言："我们认为《北京日报》新一期第三版是大毒草"。

▲三司开除"北大井冈山红卫兵"。

▲樊立勤贴出《康生为什么与江青、陈伯达同志唱反调——评康生7.26、8.4在北大讲话》大字报。

▲北京大学红卫兵总部发表《关于康生同志问题的紧急声明》。声明说："在这资产阶级反动路线的又一次反扑中樊立勤充当了急先锋，我们必须坚决粉碎樊立勤之流的猖狂进攻。"

▲红旗兵团、北京公社发表联合紧急声明，坚决拥护中央文革的指示，谴责"调查康生问题委员会"。

1月23日　下午在高教部大院，我校主持召开慰问解放军大会，会上揭发"延安公社"一小撮人绑架2名解放军战士并辱骂解放军是罗瑞卿、贺龙、刘志坚的部队。

▲王海治、石天曙、王传智贴出题为《革命无罪、造反有理》的大字报，说："我们认为此时、此地搞这样的军训是错误的，决定造反，不参加这样的军训。"

▲《新北大》第29期刊登批判朱德的文章《把大军阀大野心家朱黑司令揪出来》。

▲地质东方红发表声明：北京日报联委会是虚假大联合，地质东方红退出，并勒令其解散，北京日报被以北航红旗为首的少数人操纵，犯了严重方向路线错误。

1月24日　天津大学八一三参加调查康生问题委员会，我校驻天津联络站对他们进行谴责。24日我校广播车被其砸坏，六人被扣。26日《天津日报》等单位发表声明支持新北大。

▲校文革召开常委扩大会议，讨论运动如何搞。期间，讨论了石天曙（校文革委员、西语系文革主任）《北大也要夺权》的大字报。军训团刘主任出席并讲话。

▲江青关于"要揪孔繁"的讲话后，红旗兵团、北京公社等七个组织组成"彻底批判孔繁、杨克明筹备委员会"，统一组织对孔、杨的批判和斗争。

1月25日　下午，孔繁做了较长时间的检查。主持会议的李清崑宣布两点：交出所有材料、要深刻反省。

▲校内出现多篇批判石天曙的大字报，指出："石天曙抛出'革命无罪、造反有理'、大谈'当前迫在眉睫的是要解决左派队伍的问题'，是玩弄缓兵之计"。

▲砸校刊的主要人物魏秀芬被揪出示众。

▲高教部延安公社30多人来北大刷标语："卢正义、徐非光是坚定革命左派！""反卢正义没有好下场！"。

1月26日　中央文革与首都大中专院校革命造反派学生代表座谈红卫兵大联合问题。

附：北京大学文革大事记（1964-1983年）

▲接到包围"联动"的任务，中文系部分学生，在军训解放军带领下到八一学校执行任务。其他高校队伍也参加了这一行动。

▲在大饭厅召开批孔繁大会。会议进行中，大连海运学院、铁道兵工程学院一些人冲进我校夺权总指挥部办公室，骂人打人蛮不讲理，扬言"整整大北大主义"。我方通过广播说明事实真相，并提出严正抗议，批孔繁大会被迫停止。

1月27日 聂元梓倡议的"北京革命造反公社"举行成立大会，并发表了《北京革命造反公社倡议书》。发起单位有30多，参加单位200多。北大、清华、师大、地质在其中。北航不在，其另组"北京革命造反派夺权斗争委员会"（2月6日，师大、地质等校退出《北京革命造反公社》另组"北京革命造反派大联合筹备委员会"）。

▲晚上召开全校大会，孙蓬一传达21日以来座谈会上中央首长的讲话。白晨曦讲了工作安排。

▲就调查康生问题蒯大富发表声明，承认自己犯了敌我不分的错误，承认刘泉、陈育延、总部、28团犯了错误，但动机是好的。

▲樊立勤贴出两张大字报。一是给毛主席的信，二是两次串联会的情况。他认为攻击康生"客观上起了很坏的作用，帮了敌人的忙。"

1月28日 据七个联络站的不完全统计，今天一天有二百多个革命组织申请加入"北京革命造反公社"。

▲下午，开批判孔繁大会。

▲清华井冈山驻高教部代表就高教部夺权问题发表声明，说"卢正义、徐非光是叛徒"，"延安公社死保大叛徒没有好下场""教育部夺权现在还不成熟，清华井冈山撤出高教部夺接管委员会"。

▲中央军委发出《八条命令》，要求部队"坚决反对右派，对那些证据确凿的反革命组织和反革命分子，坚决采取专政措施"。

1月29日 批判"虎山行"联络站贴出长篇大字报《彻底清算北京大学"红联军""井冈山"的别动队——"虎山行"的反革命罪行》。

▲师大井冈山等单位29日下午4点发表声明，认为新北大在教育部高教部夺权中犯了路线错误，"和保皇派在一起搞小联合"……

认为清华井冈山在夺权中"独自领导，不听其他革命组织的意见，采取了折中、调和主义，用革命派的分歧转移斗争大方向。对于你们攻击康生的人，退出接管委员会，我们没什么意见"。

1月30日 下午，在大饭厅召开平反大会。张承先被揪回来并在会上先作检查。台上还安放一个大锅，烧了一些黑材料。

▲《动态报》第43期公布"叛徒卢正义的自白书"。

1月31日 《红旗》杂志发表第三期社论《论无产阶级革命派的夺权斗争》。

▲中午，铁道兵工程学院、装甲兵工程学院等十多个军事院校的一千多人、40余辆汽车来到北大游行示威，高喊"打倒保皇派！"。北大同学跟他们辩论，质问：你们冲解放军报社，违背林副主席指示到底是什么性质的行为？你们来北大是向谁示威？

▲下午，召开批判孔繁大会。

▲晚上，全校大会，聂元梓讲大联合问题，要求大家认真学习《红旗》第三期社论。会上公布了全校性销毁第一批黑材料名录：有六·一八材料，教职工、学生排队材料等。

▲《动态报》摘抄了清华井冈山28团"北斗星战斗队"在高教部贴的题为《物以类聚，人以群分》的大字报。

▲樊立勤在清华大学贴出大字报《自白》，说："看了清华等高校给康生同志贴了大字报，引起我对康生同志的怀疑，也给康生同志贴了两张大字报。完全是出自对党对毛主席的热爱。"

1月 坚持血统论的少数"老红卫兵"组成"首都红卫兵联合行动委员会"（简称联动）。联动把矛头指向中央文革，指向毛泽东。一月份中央文革宣布其为反动组织。公安部门在高校红卫兵、中学红卫兵的协助下抓捕了139名联动分子。因为首都三司在反对联动时非常积极，联动提出"打倒三司！"的口号。

2月

2月1日 戚本禹接见高校代表时说："现在要成立北京人民公社，这是毛主席提到的，聂元梓的第一张大字报是北京公社的宣言。

筹备工作由谢副总理和傅崇碧同志来管。"（毛泽东后来改变看法，2月12日对张春桥、姚文元讲，现在的临时机构叫革命委员会好。）

▲《新北大》刊登《彻底清算北大"红联军""井冈山"的别动队——"虎山行"的反革命罪行》。

▲部分学生去北京火车站欢迎被苏修殴打的留苏学生归来。

▲晚，北京革命造反公社与夺权委员会在电视大楼协商，并达成协议。协议的主要内容是：革命造反派联合起来，建立"北京人民公社"筹委会，相互之间不攻击，不在街头暴露内部分歧，有分歧协商解决，各个组织整顿队伍。蒯大富、聂元梓等参加了协商会。

▲红旗兵团、东风兵团、红教工兵团、北京公社等联合组成新北大公社筹备小组。

▲1月份北京大学红卫兵派调查组（称联络站）调查七机部的文革情况。2月1日，北京大学红卫兵驻七机部联络站发表声明，认为新915不是反动组织。（2月8日北京大学红卫兵总部发表声明，对916中少数人对我联络站的围攻表示谴责。2月11日北京大学红卫兵驻七机部联络站发表"告七机部的革命同志书"，其中写道：七机部的大权被916内一小撮政治投机分子所篡夺。他们勾结党内走资本主义道路当权派，网罗地、富、反、坏、右分子，对革命群众实行残酷的资产阶级专政。）

2月2日　凌晨，北师大井冈山、民院东方红、延安公社等上千人砸教育部北京公社。北大在场的人参与保护北京公社广播台，随后从校内调动人员进行支援（军训解放军随行）。下午，关锋、王力电话批评北大。根据陈伯达的指示，北大当晚撤离教育部（而后，从所有夺权单位撤出）。

2月3日　《动态报》刊登《愤怒控诉"延安公社""北师大井冈山"一小撮人的法西斯暴行》。

▲下午在大饭厅开批判"虎山行"大会。杨作森（被捕）、刘秉慈、吴可、卞宗美、张英瑞、王山米被揪上台。许多组织代表发言，批判他们的反革命罪行。军训解放军也发言了。

▲聂元梓接见作协造反团负责人，决定中国作协造反团和北大

联合组织批判班子，批判刘白羽的《朱德将军传》。

▲古锋写的大字报把军训解放军说成"规模庞大的工作组""以加强组织纪律为名，行压制群众革命性、科学性之实"。

2月4日 中央文革2月4日批示：湖南军区对"湘江风雷"和"红旗军"的头目，应当立即采取专政措施，分化瓦解其中受蒙蔽的群众。

▲湖南"湘江风雷"的某些领导人在1967年元月炮制了一份所谓"007密令"，诬陷周恩来通过湖南省军区搞军事政变。中央发布《2.4批示》后，"湘江风雷"领导人认为这是总理对他们的报复。4月，"湘江风雷"北京支队的许维刚找到《动态报》，请求转交一份关于"007密令"问题的材料，《动态报》负责人胡宗式对这份材料加上"这是对总理的陷害"的文字后，交给中央文革记者站驻北大记者。湘江风雷问题涉及到学部的洪涛。（注：孙蓬一在4.12讲话中提到洪涛。湖南省军区调查《007密令》的人员看到孙蓬一的讲话后找到北大，请北大协助调查。随后除隐患战斗队派人进行调查，并写出报告上报。其中一份报告由聂元梓交邓颖超。邓颖超表示：谢谢你们对总理的关心。）。

▲王力、关锋再次打电话批评北大。关锋说："孙蓬一同志，听说你们明天要组织人搞'三路'进军，一路冲钓鱼台抓关锋，一路到《红旗》杂志抓林杰，一路冲北京卫戍区（激动地）有没有这回事？……这消息来源是可靠的。你们来吧！我们等着你们！"

▲在二教和办公楼先后召开关于高教部问题串联会。会上传达了王力、关锋的批评。会上聂元梓说："徐非光是不是叛徒，我们北大革命派最有发言权。"还说："你们对关锋同志，大字报不准写，可以给关锋写信提意见。"

2月5日 晚上，在大饭厅继续斗争"虎山行反革命小集团"。今天陆续被拉上台的有：杨作森、刘秉慈、吴可、卞宗美、张家瑞、王山米、魏秀芬、俞启义、尹火、赵丰田、张志握、陈延成等。

▲上海人民公社成立，张春桥任第一书记兼社长，姚文元任第二书记兼副社长。新北大"毛泽东思想捍卫团"为该公社的一个组成单

位。北京革命造反公社、首都革命造反派大联合委员会、首都革命造反派大联合总部联名发贺电。校文革也发出贺电。

2月7日　上午举行校文革委员会扩大会议，决定改组校文革。

▲《新北大》第53期刊登《北京大学"井冈山""红联军"一小撮反动头目的丑恶嘴脸》。

2月8日　聂元梓对动态组负责人说：学部和师大是反对我们的；清华和地院是反中央文革的，也是反对我们的。（注：清华蒯大富支持北大井冈山红卫兵并组织康生问题调查委员会。地质学院的朱成昭支持北大红联军。在一月份，朱成昭说中央文革执行左倾路线、运动群众，认为联动可能是左派，要老红卫兵掌权。）

▲上午，全校开会斗争红联军、井冈山头目，各饭厅分会场转播。

▲北京公社贴出题为《树欲静而风不止——谈北京大学两条路线的第三次大搏斗》的大字报，批判李志远、赵丰田的观点，批判"井""红"。

2月10日　北京大学文化革命委员会发出《重要通告》，宣布2月7日校文革扩大会议改组校文革常委会的决定。决定把孔繁、杨克明从校文革里清除出去。改组后的常委会名单为：

主任：聂元梓；

副主任：白晨曦、姜同光、徐运朴、裘学耕、王海忱、杨学琪；

常委：孙蓬一、王茂湘、段心济、刘国政、戴新民、侯汉清、冯迎玺、陈影、唐春景，（新北大公社筹备小组保留名额一名）。

2月上旬　聂元梓找赵建文（哲学系青年教师）谈话："你是去公社总部，还是去搞专案？"，赵建文选择搞专案，着手组建"除隐患"战斗队。

▲2月初的一天，在政协礼堂小会议室，戚本禹召集聂元梓、蒯大富、韩爱晶、王大宾、谭厚兰开会。戚本禹说：中央文革很关心"红代会"，派我来同大家谈谈。关于"红代会"的人员安排，决定聂元梓做组长，其他都是副组长。以后要搞好团结，把工作做好。又说：市革委会也要准备筹备，现在派周景芳帮助谢副总理做事。周是很好的同志，你们以后多同他联系。谢很忙，你们有问题多找周商量；还

有杨远，也是学部造反派，很好。你们可以多同他联系。

2月11日 政法学院"关心国家大事将无产阶级文化大革命进行到底"战斗队贴出攻击谢富治的大字报《打倒保皇派，火烧谢富治》。（注：文革开始公安系统的工作组由公安部派出，1966年9月在批判"资反路线"的高潮中，北京有关院校上揪工作组的派出领导时大多都达到了目的，但政法学院却是一个例外：政法学院的刘富元因为反对谢富治却受到严厉打压，这在北京高校是一个特例。）

2月13日 下午，在大饭厅批判樊立勤。

▲晚，批判杨克明，追他和王任重的关系。（《动态报》报导：杨克明是从江西兴国县被揪回来的。）

2月14日 谢富治接见聂元梓，聂元梓谈前段工作，谢富治表示支持。涉及到"北京人民公社"的提法时，谢富治说："不要太轻率了，要慎重"。

▲《新北大》第38期刊登《北京大学文化革命委员会重要通告》（2月10日发出的关于改组校文革常委会的决定），并发表题为《巩固无产阶级专政的新凯歌——评孔繁、杨克明下台》的评论。

2月15日 晚，在大饭厅召开新北大公社成立大会。

2月16日 下午，在五四运动场召开全校欢送解放军大会，聂元梓和吴参谋长先后讲话，双方互赠了纪念礼物。会后演出文艺节目。

▲《新北大》第39期刊登"新北大公社红尖兵造反团"和"中国作协革命造反团"联合编写的《篡党篡军大野心家朱德的自供状——揭穿〈朱德将军传〉的阴谋》一文。

▲炮兵学院来人散发传单，认为他们冲击《解放军报》有理，并指责北大。

2月17日 在北京矿业学院召开"红代会筹委会"会议。会议根据谢富治和刘建勋的意见，同意清华井冈山、外语学院红旗当选为筹委会代表，同时还同意清华井冈山参加核心小组，聂元梓为核心小组成员之一。会上，某些人要求聂元梓以个人身份加入核心小组，而把"新北大公社"整个组织排除在外。

2月18日 军训团大部分人撤出北大，留下少数人协助校文革工作。

▲在大饭厅东墙上出现一张题为《走历史必由之路》的大字报，署名"共产主义小组"。全校掀起批判该大字报的高潮。

2月19日 晚上，留校的解放军同志召集班排长开会商量工作，总的精神是把新北大办成抗大式的毛泽东思想大学校，巩固军训成果。

2月20日 新北大公社召开声讨刘、邓罪行大会。晚上，放映电影《武训传》《刘少奇访问印度尼西亚》。

2月21日 校文革传达上级关于开展整风工作的指示。

2月22日 上午聂元梓报告，谈有关今后工作的一些问题：第一，要继续深入批判刘邓的反动路线，矛头一定要针对制定反动路线的刘邓。有些单位揪住基层干部不放是不对的，犯错误的同志也要采取正确的态度。同时指出：平反就是恢复本来面目，并不是平成左派，而且平反范围外的不能平反。警告少数人不要浑水摸鱼。第二个问题是斗争校系走资本主义道路当权派，也给爪牙们以出路。第三个问题是整顿思想整顿组织。校文革变成政权机构，统帅全校一切工作，系级文革要有区别地酌情整顿。第四个问题是关于干部问题，打倒一切是错误的。

▲首都大专院校红卫兵代表大会（简称"红代会"）于今天正式宣告成立。"红代会"共有十五位常委，由农大东方红、农机东方红、邮电东方红、林院东方红、师大井冈山、北航红旗、医大红卫兵红旗、新北大公社、政法公社、财经八·八、地院东方红、工大东方红、电影学院东方红、北外红旗、清华井冈山担任。聂元梓被指定为核心小组组长。"红代会"办公地点设在北京矿业学院。

▲《红旗》杂志第4期发表社论《必须正确对待干部》。

▲《新北大》第43期刊登刘少奇问题联合调查团的文章《刘少奇反革命嘴脸的一次大暴露——评刘少奇六一年湖南之行》。

▲中文系在办公楼批判"222反革命修正主义小集团"。

2月23日 韩先楚接见我校驻福州联络站负责人。

2月24日　下午，数力系召开大会，批判牛占文及以他为首的"抗大"执行的资产阶级反动路线。

2月25日　中文系批判陈一谘。（注：陈一谘1959年考入北大物理系，后转入中文系学习。文革前他写了一篇三万字的《给党和政府工作提的一点意见》而被打成"反革命分子"，于1965年10月底受到批判。）

▲《新北大》第45期本刊讯：《刘少奇、邓小平不投降就叫他灭亡！——新北大公社召开万人大会，愤怒声讨刘、邓滔天罪行》。同期第一版至第四版，刊登新北大"62171"战斗队的文章《把邓小平从黑窝里挖出来示众》。

2月26日　校文革在大饭厅召开整风动员大会，聂元梓作整风动员。她说：我们要"边战斗，边整风，向自己头脑中的私字开战。"

▲陈伯达在接见云南地区代表时说：上海发表的《我们鲁迅兵团向何处去？》和上海《体育战报》评论员的文章是毛主席推荐的。陈伯达要求凡是参加夺权的学生都回到本单位搞斗批改，好好学习这些文章，在斗、批、改前要总结工作，一边战斗，一边整风。

▲校文革、新北大公社联合发布了《向上海体育战线革命造反司令部鲁迅兵团东方红战斗队学习，在灵魂深处闹革命》的重要通告。通告号召新北大各级领导组织进行开门整风，一边战斗，一边学习，切实搞好组织整顿和思想整顿。

2月27日　下午，杨克明贴出"向毛主席请罪"的大字报，其中写道："我的错误集中到一点就是几个月来对待聂元梓同志的态度和关系问题。"

3月

3月1日　校文革召开部分"犯错误"干部座谈会，要求他们站出来亮相，起来革命。

▲《新北大》发表社论《放下包袱，起来造反》。

▲《北京革命造反公社》《红代会工农兵联络站》发表联合声明，宣告其历史使命已经完成，即将结束活动。

3月2日 校内出现一批关于整风的大字报。

3月3日 哲学系教师郭罗基贴出《新北大要整风，聂元梓第一个要整风》的大字报。

▲哲学系朱清文等3人贴出《为郭罗基同志的革命大字报叫好》的大字报。"赤胆"战斗队则认为郭罗基的大字报不对，郭罗基有私心杂念。

3月4日 《新北大》刊登批判朱德的文章《看朱德的反动嘴脸——朱德在抗战胜利后鼓吹的反动政治路线》。

▲戚本禹、谢富治在政协礼堂召开报纸工作会议，成立报纸审批小组，聂元梓任组长，谭厚兰、蒯大富任副组长。

3月5日 聂元梓代表校文革常委会做关于整风问题的讲话。

3月6日 《动态报》报导对郭罗基大字报的不同反映。其中支持郭罗基大字报的有：《新北大整风向何处去？》《聂元梓就是第一个要整风》《我们的校文革向何处去——支持郭罗基的大字报》《不要神经过敏》《不许对革命同志挥舞指挥棒》《不平则鸣——必须正确对待郭罗基这张大字报》《拥护聂元梓，支持郭罗基》；反对的有：《郭罗基大字报是一株大毒草》《郭罗基整风大方向全然错了》《郭罗基大字报必须彻底批判》《郭罗基的要害问题——招摇整风旗号，行其打击聂元梓之实，替孔杨讲话》《郭罗基的屁股坐到哪里去了》《郭罗基，你到底干什么？》。

▲傍晚，郭罗基在大饭厅东墙贴出第二张大字报，题目是《还有几句话要说》。

▲在大饭厅北墙，徐运朴贴出题为《学习郭罗基，帮助聂元梓——也谈整风大方向》的大字报。

▲侯汉清等八人贴出题为《十问聂元梓》的大字报。

3月7日 北大数千名师生分别去了清华大学、地质学院、石油学院、钢铁学院、政法学院、北航等多个学校征求意见，表示友好。下午，新北大公社部分社员和革命师生前往北师大，请师大井冈山公社帮助我们整风，受到师大井冈山公社的热烈欢迎。双方还在师大大操场举行了联欢会。

▲学部联队、师大井冈山、钢院919、石油学院北京公社、人民大学新人大公社、民族学院东方红,在市内许多地方贴出"打倒谭震林!""反击资本主义复辟逆流!""揪出谭震林的后台!"的大标语。

▲《北京革命造反公社》在展览馆剧场举行分系统大联合誓师大会。这是北京革命造反公社的最后活动。

3月8日 学部联队、师大井冈山等在农展馆召开了"击退资产阶级反动路线新反扑誓师大会",控诉"谭震林炮制大毒草——全国大寨式农业展览"。

▲孙蓬一代表校文革向全校发表讲话谈整风问题。

▲侯汉清、陶一飞、胡宗式三人联名写大字报,说明聂元梓修改了录音带。

▲一些人在五四运动场召开支持郭罗基的大会。现场有人为郭罗基欢呼,也有人喊打倒郭罗基。

3月9日 校文革分四个会场听取群众的批评意见。其中,聂元梓参加二食堂会议;孙蓬一参加大饭厅会议;姜同光、王茂湘参加学三食堂会议;徐运朴、王海忱参加办公楼礼堂会议。

▲"校内动态"报导俄语系一位同学的反映:学校在上海有三个联络站,相隔不到三百米,他们又没有什么原则上的分歧,可就是互不联系。你们去帮助别人搞联合,为什么自己非搞宗派主义,甚至互相不承认。

3月10日 徐运朴、侯汉清联名写了题为《打倒"私"字,彻底整风——与聂元梓、孙蓬一同志商榷》的大字报。

▲数力系两个战斗队分别在一教101和二教103召开整风串连会,批评和分析北大"温"和"稳"的根源。

▲地球物理系四年级学生李松文给军训解放军写了一封信,认为军训解放军的指导员"没有阶级感情,把我们工农同学打成保守势力"。解放军的回信对其观点给以驳斥。

▲物理系春雷战斗队、只争朝夕战斗队刷出"炮轰谭震林!"的大标语并成立了联络站,和师大井冈山、农大东方红、农科院红旗等联系。

3月11日 晚,戚本禹通过秘书乔玉山打电话给农大东方红,收回1月8日他在政协礼堂的讲话录音(注:戚本禹在1月8日的讲话中说"谭震林是毛主席司令部的人")。动态组将此消息立即告知了聂元梓和公社总部。

▲"红代会"在工人体育馆召开大会,吴德、刘建勋、高杨文做亮相检查,聂元梓代表"红代会"讲话。

3月12日 新北大公社发表"炮轰谭震林!"的声明(第1号)。

▲师大井冈山提出"打倒余秋里,解放工交口!"

▲国家计委干部骆风贴出题为"我们要与李先念同志辩论"的大字报,经委干部陈达伦转抄了这张大字报。财经学院贴出"李先念反攻倒算罪行录"。

3月13日 聂元梓在"红代会"主持关于谭震林问题的讨论会。会议决定:明天"红代会"组织"打倒谭震林"的全市大游行。聂元梓在会议室旁的电话室把"红代会"的决定向中央文革办事组报告。回到会场,她向与会者说:我向办事组汇报了明天的行动。办事组没有表态,没有表态就是同意。(注:当时办事组接电话的人还说了一句:"你才知道!",但聂元梓没有对与会人员传达这句话,回校后对北大的领导层传达了。)

▲新北大公社发表第2号声明,提出"打倒谭震林"。

▲统战、民委系统红色联络站负责人刘郢、洪涛贴出题为《就中央统战部运动中的几个问题和李富春同志大辩论》的大字报。

▲新北大公社上街贴出大标语:"不许刘郢、洪涛攻击李富春同志!""李富春同志是毛主席司令部的人!"

3月14日 "红代会"约10万人,分两路举行反谭震林大游行,东路经农业部,西路经天安门。新北大公社去天安门游行。

▲新北大公社发表第3号声明,号召"全校师生员工积极行动起来与兄弟院校革命造反派并肩战斗,把谭震林打倒,彻底粉碎资本主义复辟逆流。"

▲晚上,在"二教"举行第四次整风串联会。聂元梓、孙蓬一、徐运朴、杨学琪、唐春景、夏剑豸等出席。聂元梓说:"我们学校目

前的形势也发生质的变化，从分裂走向统一，统一后又出现新的分裂。这完全符合毛主席的矛盾对立统一的观点。统一是相对的，斗争是绝对的。当前分歧的性质是什么？用过'左'的观点或用右的观点看都是错误的。"孙蓬一在会议上说："在这次夺权斗争中，主要的点子都是我出的。北大是我们无产阶级的北大，办好办坏，对得起对不起毛主席，我们每个人都有责任。确实我们北大不都是熊包，同学们都善于独立思考，就是我们组织不够。产生温、稳、怕。"

▲新北大公社请师大井冈山公社的人来北大介绍谭震林问题。

3月15日　晚，聂元梓代表校文革常委会做工作总结检查报告。她首先检查了校文革对阶级斗争和两条路线斗争认识不足，如对张承先工作组批判不彻底等。她说：本人和校文革群众观点差，有时表现害怕群众，没有尊重群众的首创精神，大串连和夺权等问题是这一弱点的大暴露。校文革忙于事务，存在着单纯的军事观点。她号召全校革命师生员工拿起"四大"武器，帮助校文革开门整风，破私立公，边整边改边战斗。

3月16日　中央正式批发了《薄一波、刘澜涛、安子文、杨献珍等61人的自首叛变材料》，指出"薄一波等人自首叛变出狱，是刘少奇策划和决定，张闻天同意，背着毛主席干的。"

▲新北大公社委托物理系和地球物理系两个战斗团为代表，参加北京市批谭联络站。

▲《新北大》刊登中国作家协会革命造反团、新北大公社红尖兵革命造反团的文章《历史的伪造者、反党的野心家——再揭朱德将军传的大阴谋》。

▲原北京大学红卫兵驻七机部联络站贴出大字报"论916的大方向"。

3月17日　新北大公社再次发表声明（第4号）：必须严格区分是无产阶级司令部还是资产阶级司令部。公社命令，对无产阶级司令部我们就是要保，一保到底！谁反对周总理，就打倒谁！新北大公社社员一律不许参加炮打周总理、李富春副总理的反动逆流，违令者，以炮打无产阶级司令部、破坏无产阶级文化大革命论处。

▲晚，孙月才等贴出大字报《郭、徐、侯三同志的整风方向迎合了反动逆流的需要》。

▲中文系下午斗争"反动学生"陈一谘。批斗会上的发言涉及他的女友沈达力。晚，沈达力（中文系62级学生）自杀，留有遗嘱。

3月18日 聂元梓向全校革命师生员工做关于形势与任务的讲话。她说："当斗争更深入的时候，一定要认真对待，一方面密切注视敌人的动向，另一方面又不要随便炮轰。例如现在有人贴总理的大标语，贴富春同志的大标语，这是完全错误的。"

▲"红代会"电话通知：①周总理是毛主席的亲密战友，任何人不能对周总理有半点怀疑，绝对不能贴周总理的大字报，炮打周总理就是炮打无产阶级司令部，就是反革命，必须彻底专政。②不要贴李富春同志的大字报。③李先念、余秋里的问题还不清楚，正在调查。

3月19日 北京市农代会召开成立大会。周总理、陈伯达、江青、康生、戚本禹、关锋、王力、谢富治等出席大会。

▲戚本禹找聂元梓、蒯大富、韩爱晶、谭厚兰、王大宾五个人在人民大会堂南门小屋开会。会议结束以后，戚本禹对聂元梓说："我们对你是有很大希望的。你对文化大革命有很大贡献。关锋、王力对你都是很好的，你不要对他们有什么误会。在中央文革会议上，我们都是一致主张你做红代会核心组的组长，市革委会成立，还要你担负更大的责任。你们五个人你要团结好，对其他学校、单位的造反派，不能轻易的说人家是叛徒。吴传启、卢正义、洪涛我们是了解的，他们的历史有点复杂，但都没什么问题。吴传启也是经过许多曲折、斗争出来的。他们的组织都是造反组织，你应该支持。"

3月20日 物理系作战组成立"反逆流联络站"，当天即到计委、石油部等单位活动，贴出大标语：火烧李先念！炮轰余秋里！

▲下午，北京石油学院大庆公社等六个组织在石油部门前发起"打倒薄一波，粉碎资本主义复辟逆流誓师大会"，并对余秋里问题展开辩论。大庆工人代表要求就大庆问题、机械学院东方红就一机部情况、大庆公社就石油部问题、国家计委红色革命造反委员会就国家计委问题与北师大井冈山兵团学大庆战斗队展开辩论。

▲ 北京石油学院大庆公社贴出"打倒薄一波,揪出其死党和爪牙!""李富春、李先念、余秋里是毛主席司令部的人!""余秋里是毛主席点的将,我们就是信得过!""余秋里就是打不倒!"等大标语。

▲干部问题联络站开会,陈葆华代表校文革出席会议。联络站要解决校一级干部的问题,会上讨论了周培源等人的问题。

3月21日 原北京大学红卫兵驻七机部联络站发表"二论916大方向"。

3月22日 北京市革命职工代表大会在人民大会堂隆重召开。周总理、陈伯达、江青、康生、叶剑英、肖华、杨成武、戚本禹、关锋、王力、谢富治等出席了大会。

▲新北大文化革命展览会定于本月22日正式展出。

3月23日 新北大公社发表《关于当前形势的严正声明》(第5号),说谭震林是"二月逆流的骨干"。

3月24日 "红代会"办公地点由北京矿业学院迁至北大俄文楼。

▲下午,在计委大楼广场召开"打倒刘、邓、陶、薄、谭,彻底粉碎资本主义复辟逆流"誓师大会。石油部机关东方红造反总部代表发言说:"打倒余秋里是绝对不允许的,在公交口薄一波和死党已在活动,资本主义复辟逆流就表现在他们身上"。北师大井冈山广播车开到了会场,高呼"打倒余秋里"等口号。

3月25日 首都大专院校红卫兵代表大会委员会发表声明:"红代会委员会认为:对余秋里的错误必须彻底批判,对余秋里的错误应该炮轰,应该火烧。……余秋里对群众提出的批评,必须认真检讨,迅速改正。若累教不改,则坚决打倒。"

▲《新北大》发表"中国作协造反团""新北大公社红尖兵革命造反团"合写的《刘少奇、邓小平是周扬文艺黑帮的后台老板》的文章。

▲钢院揪出了炮打周总理的张建旗(学生)。

▲首都中等学校红卫兵代表大会召开。周总理、陈伯达、江青、康生、叶剑英、肖华、杨成武、谢富治、关锋、叶群参加大会。周总

理和江青在会议上讲话。蒯大富代表大学"红代会"讲话，聂元梓出席大会。

3月27日 陈伯达、戚本禹来北大召开教改问题座谈会。戚本禹说："现在提到炮打某某就是炮打无产阶级司令部，这种说法是错误的。除了毛主席、林副主席外，任何人都不可随便与无产阶级司令部联系起来。" 陈伯达在会上提议"周培源担任北大校长"。

▲校文革在东操场举行第一次干部亮相大会。副校长周培源、教务长崔雄崑分别在大会上亮相，表示拥护校文革，拥护聂元梓。校文革副主任白晨曦讲话。

▲新北大公社发表声明（第006号），全文如下：

一、新北大公社坚决支持红代会三月二十五日声明。公社号召全体战士坚决按照红代会声明的指示精神办事。

二、在无产阶级文化大革命中，余秋里犯有严重错误，新北大公社坚定地认为，必须火烧余秋里，炮轰余秋里，彻底揭发批判余秋里的严重错误。余秋里对于革命群众的揭发批判必须高度重视，公开检查交待，绝对不能敷衍塞责，蒙混过关。余秋里如果执迷不悟，拒不悔改，就坚决打倒他！

还必须指出，"大庆"是毛主席在工业战线树立的一面旗帜，在炮轰余秋里的同时，不许任何人以任何借口歪曲、否定和抹煞这面旗帜。

三、在粉碎自上而下资本主义复辟逆流的同时，我们必须念念不忘阶级斗争，警惕阶级敌人浑水摸鱼，趁火打劫，炮打无产阶级司令部。目前，社会上出现了一股反对周总理的逆流。我们重申：周总理是坚定的无产阶级革命家，谁把矛头指向周总理，谁就是反革命，就坚决镇压！

四、目前，无产阶级文化大革命正处于"百万雄师下江南"的大好形势，毛主席的革命路线已取得了决定性的胜利，刘邓资产阶级反动路线已经遭到惨败。但是党内一小撮走资本主义道路的当权派绝对不会自动退出舞台，他们必然要以百倍的疯狂做垂死的挣扎，我们一定要保持清醒的头脑，切切不可书生气十足，把复杂的阶级斗争看得太简单了！

正因为阶级斗争比以往任何时候更复杂、更尖锐，这就需要我们更刻苦地活学活用毛主席著作，既反对肯定一切，也反对否定一切，加强革命性、科学性、组织纪律性，注重脚踏实地的调查研究、科学分析，加强世界观的改造，促进思想革命化，坚决杜绝一切风头主义、小团体主义、无政府主义等恶劣倾向。

我们必须牢记毛主席"宜将剩勇追穷寇，不可沽名学霸王"的伟大教导，痛打落水狗，彻底击退反革命的资本主义复辟逆流。

把无产阶级文化大革命进行到底！

誓死保卫中央文革！

一九六七年三月二十七日

3月28日 《新北大》报导昨日召开的干部亮相大会，同时刊登崔雄崑的文章《衷心地欢迎革命同志帮助我改正错误》。

▲在人民大会堂，陈伯达对聂元梓说："你是红色政权中的新生力量。我们是很重视你的。你是从群众中来的，代表群众。谢副总理这个人很好，郑维山、傅崇碧、吴德这些同志都很好，但是他们都有老脑筋。比如谢副总理吧，他过去是长期在邓小平领导下工作的，总会受些影响吧。我这不是叫你反谢富治，是叫你了解这个情况，更好地发挥你们的长处，克服短处，这样，团结在一起，就可以把工作做好。"

▲原北京大学红卫兵驻七机部联络站发表"三论916大方向"。

3月29日 "红代会"组成50多人的慰问团（其中北大30多人），上午赴灾区慰问。（注：27日下午4点58分河北发生大地震。）

▲仅29日，我校募捐人民币1500多元、粮票几千斤、慰问信3000余封、一些衣物和毛主席著作。东语系老教授季羡林捐款400元。

3月30日 《红旗》第5期发表戚本禹的文章《爱国主义还是卖国主义——评反动影片〈清宫秘史〉》，不点名地批判了刘少奇。

▲晚,召开干部亮相会议。会上,无线电系原总支委员焦瑞堂、原校团委副书记郭景海、中文系二年级党支部书记孔辰星批判和检讨了自己的错误。聂元梓和李清崑参加会议并讲话。

▲中央台广播《红旗》第4期评论员文章《在干部路线上的资产阶级反动路线必须批判》。

3月下旬 聂元梓、孙蓬一和李玉英到《解放军报》找李讷,反映高教部夺权事件等情况,递交了关于高教部夺权的调查报告及王力、关锋批评北大的电话记录。

3月 孙蓬一提升为校文革第一副主任。

▲物理系、数力系、无线电系等部分学生成立"揪叛徒"专门班子,定名为"揪叛徒联络站"(后改称为兵团)。

▲3月中旬,新北大公社头头卢平对靳枫毅说:"聂元梓说,谢富治跟她说,李雪峰在中央会议上跟刘、邓一块攻击红卫兵运动,很坏。"接着又说:"这一回,李雪峰不是一个批判的问题,而是一个打倒的问题。"

4月

4月1日 新北大公社红卫兵在五四运动场召开成立大会。聂元梓、蒯大富、李敦白、解放军代表在会上讲话。清华井冈山、师大井冈山、石油学院大庆公社、农大东方红、北医八一八参加大会。会议通过给毛主席的致敬电。会后公社宣传队表演节目,中国戏校东方红演出《红灯记》。国家乒乓球队来校,庄则栋、李富荣、周兰荪、李赫男、郑敏之、狄蔷华、梁丽珍、李丽进行表演。徐寅生与聂元梓、周培源、孙蓬一进行友谊比赛。

▲深夜(2日凌晨),校外西北方向圆明园烈焰冲天,满天通红。万余师生跑步投入灭火战斗。经查,这次火灾是经济系学生胡伯安放火烧草料场。

4月2日 "红代会"组织全市性的大游行,欢呼戚本禹的文章《爱国主义还是卖国主义》的发表。新北大公社四千余人参加了游行。

▲地质学院革命委员会成立，丁国钰、周景芳、聂元梓等出席大会。

▲戚本禹与中央音乐学院师生座谈时说："毛主席是我们的伟大领袖，林副主席是我们的副统帅、毛主席的接班人，陈伯达、江青、康生同志是中央文革的领导人，如果反对这些人，就可以搞他，但不要搞什么喷气式。反革命就依法处理。"

4月3日 孙蓬一参加中央解决中学问题的会议。孙蓬一坐在周总理的对面，他给周总理写了一个条子，反映二机部一个人的叛徒问题，请示北大是否可以组织力量去调查。周总理在条子上批示："同意"，并写了注意事项。

▲下午，"红代会"在北京工人体育馆召开了彻底批判刘少奇《论共产党员的修养》大会。

4月4日 上午，校文革在东操场召开"彻底批倒、批臭刘少奇、邓小平"的万人誓师大会。陆定一、周扬、蒋南翔、吴子牧、宋硕、陆平、彭珮云、翦伯赞、冯定、冯友兰、朱光潜等被揪上台。聂元梓、孙蓬一、周培源出席大会，孙蓬一讲话。

▲新北大公社、新北大公社红卫兵发表关于李先念问题的严正声明。

▲新北大公社、新北大公社红卫兵发表"炮打陈毅"的声明。

▲新北大公社、新北大公社红卫兵发表"坚决打倒反革命修正主义分子李雪峰"的严正声明。声明指出：李雪峰在最近的自上而下的反革命逆流中，跳出来镇压革命造反派，扼杀革命的三结合。必须靠边站。

▲下午，在外语学院召开"火烧陈毅，把外事系统无产阶级文化大革命进行到底誓师大会"，清华井冈山、新北大公社、北航红旗、师大井冈山等32个单位参加会议。

▲民族宫二七兵团、新北大公社、石油大庆公社、北外红旗、人大三红等19个单位成立"批展联委会"。

4月5日 上午三百余名联动分子在八宝山活动，下午到颐和园抢劫船只，殴打游客（所谓镇压流氓）。下午4时，根据"红代会"

的安排，新北大公社红一团全体人员奔赴颐和园，与体院毛泽东主义兵团、农大东方红、钢院919、清华井冈山，以及工人、解放军把颐和园围了个水泄不通，里里外外大搜查，捕获证据确实的联动分子数十名。

▲生物系举行控诉反动路线大会。工作组时期受打击的干部许新仁、五年级学生师春生、六年级学生李文作了发言。

4月6日 统战民委系统"批判展览筹委会"（北大参加）在民族宫举行批判民族工作展览的修正主义路线大会。在刘郢、洪涛等人的策划下，红色联络站和地院东方红等破坏了这个大会。

▲校文革和新北大公社"批判刘邓"领导小组成立并召开第一次会议。姜同光、夏剑豸、杨学琪、李士坤、卢平为领导小组成员。

▲经毛泽东批准，《军委十条》下发全国。其中规定：不准随意捕人，更不准大批捕人；不准任意将群众组织宣布为反动组织加以取缔；更不准把革命组织宣布为反革命组织；对于冲击过军事机关的群众概不追究；等等。

4月7日 由新北大公社、清华井冈山、南开八一八、北航红旗、国家体委、化工部等单位组织的"彻底粉碎刘少奇叛徒集团大会"在北京体育馆召开。

4月8日 在批判民族文化宫展览的问题上，以北大等院校为一方，以地院等单位为另一方，发生武力冲突（称为"民族宫事件"或"4.8事件"）。事后双方发表声明，签署单位各有30多个，这向社会表明北京存在两大派（时称"北大派""师大派"）。

▲地质《东方红报》4月11日第25期简讯写道："四月八号，我东方红战士与民族文化宫东方红公社、民族学院东方红公社、统战部红色联络站、中国社会科学院哲学社会科学部红卫兵联队，以及政法公社、农机、林院、工大、邮电东方红等单位的亲密战友在民族文化宫共同战斗，狠狠地痛击了一小撮保皇派的猖狂挑衅，争取和教育了一部分受蒙蔽的革命群众组织，取得了辉煌胜利。"

▲在谢富治宣布市革委会组成人员的会议上，聂元梓给蒯大富写了一个条子，说"谢副总理是长期在邓小平领导下的干部，是邓重

用的、能文能武的干部。"

▲校行政工作委员会召开扩大会议，白晨曦宣布：行政工作委员会在校文革领导下负责全面工作，由周培源、白晨曦、崔雄崑等组成。行政委员会主任周培源，副主任：白晨曦、王茂湘、段心济。机构分工：①教改组组长王茂湘。②教务组组长崔雄崑。③人事组组长任利泰、余真。④后勤组组长田家林。

4月10日 聂元梓与孙蓬一到钓鱼台向江青、陈伯达状告王力、关锋"结党营私，招降纳叛"。陈伯达说："你们不要疑神疑鬼"。提到吴传启，江青说："不是早就打过招呼了吗？要和吴传启在政治上划清界限。"

4月11日 晚6点半，地院东方红、邮电学院东方红、农大东方红等院校开六辆宣传车到北大游行示威，高喊"聂元梓无权进入市革委会！""揪出聂元梓当市革委会副主任的后台！""聂元梓从红代会滚出去！""新北大公社从红代会滚出去！"等口号。后来，北大学生将六辆广播车的喇叭弄哑，并将广播车推出南校门。夜里10点左右，对方又有大批人员从东校门闯入北大，还在北大东操场召开"声讨会"，斗争了北大三名学生。

4月12日 中央文革办公室4月12日凌晨的三点电话指示：
①从各校各单位来（北大）的同志要迅速撤回。
②不准武斗。
③明天谢富治副总理主持会议，双方面的人都参加，解决发生的问题。

▲上午，北京大学、全国工商联、民建机关、人大三红、二七车辆厂、光华木材厂等十七个单位在北大五四运动场召开揪斗王光英大会。孙蓬一代表北大在大会上发言。

▲晚，校文革召开万人誓师大会，孙蓬一在会上发表讲话，公开向吴传启一伙宣战，并不点名地批判了王力、关锋。

▲谢富治、傅崇碧派代表到北大，通过广播传达经中央文革批准的《紧急通知》。《通知》说："地院、师大、清华等学校的同学同新北大的争论要在红代会上解决，不能发动人到北大去。11日夜间和

12日下午武斗是完全错误的,希望现在去北大的同学一律回到自己的学校。"

▲清华大学井冈山兵团总部一位委员在北大公开表示支持地质并谴责北大,遭到在场群众的殴打。晚,清华大学井冈山总部来北大贴出"强烈抗议",声称总部委员遭打,并说"孙蓬一是挑动武斗、妖言惑众的罪魁祸首"。

4月13日 谢富治在人民大会堂召开会议,解决北大和地院等校的冲突。聂元梓、孙蓬一、胡宗式参加会议。在不让北大发言的情况下,谢富治做出"武斗是北大挑起的"的结论。

▲下午,由22个单位发起的"批判黑修养大会"在五四运动场召开。聂元梓、孙蓬一从人民大会堂回来以后,来到会场并讲了话。聂元梓说:"我在工作中也有很多缺点、错误,欢迎同志们批评,甚至用激烈的方法,炮轰、打倒都可以。但有一小撮别有用心人想借我来反对我们心中最红最红的红太阳毛主席,是万万办不到的。有人甚至说:'毛主席给北大题三个字有什么了不起!''新北大狗仗人势','聂元梓狗仗人势!'显然矛头指向毛主席。这样的人一定要把他们揪出来,对他们不能手软,要坚决斗争到底!"孙蓬一指出当前这场斗争的实质是政权问题,揭露一小撮人破坏大会堂会议。

▲晚上,石油学院大庆公社等群众组织来北大就"4.11事件"表示对北大声援。在大饭厅的群众集会上,孙蓬一在即席发言中讲述了下午谢富治对4.11事件的处理情况。孙蓬一说:"是他们打到我们家里来了,不是我们打到他们那里去,是非如此明显,却视而不见,说武斗是北大挑起的。""处理1.15事件,把枪档案的封为左派,却把保护档案的抓起来,我们难道不该问一个为什么吗?"群众的情绪被孙蓬一的激情讲话煽动起来,公社总部集合队伍,一些性急的人先跑出去贴标语。聂元梓和李清崑闻讯赶来,制止要出发的队伍,并向驻北大的中央文革记者站记者认错,同时连夜写检讨,送中央文革(第二天聂元梓又写了第二份检讨送上)。但炮打谢富治已成定局。

▲北师大井冈山公社发表严正声明,其中写道:"关于四月十一日、十二日新北大公社和地质东方红等革命组织之间所发生的严重

冲突，我师大井冈山公社根本没有参与。有些人无中生有地向中央文革反映我们的'情况'，对于这种不负责任的做法，我们表示遗憾。"

4月14日

晚，在人民大会堂接见红代会各院校代表的会议上，针对聂元梓、孙蓬一4月10日告王力、关锋的状，江青、康生、陈伯达等一再强调中央文革是团结一致的，批判孙蓬一的"摘桃派"说法，对北大发生"炮打谢富治"进行了严厉的批评（聂元梓在会上作了检讨）。另外，在会议上，康生给聂元梓写了一个条子（经过好几个人的传递才到聂元梓手里），原文如下：

聂元梓同志：天津南开大学卫东组织了调查彭真、刘仁等调查团，从初步调查结果，看到旧北京市委内隐藏了许多叛徒。我想新北大应组织调查组，系统地调查彭真、刘仁黑帮的具体材料。请你们考虑，是否可行。康生 四月十四日。

（注：康生写的这个条子，在"北大校史展览"展出过）

▲中央文革接见后，聂元梓回到家中接到陈伯达的电话："你是有自我批评精神的，你不要再检讨了，有意见可以提么。不要因为犯了错误，有意见就不敢提了，可以提么。"

▲下午在天安门广场，校文革和新北大公社召开"把刘少奇、邓小平从中南海揪出来"大会。大庆公社、北外红旗、人大三红、民院抗大、七机部新915等30多个单位参加大会并发表严正声明，指出"目前社会上出现一股反新北大、反聂元梓的逆流。"

▲晚，林学院东方红开广播车来北大，叫喊"聂元梓从红代会滚出去！""把新北大的后台老板揪出来斗倒斗臭！"

▲晚，清华井冈山的广播车来北大，在驶出南校门时，撞了一位北大学生，双方发生争执，交警来处理。

▲大庆公社 通讯 第97期 （1967.4.14）在题为《坚决和新北大公社战友团结在一起、战斗在一起、胜利在一起！》一文中写道：

昨晚我大庆公社召开社员大会，听取新北大公社孙蓬一同志的讲话录音后（4.12 孙蓬一在北大讲话）我大庆公社广大社员群情激昂，纷纷表示坚决支持新北大公社的革命行动。孙蓬一同志的讲话好得很！他说出了我们革命造反派心里话。我大庆公社坚决和新北大公社战友团结在一起、战斗在一起、胜利在一起。会后，两千余名大庆公社社员，浩浩荡荡，徒步到新北大去声援我们的战友。坚决痛击资产阶级反动逆流。

▲地质东方红、师大井冈山等组织以"首都红卫兵代表大会委员会"的名义发表《关于目前局势的严正声明》，说："最近在新北大校园里出现了一股反对谢富治同志、影射中央文革、攻击兄弟组织的歪风"。

▲牛辉林等人借来×院的一辆广播车，在北大和北京市的多处地方广播宣布："北京大学红旗飘正式成立了！"

▲校园内出现一张大字报《吴子勇四月形势图》，图上点了关锋的名字。

4月15日 周总理在接见广州各群众组织代表座谈会上（有北京高校代表参加），就北大问题有一段对话：

北大：现在北京有一股"反新北大"逆流。

总理：逆流？

北工大：不能说逆流，新北大确实有许多错误，聂元梓在核心组排挤原来三司成员，北大问题很大。

北大：有人到我们学校贴出这样的标语"新北大从红代会滚出去！""打倒聂元梓！"这是什么意思？

总理：这样当然不对。

▲北大在学部贴出揭发、批判潘梓年的标语。

4月16日 地质学院革委会和东方红公社发表《关于目前北京市无产阶级文化大革命形势的几点声明》。声明说："孙蓬一的两篇讲话，恶毒地挑拨中央文革内部的关系，否定革命小将，扶植保守派，打击革命派，拼命为刘邓反动路线歌功颂德，炮打谢副总理。这是两篇浸透了毒液的反毛泽东思想的大毒草。必须彻底批判，公开消毒。""孙蓬一这个现行反革命分子必须揪出来由全市广大革命造反派揭发、批判、斗争。"

▲江青在接见中学红代会的代表时说："地质学院为什么把车开到北大？""不要忘记了是一个左派"。

▲徐运朴、侯汉清贴出大字报《孙蓬一必须作触及灵魂的检查》。

4月17日　在五四运动场召开"纪念毛主席为新北大题字八周月，彻底批判刘邓陶黑司令部誓师大会"。聂元梓讲话，孙蓬一出席。清华井冈山代表的发言提到孙蓬一攻击谢富治副总理。

▲校内出现多篇批判孙蓬一的大字报，其中有一篇署名"东梅"的大字报：《孙蓬一必须悬崖勒马，低头认罪！》

4月18日　上午在临湖轩召开校文革委员、系文革主任及各战斗团团长的会议，讨论整风和斗批改。孙蓬一、姜同光、李清崑、徐运朴、侯汉清、聂元梓在会议上先后发言。

▲为纪念《毛主席在延安文艺座谈会讲话》发表25周年、江青召开部队文艺工作座谈会一周年，下午北京市20多个组织在工人体育馆召开"打倒刘少奇彻底摧毁反革命修正主义文艺黑线"大会。我校一千多人参加，聂元梓在会上讲话，许广平等出席。会上，周扬、刘白羽、杨翰生等被揪来示众。

4月19日　晚8点，在动态组全体会议上，孙蓬一说："文化大革命不可能是孤立的，对每一个单位来讲只能是文化革命整体的一个部分。动态组不要为跑动态而跑动态，是要使我校站得高一点，紧紧地为作战服务。目前，社会上有一种现象，互相指责，你说我是保皇派，我说你是保皇派，但标准如何？不能人云亦云，要有自己的态度，重大的问题，一定要有统一的口径，不能自作主张。"

▲农大东方红散发传单"新北大公社是地地道道的大杂烩，是混入红代会的保皇派"，"北大必须大乱"。

▲根据4月14日中央文革的批评，聂元梓再次作整风报告。

4月20日　北京市革命委员会成立。其主要负责人为：

主任：谢富治

副主任：吴德　郑维山　傅崇碧　聂元梓

核心组组长：谢富治

核心组副组长：吴德　周景芳

核心组成员：谢富治　吴　德　郑维山　傅崇碧　黄作珍　范普泉　周景芳　刘建勋　高扬文　丁国钰

▲就北京中学的运动，新北大公社发表声明：支持军训，支持中学红代会，反对分裂。

4月21日　周总理批准北大在24日召开"控诉刘邓黑司令部镇压北大社教运动罪行大会"。

▲北京公社贴出多张大字报和大标语，要清算孙蓬一炮打无产阶级司令部的罪行，揪出孙蓬一！

▲晚，举行两个整风串联会：①姜同光、王茂湘发起，徐运朴、李清崑参加；②北京公社发起，侯汉清、夏剑豸参加。问题的焦点是对孙蓬一炮打谢富治的认识。

▲汉中来电：戴新民（技术物理系党总支书记）外出时被围困，已有4小时。

4月22日　毛主席指示：释放联动分子。总理、伯达、康生、江青等接见中学革命派代表，宣布毛主席的指示。

▲《人民日报》第六版刊登聂元梓、赵正义、宋一秀、夏剑豸、高云鹏、李醒尘六人的文章《问苍茫大地，谁主沉浮？》。

4月23日　姜同光作明天大会的动员。大会指挥组成员：校文革孙蓬一、姜同光、王茂湘，新北大公社卢平，批刘邓联络站陶一飞。

4月24日　校文革在五四运动场召开有全市500多个单位参加的十万人大会，批斗彭真、陆定一，控诉他们在"北大社教运动中的罪行"。刘仁、万里、许立群、韩光、宋硕、陆平、彭珮云等被揪上台陪斗。孙蓬一首先讲话，接着杨文娴、高云鹏、徐祖荣、原社教工作队队长张磐石发言，聂元梓最后讲话。

▲校内出现许多帮助孙蓬一整风的大字报，主要认为是头脑中的私字、无政府主义、小团体主义在作怪，对当前阶级斗争形势估计不对。也有人认为聂元梓、孙蓬一必须下台。

4月25日　上午，上海、山东、山西、贵州、黑龙江革委会代表团陈永贵、李玉、张万春、陈雷等70余人来校参观。上午8点30

分参观团下车，聂元梓、孙蓬一、周培源、白晨曦、姜同光、王茂湘、王海忱、侯汉清、夏剑豸、卢平前往迎接，所到之处受到北大师生的热烈欢迎。贵宾参观了"新北大文化革命展览会"，和北大师生座谈，参加欢迎大会。

4月26日　新北大公社除隐患战斗队在校内和王府井贴出长篇大字报《把反共老手、大叛徒潘梓年揪出来示众》。

▲干部问题联络站举办串联会，群众对工作组时期"打击一大片，保护一小撮"展开讨论。

▲晚，0363慨而慷等35个战斗队发起整风串联会，主题为"新北大必须树立毛泽东思想的绝对权威"。校文革委员王茂湘、裘学根、杨学琪、徐运朴到会。

4月27日　下午，在五四运动场召开大会，控诉批判"打击一大片，保护一小撮"的资产阶级反动路线在我校的表现。

▲新北大公社"武工队"贴出大字报：打倒反共老手潘梓年。

4月29日　孙蓬一宣告整风结束。学校里围绕徐运朴问题、整风问题的大字报仍然很多，各派意见纷纷，一派反对徐运朴，一派反对孙蓬一，还有一派各打五十大板。

4月30日　上午，0363北京公社召开整风串联总结会，郭罗基在会上作了演讲，对这次整风提了意见，并对孙蓬一的无政府主义进行谴责。

5月

5月1日　在天安门城楼上，聂元梓向周恩来请示：能否成立北大革命委员会？周恩来说：北大是学校，还是不成立革命委员会，成立校文化革命委员会吧。

▲在天安门城楼上，陈伯达对聂元梓说："北大的体制，还要研究，不一定在学校都搞革命委员会，就是文化革命委员会就可以，另设校长制。你主要在市革委会起作用，市革委会工作我看还是搞不上去。北京市也比较复杂，我是愿意叫你参加核心组的，这可以充分发挥你的作用。""你们都是群众的领袖，是革命造反派的代表。北京市

革委会要搞好，就是要依靠你们这些新生力量么。革命委员会，是文化大革命中的新生事物，这是毛主席关于无产阶级专政的伟大创造，过去苏联的那一套不行了，国民党的那一套我们更不能要，就是十七年来的那一套掌权经验，也是都不能用了，现在，我们要制造、总结一套自己掌权的经验。当然这就必须依靠你们。"

5月2日　在首都体育馆召开"最热烈庆祝毛主席的光辉著作《在延安文艺座谈会上的讲话》发表25周年大会"。聂元梓到会并讲话，国际友人及工代会、农代会、文艺界代表先后发言。

▲晚7点至11点，福建军区司令员韩先楚、副政委廖海光及两位副参谋长在京西宾馆接见新北大驻福州联络站两位同学。

5月3日　聂元梓传达五一节毛主席第四次接见的情况。她说：当毛主席和她握手时，亲切地说"新北大！新北大！"她同时传达了"周总理提议陈伯达做北大校长"。

5月4日　下午全校开会，孙蓬一作"批判'打击一大片，保护一小撮'的资产阶级反动路线"动员报告。

▲晚，在中关村技术物理系大楼，聂元梓在有几十个人参加的会上分析了当前北京市的形势。她说："总的来说形势是有利的，但斗争还十分困难，一定要更加谦虚谨慎的前进。"

5月5日　晚上，校文革召开大会，庆祝毛主席《炮打司令部——我的一张大字报》发表九周月。北京公社0363支队等冲进会场，抢过话筒质问："你们这些二月逆流的小爬虫，有什么资格庆祝毛主席《炮打司令部》大字报的发表？……"阻挠大会进行，被逐出会场。

▲0363北京公社近来活动很多，揪住孙蓬一不放，要改组校文革，要求在北大树立毛主席的绝对权威，要求大民主，要求真正造反派站出来，要求解放"井冈山""红联军"。

5月6日　《新北大》刊登毛主席接见聂元梓的照片（此事受到中央文革批评）。

▲在二教201召开的形势串联会上，除隐患战斗队负责人赵建文说：北京市的运动不太正常，以吴传启为首的一批坏家伙，以左派

的面目出现，来夺取文化大革命的果实。斗争比较隐蔽，比前段斗争更复杂。

▲0363 北京公社贴出《解放"井冈山""红联军"中的大多数》大字报。

5月7日　《人民日报》发表社论《一定要把全国办成毛泽东思想的大学校》纪念毛主席"五·七"指示一周年。

▲在临湖轩，谢富治与红代会各校负责人座谈。会上聂元梓说："最近北大出现炮轰谢副总理，这是严重的政治错误"。谢富治说："那件事别提了，提别的事情。……红代会中要把北大同志搞出去，我不赞成。聂元梓有缺点可以批评，不能把北大搞出去。我看中央文革也不赞成。北大一定要参加核心小组，这是中央决定的"。

5月8日　上午开大会，传达昨天谢富治接见红代会核心组成员、工作人员以及各校负责同志时的讲话。谢副总理指出：要联合、反对分裂；要批判"左派分化论""左派转化论"；"三司"过去贡献较大，但是要教育大家这是中央文革的支持，不要把账算错了；不能反新北大，新北大公社一定要参加核心小组，这是中央文革和北京市革委会的意见。

▲第二座毛主席塑像在哲学楼前广场动工。

5月9日　《新北大》刊登除隐患战斗队文章《把反共老手大叛徒潘梓年揪出来示众》。

▲上午，在五四运动场召开大会，听取我使馆人员抗暴斗争事迹的报告。姚登山、徐仁在会上做报告。（注：此会是北京市和红代会委托北大召开的。）

▲北京邮电学院东方红公社照会聂元梓，要求赔偿（4.11事件）损失的广播器材，大谈与新北大校文革某些人的原则分歧，并说"我们将在适当的时候，用适当的方法，彻底加以解决。"为此，《动态报》发表题为《给北邮东方红某些负责同志进一言》的文章。

5月10日　针对《批展联合总部》的声明，新北大公社"文兵"著文"正西风落叶下长安飞鸣镝——斥联合总部所谓严正声明"，文中写道："刘郓、洪涛之流公然提出革命组织要大分化、大改组的反动口号，'东方红公社'追随刘郧、洪涛，四处打、砸、枪、抄、偷；宣扬叛徒哲学；配合刘郧、洪涛攻击李富春。"

5月11日 晚上，在大饭厅召开会议，欢迎河南二七公社到北大。

▲0363 北京公社贴出大字报《再论解放"井冈山""红联军"的大多数》。

5月12日 上午，在北京展览馆剧场召开斗争田汉大会，被同时揪出来的还有张庚、孟超、赵寻、焦菊隐、李超等。北大学生参加大会。会后放映了《十三陵水库畅想曲》（田汉作）。

5月13日 为纪念毛主席《在延安文艺座谈会上的讲话》发表二十五周年，三军部分文艺、体育组织在北京展览馆举行联合演出，一些部队和地方院校组织冲击演出（后来称之为"冲派"）。新北大公社文艺团的负责人曹广志现场代表新北大公社表态支持"三军"演出，其他表态的高校组织均支持"冲派"。陈伯达后来到现场并发表讲话，他说："你们大专院校本单位的斗、批、改还没搞好，文化大革命还没搞好，自己的灵魂还未触好，你们到军队里边来干什么？你们不要到军队里边插手了！"

▲日本友人影山三郎来校访问，赵正义接待。

5月中旬 周总理驻交通部联络员想了解新北大对交通部运动的看法，约新北大公社交通部调查组到中南海他的驻地。在调查组向总理驻交通部联络员报告以后，动态组组长胡宗式向联络员反映：我们发现社会上存在一个反周总理的集团，这个集团是学部、师大等的联合体。

5月15日 晚，在五四运动场召开批判翦伯赞大会。周扬、吴晗、廖沫沙等陪斗。孙蓬一在会上发言："不管你是翦伯赞也罢，'潘伯赞''吴伯赞'（注：指潘梓年、吴传启）也罢，如果不投降，就叫你们灭亡"。历史系、法律系、人大三红、高等军事学院、民院抗大、北外红旗等在大会上发言。

▲新北大文化革命展览应山西革委会邀请赴山西，19日正式展出。

5月16日　中央重新发表《五一六通知》。

▲上午全校开会欢庆《五一六通知》发表一周年。孙蓬一在会上发表讲话。

▲《新北大》第74期发表除隐患战斗队的文章《人就是人，狗就是狗——痛斥"越是叛徒越是左派"的谬论，再揭潘梓年的反革命嘴脸》。在"严惩叛徒"一栏里报导了"高教部卢正义畏罪潜逃"的消息。

▲由除隐患等13个战斗队作为发起单位，《新北大揪斗潘梓年联络站》成立，并发表一号公告和"关于揪出大叛徒、反共老手潘梓年的声明"。

▲坦桑尼亚代表团及大使来校访问，周培源接待。

▲北大"五一六公社"成立并发表宣言，称：要批判聂元梓、孙蓬一的资产阶级反动路线，为"井""红"翻案。

▲地院东方红刷出大标语"彻底批判北大、清华、北航在文艺界的砸三旧观点！"

（注：文革初期，文艺界一部分"三名三高"人物受到冲击。在批判资产阶级反动路线时，这些人认为他们是"资反路线"的受害者，遂成立了相应的"造反"组织。地质东方红和师大井冈山认为这些组织是文艺界的造反派，而没有加入他们组织的其他演员和职工则被称为保守派。以此为由，4月8日地院东方红砸了北京京剧一团沙家浜剧组。北大文艺批判战斗队和清华井冈山、北航红旗等则认为："三名三高"人物是旧文化部、旧中宣部、旧北京市委黑线的一部分，造反欢迎，但是不能把另一部分人称作保守派。"三名三高"即名作家、名演员、名教授和高工资、高稿酬、高奖金。）

▲新北大公社302战斗队到国务院财贸办公室参加"打到姚依林"大会，受到师大井冈山等组织的刁难，声称"不能和新北大公社坐在一起""新北大是保皇派""新北大炮打中央文革""新北大无权参加今天的大会"。

5月17日　校文革召开大会庆祝《五一六通知》发表一周年。孙蓬一说："有人自己反中央文革，硬把自己同中央文革等同起来"，

"拉大旗作虎皮,把根本扯不上的东西硬扯在一起","根本的问题我们认识到了,这就是为了一个政权!""夺吴传启的权就是夺定了!""在打倒吴传启这个问题上,我们倒希望更多的单位跑在我们前头!我们新北大也决不会落后的。"

▲樊立勤为发起人的"新北大东方红公社"成立("五一六公社"后来加入),总部设在北京农业大学×号楼338室,农大东方红帮助其在北大校内贴出《新北大东方红公社成立宣言》,认为校文革在校内外顽固地执行一条不折不扣的资产阶级反动路线。校内多支战斗队发表声明对其批判。

▲除隐患战斗队公布潘梓年问题的第二批材料。

▲在动态组会议上,胡宗式说:"这一段全力与学部斗争,几乎所有的口都有他们的势力,说明吴传启的手伸得太长了。"

▲日本友人浅川谦次、小保三亲(日文版毛泽东选集翻译)来校访问。公社总部接待。

5月18日 《人民日报》发表《红旗》杂志编辑部《人民日报》编辑部文章《伟大的历史文件》。文中写道:"现在的文化大革命,仅仅是第一次,以后还必然要进行多次。……不要以为有一二次,三四次文化大革命,就可以太平无事了,千万注意,决不可丧失警惕。"

▲晚上在办公楼召开会议,除隐患战斗队向大家介绍潘梓年、吴传启的情况。

5月20日 《新北大》第76期发表评论员文章《向翦伯赞、潘梓年之流猛烈开火》并发表多篇批判潘梓年的文章:《打倒武训的吹鼓手潘梓年》《潘梓年为什么吹捧武训?》《潘梓年与翦伯赞》《潘梓年反动立场的又一次大暴露》《潘梓年的哈叭狗哲学》。

▲在动态组会议上,胡宗式说:"在红代会内部,民族学院是高校两条路线斗争的一个反映,我们坚决支持抗大,北航总部也是坚决支持,清华也是。5月14日,即民院抗大加入红代会的第二天晚上,市革委会副主任丁国钰到红代会说'既然民院抗大加入红代会,那民院东方红也应当加入。你们发展组织应当和市革委会打个招呼。'北航的同志对此话有抵触。姜同光(校文革常委、北大驻红代会代表)

说'丁国钰同志,你如果要插手的话,就插手到底。错了的话我们就贴你的大字报'"。

5月21日 蒋明(新北大公社作战部长)在动态组讲:听说5.25时对立派要抛一批材料,可能有:① 反对聂元梓;② 新北大公社支持保守派;③把"仗"引到北大来打。

5月22日 晚上,在五四运动场召开"纪念毛主席《在延安文艺座谈会上的讲话》发表二十五周年"大会。与此同时,"红旗飘"在东操场召开批判孙蓬一的会议,高喊:"孙蓬一靠边站!""孙蓬一下台滚蛋!"等口号,会议用外校宣传车做主席台。

5月23日 上午,在五院二楼会议室,孙蓬一与0363北京公社及一些和他们观点相同的同学进行座谈,代表校文革听取他们的意见。

▲新北大公社、新北大公社红卫兵总部发表声明,痛斥社会上反周总理的逆流。《声明》说:"在当前大好形势下,某些组织中的一小撮别有用心的家伙,却掀起一股新的逆流,把斗争矛头指向周总理,妄图扭转斗争大方向,把运动引入歧途。对这股反动逆流,必须给予坚决回击!"

(编者注:近些天,在第二外国语学院贴出一些攻击周总理的大字报:"谁要控制批判陈毅,就让他靠边站""最最紧急呼吁"(说:周总理制定和执行了资产阶级反动路线)等,甚至出现大标语"把周××这个混蛋揪出来示众"。在北京外国语学院有人贴出:"打倒奴隶主义,提倡独立思考——欢呼'周恩来要干什么'大字报""炮打周总理绝不是炮打无产阶级司令部"的大标语。)

5月24日 北京市在人民大会堂召开"纪念毛主席《在延安文艺座谈会上的讲话》发表二十五周年"大会。林彪、周恩来、陈伯达、江青等出席。会议由江青主持,陈伯达、戚本禹讲话。我校聂元梓、孙蓬一、姜同光在主席台就坐。

▲除隐患战斗队在大饭厅正面墙上贴出题为"看潘梓年是大叛徒"的材料,这是第三批公布的潘梓年的材料。

5月25日 "5.13演出"时,新北大公社文艺战斗团的曹广志曾代表北大支持"三军"演出，引发"冲派"对北大的不满。校内支持"冲派"的"批资联络站"把情况反映给聂元梓后，为了修复北大和"冲派"的关系，聂元梓带领"批资联络站"两人和动态组的胡宗式前往军艺星火燎原走访。

5月26日 北京人民艺术剧院排练了反映北大文革的四幕话剧《五月风雷》，晚上在工人俱乐部彩排。我校部分同学观看，彩排结束后聂元梓走上舞台会见演员。

▲上午，在办公楼礼堂召开纪念毛主席在延安文艺座谈会上的讲话25周年，我校邀请北京京剧一团《沙家浜》兵团的谭元寿讲述"沙家浜"的创作过程，期间谭元寿作了清唱表演。

5月27日 陈伯达、关锋、戚本禹在钓鱼台召见聂元梓。陈伯达说："我们是受江青委托和你谈话。""我们非常希望和你合作，你要和我们站在一起。""你不要反对吴传启了，更不要把我们和他联系起来。陶铸反关锋就是从反吴传启开始的。"关锋说："北京分出两大派，你要负责，听说你还要揪出一个大后台，要叫大家吓一跳。"关锋还说："你们要揪出揪谭震林的后台，如果是那样，我们就奉陪。你们要保余秋里，提醒你们，不要再犯错误，再犯大错误就可能爬不起来了。"戚本禹说："你还说什么六月要血洗北京城。"（聂元梓说：这都是谣言。）

5月28日 晚上全校大会，孙蓬一作有关6月1日庆祝活动的动员报告。

▲《新北大》第78期刊登新北大公社、新北大公社红卫兵总部一九六七年五月二十三日《严正声明》。

▲数日以来，"0派"先后贴出不少大字报，认为"一月份以来校文革犯了方向路线错误"，说主要危险是"和平演变"，要求解散校文革，成立革命委员会。

5月29日 "红旗飘"发表《致聂元梓的公开信》，声称要打烂校文革。

5月30日 北航《红旗》报发表观察员文章《〈北京日报〉近来在为谁说话？》。文中写到："在许多原则问题上《北京日报》和另一家报纸明吹暗打，和中央刊物阳奉阴违大唱反调，配合得十分巧妙。""是在吹捧叛徒，为某些人捞政治资本，为他们登台表演大吹大擂，为他们篡夺领导权制造舆论。"在得到北航的这期小报后，孙蓬一、姜同光、李士坤、夏剑豸等人让北大广播台广播了这篇观察员文章。

5月底 樊立勤派人从某学院弄来一顶帐篷，把它扎在大饭厅与哲学楼之间的空地上，在帐篷的布门口赫然写着"东方红公社办公室"，吸引了不少人的关注。

5-6月 农大东方红、地质东方红、北师大井冈山和北大东方红的4个战斗队联合调查北大的"井""红"问题，出版油印的调查报告。

6月

6月1日 《红旗》杂志和《人民日报》联合发表社论，题为《伟大的战略措施》。

▲校内出现大标语"《伟大的战略措施》的社论打中了北大要害"。

▲上午10点，校文革举办"庆祝毛主席发动文化大革命一周年大会"。大会宣布了《北京大学文化革命委员会关于正式通过"六•一"为新北大校庆纪念日的决定》。宣读了给毛主席的致敬信。中央文革没有派人参加大会。市工代会、农代会、大专院校红代会、中学红代会的代表和许多群众组织参加大会。下午邀请体委的篮球、排球、兵兵球、游泳代表队进行表演。晚上举行两场文艺演出：办公楼礼堂六幕话剧《革命熔炉火正红》；五四运动场交响音乐《沙家浜》。这次大会，北大对军内两派都发了请帖，"冲派"看到"三军"参加，以退出会场进行抗议，此后北大和"冲派"断了往来。

▲人民日报在各地军民热烈庆祝毛主席亲自决定发表全国第一张马列主义大字报一周年的综合报道中对北大6月1日大会作了简要报道。

▲第一座毛主席塑像在办公楼前落成。

▲新华社5月31日发表第一张大字报作者聂元梓、宋一秀、夏

剑豸、赵正义、高云鹏、李醒尘的文章《大海航行靠舵手》纪念大字报发表一周年。6月1日，《北京日报》《新北大》第78期刊登此文。

▲王力、戚本禹、关锋接见中宣部工作人员。王力说："我们不赞成所谓两大派，什么北大派、师大派。这不是我个人的意见，我们整个小组都是同意的，是研究过的。……总之，我们不希望你们卷入到北京市说是要爆发还没有爆发的大内战中去。"戚本禹说："说什么中央文革分两派这是谎言。这是从右的方面制造混乱的。"关锋说："我完全同意刚才王力、戚本禹同志讲的。"

▲北大贴出第一张揭发吴传启历史问题的大字报。

6月2日 上午，北航红旗、清华井冈山、矿院东方红、新北大公社、国家体委造反司令部等二十多个单位，在哲学社会科学部召开了揪斗潘梓年大会。

▲北京航空学院红旗战斗队、北京矿业学院东方红公社、北京工农兵体院毛泽东思想红卫兵、清华大学井冈山兵团、新北大公社、北京外国语学院红旗战斗大队、中国人民大学三红、北医八·一八红卫兵战斗团联合总部等十六个单位发表《关于揪斗潘梓年的声明》。

6月3日 中央文革在接见外事口的群众组织代表时不点名批评北大。

▲除隐患战斗队公布调查材料《吴传启究竟是什么东西？》（材料之一）。其中，吴传启自己填写的"党籍"一栏填做"国民党川字123508号"。

▲北航红旗、清华井冈山、体院体育战线、矿院东方红《联合版》发表北航红旗观察员文章《〈北京日报〉近来在为谁说话？》，同时刊登社论《摧毁资产阶级反革命复辟的最后阵地！》和《关于揪斗潘梓年的声明》等。

▲红代会组织组通过决议，同意民院东方红等18个组织加入红代会。

6月4日 晚，在东操场举行全校大会，校文革副主任姜同光在会上传达了6月3日中央文革对北大的批评。姜同光还介绍了18个组织昨天加入红代会的情况，说这是非法的。聂元梓在会上发表讲话说："要完成三结合，强化校文革"；"要批判旧市委的修正主义毒素"，"新市委最大的一个错误是没有批判旧市委，而市革委会自成立以来也未批判旧市委。北大要做出榜样，要抓住这个大方向"；"揪叛徒要继续搞下去"。聂元梓还强调"搞吴传启、潘梓年也是完全可以的"，表示要将"对吴传启的斗争继续下去"。聂元梓还建议放假两天去外校串连，学习抓"大方向"。孙蓬一在讲话中说："我完全同意聂元梓的讲话。如果外校有人开广播车搞我们，我们就把他记下来，以后和他们算账。"

▲文革初刘少奇蹲点的北京建筑工业学院掀起揪斗刘少奇的新浪潮，"新八一"扎营中南海西门，要求把刘少奇揪出中南海。

▲谢富治去北航时，转交陈伯达给北航的一个条子："不要辜负中央希望，不要破坏旧日的名誉。"在场的人问这是什么意思？谢富治说："要独立思考，不要赌博，不要被某些人所迷惑，不要多管闲事。搞斗批改，做出新贡献。"

6月5日 根据4日全校大会的精神，同学纷纷去外校串连，学习"抓大方向"。

▲晚-6日凌晨，在人民大会堂召开的"红代会"核心组会议上（会议由傅崇碧主持）陈伯达和谢富治讲话。陈伯达说："你们现在是资产阶级知识分子想夺无产阶级的权。""我前天在小礼堂讲话就是批评新北大的。""吴传启算什么东西呀？吴传启你们说过就算了，提不上日程上。他这个人排不上我们社会的位置。""你们要用吴传启这个名字来做内战的口实，一定要垮台。"

6月6日 早晨，聂元梓在大饭厅东墙贴出《掌握斗争大方向，将革命进行到底》的大字报。

▲上午，"红旗飘"从校外开来一辆宣传车，在大饭厅到南校门马路上广播，强烈要求校文革立刻传达陈伯达的讲话，并喊口号"打倒孙蓬一！"校内空气紧张，人们纷纷交头接耳。在请示首长以后，下午4点，姜同光向全校传达陈伯达"6.5讲话"。

▲新北大井冈山公社（简称"井"）成立并发表成立宣言，表示

反对校文革。

▲中共中央、国务院、中央军委、中央文革小组发布《六六通令》。

6月7日 《北京日报》发表题为"为无产阶级夺好权掌好权"社论，不点名批评北大。

▲"炮轰聂元梓，打倒孙蓬一！""聂元梓必须做触及灵魂的检查，孙蓬一必须靠边站！"等大标语举目可见。不少外单位来北大游行示威，高喊"打倒孙蓬一！"。

▲新北大公社革命造反总部（简称"团"）成立，表示要造校文革和新北大公社的反。

6月8日 晨，陈伯达秘书王保春向校文革传达陈伯达秘书王文耀的电话指示。

▲下午，以0363为主体的新北大北京公社（简称"0"）在五四广场召开成立誓师大会。会场上外单位的旗帜很多。郭罗基在大会上发表讲话，他说："伟大的人物之所以看起来伟大，是因为你自己跪着。有些人把聂元梓看成伟大人物就是跪着看人。"郭罗基号召"跪在地上的可怜的人们，站起来吧！"周培源在这次大会上"火线入社"。会后举行游行示威，高喊"聂元梓回头是岸！""孙蓬一下台滚蛋！"

▲新北大公社联合战斗团（简称"联战团"）成立（约1000余人），表示支持聂元梓为首的校文革。

▲晚9点聂元梓广播讲话，传达陈伯达秘书王文耀的电话指示。聂元梓说："伯达同志是希望我们好，希望我们成才"，"要整风，希望对领导者进行批评，不要有任何顾虑"，"要抓大方向，边战斗边整风，不要搞分裂"。还说自己"对错误做法要负很大一部分责任"。反对派认为聂的讲话文过饰非，利用自己的特殊地位（中央保她）把错误全揽过来，包庇孙蓬一。

6月9日 上午7：50校文革办公室接陈伯达秘书王文耀给聂元梓的电话，传达陈伯达回答聂元梓的几个问题。

▲新北大公社红色清道夫、红梅等19个战斗队发起串联，连续两天密集讨论了陈伯达的讲话和北大形势，成立了"六六串联会"。

6月9日该会发表九点声明，表示拥护陈伯达的讲话和他对聂元梓、孙蓬一、新北大的批评，提出"聂、孙、校文革必须继续整风！""支持校文革，反对分裂！"。

▲高教部北京公社、民院抗大来校刷出大标语："支持新北大公社的一切革命行动！""聂孙是坚定的革命左派"等。

▲北航红旗"东风兵团"和清华井冈山"X兵团"发表声明支持北大的北京公社。

6月10日 《新北大》发表题为"在战斗中整风"的社论。

▲孙蓬一传达市革委会文件（内容是帮助夏收的通知），反对派冲击会场，不让其发言。

▲6月上中旬，新北大公社铁锤兵团、新北大公社工人兵团相继成立，支持校文革。

6月11日 《动态报》约一半人在编辑施善章的带领下宣布造反，发表《造反声明》成立"红暴队"，并先后贴出多份揭发材料《从动态组看孙蓬一的罪行》。

▲在北航主楼，陈伯达与北航部分同学座谈。在谈到学部传达"6.5讲话"时，陈伯达说："我那天晚上的讲话，没有想到引起这样的结果，说明了什么？阶级斗争不以人的意志为转移。有人就利用我的讲话，跳出来了。"

▲0派贴出大字报，认为"六六串联会是老保十工贼"。

▲六六串联会03起风雷贴出题为"评资产阶级知识分子向无产阶级夺权的反动思潮——聂元梓、孙蓬一同志错误的阶级根源"的大字报。

▲晚，在外文楼206，聂元梓与广播台全体工作人员座谈并回答大家的提问，校文革副主任裘学耕主持会议。聂元梓说："如果广播台还承认校文革的领导的话，就要接受它的领导。不能说接受领导，而到具体情况时还要'我们研究研究，同意的就执行'"。

6月12日 北京公社、红旗飘、东方红公社在五四运动场召开批判会，提出"打倒孙蓬一"，并在校园里围堵孙蓬一（被驻校解放军解围）。

▲下午，谢富治在市革委会接见北航红旗的韩爱晶、井冈山时说："对聂元梓的批评，还是爱护她。红代会核心组要扩大到十五人，王大宾要当核心组副组长。把北大、矿院、轻工开除核心组是不对的。"

▲物理系革造团在43楼232召开各战斗队队长会议。会上，有些人批评"团"派总部对聂元梓斗争"右倾"。《红旗》杂志记者张超参加会议，并给会议主持人写了纸条："你们的会开得很好，希望你们写出一个座谈纪要来。"

▲动态组的刘志菊到机械学院见许维刚（"红代会"东郊联络站负责人之一），征求他对当前形势的看法。许说："当前北京的形势，反映了新文革和旧政府的矛盾。这一次你们北大站错了队，你们站在总理的一边。"胡宗式和刘志菊将此次谈话整理成《与许维刚谈话纪要》通过校文革上报中央，并告知校文革和新北大公社有关领导。

▲晚上，校文革和新北大公社在东操场召开整风大会。新北大公社革命造反总部和北京公社冲击会场，双方发生肢体冲突。

6月13日 "革造"在其《动态报》"号外"中刊登观察员文章："孙蓬一挑动群众斗群众罪责难逃"。

▲上午，刘志菊参加"红哨兵"（动态组中没有参加"红暴队"的人组成）会议，向大家通报与许维刚谈话的有关情况。

▲六六串连会临时勤务组的第二号声明，认为12日孙蓬一的所作所为是不认识错误、不相信群众的表现；认为某些人颠倒黑白、混淆是非，企图把红色政权打成白色恐怖。

▲晚，校文革、新北大公社总部在东操场召开整风串联大会。聂元梓表示愿意听取群众的批评、批判，不管上升到什么纲，她都听。"六六串联会"和"0派"参加了大会，并在会上发言。

▲铁锤兵团发表宣言，称"聂孙是左派，执行的是无产阶级革命路线，北京公社方向错了"。

▲北京公社03教工《痞子》战斗队贴出题为"孙蓬一论孙蓬一"的大字报。

▲历史系史三（二）李铁匠贴出题为"孙蓬一怎样唆使我们去分

裂中央文革"的大字报。

▲新北大驻福州联络站自本月7日至13日参与反军区（福建军区）绝食活动。

6月14日 下午，"六六串联会"在38楼前举行成立誓师大会。大会结束后，"六六"战士冒雨在校内举行了游行。

▲"六月天兵"战斗队贴出题为《孙蓬一不能打倒！——关于目前学校形势的声明》的大字报。

▲校文革与新北大公社准备晚上在办公楼召开全校整风大会，由新北大公社负责人卢平主持大会。聂元梓等人到达会场时，北京公社、新北大革造总部、红旗飘等要批判聂元梓、孙蓬一资产阶级反动路线，让聂元梓、孙蓬一等听取批判，并将卢平从主席台上推下来。见此情况，聂元梓离开会场，通知广播台今晚整风大会停开。北京公社等组织随后发表《告全校革命同志书》（动态报号外）。

▲石家庄"狂人支队"今晚来到北大，高喊"打倒闫同茂！"并贴出大标语"新北大公社支持老保"。（注：闫同茂是石家庄军管会负责人）

6月15日 凌晨，聂元梓赶到静坐现场进行劝说，要他们保重身体，不要搞静坐。对立派将他们和聂元梓的对话进行了录音，并将整理后的录音用大字报发表，同时将其油印成册《聂元梓六月十五日在办公楼的讲话》。

▲孙月才等十人组成的六月天兵战斗队贴出题为《6.14静坐绝不是革命行动！》的大字报。有反对者在此大字报上批语："'搞吴传启后台就是搞关锋'这句话就是出自这位左派孙月才"。

▲静坐地点转移到大饭厅东边的马路上。季羡林、侯仁之等老教授参加静坐。要求校文革承认以下三点：①校文革一月份以来执行反动路线；②北京公社是革命群众组织；③炮轰聂元梓，打倒孙蓬一的行动是革命行动。

▲下午三点半，聂元梓做下乡夏收动员报告。后来，聂元梓带一些人到附近公社参加夏收。

▲晚上，校文革、新北大公社总部在东操场召开整风大会。

附：北京大学文革大事记（1964-1983年）

▲北大广播台号角战斗队第一支队贴出大字报《孙蓬一等人攻击北京日报的声音是怎样通过广播台传出来的？》

▲"红暴队"贴出《从动态组看孙蓬一的罪行》的大字报，揭发动态组内部对吴传启的议论，全力搞对学部的斗争。

▲北京公社"07红彤彤、战地黄花"贴出题为《触目惊心的四月形势图》的大字报，其中写道："《四月形势图》是孙蓬一等人分裂中央文革的铁证！《四月形势图》是孙蓬一等人向工农夺权的野心大暴露。"

6月16日 下午，谢富治在人民大会堂接见北大各派代表时说："砸喇叭、冲会场、静坐，我不支持这样的做法。""炮轰聂元梓，打倒孙蓬一！这种说法我不赞成，我们反对。"

▲晚上，北京公社、红旗飘、新北大公社革命造反总部召开"彻底批判校文革执行的资产阶级反动路线誓师大会"，周培源应邀参加大会并在会上发表讲话。他说："在陈伯达同志的六·五指示以前，很少有人敢说校文革犯过比较大的错误，甚至在一个时期凡是有人给聂元梓或孙蓬一同志提实质性的意见，就在乱棍齐飞之下被打成'逆流'。在六·五指示之后情况起了本质的变化，校文革犯了很大的错误是肯定的了。"

▲学部大批判指挥部举行了斗潘（梓年）揪吴（传启）大会。

6月17日 早晨，大喇叭里不时传出"用生命和鲜血保卫中央文革！""孙蓬一分裂中央文革罪该万死！""砸烂反革命小丑孙蓬一的狗头！"的喊声。随后，北京公社在大饭厅召开大会，声讨聂元梓伪造谢副总理指示和孙蓬一分裂中央文革的滔天罪行。

▲我国氢弹爆炸成功，校园内敲锣打鼓游行庆祝。

6月18日 孙月才担任"联战团"负责人。

▲上午，北京公社、新北大公社革命造反总部、红旗飘在五四广场召开大会，纪念"6.18事件"一周年。大会号召发扬"6.18"革命造反精神，并批斗了陆平、彭珮云。

6月19日 《人民日报》重新发表了毛主席的著作《关于正确处理人民内部矛盾的问题》。中共中央发出了关于宣传毛主席这一划时代的伟大著作的通知。

6月20日 中午12点半谢富治到北大，接见了校文革、新北大公社总部负责人和解放军驻校代表，进行了为时三小时的谈话。

▲姚文元率中国红卫兵代表团出访阿尔巴尼亚。团员：谭厚兰、刘锡昌、宋文民、陈敢峰、程金香、高静慧。周恩来、陈伯达、康生、谢富治、刘宁一、江青、肖华、杨成武、张春桥、王力、关锋、戚本禹、赵毅敏等负责人及聂元梓等各方面代表二千余人到机场送行。

▲6月中下旬，联战团"橘子洲"等战斗队贴出《粉碎反聂孙逆流！》《反校文革就是砍红旗！》《誓死捍卫红色政权！》等大字报和大标语。

6月21日 北京公社将《清华井冈山访林杰同志谈话纪要》（1967年6月9日在中宣部大院，林杰接见了清华井冈山人员）转抄贴在校内"三角地"。这份谈话涉及北大校内及关于潘梓年、吴传启等问题。

▲看到北京公社转抄的这份《林杰谈话》以后，赵建文等人到《红旗》杂志社找林杰说理。林杰的秘书接待了他们，得到一个《林杰声明》，否认他关于北大的讲话。赵建文等人回校后，把《林杰声明》贴在《林杰谈话》的旁边。

▲晚，联战团召开帮助孙蓬一整风的会议，直至深夜1点半。

6月22日 晚，召开全校整风大会，聂元梓、孙蓬一作了检查。孙蓬一检查时，0派、革造、红旗飘在下面喊："打倒孙蓬一！"并要冲上台去抓孙蓬一，两派对峙。聂元梓、孙蓬一撤离会场。随后，0派、革造、红旗飘在校内游行，抗议孙蓬一破坏大会。

6月23日 上午，全校传达谢富治来校的指示。0派认为，这个讲话是校文革欺骗中央所造成的。晚上，全校整风大会，0派、红旗飘等冲会场，抢喇叭，批判聂孙的"资产阶级反动路线"。

6月24日 "反聂派"冲入经济系工人马延路的家搜查并殴打他，说他窝藏孙蓬一。

6月25日 新北大井冈山公社《批判者》发表长篇文章《把颠倒的历史再颠倒过来——北大两条路线第三场大搏斗真相 兼为"井

冈山""红联军"翻案》。文章认为：聂元梓、孙蓬一顽固地站在陶铸、王任重一方；血腥镇压"井""红"；分裂、攻击中央文革、炮打市革委会。北京大学必须由革命造反派掌权。

6月26日 中文系四（1）班贴出"沈达力自杀"的调查报告。

▲晚上，李清崑传达谢富治6月20日与北大校文革、新北大公社负责人座谈纪要。

6月27日 晚，北京公社在五四运动场开会，批判校文革在干部问题上的资产阶级反动路线。

6月29日 晚上，在大饭厅召开整风会议，聂元梓主持大会，孙蓬一做检查。他检查了自己对待无产阶级司令部、对待中央文革、对待谢副总理、对待战友及不同意见者问题上的错误和整风以来的错误行动。一部分人到会场喊："打倒孙蓬一！炮轰聂元梓！"

6月30日 "北京公社总勤务站"发表《对新北大当前运动的几点看法》。文中写道：

66年8月-12月间两个司令部大博斗中，聂元梓同志是站在毛主席司令部一边的，并且作了一些好的工作，基本上执行了毛主席的无产阶级革命路线，是一面旗帜。当时"井""红"把矛头对准聂元梓同志，方向是错误的。旧案绝不能翻过来。

▲靳枫毅（历史系延安战斗队的负责人）贴出大字报《聂元梓、孙蓬一等人如何支配我们打李雪峰的？目的是什么？》。

▲30日-7月1日，首都五一六红卫兵团召开第一次代表大会。而后，进行一系列反周总理活动。

6月 红旗飘02支队 北京公社02万里东风贴出大字报"揭聂孙"。主要内容为：①"徐非光是大叛徒"的大字报是如何问世的？②北大一月外出夺权；③聂孙与林杰、关锋、康生同志；④陶铸、王任重的阴魂。

▲"革造15 红浪滔天"战斗队贴出本月《大事简记》。

6月末 中国政府指责缅甸政府策划一系列反华暴行。自6月30日起，北京、上海、昆明数十万人连日举行示威游行，抗议缅甸政府的反华暴行。

7月

7月1日 周培源、郭景海等134名干部发表《致革命和要革命的干部的公开信》，其中写道："6月5日陈伯达、谢富治对聂元梓、孙蓬一的批评是完全正确的，击中了聂元梓、孙蓬一所犯错误的要害，我们坚决拥护。""我们认为，从三月份以来，校文革犯了方向路线错误。"

▲新北大公社冒雨到缅甸驻华使馆示威游行。

7月3日 北京公社、红旗飘、新北大公社革命造反总部发出《成立联合作战指挥部》的通告。

▲晚上，校文革在东操场召开纪念毛主席"七三批示"发表两周年大会，孙蓬一讲话。

▲首都文艺界和大中学校红卫兵五万余人在午门广场隆重集会，愤怒抗议缅甸奈温反动政府反华和残酷迫害我华侨的法西斯暴行。聂元梓和北大群众参加大会。（在清查五一六时，此事被列为北京市的重大五一六事件之一。）

▲下午，在机场，陈伯达和聂元梓、蒯大富、韩爱晶谈了教育革命之后，对聂元梓说："我已经同丁国钰谈了，叫他找你，同你商量。他们找你没有？"聂元梓说："没有，他们还能找我来谈什么，他们什么也不会同我商量的。"伯达说："真的？他们对你是这样吗？"聂元梓说："就是这样。"陈伯达说："那问题不在丁国钰。"

▲近几日的大字报简况（战斗队-大字报题目-主要内容）：

小钢炮：《机会主义的口号》，驳斥陈醒迈说的"真正的造反派敢于否定自己的历史"。

红旗飘：《赵丰田被批斗情况调查报告》。

0派红缨枪：《假检查，真进攻，评聂的检查》。

革命造反总部《声明》：①对孙的检查表示欢迎；②避重就轻，回避分裂中央文革、夺权等要害；③要到群众中来；④靠边站；⑤奉劝一些人。

6.6 红色骑兵团：《把整风进行到底》，说大联合是历史的必然，整风是唯一的方法。

0派游击队：《誓把两条路线斗争进行到底》，针对聂孙：①分裂中央文革罪责难逃；②炮打谢富治，不是偶然；③搞吴、潘是虚，夺权是实；④把革命群众打成反革命；⑤干部问题上的资产阶级反动路线。

▲地院东方红揭发前领导人朱成昭的大字报贴到北大。北大东方红公社等发表声明与朱成昭脱离关系。

7月4日 晨，戚本禹到中南海西南门外建工学院新八一"揪刘"前线指挥部与同学们进行交谈。

▲晚，聂元梓在大饭厅作检查。

7月5日 在大饭厅召开复课闹革命串联会，两派都参加，会上发言踊跃。

7月6日 崔雄崑等292名干部贴出题为《把批判干部问题上的资产阶级反动路线推向更高阶段》的大字报，支持以聂元梓为首的校文革。

▲0派提出：目前要搞复课，就是压革命。

▲晚上，校文革在五四运动场召开批判干部问题上的资产阶级反动路线大会，遭到东方红、井冈山、红旗飘的破坏，他们高喊"孙蓬一下台滚蛋！"，并冲占了主席台。

7月7日 上、下午两次批判干部问题上的资产阶级反动路线大会，都被北京公社、红旗飘、东方红破坏了。

▲下午，聂元梓、宋一秀等与武汉革命造反派赴京代表举行座谈。

7月8日 北京公社等要求校文革给经费、汽车、印刷、新闻纸，未果。今日起在校园开展募捐活动。

7月9日 晚，全校广播大会，聂元梓在办公楼主持。孙蓬一讲工作安排，说要把整风进行到底，边整边改。当传达陈伯达"要尽快复课闹革命"的指示时，话没说完，便见门口有人拥挤，"孙蓬一下台滚蛋！"的喊声突然响起。顿时台上台下一片混乱。

▲聂元梓、孙蓬一改在广播台讲话。对立派将孙蓬一从广播台抓出来，砸碎了孙蓬一的眼镜，扭伤了聂元梓的胳膊。红旗飘、东方红、0派不断冲击校文革主持的大会（两天冲了四次），校文革已经无法正常工作。深夜，聂元梓和驻校解放军去找陈伯达。陈伯达用电话告诉聂元梓，说他直接到北大来。

▲刘少奇向建工学院新八一战斗团递交认罪书，学院的另一派八一战团抗议刘将检查交给新八一战斗团，并发出"揪刘紧急动员令"。其它院校、工厂、机关和外地组织也逐步跟进，在中南海周围形成"揪刘火线"。

▲刘少奇向建工学院新八一战斗团递交认罪书的消息传来，我校广大革命师生员工连夜在东操场举行集会。校文革、新北大公社、新北大公社红卫兵总部向全校发出紧急动员令，号召一切革命派联合起来，共同对敌，痛打落水狗，把刘少奇彻底打倒。

7月10日 凌晨（2：30～4：00），陈伯达来到北大，和学生座谈。

▲清晨，0派、红旗飘、东方红组织人砸抄了校文革保卫组等多处地方。

▲保卫组等被砸抄以后，校文革、新北大公社代表和驻校解放军一起，到北京市革委会去找陈伯达。

▲晚6点，陈伯达给聂元梓电话指示："不要着急，文化大革命是在大风大浪中前进的，懂了吗？"

▲晚8点半，陈伯达在市革委会接见聂元梓（吴德、丁国钰陪同）。陈伯达说："我希望你有多少派就承认多少派，要做分析工作。他们晓得你害怕，昨天我的讲话本来对他们不利，结果他们就大攻你。他们晓得我说的话对他们不利，他们站不住脚了，才大攻。北大过去一潭死水一样，不好。没有波浪有什么意思呢？死水一潭是会发臭的。看着很多人拥护你，底下是火山，现在你们是摇摇欲坠的样子，这才好呢。"

7月11日 凌晨，对查封校文革保卫组一事，陈伯达指示："查封需经过谢富治同志的批准。材料也不准抢走。我本来说，保卫工作是要有的，但你们保卫组是什么性质，我不了解。有些同学没有经过协商，就动手动足，我认为，这样做法并不能消除纠纷。"

▲上午，六六、联战、铁锤、赤卫等战斗团举行大会，抗议0、飘、红昨天的行动。校园里贴出"老子铁了心，聂孙保定了！""忍耐是有限度的，老子不可欺！""毛主席给我们撑腰，聂孙倒不了！"等大标语。

▲晚上，0、团、飘在五四运动场召开"砸烂黑二组，彻底为沈达力同志平反"大会。0派贴出"砸烂黑二组，打倒谢甲林！"的大标语。

▲北京市召开欢迎姚文元、谭厚兰等出访回国大会，聂元梓出席。

▲聂元梓问陈伯达："建工学院在中南海西门揪斗刘少奇，听说是中央首长支持的，戚本禹也支持，现在又去了许多学校，到底是不是中央首长支持的？"陈伯达说："凡是群众的行动，都是符合大方向的。"聂元梓说："那我们去了。"陈伯达说："那这由你们自己决定。"

▲在北航召开北京高校复课闹革命誓师大会，50多所高校参加。陈伯达派他的专车来接聂元梓去参加大会。陈伯达派来的人对聂说："陈伯达同志告诉了，一定叫你去参加大会，说你不去，大会就不开始。"去了之后，陈伯达一定叫聂元梓在大会上讲话，说："哪怕你说一句话呢也可以。"聂元梓在大会上说了一句话："今天大会开得很好，现在散会。"

7月12日 晚10点，校文革在东操场召开"彻底击退刘少奇疯狂反扑誓师大会"。孙蓬一作动员报告，认为刘少奇的检查是反攻倒算的宣言书。

▲校文革宣布"复课闹革命"领导小组三人名单，其中有周培源。周培源随后宣布，他根本不知此事。

▲团、0、飘等组织联合主持、编辑的《新北大报》创刊号出版。

▲晚上，北京公社、红旗飘、东方红等在五四运动场召开"纪念陈必陶大字报发表一周年"大会，号召发扬7.12精神，彻底批判校

文革的资产阶级反动路线。

▲《人民日报》《解放军报》等在显著位置报道了昨天在北航召开的"首都大专院校举行复课闹革命誓师大会"的盛况。

7月13日　上午，在燕南园66号研究联合问题，聂元梓参加会议。下午，六六串联会和联战团等组织的勤务组开会，提名新北大公社总部的成员，大家一致推选孙月才到新北大公社总部工作。

▲北京公社、红旗飘和革命造反总部要求和校文革共同使用广播台，遭拒。

▲炮兵营、红卫兵团等战斗队在44楼前贴标语："混进新北大，企图颠覆新北大红色政权的决没有好下场！""仇视新北大，颠覆新北大，死保刘邓陶的保皇狗滚出新北大！"矛头指向《红旗》杂志记者张超。

▲北京市和外地约2400个单位陆续在中南海周围揪刘少奇形成"揪刘火线"。新北大公社、清华井冈山、北航红旗、民族学院抗大、建工新八一等成立"首都各界无产阶级革命派揪斗刘少奇联络站"；地质学院东方红、师大井冈山、建工八一团、北大反聂派等成立"首都无产阶级革命派揪斗刘少奇联络总站"。

7月14日　校文革保卫组在办公楼开会，说明保卫组的材料来源，并回答群众的提问。

▲全校四千多人进城游行，要把刘少奇揪出来斗倒斗臭。返回时，一部分人没有坐上车步行走回学校。为此，北京公社、红旗飘等在下午两点左右回校后，举行集会、游行，抗议校文革变更停车地点。

▲晚上，校文革在东操场召开"纪念毛主席关于无产阶级革命事业接班人五项条件发表三周年大会"，团中央的胡耀邦、胡克实、胡启立被揪来批斗。大会冒雨进行。

7月15日　孙蓬一在校园里被一群人围攻，长达两三个小时之久。

7月16日　晚，0派、红旗飘等在28楼门前开会，公布从二组（保卫组）抄来的"黑材料"。会上牛辉林说"二组的指导思想就是

'反聂即反动'"。

▲晚,地院东方红、北大"团０飘"、建工学院八一等在中南海西门召开"揪刘"誓师大会。

7月17日 以北京市工代会、大专院校红代会、中学红代会的名义召开"首都无产阶级革命派声援石家庄地区无产阶级革命派大会",并发表声援信,但声援信的落款并未署上述三组织,而是将其组成单位的名称列上,其中有北大的北京公社、红旗飘、东方红。

7月18日 晚,校文革、新北大公社召开"打倒刘少奇,揪斗邓小平、彭真誓师大会"。大会由聂元梓主持并讲话。

▲保卫组召开关于"黑材料"的辟谣大会。说明黑材料纯系诬陷,所谓周培源的材料是根据周恩来总理关于文革中保护重点人的指示而建立的专用保卫档案,对16日０派提出的问题均做了解释、反问与质疑。

7月19日 白天,在地院召开首都革命派支援武汉地区革命造反派大会,中央文革派代表参加。北京公社和革造代表北大参加。为此,校文革和新北大公社提出抗议,退出大会。晚,全校开大会,支持武汉地区革命造反派。武汉地区代表在大会上发言,控诉陈再道等镇压革命造反派的罪行。聂元梓代表北大发言。

7月20日 校文革组织了声势浩大的示威游行,愤怒声讨刘少奇、邓小平、彭真对无产阶级文化大革命的新反扑。

▲校文革通知下午4点召开联席会议。校文革认为,在校文革领导下,新北大公社为一方,北京公社、"革造"和红旗飘为另一方,进行协商。北京公社、"革造"和红旗飘认为:校文革只能代表新北大公社,是一方,他们是一方;另外七一联络站代表中间群众,进行三方会谈。七一联络站主要由7月1日贴造反大字报的干部组成,校文革不承认他们代表中间群众,拒绝他们参加会议。聂元梓说:"你们不承认校文革,那就散会。" 会议只开了几分钟。

▲校文革在东操场召开坚决支持汉中地区革命造反派大会。北大两派在汉中问题上态度一致,技术物理系代表作了联合发言。崔雄崑和周培源也发了言。(文革开始直到1967年5月,周培源曾主持

汉中分校工作并介入汉中地区文革。会前，周培源与大会执行主席协商，说他"发言代表个人"，但在发言时却说他"代表北京公社，又代表653"时，大会执行主席表示"遗憾"，引起台下大乱。)

▲晚，新北大公社革命造反总部、新北大红旗飘、新北大北京公社、新北大东方红公社、新北大井冈山公社及数十个院校造反组织在中南海西门联合发起"揪陶誓师大会"，通过了"揪陶宣言"，要陶铸"立即滚出中南海听候红卫兵和广大革命群众的批判、斗争！"

7月21日 校文革召开全校广播大会，声援武汉地区革命造反派。姜同光作战斗动员。会后冒雨游行到天安门广场，回来乘车返校。北京公社、"革造"和红旗飘也组织队伍到天安门游行，步行回校，并斥责校文革没有给他们准备车辆。

▲O派在大饭厅举办所谓"黑材料"展览（从保卫组抄来的材料）。

7月22日 凌晨，江青在接见河南代表团时发表讲话，提出"文攻武卫"的口号。

▲根据"红代会"的指令，北京市一些高校去西山军委机关游行，要揪陈再道。最终没有采取什么行动就回来了（此事后来被定为五一六罪行之一）。

▲下午去西郊机场迎接王力、谢富治。校文革派车时，两派因为争汽车而耽误了时间。聂元梓乘小车按时到达；北京公社有八名人员骑自行车到机场，在欢迎队伍中，北大只有两面O派的旗帜。

7月24日 晚上，在东操场召开批斗彭真大会。孙蓬一主持大会，姜同光讲话。大会曾请北京公社发言，但他们没有人上台发言。会后北京公社广播：因为没有达成发言协议，请发言就是故意陷害北京公社（北京公社等组织要求共同筹备大会、共同审查发言稿，校文革不同意）。

▲彭真在会上辩解说："我有修正主义思想，但并不是一贯反对毛主席"，"我还说过毛主席是世界上犯错误最少的人"等。（8月10日，康生批评这次大会："你们北大这样斗争彭真是极端错误的！你们简直是提供讲台让他放毒！"）

7月25日 下午，全校师生到天安门广场参加首都百万群众欢迎王力、谢富治"光荣回京"大会。林彪、周总理、陈伯达、康生、李富春、江青等出席了大会。聂元梓主持大会。大会组织者给北大600张观礼台的票，校文革将票全部给了新北大公社。北京公社看到观礼台上有新北大公社的旗帜，派人冲破解放军的守卫上了观礼台，并和新北大公社人员发生肢体冲突。

7月26日 校文革召开热烈庆祝赶走张承先工作组一周年大会。晚上，全校举行盛大的文艺晚会，七机部新915和新北大公社文艺战斗队联合演出。

▲下午，团、0、飘、井、红五个组织召开《声援两湖无产阶级革命造反派大会》，"湘江风雷"负责人叶卫东在会上讲话。

▲1967年7月5日，四川泸州两派（红旗派和红联派）发生严重冲突。7月26日，北京和在京的外地组织在京举行集会，并发表《首都及全国在京无产阶级革命派声援四川宜宾专区泸州革命造反派大会关于四川宜宾专区泸州地区问题的严正声明》。《声明》支持红旗派。北京大学6个组织在声明上签字，它们是：北京大学新北大公社革命造反总部、北京大学红旗飘、北京公社、东方红、井冈山、北京大学新北大公社北京通讯战斗队。

▲《新北大报》（第2号）发表《彻底砸烂北大的特务组织机构——黑"二组"——校文革执行反动路线铁证如山，造反派从黑"二组"抄出大批黑材料》的长篇报道。同期，还刊登了新北大公社革命造反总部、新北大红旗飘、新北大北京公社、新北大东方红公社、新北大井冈山公社、中国医科大学红旗公社、清华井冈山414等数十个单位7月20日的《揪陶联合宣言》。《宣言》称："我们坚定的揪陶战士高歌'饥餐刘邓头，渴饮陶铸血！'奔赴战场，奋勇向前！"

7月27日 首都与各地在京造反派在工人体育场联合召开大会，要在全国掀起批刘少奇的高潮。北京公社等组织参加。

▲北航红旗和新北大公社等共同组织了批斗刘少奇火线指挥部。

▲《新北大》和中国作协的《文学战报》联合发刊的第99、100期（批判反党小说《刘志丹》专号）第一版至第三版，刊登新北大公

社文艺批判战斗团、中宣部彻底摧毁阎王殿革命联合委员会、中国作家协会革命造反团联合批判《刘志丹》小组的文章：《彻底粉碎刘邓黑司令部的一个反革命复辟大阴谋——揭开炮制反党小说〈刘志丹〉的黑幕》。

7月28日 陈伯达、谢富治接见武汉地区代表和首都大专院校代表讲话时说："现在，有人利用我6.5讲话，要把聂元梓一棍子打死，我反对。"

▲改组后的新北大公社、新北大公社红卫兵总部核心组人员确立，孙月才为主要负责人，卢平、沈永有为副。核心组其他成员是：李文、李长啸、阎志胜、刘存哲、刘冲、曹芳广、黄元庄。

7月29日 彭真交出一份检讨和给校文革的一封信。

▲周培源在首都无产阶级革命派支持革命干部杀上革命大批判第一线大会上发表讲话。他说："在广大革命小将的推动和支持下，我们一百多革命干部，包括犯错误的革命干部，在七月一日自动串联起来，成立了'七一干部串联会'，发表致全校革命和要革命干部的公开信。明确表示北京公社、革造总部、红旗飘等革命造反派组织的大方向是正确的，坚决支持他们的一切革命行动。"

7月31日 晚，中央台广播《红旗》杂志第12期社论《无产阶级必须牢牢掌握枪杆子》。社论写道："同样，也要把军内一小撮走资本主义道路当权派揭露出来，从政治上和思想上把他们斗倒、斗臭。""目前，全国正在掀起一个对党内、军内最大的一小撮走资本主义道路当权派的大批判运动。这是斗争的大方向。"

▲上午，全校师生集会，把彭真的"认罪书"和他给北大校文革的信拿出示众。

▲下午，北京矿业学院召开"批判高教六十条揪斗陆定一蒋南翔大会"，新北大公社有人参加会议。

▲晚上，"三军"邀请新北大公社300多人观看演出，孙月才、卢平带队前往。

7月

▲北京公社占领两派合住的28楼（以前已有25楼作为办公地点）。

▲7月下旬，新北大公社历史系红梅战斗约会《红旗》杂志驻北大记者张超到38楼宿舍座谈，红梅几名学生批评张超不该在北大支一派反一派，挑动群众斗群众。并警告她，不能向中央谎报北大情况。

▲某日晚饭后，周景芳到地院，他谈到：

全国解放后至今，我党出现过"五个反毛主席的圈子"。……。现在，又有一个反毛主席的圈子正在形成和发展中，这个圈子就是以北大聂元梓为首的有金字招牌的人，他们与刘邓司令部的人暗中勾结，听命于他们，到处伸手，网罗势力，准备有朝一日与毛主席摊牌。这个圈子现在人们还没有认识清楚，有很大的欺骗性。但是，他们会图穷匕首现的，我们要时刻提高警惕。

8月

8月1日 校文革召开庆祝建军40周年大会。

▲聂元梓与新疆红二司等进行了座谈，代表新北大校文革和新北大公社坚决支持他们的一切革命行动，并表扬了新北大赴疆战斗的同学。

8月2日 姚文元在人民大会堂作访问阿尔巴尼亚的报告。会后关锋找到聂元梓，和关锋一起的还有《红旗》杂志工作人员刘桂莲，关锋叫刘桂莲当着陈伯达和谢富治的面为张超告状。谢富治对聂元梓说："好好把北大的工作抓一抓，对北京市的事不要管。六月五日陈伯达的批评还是有效的，解决了北大的问题，整个北京的问题就好办了。"关锋说："你们围攻记者是错误的。你要向记者道歉。难道你不知道，张超不是《红旗》的，是中央文革派的吗？"

▲周总理接见湖南各造反派代表时指出：中央"二·四"批示有错误，中央要承担一部分责任，我们批是不慎重的，我们已向毛主席

作了检讨。主席说：捕多了人，可能有错误。湘江风雷的问题确实是主席最先察觉的。我的表态（指7月21日接见三方代表）是根据主席的表态来表态的。

▲《新北大》第103期刊登《彭真又放毒箭——彭真给北大的"认罪书"》。同期第三版，刊登新北大公社作战部的文章《刘少奇顽固到底死路一条——刘贼回答戚本禹同志"八个为什么"》。

▲8月2日凌晨，谢富治到"揪刘火线"看望群众。

8月3日 晚上8点，召开新北大公社红卫兵和新北大公社总部改组后的第一次全体战士大会。会议做出了加强领导班子革命化的决定，同时决定对新北大公社进行思想整顿和组织整顿。

▲0派广播台广播："不许聂元梓围攻张超同志！""聂元梓必须向张超同志道歉！"校内同时贴出大标语："不许聂元梓围攻张超同志！"

▲市革委会会议后，陈伯达对昨天关锋就张超之事批评聂元梓向聂道歉，并说5月27日的批评，不要当回事。

8月5日 下午4点，首都各界百万人在天安门前集会，纪念毛泽东《炮打司令部》大字报发表一周年。孙月才和沈永有带领新北大公社2000余人参加集会，并有300张上观礼台的票。北京公社、东方红公社、井冈山公社没有观礼台入场券便冲了进来，并扯起三面旗子。公社方面撕坏了他们的三面旗子，他们用旗杆打人，执勤解放军折了他们的旗杆。

▲大会以后，新北大公社等大多数单位撤出"揪刘火线"。

▲新北大公社"人民战争胜利万岁"战斗团（简称"胜利团"）成立，任瑚琏（中文系64级）任团长。

8月6日 晚，团、0、飘、井、红在38楼前召开声讨校文革大会，抗议新北大公社8月5日撕毁他们战旗。会后他们冲进公社总部，抢走26面旗和一些材料，同时在"二组"围攻聂元梓一小时。部分公社群众去对立派总部要抢回旗帜，双方发生冲突。

8月7日 凌晨，在38楼楼道内两派发生冲突。天亮后，校内双方广播台都严重抗议对方挑起武斗。

附：北京大学文革大事记（1964-1983年）

下午，新北大公社召开串联会，孙月才发表演说。会后，公社分几路出发，其中一路到31楼的北京公社作战部要材料。人们挤在楼道里辩论，又拥进房门争吵，结果动了手，发生武斗。各派的旁观者分别助威，"要文斗不要武斗"的喊声响成一片。28楼的东门紧闭，外面人群拥挤。聂元梓发表广播讲话："要文斗，不要扩大矛盾，要分清敌我。"

▲晚，王力在其办公室召见姚登山等人，赞赏和支持北京外国语学院"打倒陈毅派"冲击外交部，煽动"联络站"彻底夺外交部大权。王力的讲话后来被毛泽东斥为"大大大毒草"。

▲民族学院、政法学院、钢铁学院、人民大学等院校先后发生武斗。

8月9日 红旗飘负责人牛辉林在38楼前作"形势报告"，说"全国处在资本主义复辟的前夜"，要"揪军内一小撮"。

▲首都"五一六红卫兵团"开展所谓"8.9战役"，在市内贴出攻击周恩来的大标语"周恩来之流的要害是背叛五一六通知！"

▲农口的人将得到的三张首都"五一六红卫兵团"传单送到新北大公社动态组，动态组组长电话请示周总理办公厅如何处理这些传单。周总理办公厅指示：由学校机要交通送到中南海。以后，农口又先后两次送来十多张"五一六红卫兵团"的传单，都按此渠道送往中南海。

8月10日 周恩来、陈伯达、康生、江青等中央领导和首都大专院校红代会等单位的代表座谈，今天主要是群众组织发言。

▲聂元梓和苏州"踢派"见面时说："现在揪军内一小撮成为当前运动的大方向"。孙蓬一和驻校解放军不同意聂元梓的说法。

▲新北大公社总部派人去慰问处于困境中的民族学院抗大公社。

▲新北大北京公社总勤务站于北京发表《关于哈尔滨目前形势的声明》，其中写道："今年四月份以来，黑龙江省军区在支左工作中犯了方向性、路线性的错误。""坚决揪出黑龙江省军区内一小撮走资派！"

8月11日 晚,中央领导继续和大专院校红代会等单位的代表座谈。江青说:"我也怀疑有一支黑手。""这只黑手不仅伸到群众当中,伸到革命小将身边,还想在我们身上打主意。肯定要失败!"

▲在团中央礼堂,北大的团、0、飘、井、红和青少年出版社、"首都批资联委会"哲学分会等组织召开揭发刘邓黑司令部包庇反革命修正主义分子冯定大会。会上把胡耀邦、王伟等揪出示众

▲校广播台一部分人成立红号角战斗队,正式宣布"造校文革和新北大公社的反"。

▲"地派"在天安门广场召开10万人声讨控诉大会,愤怒声讨聂元梓、孙蓬一之流挑起全市武斗!北京公社的广播先放广场召开的10万人声讨大会的录音,接着广播他们的评论员文章《老佛爷的困境——落花流水春去也!》。文章说:"想当年,老佛爷多么威风,多么了不得,有了那些两吨黄金,自以为得计,老子天下第一,根本不把中央文革和谢副总理放在眼里,今天把这个当成隐患,明天把那个革命师生打成反革命,后天又把那个中央首长打成摘桃派,真是为所欲为,不可一世!可是,曾几何时?老佛爷就成了众叛亲离的孤家寡人,用一句古诗来概括:落花流水春去也!"

8月12日 西单商场内部两派发生大武斗,造成国家财产巨大损失。

▲新北大公社八一兵团负责人曹广志带20余人(含部分石家庄来人),列队进入铁道兵司令部(卫兵没有阻拦)抄了铁道兵司令部文革办公室,打开两个文件柜并将得到的资料交给"三军"。(注:军队机关的文革分为"三军"和"冲派",铁道兵司令部的一派属于"冲派"。在石家庄,铁道兵工程学院的组织是63军的对立派。"三军"的人对曹广志说:"我们是部队,有些事不好办,你们是地方,可以办。")

8月14日 《新北大报、湘江风雷》(合刊)刊登新北大北京公社07"战地黄花"的文章《湘江风雷就是好》。

8月15日 王建新(数力系学生)在温州武斗中遇难。闻讯,相关方面派出张若京(数力系学生)、陈锡林(国际政治系学生)一

同到温州处理王建新的后事。

8月16日 凌晨，中央首长接见红代会核心组成员和工作人员。开会前，市革委会宣读了中央文革给市革委会"关于西单商场武斗处理意见"的指示。

▲在接见农民战争史编写组成员时，关锋说："不能说反对吴传启就是反关锋。"戚本禹说："你们还看不出这个名堂来吗？显然有人利用这个事在大做文章呢。周景芳是我推荐的么，叫吴传启去当顾问是我请的。""两派打来打去，老是吴传启，他有问题跑不了么！"

▲新北大公社孙月才（总部负责人）、陈炳泉、林同华、胡再义、王保康贴出大字报《踢开两大派，狠抓大方向》。大字报认为：把（北京高校）两大派斗争的性质说成是路线斗争，实际上是转移了路线斗争的锋芒，为打内战提供理论基础。

▲据孙月才《文革十年日记》记载：下午在专家招待所的会议上，聂元梓讲我们在北京市已经彻底孤立，清华北航已经远离我们，她可能被调走。

▲晚上，由红代会主持召开的"首都和全国革命派支持福建革命派'革造会'大会"在我校东操场举行。

8月间 王力去陕西之前，曾对北航的吴介之（驻《人民日报》工作人员）说："北大的问题很大，解决了北大问题可能对社会贡献更大一些。"

▲聂元梓对赵建文讲，她和孙蓬一都可能被捕，要组建第二套班子，以备不测。赵建文建议第二套班子以高云鹏为核心。

8月17日 新北大公社革命造反总部、北京公社、红旗飘、井冈山公社、东方红公社（简称团、0、飘、井、红）联合成立了新北大井冈山兵团。成立大会在五四运动场召开。周培源担任兵团总部第一号勤务员。多个文艺团体演出了精彩的文艺节目。

▲井冈山兵团成立后，"反聂派"的文艺团体联合成"新北大井冈山兵团'毛主席万岁'文艺宣传纵队"（简称"万岁纵"），徐毅农（生物系62）任纵队长。

▲晚，校文革和新北大公社在东操场召开大会，纪念毛泽东主席

8.17 为新北大题字和 8.18 首次检阅红卫兵一周年。

▲原首都红卫兵第三司令部（已不存在）发表《公告》说："1967年1月21日将北大井冈山红卫兵开除出三司是错误的"。

▲"哲锋"战斗队贴出大字报：《彻底砸烂聂氏"地下常委会"》。

8 月 18 日 《丛中笑》贴出大字报《揭露孔杨问题的黑幕》。

▲晚上，传来生物系学生张国金在吉林不幸牺牲的消息。从晚上到第二天，学校两派广播不断地放哀乐，并举行集会哀悼张国金。（注：20 日传来消息，张国金没有死。）

8 月 19 日 汉中发生炸毁（汉中运输公司）大楼的"8.19"事件，造成重大伤亡。（注：此事本与北大无关，但在清查五一六时，北大的工军宣队为了某种目的，把炸楼的责任扣在高云鹏的头上，制造了一桩长达十年的冤案。）

▲《新北大》108 期刊登孙月才等人的大字报《踢开"两大派"狠抓大方向》（摘要），并加了"编者按"。

8 月 21 日 陈伯达接见南开大学代表时讲："北京有个学校就靠名望吃饭的，大家不敢说话。我后来在死水潭里投了块石头，才激起了波浪。死水潭有什么好处呢？"

▲在哲学楼101的串联会上（新北大公社骨干参加），聂元梓讲了中央首长对她的4次批评：

①4 月 14 日，大会批评。

② 5 月 27 日陈伯达、关锋、戚本禹的批评。

③7 月 10 日，砸二组之后，在市革委会（陈伯达、吴德、傅崇碧在场）陈伯达说："以后还会有大的风浪。还会更严重。"

④8 月 2 日，在人民大会堂，陈伯达、关锋、谢富治对北大"围攻"《红旗》杂志记者张超进行了批评。

8 月 22 日 晚，由北京外国语学院、北京师范大学、人民大学新人大公社、清华大学、北京第一机床厂等单位组成的"首都无产阶级革命派反帝反修联络站"在英国代办处门前召开"首都无产阶级革命派愤怒声讨英帝反华罪行大会"。期间，发生了火烧英代办处的严重事件。

附：北京大学文革大事记（1964-1983年）

▲下午，新北大公社在办公楼召开全体战士串联会，讨论《校文革、公社总部对目前局势的声明》和《新北大公社往何处去？》等问题。讨论到新北大公社时，大家一致认为：我们走过的路我们自己清楚，中央文革也知道，我们要在压力下以自己的力量和必胜的信心杀出来，受到锻炼和考验。总之，新北大公社不能垮也不会垮。

8月23日　《解放军报》肖力（即毛泽东与江青的女儿李讷）等三人贴出《反复辟、反保守、誓将革命进行到底》的大字报，针对军报的领导人赵易亚。

▲下午，公社开串联会，讨论《新北大公社往何处去？》。孙月才的看法是：①炮轰聂元梓，聂元梓应该作触及灵魂的检查。②承认井冈山兵团是革命群众组织，但是我们与它存在一系列原则性分歧。这些分歧是可以通过联席会议来解决的，结局是大联合。③新北大公社作自我批评，边战斗边整风，在严肃的自我批评中重生。

▲井冈山"小人物"战斗队贴出《一论打倒聂元梓》的大字报。

8月24日　陈伯达代表中央文革去解放军报社，指出赵易亚是一个反革命修正主义分子，是"卑鄙的资产阶级政客"，并完全支持以肖力为首的《解放军报》新总编辑组。

▲深夜，井冈山一些人殴打保卫组组长谢甲林。新北大公社得知消息后，在38楼前集合控诉井冈山一小撮的暴行。

8月25日　《新北大报》（第七号）刊登"多思"战斗队的文章《三十五个为什么？》。文中写道："为什么北京市革委会成立前夕、聂元梓、孙蓬一煽动数千群众炮打谢副总理？为什么与此同时北大出现了炮打、影射关锋、林杰的大字报？"

同期《新北大报》还刊登了如下"简讯"：

①井冈山兵团"赶地主婆"战斗队贴出大字报，勒令聂元梓的母亲三天滚出北大。

②8月15日在长春武斗中，井冈山兵团几十名战士光荣负伤，其中包括被聂孙文革打成反革命，5月份才出狱的魏秀芬。

③李醒尘同志（第一张大字报作者之一）8月23日发表声明，正式加入井冈山兵团。

▲新北大公社中文系"千钧棒""红五月"发起"批判聂元梓，紧跟毛主席"串联会。

8月26日 井冈山兵团在五四运动场召开大会，庆祝井冈山兵团加入"红代会"。李贵、聂树人率领地院东方红前来参加大会，并带来了王大宾的贺信。聂树人代表地院东方红和地院革委会讲话。

▲中午，牛辉林带领部分人闯入《光明日报》机印车间，捣毁了《新北大》110期的活版。《新北大》编辑部发表文章《强烈抗议牛辉林之流的新罪行》。同期《新北大》还刊登了保卫组"红卫士"的文章《一起阶级报复事件》，揭露并控诉井冈山兵团一小撮暴徒24日夜绑架、殴打保卫组组长谢甲林的暴行。

▲新人大公社、社会主义学院毛泽东思想革命造反团、民院东方红、地院东方红、新北大井冈山兵团、华北局等组织在人大召开第五次斗争三反分子聂真（聂元梓的大哥）大会。

▲受周总理的委托，杨成武到南方见毛泽东，汇报王力、关锋、戚本禹的问题。毛泽东对关锋、王力、戚本禹的问题作出处理决定。

8月27日 "三军无产阶级革命派"抄了林杰的家。

▲晚，新北大公社在办公楼召开"掀起革命大批判的新高潮"誓师大会。会后，"胜利团"演出毛主席诗词大合唱。

8月28日 井冈山兵团"小人物"战斗队贴出《再论打倒聂元梓》的大字报，说她"是地主阶级的孝子贤孙，是资产阶级政客"。

8月29日 井冈山兵团第七纵队贴出《聂元梓滚开，造反派上台——再论一切权力归井冈山》的大字报。

▲林杰被抄家的消息传到北大，并很快在校文革和公社内部传开。

8月30日 井冈山兵团"南征北战"等十一个战斗队发出《勒令》："聂元梓必须按时到会，滚到群众中来接受批判！如果一意孤行顽抗到底，我们将采取必要的革命行动！"

▲《新北大报》（第8号）发表《将革命进行到底》的社论。社论说："必须砸烂校文革的资产阶级专政！必须摧毁臭名昭著的新北大公社！""必须丢掉一切幻想，将'倒聂运动'进行到底！"同期《新

北大报》还刊登《谢甲林该斗!》的文章。

8月31日 井冈山兵团在五四运动场召开"声讨聂元梓、孙蓬一炮打无产阶级司令部顽固推行资产阶级反动路线大会"。"小人物"战斗队在发言中说"要抽聂元梓的筋，剥聂元梓的皮，把聂元梓扔进垃圾堆！"。学部、师大、地质等单位参加了这次大会，并将这个大会的录音拿到很多机关、学校播放。

与此同时，新北大公社在办公楼召开"揭发批判陆平、彭珮云黑帮破坏文化大革命罪行大会"。由于抄林杰办公室的消息传来，孙蓬一讲话的劲头十足，说"谁笑到最后，谁笑得最好"，群众也是群情激奋。

▲清华井冈山、北京体院毛泽东思想兵团在光明日报社抄了穆欣的家。接着人大三红揪出了肖前。

▲《新北大报 新人大》合刊发表长缨在手战斗队的文章"斩断伸向中央的这只黑手"。文中写道：

她（聂元梓）以"林杰—关锋—康生"的反动逻辑冲击无产阶级司令部。企图从极"左"或极右的方向来动摇中央的领导；她一手炮制了什么"摘桃派"的理论，为其全面夺取市革委会大权制造反动理论，并直接策划了炮打谢副总理的罪恶活动。

7～8月间 聂元梓两次提出解散校文革并辞去北大校文革主任的请求，第一次被校文革常委会否决，第二次中央文革没有同意，聂受到江青严厉批评。

9月

9月1日 下午，北京市革委会召开常委扩大会议，参加会议的中央领导很多，但没有王力、关锋。中央以王力、关锋不出席会议的形式间接宣布他们倒台。江青在讲话中说：聂元梓的助手不好，出了许多坏点子。

▲会后，陈伯达对聂元梓说："文化革命中，你们发现王关的问题还是比较早的。""他们搞些什么鬼，也不完全知道。对你批评错了

的，希望你理解，当时不能不那样做。"

▲上午，校文革和新北大公社召开拥军大会。会议中间，"三军"派来了五名代表并在会上讲话，表示支持新北大公社。会后，新北大公社"胜利团"演出毛主席诗词大合唱。

▲聂元梓指示：对王力、关锋的倒台，不许贴大标语、不许上街游行。

▲晚上，井冈山兵团在38楼前召开"孔、杨"问题大会，要为"孔、杨"翻案。孔繁、杨克明上台发言。

▲谭厚兰召开师大全校大会，声称林杰是坚定革命左派。

9月2日 晚，新北大公社在办公楼召开串联会，讨论如何领会中央首长的讲话精神等。

▲校文革发出《通告》，要求"凡外出串连或无故回家的师生，必须返校闹革命。"

9月4日 上午在外文楼206室，召开校文革、新北大公社和领导干部三方会议，研究分析形势、校内部署和领导核心等问题。

▲红旗兵团贴出《论打倒聂元梓是资本主义复辟口号》的大字报，指出其思想基础是"左派转化论"。雷达兵战斗队贴出《再论打倒聂元梓是资本主义复辟的宣言书》的大字报。

▲晚上，井冈山兵团召开串联会，会上，牛辉林以总部发言人的名义作了一个简短开场白。他说："井冈山前一段大方向完全正确，但是有严重政治错误，忽略了大方向，对聂元梓火线上纲，提出了过左的口号，今后我们要全力抓大方向。"

▲井冈山兵团发表"拥军公约"，表示"坚决支持三军无产阶级革命派的一切革命行动。"

▲ **9月1日-4日** 谭厚兰带领师大井冈山保林杰，声称"和林杰风雨同舟"，"林杰是坚定的革命左派"，"我们信得过"。

9月5日 江青在接见安徽来京代表时作了重要讲话。江青说"在这个大好形势下要警惕三件事情：从极'左'到极右来破坏毛主席为首的党中央，来破坏人民解放军，破坏革命委员会。"江青还提醒大家注意走资派、地、富、反、坏、右、美蒋、苏修、日本特务的破坏，并指出"五一六兵团"以极左面目出现，集中目标反对总理，实际上是反对以毛主席为首的党中央，这是个很典型的反革命组织。

▲晚上，在临湖轩召开校文革和新北大公社负责人会议，聂元梓传达昨晚市革委会会议精神：中央首长叫我们抓大方向，不要去管林杰、穆欣这些家伙，他们会解决的。

▲《新北大井冈山通讯》第5期刊登两篇访谈录："白晨曦同志谈地下常委""就'地下常委'走访郭罗基同志"。

▲晚，井冈山兵团总部发表《关于打倒聂元梓的坏助手孙蓬一的严正声明》，校园内也贴出了很多"打倒孙蓬一！"的大标语。

9月6日 下午，地派在五四运动场召开纪念"三司"成立一周年大会。

9月7日 北师大发生"9.7事件"。中央迅速地以北京市革委会的名义平息了这次事件，并称谭厚兰在反击"二月逆流"时立下大功。

▲晚上，中央人民广播电台广播了姚文元的文章《评陶铸的两本书》。

▲《新北大报》发表本刊编辑部文章《粉碎二月复辟逆流，恢复"井""红"本来面目》。同时发表社论"紧跟毛主席的伟大战略部署"。社论说："我们批判聂元梓，保卫中央文革，这是百分之百的革命行动，这种行动好得很！"

9月8日 晚，校文革在大饭厅召开大会，欢呼姚文元文章的发表。孙蓬一在讲话中说："我要向井冈山的广大战士说一句：我们应该在革命的大批判中，在同《五·一六兵团》的斗争中联合起来。"

▲上午空军某部击落美蒋U2飞机，新北大公社八一兵团和17团前往空军党委热烈祝贺。

▲聂元梓传达昨晚市革委会扩大会议上谢富治讲话：①狠抓大方向，不听小道消息，取消作战部；②9月7日揪斗谭厚兰是完全错误的，有坏人捣乱。

9月9日 新北大公社胜利团到北京军区做拥军演出，聂元梓出席并在演出前讲话。

9月10日　《新北大》第114、115期合刊，在"热烈欢呼姚文元同志重要文章发表"的标题下，发表多篇批判陶铸的文章。

▲中央气象局《红旗》七兵团贴出大字报《谁是最大的黑手？——三十个为什么》，从多方面怀疑谭震林是挑起北京市两大派斗争的最大黑手，提出谭震林—季宗权—聂元梓这条黑线。

9月12日　学部革命大批判指挥部召开"愤怒声讨潘（梓年）、吴（传启）、林（聿时）、洪（涛）反党集团罪行大会"。

▲晚，校文革和新北大公社在五四运动场召开"紧跟毛主席伟大战略部署，掀起拥军和革命大批判新高潮"大会，并庆祝校文革成立一周年。"三军"及工代会、农代会、大专院校红代会、中学红代会等400多个单位参加。大会通过拥军公约。会后有文艺演出。

9月13日　井冈山兵团召开拥军大会。

▲13、14日　团中央系统召开清算反革命修正主义青年工作路线大会，会上，批斗了胡耀邦、胡克实等人。北大井冈山兵团代表部分院校作了揭发批判。

9月14日　《人民日报》发表社论《在革命的大批判中大力促进革命的大联合》。

▲首都外事系统造反派在展览馆剧场召开批判刘邓"三降一灭"外交路线大会。会上揪斗了张闻天、熊复等五人。北大井冈山兵团代表在会上发言。

▲《新北大》113期刊登追穷寇的文章《斩断林杰伸向北大的黑手》。

9月中旬　一天，在28楼前的马路上，井冈山兵团负责人侯汉清对胡宗式说："看来我们保王、关是保错了。"

9月16日　在人民大会堂安徽厅，中央首长接见"天派"组织的负责人。江青说："北大传了，说现在立第三功了，聂元梓真是不知害臊，记功让人民记嘛！老实告诉你，去年我和陶铸作斗争时，你还认识不到呢，你和王任重，你跟着他走，王任重是个CC特务，国民党特务。"康生在讲话中说："北大有人出了个系统表说我是林杰关锋的后台。周总理就是另外一派，陈毅、谭震林的后台，有书为证嘛！聂元梓同志啊！以前北大有打倒谢富治的话，你们要好好考虑了。"在会下，江青对聂元梓说："你不要保孙蓬一了。你自己是泥菩萨过河，自身难保。"

▲《新北大报》（第12号）刊登署名"井冈松"的文章《谁敢否定我们的大方向》。文中写道："在文化革命深入开展的条件下，一小撮陶铸式的人物企图利用造反派来达到个人篡权的野心，这是阶级斗争的一种新形式，因为利用象新北大公社那样的保守派实在是吃不开了。""新北大公社的一些小丑们现在弹冠相庆，要欢呼他们赌博的胜利了。且慢！鬼迷心窍的人们，你们有什么好高兴的？你们以为揪出××就可以洗刷掉孙蓬一的罪行吗？作梦！"同期《新北大报》还刊登了题为《热烈欢呼首都三司为（原）新北大井冈山彻底翻案》，并刊登一则"公告"。

9月17日 中央首长接见"地派"。康生在讲话中说："再告诉地院东方红的同志，你们九月七日小报上犯了一个错误，你们登了杨尚昆的儿子的一篇文章，他把杨尚昆的错误归结于我国制度是推行一种高薪制度。开始我还不太相信。这一点我们要时刻注意。老保翻天，杨小二就是一个例子。北大的老保活跃得很。"

▲解放军军训团留校人员全部撤离北大。

9月18日 新北大公社召开大会，传达16日中央首长的讲话。聂元梓在会上讲大批判的问题，由12人（校文革8人，新北大公社4人）组成大批判领导小组。

▲井冈山兵团九一战斗队上午对杨绍明（杨尚昆之子）采取行动，下午兵团召开批判斗争杨绍明大会。

9月20日 毛泽东发表最新指示：在工人阶级内部，没有根本的利害冲突。在无产阶级专政下的工人阶级内部，更没有理由一定要分裂成为势不两立的两大派组织。

▲《人民日报》9月20日编者按："向前看，不要算旧账，多作自我批评，这是实现革命大联合的关键。每个真正的无产阶级革命派，要为实现革命大联合作出贡献，就必须以无产阶级党性克服小资产阶级派性。"

▲《北京日报》在通栏大标题"旧话不再提，旧账不再算，责任不再追，共同朝前看"下，报导大联合。

9月22日 上午，在大饭厅舞台上，新北大公社和井冈山兵团双方代表开门谈判，讨论联合问题。台下挤满群众，双方互相攻击，群众情绪对立。晚上，新北大公社召开全体战士大会，讨论大联合的问题，大家一致要求和井冈山兵团无条件迅速联合起来。晚9点半左右，决定由孙月才带队去大饭厅（井冈山兵团在大饭厅开会）和他们一起开联合会议。在承认不承认校文革的领导这个关键问题上，双方有严重分歧。双方各七名代表谈判到深夜，毫无结果。

9月23日 《新北大报》刊登平型关纵队的文章《评聂孙的新动向》。文中写道：

最近，农口革命派贴出了一张《谁是最大的黑手——30个为什么》的革命大字报。这张大字报得到了周总理等中央首长的充分肯定，总理说："'三十个为什么'写得很好，逻辑性很严密，分析得很深刻。"这张大字报中揭露，聂孙不仅同反革命两面派陶铸、王任重有着密切的联系，而且同二月资本主义复辟逆流的代表人物谭震林有着密切的联系。

▲吴德讲话：北大校文化革命委员会是三结合权力机构，这是过去中央文革同志都说过的，不能踢开。现在最大的原则是矛头对准刘、邓、陶！对校文革有意见，以后再协商。

9月24日 "红代会"在人民大会堂召开促进联合大会。韩爱晶、王大宾、蒯大富、聂元梓、谭厚兰在会上作了自我批评，检查派性思想。

9月25日 清晨，中央人民广播电台广播了毛主席视察华北、中南和华东地区调查文化大革命的情况。《人民日报》在头版头条用朱红大字作了报导。

▲上午新北大公社与井冈山兵团双方谈判大联合问题。由于井冈山反对校文革主持会议，谈判无果而终。

▲晚上，校文革和新北大公社召开批斗陆平、彭珮云大会。

附：北京大学文革大事记（1964-1983年）

9月26日 《新北大报》刊登署名"井冈山 鱼雷"的文章：《伸进北大的黑手到底是谁？》。文章认为：谭震林是伸向北大的黑手，聂孙之流充当了谭震林垂死挣扎的工具。

▲晚上，井冈山兵团在大饭厅举行了隆重的王建新追悼大会。新北大公社派人参加了追悼会，孙月才写了悼词。井冈山广播台说："王建新烈士是温州的一颗明星，聂孙之流是一抔黄土。"

9月30日 第二座毛主席塑像建成。

9月末 王若水、李希凡、阮铭、陆善功四人来北大见聂元梓、孙蓬一，赵建文在座。他们说"你们不要老是盯着谢富治，搞北大的根子在陈伯达"。

10月

10月1日 毛主席登上天安门城楼，同首都50万军民一起欢庆国庆18周年。林彪发表重要讲话，其中讲到毛主席的最新指示"**要斗私，批修**"。

▲谢富治对北大校文革保卫组（二组）恢复工作作出批示："同意恢复工作，材料也应交回。谢富治（签名）十月一日"

10月4日 校文革在第二座毛主席塑像前主持召开全校革命师生员工大会，作"坚决响应毛主席的伟大号召，掀起'斗私，批修'新高潮"的战斗动员。井冈山兵团在大饭厅举行了"紧跟毛主席的伟大战略部署，掀起'斗私，批修'高潮"誓师大会。

10月5日 晨，新北大公社总部发表"关于揪斗三反分子、党内走资派戈华的严正声明"，要求井冈山兵团"立刻把戈华交出来"斗倒斗臭。新北大公社多次声言"戈华是井冈山的黑高参"。（注：戈华于1957年10月由中央组织部调往河北大学任党委书记兼副校长。1963年调北大任党委第一副书记兼副校长。陈伯达6.5讲话后，戈华亮相站在了井冈山一边。）

▲在市革委会常委会上谢富治说："革命委员会成立以后，要巩固，包括你们北大文化革命委员会也是合法的，应该支持，不能打倒，要巩固，对个别人不合适要撤换。"

10月6日　《人民日报》发表社论《"斗私，批修"是无产阶级文化大革命的根本方针》。

▲上午，聂元梓传达昨天市革委会上谢富治的讲话。

▲下午，校文革常委会讨论恢复保卫组工作问题。晚上，新北大公社召开大会庆祝保卫组恢复工作，会上谢甲林讲话。新北大公社总部发表声明，要求某些头头交回抢去的材料，并向保卫组和谢甲林同志道歉。

10月7日　陈伯达、戚本禹在对《人民日报》工作人员讲话时谈到北大。陈伯达说："北大两派的联合是困难的，他们是纲领不同，慢慢来，要搞真正的大联合。"戚本禹说："新北大公社是个很好的组织，革命性是很强的。他们保聂元梓不是保聂元梓的错误，是保马列主义大字报。"陈伯达说："我们都保嘛！""我现在也不同意周培源当校长了。"

▲《新北大》第122、123期合刊，发表题为"打倒戈华"的社论，并刊登《彻底清算三反分子戈华的反革命罪行》的长篇文章。

10月8日　上午，高级党校的李广文在党校内贴康生大字报，题为《打倒陶二世》。

▲晚上，北大、清华、北航等五校联合演出队在北大演出现代京剧《红灯记》。演出前，井冈山兵团不让聂元梓讲话，把电源给掐了。

▲吴德在接见《北京日报》两派代表时说："吴传启问题应该反，保守势力借此翻天也应该反。""聂元梓还不是批评一下，要保一下吧，不然早就垮台了。"

10月9日　上午，新北大公社召开批斗戈华大会（戈华缺席），陆平、彭珮云陪斗。

▲晚，举行"坚决执行毛主席最新指示誓师大会"。聂元梓在会上传达了毛主席视察华北、中南和华东地区时发出的要"斗私批修"的最新指示。

10月10日　中共中央、国务院、中央文革小组联合发出关于大、中小学校复课闹革命的通知。

▲上午，4510部队姚玉琪等两位解放军来校作"斗私批修"方

面的学习报告。

▲下午，新北大公社总部核心组开会，孙月才主持。在校文革与公社总部的关系问题上，总部负责人之间发生了分歧。沈永有等人主张把校文革的权夺过来，孙月才等人坚决反对这种拆台的主张。

10月11日 谢富治（吴德在场）与聂元梓、蒯大富、韩爱晶谈话时有三点指示：一是新北大与谭震林没有关系，二是周培源不能当校长，三是中央的事情你们不要过问。

10月12日 《新北大》发表社论《扩大教育面 缩小打击面》。同期《新北大》还刊登了《彻底粉碎北大老保翻天的逆流》（署名：红旗兵团 横扫千军）。该文在"粉碎资产阶级臭教授的猖狂进攻"一节中写道："周培源先生串联了一批资产阶级臭教授向新北大无产阶级革命派发动了猖狂进攻，企图向无产阶级夺权。井冈山兵团的一小撮坏头头吹捧这批资产阶级臭权威，并再三邀请他们'上山'"。

10月13日 晚上，新北大公社在办公楼召开斗私批修串联会。

▲关于毕业生分配问题，井冈山要求共同协商，不能由校文革一手操办。

10月14日 上午，新北大干部思想学习班举行开学典礼。聂元梓讲话，并告诉大家毛主席号召我们开学闹革命。

▲下午，谢富治在接见红代会毛泽东思想学习班全体学员时说："北大校文革是权力机构，同那十五个学校革委会一样嘛！"核心组同志说："有人把北大井冈山拉入了学习班。"谢富治说："参加学习班那不是实质问题吧，北大井冈山也来了？他们想搞点什么名堂吧？""要他承认校文革，叫他回去到校文革办一个手续吧，承认校文革。"

10月15日 红代会作出如下决议：

一、红代会认为新北大井冈山兵团应该遵照谢副总理的指示，承认新北大校文革是新北大文化大革命的权力机构。

二、红代会欢迎新北大井冈山兵团的同志参加学习班的学习，但必须遵照谢副总理的指示，到校文革开介绍信。否则不宜参加本期学习班的学习。

　　　　　　　　　　首都大专院校红代会委员会　　1967.10.15

　　10月16日　《新北大报》刊登新北大《井冈山广播台》《新北大报》编辑部"毛主席的伟大战略部署必胜　资产阶级反动路线反扑必败"的座谈会纪要。其中写道："一小撮陆平保皇党，如肖永清、胡寿文、赵宝煦及反革命分子杨绍明之流出于他们的阶级本性，利用聂孙挑动群众斗群众的机会，在我们批判聂孙反动路线的时候，进行反攻倒算，这是阶级斗争的必然反映。我们必须迎头痛击这股老保翻天的逆流，打垮他们的猖狂反扑。"

　　10月18日　早晨7点，中央人民广播电台广播《中共中央、国务院、中央军委、中央文革关于按照系统实行革命大联合的通知》。

　　10月19日　校文革发出大联合通知，要求公社、井冈山各派五人到五院二楼会议室谈判。结果谈判破裂，而且发生武斗。于是，双方利用广播互相攻击，你说我破坏，我说你无诚意。

　　▲《新北大》126期刊登了新北大公社"红工兵"的文章《牛辉林之流是怎样和林杰反党集团勾搭的？》

　　▲在红星公社参加秋收的新北大公社队伍，就近访问七机部，答应参加新9.15的会议和演出一些节目。演出时，受9.16冲击，一部分人挨了打。

　　10月20日　就昨晚在七机部发生冲突一事，孙月才请示聂元梓。聂元梓说："不要发表声明，给市革委会写个报告。"聂元梓和孙月才都认为昨天不应该去七机部。

　　10月21日　上午，聂元梓传达19日下午谢富治在市革委会的指示：①办好学习班，学毛著；②复课闹革命，搞斗批改；③苗头不对，不要犯错误，不要上当。下午，校文革常委与新北大公社核心组开会研究开学闹革命的问题。

　　10月22日　《新北大》127期发表题为《在革命的原则下实现革命的大联合》的社论。同期《新北大》还刊登了《立即行动起来　开学闹革命》的社论和《新北大公社总部关于按系统、按班级的革命大联合的严正声明》。

10月23日 《新北大报》刊登《井冈山兵团关于彻底改组校文革按系统、按班级实行革命大联合的严正声明》，同时刊登该报评论员文章《彻底改组校文革实现革命大联合》。同期在《打倒反革命两面派陶铸》的标题下刊登了18幅漫画，系统批判陶铸。

10月24日 井冈山兵团在大饭厅举行开学典礼大会。

▲井冈山兵团贴出大标语："击败聂孙资产阶级反动路线的新反扑""北京卫戍区逮捕聂真好得很"。

▲晚，新北大公社红旗兵团等组织在办公楼批斗侯仁之、周一良。

10月25日 校文革决定今天正式开学复课闹革命，由聂元梓、崔雄崑、王茂湘等人组成复课闹革命领导小组。上午，在毛主席塑像前举行开学典礼，崔雄崑主持会议。

▲晚上，井冈山兵团在大饭厅召开复课誓师大会。

▲何维凌、胡定国、王彦发起成立"共产青年学会"，并在大饭厅东墙上贴出《共产青年学会宣言（草案）》。此事被公安机关列为反革命事件。

10月27日 校文革常委会决定把复课闹革命领导小组成员由九人扩大到十三人，给井冈山三个名额。同时对房屋问题发表声明，要求腾出占用房间，为上课用。

10月29日 英雄黄继光的母亲邓芳芝来校，陪同她的还有达吉（《达吉和她的父亲》电影原型）。晚上，在办公楼礼堂，达吉作忆苦思甜报告。聂元梓在专家招待所亲切接见她们。

11月

11月2日 谢富治接见北京工代会委员时指出：北京目前出现一股歪风，借王力、关锋问题炮打无产阶级司令部，为二月逆流翻案。我们要提高警惕。

11月4日 学校里关于教育革命又展开了论战。新北大公社提出"要抗大，不要燕京！"井冈山兵团提出"要周培源，不要陆平、彭珮云、张学书！"接着新北大公社又贴出"要革命，不要改良；反复辟，周白毛滚蛋！"。

11月5日 《新北大报》（第18号）刊登"13纵 誓死卫东"的文章《誓死捍卫以毛主席为首的无产阶级司令部》。该文严厉批判《共产青年学会宣言》。

同期第四版还刊登了"照天烧"的文章《评聂元梓的"第三大功"》。文中写道：聂元梓是炮打无产阶级司令部的同盟者，孙蓬一炮打谢副总理的案是铁定了的，绝不许翻！那些顽固对抗江青同志指示的人，只会使自己碰得焦头烂额。

11月7日 《新北大报》（第19号）刊登题为《聂元梓纵容北大的老保翻天》的长篇文章。

11月12日 《新北大》刊登题为《砸烂反动组织"共产青年学会"》的文章。

11月16日 晚上，校文革常委、新北大公社总部召开民主生活大会，允许并欢迎井冈山战士发言。结果，讲坛被井冈山霸占，引起公社人员不满。当公社方面要夺回话筒时，对方不给，引发冲突。

11月17日 《新北大报》（第20号）刊登"挥斥方遒"的文章《毛主席的革命路线必胜——评聂元梓"秋季攻势"的破产》。同时刊登"01井冈青松"的文章《彻底砸烂旧北大的资产阶级专政》。

▲晚上，井冈山兵团开会，总部作自我批评。

▲井冈山兵团飘红旗战斗队在《聂氏家族的复灭和聂元梓的前途》一文中写道："至于我井冈山的一些负责同志，的确同当时披着群众组织负责人外衣的洪涛、刘郧、王恩宇见过几次面，谈过几次话。这如同他们当时同其他许多革命造反派组织负责人见过面，谈过话一样普通又寻常，光明且正大。固然没有能够及时识破王恩宇、洪涛的反革命面目，是严重的错误。对这一错误，我兵团负责人早已做出了认真的自我批评。"

11月18日 井冈山兵团召开大会，批判揭发聂元梓、孙蓬一在干部问题上执行的"打击一大片，保护一小撮"的资产阶级反动路线。

11月19日 60届毕业生在大饭厅组织"控诉资产阶级修正主义教育路线大会"。陆平、彭珮云、王学珍、翦伯赞、冯友兰等被拉上台示众。

11月21日 井冈山兵团召开关于孔繁、杨克明问题串联会。

11月23日 北京市革委会大专院校毕业生办公室转发市革委会值班常委关于北京大学1966年毕业分配领导小组指示:"中央和市革委会认为,新北大校文革是权力机构,同意新北大在校文革领导下,吸收井冈山(兵团)及未参加组织的同志参加各级分配小组"。

▲晚上,在办公楼召开校文革、公社负责人第二次民主会。井冈山兵团有人发言。

11月24日 井冈山兵团继续召开关于孔繁、杨克明问题串联会,坚决支持孔繁、杨克明站出来革命,杀上革命第一线。

11月26日 《人民日报》发表社论《再论大中小学校都要复课闹革命》。社论指出:"大中小学校都要复课闹革命,是毛主席的方针、党中央的方针。""复课闹革命,这就是当前学校中斗争的大方向。"

11月27日 上午,聂元梓在大饭厅做报告时,有人将一只破鞋吊在会场舞台上空。

11月28日 上午,井冈山兵团在大饭厅召开"坚决支持革命干部孔繁、杨克明同志杀上革命第一线大会"。孔繁、杨克明在会上作了"斗私批修"的发言。侯汉清代表总部讲话,宣布接受孔繁、杨克明为井冈山兵团战士,并决定吸收孔繁、杨克明到总部工作。

11月29日 林彪给海军首次学习毛主席著作积极分子大会题词"大海航行靠舵手,干革命靠毛泽东思想。"

▲井冈山兵团将新北大公社红卫兵陈生才作为"五一六反革命分子"揪出来扭送公安部(《井冈山通讯》1968.1.28报道,但没有说具体问题),并认为他长期受到聂元梓们的包庇纵容。

11月30日 下午,召开全体党员大会,聂元梓宣布由谢富治和吴德审批的中共新北大领导小组的建立和正式恢复党的组织生活的决定。领导小组是以校文革常委中的党员为基础,同时吸收革命干部和革命学生、革命工人参加而组成的。名单如下：组长聂元梓、副组长孙蓬一、崔雄崑，组员姜同光、王茂湘、段心济、焦锦堂、杨文娴、孔庆星、李文、刘冲。

▲晚，井冈山兵团总部召开揭发控诉陆平黑帮和资产阶级反动学术"权威"罪行大会，会上揪斗了陆平、彭珮云、冯定、冯友兰、翦伯赞、朱光潜、傅鹰、王力等。

▲夜，新北大公社红九团抄了季羡林的家，抄出蒋介石和宋美龄的照片等物，广播站发布了"打倒季羡林"的广播稿。随后，井冈山兵团也对季羡林进行了批判。

▲《新北大报》（第21号）刊登"井冈山人"的文章《彻底解放革命干部孔繁、杨克明》。

11月 井冈山兵团"第一刺刀见红"战斗队发表《一论向极"左"思潮开火！》《二论向极"左"思潮开火！》《三论向极"左"思潮开火！》《四论向极"左"思潮开火！》等文章。

井冈山兵团开除"第一刺刀见红"战斗队。

12月

12月1日 井冈山兵团内部的油印刊物《井冈山》第25期《校内通迅》刊登题为《新北大公社贴大标语攻击白晨曦》的文章。文中写道：

新北大公社连日贴出大标语、大字报："白晨曦从校文革滚出去""坚决批判白晨曦两面派""坚决把白大麻子拉下马"。白晨曦是校文革副主任，原人事处处长，新北大公社社员。八月初曾贴过大字报，认为新北大公社和井冈山兵团都是革命群众组织，聂元梓犯有方向性路线性错误，校文革陷于瘫痪，并表示不同意聂元梓的一些做法。

12月2日 中共中央下发《关于整顿、恢复、重建党的组织的问题》，该文件有四部分内容：①关于用毛泽东思想整顿、恢复、重建党的组织的问题。②关于整顿、恢复、重建党的组织中的思想工作。③关于整顿、恢复、重建党的组织的条件、范围和政策界限。④建立党的核心小组的问题。

▲新北大公社在东操场召开"彻底批判刘邓在毕业分配中的资产阶级反动路线大会"并揪斗了翦伯赞、朱光潜、冯友兰、周一良、侯仁之。

▲上午，井冈山兵团召开大会，揭发聂元梓在教育革命中继续执行资产阶级反动路线、在政治上迫害革命工人和井冈山毕业生以及阴谋颠覆造反派掌权的物理系文革红色政权的卑劣行径。

12月3日 晚，井冈山兵团在二教203召开形势串联会，分析当前北大阶级斗争的新动向。

▲新北大公社红卫兵将戈华从南口抓回北大。

12月6日 《新北大》刊登《牛辉林之流就是林杰反党集团的马前卒——再揭牛辉林之流是怎样和林杰反党集团勾搭的》的文章。

12月7日 《新北大报》（第22号）刊登题为《满腔的热血已经沸腾，要为真理而斗争——203串联会纪要》，其中写道："由于聂氏家族的完蛋和郑家黑店的倒闭，使得聂元梓对新北大无产阶级革命派变得越发仇恨。消灭井冈山，是聂元梓的既定政策，她是不会改变这个政策的。"

▲新北大公社召开"保卫毛主席战略部署，粉碎资产阶级反动路线新反扑大会"。大会揭露了井冈山兵团目前的武斗动向，并批斗了戈华、季羡林。

▲新北大公社召开团长会议，布置机要部位的保卫。晚上，孙月才在巡逻中与井冈山武斗队碰了好几次面，但没有被认出。

12月8日 校文革号召全校学习李文忠："要像李文忠那样，毛主席热爱我热爱，毛主席支持我支持，毛主席指示我照办，毛主席挥手我前进！生为毛主席的革命路线而战斗，死为毛主席的革命路线而献身！"井冈山兵团也发出内容相同的通知。

12月9日 文科各系四十多人组成文科抗大试验班，到中阿友好人民公社参加劳动，开展社会调查，学习讨论毛主席教育革命思想，摸索文科教育革命的道路。

▲新北大公社和井冈山兵团先后在38楼、39楼、40楼、41楼由对骂转为武斗。双方一边打一边高喊："要文斗，不要武斗！"大喇叭紧随其后广播"强烈抗议""愤怒声讨"和"严正声明"。

▲下午，井冈山兵团"06纵队教工支队"贴出批判刘、邓和彭真的大字报，将大字报上毛主席的名字用红笔打上了×。新北大公社立即召开声讨大会，将当事人弄到大会上批斗，然后扭送公安部。新北大公社示威游行到25楼井冈山兵团总部，揪斗了负责人牛辉林、侯汉清等，并有人动手打了他们。事后井冈山的队伍在28楼前集合。新北大公社总部负责人孙月才想亲自看看情况，只身前往，结果在28楼前被井冈山兵团抓住并遭殴打，孙的手表和眼镜都丢了（在孙月才被打时，井冈山战士刘亚文保护了他）。

12月12日 聂元梓在全校学习李文忠动员大会上，将"破私立公"说成"破公立私"。井冈山兵团当即召开声讨大会，将"聂元梓恶毒攻击伟大领袖毛主席和敬爱的林副主席，罪该万死！"的大标语贴到了天安门城楼下。

▲晚，中央首长周总理、陈伯达、康生、江青、谢富治、叶群等在人民大会堂接见北京大中小学代表，听取与会代表的汇报。胡纯和代表井冈山兵团在会上发了言，汇报了北大文化大革命情况。

12月14日 新北大公社总部发出《通告》称："你们胆敢把武斗强加到我们头上，我们将进行自卫性还击"。

▲数日来，新北大公社和井冈山兵团双方常常从文斗开始，很快演变为武斗，气氛异常紧张。很多同学为了躲避武斗纷纷逃离学校。

12月15日 校文革常委会、中共新北大领导小组、新北大公社总部联合发出《关于立即开展"三忠于"活动的决定》（忠于毛泽东、毛泽东思想、毛泽东革命路线）。

12月16日 新北大公社和全校师生员工与三军无产阶级革命派代表一起隆重集会，庆祝林副主席为《毛主席语录》撰写的再版前言发表一周年。

▲"新北大人"贴出题为《井冈山兵团向何处去》的大字报。关于"0363北京公社"，大字报写道：

附：北京大学文革大事记（1964-1983年）

正是他们在与"井""红"进行斗争时，第一个提出"反聂即反动"的错误口号；第一个刷出"井""红"是反动组织的大标语。事隔三月，又是这个0363北京公社，大喊大叫"井""红"是革命造反派，要为"井""红"翻案，并在大骂"反聂即反动"的口号下，举起"反聂即革命"的大旗。

▲《新北大》增刊在"毛主席的革命路线胜利万岁——原北大井冈山兵团战士造反声明选登"的大标题下，用近四版篇幅刊登多篇"造反声明"。

▲井冈山兵团有人提出"真正的井冈山人要向极左势力开炮"，因此他们遭到井冈山兵团的攻击，被认为是从背后射出来的毒箭，并被开除出井冈山兵团。

▲夜11时至17日凌晨3时，谢富治、戚本禹邀请"红代会"部分人员座谈有关共青团和红卫兵的整顿问题。井冈山兵团的张希清参加了这次座谈会。

12月18日　校广播台播送井冈山兵团"第一刺刀见红"战斗队批判井冈山兵团错误路线的声明。井冈山兵团的人砸了喇叭。

12月20日　聂元梓传达谢富治在市革委会上传达的毛主席指示：①大树特树毛泽东思想的绝对权威，这种提法是不妥的；②不准给毛主席祝寿，不准到处给毛主席塑像；③毛主席不再给任何人任何地方题词。

▲晚上，受新北大公社邀请，才旦卓玛领衔的"西藏大联指农奴戟红卫兵宣传队"在大饭厅演出。

▲《新北大》发表《北大井冈山是极右势力和极"左"思潮的混合物》的文章。文章说，其"要害是充当关（锋）、王（力）、林（杰）反党集团的马前卒……企图在北大复辟资本主义"。

▲文二（4）一支队贴出大字报"评井冈山兵团"。

12月22日　新北大公社的几位工人想用一条标语把井冈山兵团贴的大标语"聂元梓恶毒攻击毛主席和林副主席，罪该万死！"中的"聂元梓恶毒攻击"七个字盖掉，却变成了"毛主席和林副主席，罪该万死！"。虽然新北公社立即将几位工人送交公安部，井冈山兵团仍然抓住大做文章，说聂元梓、孙蓬一是事件的总后台，必须一并扭送公安部，依"公安六条"，定为现行反革命。

▲历史系 64 级学生范××给中央写信反映"伍豪事件"，对周恩来提出怀疑。（1968 年 1 月 16 日毛泽东批示："此事早已查清，是国民党造谣诬蔑。"）

12 月 23 日　井冈山兵团认为：在党委筹委会问题上，聂孙践踏民主、无视群众，并要揪其委员刘冲（经济系学生）说他攻击毛泽东思想。

12 月 24 日　晚，井冈山广播台广播了由杨克明起草的评论员文章，宣布承认校文革，但校文革必须改组。同时，新北大公社"新北大人"与井冈山兵团"天安门论坛"在 25 楼进行了座谈，决定联合开办毛泽东思想学习班，探讨两派大联合。

12 月 25 日　经过一天的讨论，"天安门论坛"同意学习班在原则上注明接受校文革的领导。

▲红旗兵团横扫千军等 12 个战斗队贴出大字报《走社会主义道路，还是走资本主义道路？》。文章指出："打倒聂元梓，砸烂校文革""二次革命""全面夺权"是牛辉林们的政治纲领，这是一个地地道道的资产阶级纲领。

12 月 26 日　今天是毛主席 74 岁寿辰。上午，校文革组织人马在毛主席塑像前宣誓永远忠于毛主席。会后举行了游行。

▲新北大公社"胜利团"在三军和中央歌剧舞剧院帮助下，排练了《敬祝毛主席万寿无疆》《毛主席语录再版前言》《抗大的道路》等文艺节目，于 26 日进行演出。

12 月 28 日　井冈山兵团"天安门论坛"突然撕毁了已经达成协议（接受校文革的领导）的通告，两派大联合的努力失败。

12 月 30 日　井冈山兵团派人于晚 7 点 30 分将中共新北大领导小组副组长、校文革斗批改负责人崔雄崑从家中抓走。当晚，校文革召开保崔大会。

附：北京大学文革大事记（1964-1983年）

1968 年

1月

1月1日　北京卫戍区通知井冈山兵团放人（崔雄崑），井冈山方面不予理会。

1月2日　上午11点，卫戍区副司令员李钟奇接见井冈山兵团代表谈释放崔雄崑的问题。

1月3日　晚，校文革召开大会，传达卫戍区关于要求井冈山兵团无条件释放崔雄崑的指示。

▲井冈山广播台播送崔雄崑的"交代"录音，但听不清楚。广播台解说：崔雄崑即日和校文革划清界限，支持井冈山的行动。

1月6日　下午，卫戍区副司令员李钟奇来北大，召集双方代表谈判崔雄崑释放问题。井冈山方面开始不同意释放，李钟奇拍桌子发了火。晚8点半，井冈山兵团将崔雄崑释放，送交校文革办公室。

▲《新北大报》（第25号）发表编辑部的文章《为捍卫马列主义的第三里程碑而战》。文章写道："我们新北大井冈山人一年多来与聂元梓及其追随者所推行的资产阶级反动路线的斗争，就是一直围绕着如何对待马列主义发展史上这个光辉的里程碑来展开的"。同期刊登了署名"可下五洋捉鳖战斗队"的文章《坚决打倒崔雄崑　狠挖黑线十七年》。还刊登了《把聂氏大红伞下的王八统统揪出来（二）》。

1月10日　新北大公社与河北大学造反派联合批斗戈华。

1月11日　《新北大》在"大字报选登"一栏下，刊登题为《十七年黑线卫道士的新伎俩》（署名：新北大公社《新北大人》）的大字报。大字报写道："孔杨牛侯们策划了一系列罪恶阴谋，企图把新北大校文革和党组成员一个个搞臭，企图对北大的一些与陆平黑帮作过坚决斗争的老左派孙蓬一、赵正义等一个个地开刀，一步一步地对新北大红色政权进行蚕食，这是他们在新形势下的'二次革命，全面夺权'的战略措施"。

1月14日 戚本禹被勒令检讨，20日被捕入狱。《红旗》杂志停刊。

1月15日 《新北大报》（第26号）发表社论《为誓死捍卫无产阶级司令部而战》，同时刊登题为《崔雄崑就是刘邓黑司令部的乏走狗》的长篇文章。文章详细地揭发指控"迫害林立衡"事件。同期还刊登了《"保崔"的要害是背叛无产阶级司令部》和《把聂氏大红伞下的王八统统揪出来（三）》等文章。

（编者注：由于报纸泄露了林彪家庭人员的情况，聂元梓和校文革的一些人看到小报后，发现有问题，赵建文随后从报童手中买了两份，装在信封里，通过机要交通将其送往中央。中央委派杨成武处理这件事。）

1月16日 下午3时，校文革办公室发出《通告》：今日下午两点半我校发生一起严重的政治事件，井冈山兵团一小撮暴徒，在兵团决策人指使下，有组织有计划地抢夺校文革大印。为避免发生意外事件，我们郑重宣布：自现在起，原校文革办公室大印作废，另启用新印。附作废章样。此告。

▲晚上，西藏"大联指农奴戟毛泽东思想宣传队"第二次来校演出。演出期间，井冈山兵团先后冲进38楼和41楼，将值班的人打伤，并抢走了三个喇叭。

1月17日 原红旗飘战斗队成员谢世扬，因组织"中国X小组"被公安部门认定为"现行反革命"加以逮捕。

1月18日 《新北大》发表编辑部文章《严正警告〈地质东方红报〉某些人》，指责该报刊登的《无产阶级文化大革命大事记》，"把一切成绩记在自己的功劳簿上""企图重新挑起首都高校两大派斗争"。

▲井冈山兵团发表声明："谢世扬是现行反革命分子，予以开除。"

1月19日 生物系文革大印被井冈山兵团拿走。

1月22日 《新北大》刊登《打倒派性，揪出坏人，实现革命大联合》的社论，说井冈山兵团是由反党集团把持的"极右势力"，"必须打垮"。社论要求井冈山兵团的成员"打倒派性","揪出坏人","造反下山"。

1月25日　校文革以"迫害林立衡"的罪名,在大饭厅召开批斗陆平、王学珍、孟广平、向景洁大会。

1月27日　北京市革委会和北京卫戍区联合发出《关于分期分批组织大学革命群众组织负责人开办毛泽东思想学习班的通知》。

1月28日　井冈山纵队编写的《井冈山通讯》(16开铅印版)发表题为《北京揪出了一个新的社会阴谋集团》的文章。文中写道:

(郑仲兵)这个家伙一贯勾结北大孙蓬一之流五次疯狂炮打谢富治副总理,攻击中央文革。去年元月份在其狗特务父亲指使下偷盗和抢劫中央统战部的机密档案,策动了一起严重的反革命事件。九月初又在郑公盾等人的指使下把关王林穆赵的材料抛到社会上,严重破坏了毛主席的战略部署。

同期还刊登了如下简讯:

▲我新北大井冈山人无限忠于毛主席,无限忠于毛主席的革命路线。经过长期斗争,于1967年12月份揪出了隐藏在新北大公社中的大王八、CC特务、大贪污犯、大流氓、聂元梓的账房先生、北大校文革后勤组副组长、机关二总支文革委员、新北大公社二十团政委田加林,有力地痛击了老保翻天,真是人心大快!

▲旧北大是池深王八多。但是无论王八多狡猾,隐藏多深,也逃不脱用伟大的毛泽东思想武装起来的革命派的巨掌。我井冈山05纵队战士经过长期艰苦的斗争,终于在1967年12月中旬,把北大05系文革副主任、教改组长、新北大公社五团黑主帅、隐藏多年的国民党特务张炳光揪出来了。

1月　新北大公社资料组编印的《大字报选参考材料(一)》(油印件)登载如下大字报:

《井冈山兵团向何处去——评极右势力与极"左"思潮的怪胎》(署名:新北大公社<新北大人> 1967.12.16);

《"东方红"的战车要把团〇百姓拉向何方?》　(署名:新北

大公社 01 高射炮等十二个战斗队 1967.12）；

《牛辉林之流的"宗派斗争"论必须彻底批判》（署名：新北大公社<韶山冲>等十三个战斗队 1968.1.5）；

《评井冈山兵团》（署名：新北大公社文二四支队 1967.12.20）。

2月

2月5日 北京市革委会和北京卫戍区联合举办"首都大专院校毛泽东思想学习班"正式开学。（以下称高校学习班）

（注：学习班起初没有北大、北师大等校，后来根据中央首长的要求，增加了北大、北师大、北航和地质学院四所院校。学习班的规模逐步扩大，地点由新疆驻京办事处移到市委党校。）

2月6日 解放军（通信兵为主）毛泽东思想宣传队部分人员今天进校。

2月8日 校文革召开由常委、公社总部委员、各系文革主任、战斗团长和解放军代表参加的会议，研究大联合方案。解放军负责人谈大联合方案，说成立一个领导小组，聂元梓任组长，校文革、解放军、公社、井冈山各一人任副组长，但没有指出校文革领导大联合的问题。大家都不同意回避校文革问题，该方案没有通过。

2月9日 井冈山兵团刷出大标语：热烈欢呼北大革命委员会即将成立。

▲井冈山兵团促进革命大联合联络站举行"斗私批修、炮轰兵团总部派性"座谈会。

2月10日 谢富治传达江青指示：校文革、公社、井冈山都要参加高校学习班。上午联席会议讨论了去学习班的名单。

2月12日 北大参加高校学习班的学员报到。上面给的名额：校文革2人，新北大公社5人，井冈山兵团5人。

校文革和新北大公社共七人：聂元梓、孙蓬一、王茂湘、沈永友、刘冲、李长啸、胡宗式；井冈山兵团：侯汉清、胡纯和、靳枫毅、牛辉林、杨克明。

附：北京大学文革大事记（1964-1983 年）

2月13日 校文革发出《通告》说："中国人民解放军毛泽东思想宣传队将于本月十三日进校，帮助我们举办毛泽东思想学习班，尽早实现我校按照系统，按照班级的革命大联合。我校春节期间回家的革命师生员工，务必于本月二十日以前一律返校。"

▲谢富治向聂元梓传达周总理让周培源下山的指示：①周培源在国际上有影响，下个月他要出国，要他下山；②周培源要执行支左不支派的原则；③周培源是以北大副校长身份出国。

▲晚上，新北大公社在办公楼传达李钟奇副司令员在市委学习班上的报告。总的精神是围剿派性，迅速实现大联合。

▲外交部 91 位司局级干部贴出大字报《揭露敌人，战而胜之——批判"打倒陈毅"的反动口号》。此大字报被中央文革定为"为二月逆流翻案"。

2月14日 晚上，在临湖轩召开系文革主任和新北大公社战斗团长联席会议。聂元梓在会上提"井冈山兵团是革命群众组织"，遭到一部分人的反对。

2月15日 晚上，召开"新北大公社在大联合中立新功誓师大会"，孙月才主持。井冈山兵团"第一刺刀见红战斗队"和"红色风暴战斗队"的代表在会上发言，他们承认校文革是红色政权。

▲《新北大》编辑部发表文章：《不许为关王林反党集团招魂——评地质〈东方红报〉的"大事记"》。"

2月17日 《新北大报》（第 27 号）发表题为《批判派性掌权论 建立革命委员会》的文章。

2月19日 毛泽东、林彪接见"三支两军"人员，驻校解放军参加接见，晚上 10 点，两派都到校门内外欢迎解放军回校。

▲学部总队小报《长城》第六期刊登总队野战兵团、长城兵团的文章"历史宣判戚本禹的死刑"。

2月21日 李钟奇中午在学习班见到新北大公社学员时说："校文革是中央承认的，是权力机构，在政治上和革命委员会是平等的，不能算派。"

2月22日 《新北大》发表评论员文章《校文革就是无产阶级红

色政权》，说"企图颠覆这个政权就是实现反革命的复辟"。

2月24日 晚上，谢富治、杨成武接见北大两派代表，谈"1.15小报"问题。谢富治根据江青的指示，严厉地批评了井冈山在《新北大报》（"1.15小报"）上刊登叶群的信，认为它损害了无产阶级司令部的权威，是严重的政治事件，要做检查。

▲周恩来批评外交部91人大字报，认为是帮倒忙，要求撤下大字报，写大字报的人检查"原则错误"。

2月27日 北京卫戍区副司令员李钟奇单独接见井冈山兵团代表，说：①北大校文革是领导文化革命的权力机构，这是中央承认的，你们井冈山要承认校文革。②新北大井冈山兵团是革命群众组织，在文化革命中是有过很好贡献的，校文革要承认它，不承认是不行的。③北大要成立革委会，如何成立，你们回去双方协商解决。④解放军支左不支派……。

2月28日 下午，校文革召开各系文革主任和公社战斗团长扩大会议，传达李钟奇、丁国钰在学习班上对校文革和新北大公社代表的谈话。李、丁表示坚决按中央、市革委会精神办事，支持校文革，认为校文革是红色政权。同时要大家承认井冈山是革命群众组织，否则便没有联合对象。至于保留校文革还是成立革委会，由广大群众决定。

2月29日 校文革向中央文革报送224号《情况反映》，说李钟奇、丁国钰27日的讲话"引起了混乱"，"新北大公社战士对此十分不满"。

▲2月底的一天晚上，聂元梓打电话给陈伯达说："高校学习班搞革命大联合，不讲阶级斗争路线斗争。既然高校都集中到一起，又不让抓分裂高校的黑手，王关戚的问题公开了也不让搞，周景芳分裂高校的坏事也不让搞。为什么不让批判周景芳，两派各自多做自我批评就能实现革命大联合吗？我们对谢副总理有意见，在学习班给谢贴大字报，算炮打谢富治吧？"陈伯达说："这不算。机关内部提意见，什么时候都可以。这话你不要说是我讲的，还是你们自己讨论决定，如果是群众的意见，你也不要压制。"

3月

3月1日 井冈山兵团召开"六无限热爱誓师大会",号召向周瑞清学习。(注:周是西语系学生,1967年8月在温州武斗现场拍摄时受重伤。经过数年救治,于1970年毕业分配不久去世。)

▲在高校学习班,人大三红贴出"土皇帝已死地头蛇跑不了!"的大标语,影射谢富治。

▲陈毅给周总理写的检查,在外交部以大字报形式贴出。

3月4日 鲁迅夫人许广平生前给毛泽东写信,反映所藏鲁迅书信手稿丢失。本日晚,周恩来、康生、陈伯达、江青责令杨成武查找。杨与北京卫戍区司令员傅崇碧调查,知道材料早已存中央文革处。(注:许是去学部看批判戚本禹的大字报时突然发病,送北京医院抢救无效,于3月3日逝世)

▲校文革以"独立寒秋""傲霜雪"两个战斗队的名义,给毛主席和其他中央首长写了一封信,并附一份"对派性要进行阶级分析"的上报材料。主要说明在北京市出现的一些不准讲阶级斗争、不准批判王关戚、不准讲路线斗争、宣扬派性就是一切的怪现象,以及社会上出现的右倾苗头。(3月8日江青对聂元梓说:"你们战斗队的那个报告,毛主席批了。")

3月6日 中央首长接见高校学习班代表,听取代表们的意见。聂元梓在会上作了两次汇报。在第二次汇报时,聂元梓说:"孙蓬一是个好同志。孙蓬一有严重错误,但是整孙蓬一我是不同意的。卫戍区现在有他的专案组,据说再有两个问题调查清楚就可以抓起来了。不能把孙蓬一当敌人看,整他的材料是错误的。"

3月7日 上午,校文革召开"热烈庆祝毛主席'三七指示'发表一周年大会"。驻校解放军全体参加,但未发言。会后召开系文革、战斗团长会议,聂元梓、孙蓬一传达昨日接见情况。说井冈山方面六次举手,也没有让发言。会议期间,肖力找到孙蓬一说,应该继续放炮不要泄气。

▲卫戍区司令员傅崇碧派军人哈斯(办公室主任)到北大要关于

"对派性要进行阶级分析"的上报材料。哈斯追问"材料都送给谁了？"在相关人员明确告诉他"材料是上报给毛主席、林副主席及其他中央首长"的情况下，哈斯拿走了写有毛主席名字的名单。聂元梓认为事情严重，向江青告急。

▲晚9点，新北大公社广播台编辑贾瑞珍（哲学系学生）被井冈山兵团绑架，追问公社方面武斗准备情况。

3月8日 江青、陈伯达接见了聂元梓。江青说："那份材料是我要的，毛主席做了批示。"江青还说："你们为什么老是抓着王关戚不放呢？王关戚后面还有大的嘛，刘少奇嘛！"期间，聂元梓把清华大学414请她转交的有关陈里宁问题的材料交给了陈伯达。陈伯达对聂元梓说，他那次的批评（指1967年6.5讲话）是不得已的。临走的时候，陈伯达小声对聂元梓说："傅崇碧还是个好同志，他派那个人（哈斯）不好，你的意见是对的，但你不要把他们混到一起。"

3月9日 在高校学习班里，聂元梓打破学习班不许串联的规定，到一些学校进行串联。

▲"新北大公社总勤务组"贴出了《揭开派性斗争的盖子，将路线斗争进行到底》的大字报。

3月10日 卫戍区周副政委来北大就哈斯问题向北大道歉。

3月11日 中央首长在人民大会堂听取学习班汇报。会上，中央首长对北京石油学院大庆公社在"二月逆流"问题上的表现进行了严厉指责。

▲新北大井冈山兵团发表《关于目前形势的第一号严正声明》，声明说："在中央文革的亲切关怀和指导下，在以谢副总理为首的北京市革命委员会和北京卫戍区直接领导下的首都高校毛泽东思想学习班始终按照毛主席的最新指示办事，取得了很大成绩，大方向完全正确！"

▲针对高校学习班负责人李钟奇昨天在全体学员大会上讲："你们不要老是讲阶级斗争嘛！"新北大公社全体学员贴出一张题为《这是为什么？？？》的大字报。

▲地质学院东方红公社"二团"贴出大字报《是彻底揭开北京市

派性斗争的时候了》，矛头针对谢富治。"二团"还贴出《论究竟谁反对革命委员会》的大字报，其中写道："我们坚决反对你们秉承关王庙意旨，疯狂炮轰陈毅、余秋里，矛头指向我们敬爱的周总理。"

3月12日　民院抗大公社贴出标语："揪出统战部抢档案的策划者！""揪出抢档案事件负责人！"

3月13日、15日　由人大三红、新人大革命造反联络站、轻工红鹰、新北大公社、北师大造反兵团等十几所院校的红卫兵组织发起召开了两次串联会。聂元梓出席了串联会。大家普遍认为：学习班的指导思想、方针、方法都有问题，不解决学习班的问题，就会影响揭开北京市两大派斗争的盖子。

3月14日　北大"井冈山兵团革命造反总部"成立，表示拥护校文革，反对井冈山兵团总部的错误路线。

3月15日　在接见四川省革命委员会筹委会领导成员时，江青说："右倾翻案是主要危险"，"北京学生替二月逆流翻案，我们就轰他一炮。""北京地派，黑手抓出来了，就相对好一些，天派抓得少，有后台，还在闹。""要敢于讲话，王力、关锋问题就是我们搞出来的。我们中央文革的同志敢出来讲话。你们不能光讲派性，不讲路线斗争。"

3月16-18日　师大造反团贴出标语"谢富治、戚本禹'12.27'讲话必须全盘否定，彻底批判！"，此前他们的演出队在高校学习班演出活报剧"叫声丁国钰，我来质问你，你的'12.27'讲话是个啥东西！"（用丁国钰代替谢富治）。

人大三红贴出"打倒变色龙谢富治！"

北大井冈山造反兵团贴出"舍得一身剐，敢把谢富治拉下马！"

师大造反团贴出"把镇压革命派的刽子手谢富治推上历史的断头台！"

清华414贴出"炮轰谢富治！"

清华井冈山贴出"重炮猛轰谢××！"（几个小时后又覆盖了）

北外红旗贴出"打倒北霸天谢富治！"

地质学院二团贴出"为什么？为什么？"指向谢富治。

师大井冈山贴出"坚决保卫北京市革委会！""谁为二月逆流翻案，就砸碎他的脊骨！"

地质东方红 411 战斗队贴出"谁是最大的黑手——三十个为什么？"要认清形势。

3月18日　昨夜12点到今晨4点，校内发生武斗，双方都有受伤的。

▲北师大造反团在高校学习班新北大公社驻地的外墙上贴出大标语《谁为"二月逆流"翻案，就打倒谁！》，矛头指向新北大公社。

▲在接见浙江省赴京代表团时，康生说："什么叫文化革命？文化大革命是无产阶级政治革命，也是国内战争的继续，国民党与共产党阶级斗争的继续，资产阶级与无产阶级斗争的继续。"（江青插话：这是毛主席讲的。）江青说："现在有人要替去年的二月逆流翻案。"

▲《人民日报》头版刊登了关于"谢富治陪同来访的新西兰共产党总书记威尔科克斯参观北京针织总厂"的消息。

▲市革委会召开整风会议，聂元梓提出"首先整谢副总理的风"，遭到一些委员的批驳。

3月19日　谢富治主持首都人民支援越南人民反美斗争的群众大会。

▲《新北大》第 159 期刊登新北大广播台编辑部的文章《揪出变色龙，扫除小爬虫，把北京的一切反革命狂人及其黑后台统统揪出来》。同期第二版，刊登首都高校毛泽东思想学习班新北大公社全体学员1968年3月11日的大字报《这是为什么？》。

▲井冈山兵团发表《关于目前形势的第二号严正声明》。其中写道："当前，我们与陆平保皇党和坏人孙蓬一之流这一伙二月逆流派的斗争就是两个阶级、两条道路、两条路线的斗争。……必须指出陆平保皇党和坏人孙蓬一之流是当前北京市为二月逆流翻案的核心力量。"

▲北大井冈山兵团"挥斥方遒"发表《痛击右倾翻案风，揪出"二月逆流"派的黑后台》的文章。文中写道："天派中拥护二月逆流的那一派，最近刮起右倾翻案风，闹得十分猖狂。北京的二月逆流派一

定有后台。"

▲北京地质学院东方红公社发表对目前形势的严正声明,其中写道:"目前,刘邓陶及其走狗,变色龙和小爬虫们公然把矛头指向谢副总理,企图颠覆北京市革委会,我们要警告这一小撮人,你们这样做只能搬起石头砸自己的脚,绝不会有好下场。"

▲北京市革委会开会,吴德主持,继续对聂元梓进行批判。

3月20日　新北大公社组织4000人到天安门广场游行示威,高举"反复辟,反右倾,反保守"的横幅标语,高呼"坚决击退二月逆流的新反扑!""粉碎为二月逆流翻案的妖风!""揪出二月逆流的黑后台!"等口号。

▲晚井冈山兵团召开"彻底粉碎右倾反革命翻案黑风　为夺取无产阶级文化大革命全面胜利而战"誓师大会,表示不彻底粉碎右倾翻案反动逆流,不揪出"二月逆流派"黑后台誓不罢休!

▲钢铁学院延安公社、民族学院东方红等组织相继到北大校园内游行示威,井冈山兵团也内应示威游行。示威者高喊:"打倒反革命聂氏家族!""打倒二月逆流的黑干将聂元梓!""把小爬虫孙蓬一揪出来示众!"等口号。

▲晚上11点,北京石油学院"北京公社"和"大庆公社造反总部"1000多人到北大游行,反击为二月逆流翻案。井冈山兵团结队欢迎,共同高呼:"打倒谭震林!""谁为二月逆流翻案就打倒谁!"

3月21日　在中央首长接见江苏代表的会议上,江青说:"从目前看,右倾保守主义、右倾分裂主义是主导的。……表现在为二月逆流翻案。"周总理说:"当前形势以什么为主?……从去冬到现在极左的批判了,右的又起来了,二月逆流复辟起来了,老保翻天了,反攻倒算。"

▲在校文革常委、公社总部的会议上,聂元梓说:"对谢我有看法,他有缺点错误,但我反对贴点名的大字报、大标语。这种做法应该请示中央,无产阶级司令部认为可以,我们坚决照办!"。

▲北京市革委会副主任吴德在市革委会第十二次全体会议上说:"有人利用革委会、卫戍区举办的毛泽东思想学习班的某些缺点

和错误，把矛头指向市革委会，指向中国人民解放军，指向卫戍区，指向我们的主任谢富治同志，说什么'揪出变色龙谢富治，横扫小爬虫'，什么'把沾满鲜血的刽子手谢富治推上断头台'……这是反革命！"吴德在讲话中称谢富治是"高举毛泽东思想伟大红旗，紧跟毛主席，紧跟林副主席，紧跟中央文革，为北京市文化大革命建立功勋，坚决反对二月逆流，与谭震林做过坚决斗争的"。北京军区司令员郑维山、北京卫戍区司令员傅崇碧也都发表了类似的讲话。吴德等人的讲话很快向北京各大专院校进行了传达。

▲晚，井冈山兵团派人抄了孙蓬一、陈葆华等人的家。同时，还抢砸了地质地理系文革办公室，劫走了全部档案材料。抢砸了北大汽车库，劫走了汽车一辆。割断了新北大广播台全部喇叭线，抢走了十七个喇叭，烧毁了十一个喇叭。

3月22日 井冈山兵团总部发出《通缉孙蓬一》的通缉令，罪名是炮打谢富治、分裂无产阶级司令部、反对人民解放军。

▲《新北大报》（第28号）刊登3月19日《井冈山兵团总部关于目前形势的第二号严正声明》，同时刊登①《聂孙之流就是不折不扣的"二月逆流派"》 ②《把聂三六拿出来示众——聂元梓两次汇报批注》，并加了按语。

▲校文革召开全校大会，向大家传达市革委会扩大会议上的发言。说会上发言是一边倒，皆说北京市革委会是红色政权，谢富治是无产阶级司令部的人，并攻击聂元梓，说她要搞垮革委会，自己当主任。聂元梓对吴德说："如果我与大家是敌我矛盾，马上把我送到卫戍区。"吴德说："哪里，哪里。"

▲井冈山兵团敲锣打鼓地进行游行，高呼"打倒现行反革命分子孙蓬一！"并抢走了新北大公社的十多个喇叭。

▲新北大公社总部召开会议，决定成立"文攻武卫指挥部"，由宫香政、黄树田、黄元庄负责。

▲井冈山兵团编写的《井冈山》第53期"揪出变色龙 扫除小爬虫"发表8篇文章：

①《井冈山兵团总部关于目前形势的第二号严正声明》

②《向右倾翻案黑风放火开炮！坚决将两条路线斗争进行到底！》署名"《井冈山》编辑部"

③《痛击右倾翻案黑风揪出"二月逆流"派的后台》署名"挥斥方遒"

④《聂孙受命于谭震林大反许世友同志毁我钢铁长城罪该万死！》署名"井冈山兵团平型关纵队誓死卫东"

⑤《张本被捕说明了什么？》署名"井冈山兵团1864支队评论员"

⑥《"逆（聂）派"春季言论集》（部分）（加按）署名"玉门关"

⑦《万变不离其宗，为二月逆流翻案是溜不掉的！——看北大"二月逆流派"的口号变化》署名"井冈山兵团16纵〈关心国家大事〉"

⑧《校内通讯》

3月23日　校文革发表《关于当前形势的严正声明》，其中写道："校文革号召，全校革命师生员工立即行动起来，全力以赴，投入到反击右倾翻案、右倾分裂黑风的战斗中去，为保卫以毛主席为首的无产阶级司令部，保卫无产阶级文化大革命的胜利果实而斗争！"

▲《新北大》刊登文章《北大井冈山是地地道道的二月逆流派》（署名：三忠于毛泽东思想学习班）。

▲新人大公社等组织到北京市革委会示威并发表声明："打倒聂元梓！""打倒孙蓬一！""聂元梓从市革委会滚出去！"

▲经济系学生刘新民（其父是北京卫戍区副司令）对王茂湘说："我父亲参加了一个会，是谢副总理召集的，说要搞你们北大啦。从今天开始，不允许我回学校。"

▲新北大公社八一兵团负责人曹广志传来空军党委的态度：空军领导认为聂元梓是"二月逆流"的干将，新北大公社是反动组织。听到此消息，孙月才感叹到："天哪！新北大公社是反动组织，我们七千颗保卫毛主席的心哪里去了？……我是新北大公社的主要负责人。如果把新北大公社打成反动组织，我愿意去坐牢！"

3月24日　晚上，在人民大会堂召开万人大会（北大部分师生参加），宣布了对杨成武、余立金、傅崇碧反党集团的处理决定。林彪在讲话中说："他（指杨成武）为了一个问题，跟了几个同志去找聂元梓。他讲错了话，讲了坏话，可是事后他赖账，他说他没讲。"林彪还说："他同王关戚是勾结在一起的，很多王关戚的坏事情都有他的份，他才是真正的后台。"（引者注：北大井冈山兵团1月15日的《新北大报》泄露林彪家人的健康情况，校文革将其上报。中央委托杨成武、谢富治、汪东兴处理此事。杨成武等人开会，要北大汇报情况。聂元梓等北大的人，没有感到杨成武的讲话有什么问题。）

▲22日至24日，外校的一些群众组织不断来北大游行示威，呼喊"打倒孙蓬一！""揪出聂元梓！"等口号，并扬言要"砸烂反动组织新北大公社"。

3月25日 下午，谢富治在北京市革委会全体会议上发表讲话。他说："右倾机会主义、右倾分裂主义是当前主要危险，我就很晚才知道主席这个精神。我们一直在搞反派性，已经很危险。""江青同志的九五讲话，击退了形'左'实右的进攻，把王、关、戚揪了出来。……同时，把他们打进市革委会的，由周景芳带头的敌人揪了出来，又是一次伟大的胜利。""新北大公社对我进行批评，是对我的帮助。打倒聂元梓的口号是完全错误的。她是市革命委员会副主任，又是合法的北京大学校文革主任。"

▲北京地质学院东方红公社总部发表《关于目前形势的再次严正声明》。声明写道："坚决揪出在其黑后台操纵下，为'二月逆流'翻案、炮打谢副总理、颠覆北京市革命委员会的反革命小丑聂元梓！聂元梓必须交代与杨成武之流的的黑关系"。

▲下午，一些校外组织上万人来到北大，其中有的人头戴柳条帽，手持大铁棍。有人说 "到北大来看斗聂元梓"。武斗一触即发，形势相当严峻。聂元梓决心拉住谢富治到北大制止武斗。

▲晚7点左右，谢富治、吴德、丁国钰来到北大，聂元梓和他们三个人来到学校的广播台。谢富治在广播中说："北大两派要在校文革的领导下，在聂元梓同志的领导下联合起来，共同对敌；外校来北大搞武斗是完全错误的，都撤回去；'打倒聂元梓！'的口号是完全错误的；新北大公社给我个人的批评好得很，我欢迎。"

谢富治讲完以后，孙月才跟谢富治握手，说："谢副总理，我代表新北大公社七千名战士向你表示，一定按你的指示办事。"

▲在颐和园铜牛出口外面的一家院墙上贴着一条署名北京卫戍区的大标语："打倒聂元梓——北京卫戍区"。

▲新北大公社发表《关于目前形势的严正声明》。声明说："由关王戚反党集团一手扶植起来的北大井冈山兵团的某些决策人，在这股右倾翻案黑风中跳出来，他们重新祭起'二次革命'的破旗，玩弄去年八月'黑手抓黑手'的故技，充当了右倾翻案黑风在北大的代理人。"

3月26日 一些外校学生几百人手持木棍，从东、西、西南校门闯进北大，与新北大公社发生武斗。

3月27日 下午，首都军民10万人在北京工人体育场召开"彻底粉碎'二月逆流'新反扑，夺取无产阶级文化大革命全面胜利誓师大会"，向广大群众公布了"杨余傅事件"。周恩来和中央文革成员出席大会。领导讲话中提到对聂元梓要"一批二保"。

▲地质学院《东方红报》（125、126期）刊登齐学政的文章《人间正道是沧桑——从"二月逆流"到"三月妖风"》。文中写道："必须指出：这个反党阴谋集团（编者注：指王关戚）是中央文革搞出来的，是江青同志搞出来的，而绝不是那个自以为高明，恬不知耻地鼓吹立了第×次大功的人搞出来的。相反，北京那个高叫着揪出了关王戚'立了第×次大功'的人是有极其阴险的政治目的。那就是为二月逆流翻案制造舆论。"本期刊登的本报记者的文章《紧跟统帅毛主席，横扫妖风志不移》写道："反革命小丑聂元梓、孙蓬一之流在其黑后台杨、余、傅等操纵下，阴谋颠覆北京市革委会，炮打谢副总理，绝没有好下场！"

3月28日 傍晚时分，井冈山兵团5.1纵队在40楼召开会议并和40楼的公社学生发生冲突，井冈山兵团占领了40楼。深夜，新北大公社攻占31楼。校内发生第一次大规模武斗。

3月29日 清晨7点左右，北京卫戍区副司令员李钟奇和聂元梓到30楼武斗现场制止武斗时，聂元梓头部后方被利器刺伤。李钟奇也被打了一闷棍。

李钟奇上午 7 点半和 11 点半先后在新北大广播台作了两次讲话，呼吁停止武斗，交出凶手。

晚上，两派代表开会。谢富治、温玉成（卫戍区司令员）、李钟奇参加。谢富治说："北京大学发生大规模武斗的行为，是直接反抗中央、中央文革的，是不能容忍的"，并宣读了北京市革委会、北京卫戍区文件：

（一）慰问被刺伤的聂元梓同志，慰问一切被打伤的人员；

（二）井冈山等组织立即交出刺伤、打伤聂元梓、李钟奇同志的凶手和后台；

（三）外校来北大参加武斗是完全错误的，应立即撤出，回去作自我批评；

（四）在校军事人员、支左部队，要挺身制止武斗，保卫小将。各派交出一切凶器，释放一切被抓人员。

会上，谢富治对井冈山兵团斗争聂元梓进行了批评，他说："你们的大方向哪里去了？"当日，校文革发出抓捕凶杀犯的《通缉令》。

（编者注：当时新北大公社的人看到刺伤聂元梓的是地质地理系学生蔡华江，而李钟奇看到的是化学系学生樊能廷——至今二人均不承认；至于是谁打的李钟奇，更没有人承认了。）

▲《周恩来年谱》第1216页记载：周恩来就北京大学发生武斗等问题致信毛泽东，提请召集中央文革碰头会一谈，并附上有关该校武斗情况的电话记录。次日，到毛泽东处开会。

▲《毛泽东年谱》第158页记载：阅周恩来三月二十九日关于北京大学发生武斗等问题的来信和关于该校武斗情况来电话的记录，来信建议召集中央文革碰头会一谈。次日下午，毛泽东在中南海游泳池住处召集周恩来等开会。

▲地质东方红"海燕"等战斗队发表《坚决打倒杨余傅黑后台叶剑英联合宣言》，决心以实际行动为粉碎右倾翻案妖风而英勇战斗。

3月30日 凌晨2点左右，李钟奇到新北大公社总部，听取对学校武斗的意见。李钟奇表示，井冈山兵团要交出谋刺的凶手，如果不交，他要抓人。大家对驻校解放军提出意见，认为他们实际上是支派不支左。

▲下午双方交换俘虏。

▲《新北大》增刊（共二版）在第一版刊登谢副总理、温司令员、李副司令员三月二十九日晚在北大的讲话。第二版刊登《牛辉林之流挑起武斗破坏毛主席伟大战略部署罪该万死》的文章（署名：新北大公社无限风光在险峰战斗队）。

4月

4月1日 驻校解放军代表传达温玉成两点指示：①两派广播台坚决停止播放有关引起双方群众对立情绪内容的稿件；②严格禁止制造和向校内运送武斗工具。违者，以挑起武斗论处。

▲井冈山兵团发表《第一号动员令》，称："刺杀聂元梓是对井冈山兵团进行政治陷害"；号召其成员"要揭穿这个大阴谋"。

4月2日 二月份进校的军宣队今日离校。

4月3日 新北大公社《无限风光》发表文章：戳穿对孙蓬一同志进行政治陷害的大阴谋——痛斥北大井冈山兵团所谓"通缉令"。

4月4日 上午，校文革主持召开了"声讨刘邓陶死党、反革命两面派杨余傅"大会，崔雄崑主持大会，孙蓬一讲话。

▲李钟奇来北大，对调查组和井冈山兵团讲：井冈山一定要交出凶手，不交出我们誓不罢休。井冈山方面说刺聂是革命行动，拒绝交出凶手。

4月5日 井冈山兵团发表《第二号动员令》，说"聂元梓到武斗现场""被两派革命群众包围，被人刺伤"。

4月8日 《新北大》发表社论《坚定不移地高举革命大批判的旗帜》。同期《新北大》还刊登了《反革命小爬虫傅崇碧是怎样把黑手伸进新北大的》《彻底摧毁资产阶级司令部设在北大的桥头堡，坚决揪出井冈山兵团中反对中央文革的反动小集团》等文章。

4月11日 上午，北京市革委会、北京市公安局军管会、北大校文革组成的"制止北大武斗监督检查小组"组长陈致平作《关于揪出反革命凶杀犯及其后台的广播动员》讲话，说"井冈山兵团至今不交出凶手和后台，是对抗无产阶级司令部指示的行为"。

▲北京地质学院东方红公社总部发表《严正声明》，其中写道："聂元梓不投降就叫她灭亡！"

4月15日 《新北大》第165期第一版刊登毛主席最新指示：无产阶级文化大革命，实质上是在社会主义条件下，无产阶级反对资产阶级和一切剥削阶级的政治大革命，是中国共产党及其领导下的广大革命人民群众和国民党反动派长期斗争的继续，是无产阶级和资产阶级阶级斗争的继续。

4月17日 尉凤英、李素文（均为辽宁省学习毛主席著作积极分子，全国劳动模范）来北大，就我校姚贵等同志被"辽革站"抓去一事道歉。

4月18日 北京地质学院《东方红报》发表题为"谁反对革命委员会就打倒谁"的社论。同期还刊登了如下文章：①本报编辑部《为"二月逆流"翻案的自供状——评二月十五日<新北大>报的<招魂>》。②《借问瘟君欲何往，纸船明烛照天烧——北京三月妖风<倒谢复辟>破产记》。

4月19日 地质学院附中学生温家驹进入北大图书馆被抓后遭殴打致死。

4月23日 新北大公社和井冈山兵团的广播站都在广播《人民日报》和《解放军报》社论《无产阶级革命派的胜利》中传达的毛主席最新指示，双方互相攻击对方是国民党。

4月24日 上午，北京大学首届活学活用毛泽东思想积极分子代表大会开幕。下午斗争陆平、彭珮云等。

4月25日 井冈山兵团的武斗人员驱赶住在36楼（女生宿舍）的新北大公社成员，占据了36楼。

4月26日 孙蓬一组织队伍要强行夺回36楼，受到井冈山兵团的顽强抵抗，新北大公社很多人受伤。在高云鹏的极力劝阻下，孙蓬一把"攻楼"的队伍撤下。

▲新北大公社组成了以黄树田为总指挥的"东线武卫指挥部"和以宫香政为总指挥的"西线武卫指挥部"。

4月27日 上午10点左右，无线电系学生殷文杰（井冈山兵团成员）路过44楼时被新北大公社武斗人员截住，用长矛刺死。

4月下旬 校文革成立红旗飘、东方红、北京公社三个专案组，抓这三个组织中的"反革命小集团"。

▲新北大公社对井冈山兵团所占区域形成包围。

5月

5月1日 晚上，天安门广场举行焰火晚会，聂元梓上城楼观看焰火。在天安门城楼上，陈伯达说："学校搞武斗不像话，外国报纸都报导了，你们正从主动转入被动"。

5月3日 陈伯达在北大周围视察时对北大附中的人说：井冈山"不好不好"，"新北大公社过去很好，现在骄傲了，翘尾巴，这样下去要走向反面"。

5月4日 下午，谢富治主持召开市革委会常委会。会上，他批评了地院等单位的小报，还批评了北大、清华的武斗。谢富治在讲话说："你们的报纸啊，都是用毛主席诗词做标题，后面是些胡说八道。好多报纸如此。这是对主席思想不尊重。""对聂元梓是一批二保。有什么错误由他们学校自己批，也轮不到你地质学院。"

5月5日 校文革将130余名"黑帮分子"送到昌平太平庄劳动改造，历时20天左右。

5月9日 《新北大》刊登新北大公社总部《关于彻底砸烂北大井冈山兵团反动小集团的第一号通告》。

5月13日 校文革办公室上报第29号简报（绝密），题为《文化大革命以来我校黑帮子弟的表现》。其中写道：

（1）邓朴方，技术物理系五年级学生（编者注：应为四年级学生），党员，邓小平之子。文化大革命以来，他一直站在其反动老子的立场上，顽固坚持资产阶级反动路线。在工作组时期，他保工作组，当聂元梓同志讲话批评工作组时，他说"我认为工作组够不上路线错误，聂元梓这时出来讲话不合适，她的目的还要考虑。"工作组撤走后他接受邓小平的黑指示，拉拢一派势力组织所谓"贫协"，遭到江青同志严厉批评，对江青同志怀恨在心，狂叫"看她狂到什么时候"。六六年十月份批判刘少奇资产阶级反动路线时，他说："搞右派不积极，对搞形左实右就这么卖力！"邓小平被揪出后，他拒不揭发邓的任何实质性问题。在校文革执行什么路线问题辩论时，他与孔繁打得火热，对同学说："孔繁了不起，有办法！聂元梓管个屁！"此后他外出长征、"串连"，长期不归。在校内极少公开出面，其活动方式主要是通过他手下的一些人员出面，他则在幕后操纵。

5月14日 校文革发出《关于正确对待井冈山兵团广大群众的几项规定》，其中第五项称，"对顽固不化、死不悔改的坏头头，必须斗倒斗臭，实行无产阶级专政，严惩不贷。"

5月15日 北京市革委会通过关于清理阶级队伍工作中几个问题的通知。《通知》称：北京市"在很短的时间内，已经揪出一批隐藏在革命队伍里的叛徒、特务、走资派和反革命分子，进一步清理了阶级队伍，给了阶级敌人以沉重的打击，取得了很大的成绩。"

▲校文革召开"欢迎井冈山兵团战士下山大会"。

5月16日 上午开庆祝大会，纪念《五一六通知》发表两周年和中央文革成立两周年。

5月19日 毛泽东对姚文元5月13日呈送的材料《北京新华印刷厂军管会发动群众开展对敌斗争的经验》作了批示，批示说："文元同志：建议此件批发全国。在我看过的同类材料中，此件是写得最好的。"

5月22日 新北大公社发表《彻底砸烂井冈山兵团反动小集团的第二号公告》。

5月23日 《新北大》刊登《北大井冈山——反革命分子大本营》的文章。

5月25日 中共中央、中央文革小组发出《转发毛主席关于〈北京新华印刷厂军管会发动群众开展对敌斗争的经验〉的批示的通知》，要求全国各地"有步骤地有领导地把清理阶级队伍这项工作做好"。

5月

▲井冈山兵团挖通了从37至35楼的地道，又架设了两座天桥。

▲校文革决定在校内民主楼后面的平房建立"监改大院"，集中管理"黑帮"。

6～8月

6月1日 校文革召开大会，纪念毛主席批发全国第一张马列主义大字报两周年。

6月6日 新北大公社总部发表《关于粉碎翻案妖风，捍卫无产阶级司令部的四项决定和江青同志重要指示的严正声明》。《声明》称："江青指示，抓凶手和后台决不能手软。"

6月7日 校文革《情况反映》向上报告：建立了全校清理阶级队伍领导小组。小组成员有孙蓬一、王海忱、唐春景、谢甲林等人。

▲新北大公社胜利团给北京医学院演出时，北京钢铁学院"延安公社"发动突袭，打伤三名演员。

6月14日 《新北大》刊登《坚决镇压反革命凶杀犯、现行反革命分子樊能廷》的文章。

6月16日 被围困的井冈山人从临街的37楼窗口挂出一块很长的白布，上面写着"反饥饿！反迫害！反围剿！"九个鲜红的大字。32路公共汽车站的马路上聚集了不少人，争相看热闹和拍照，整个马路都被堵断了。

6月24日 在海淀的马路上新北大公社和井冈山兵团发生武斗。

6月27日 新北大公社总部发表《关于彻底砸烂井冈山兵团现行反革命集团的第三号公告》。

6月 新北大公社和井冈山兵团成员普遍出现厌战情绪，大多数人成了逍遥派，很多人回家躲避武斗。

▲新北大公社先后派人到外地抓捕了"反革命小集团"骨干王忠林、王明德、牛泰升等人。在去外地抓捕过程中，都得到当地"造反派"组织和公安机关的全力配合和帮助。

▲井冈山兵团对原领导人牛辉林进行关押审查。

7月3日 针对广西自治区多个地区连续发生的一系列破坏铁路交通、抢夺援越物资、军队武器，冲击解放军机关、部队，杀伤解放军指战员的恶性事件，中共中央、国务院、中央军委、中央文革发出《七三布告》。

7月6日 新北大公社在大饭厅召开批斗以牛辉林为首的反革命集团核心成员牛泰升、王明德大会。徐运朴在大会进行中被从东北抓捕回校，也被押上台批斗。

7月11日 新北大公社总部发言人发布《关于井冈山兵团总部必须交出现行反革命分子牛辉林的命令》。

7月12日 校文革上报新北大公社"除隐患"战斗队和"独立寒秋"战斗队所写"情况反映"《关于北大井冈山兵团组织和政治情况的调查》。

7月18日 校文革召开首次"公审井冈山兵团现行反革命集团重要成员"大会，审讯了牛泰升、王忠林、徐运朴。

7月20日 晚上，广播毛主席最新指示："大学还是要办的。我这里说的主要是理工科大学还是要办的。但学制要缩短，教育要革命，要无产阶级政治挂帅，走上海机床厂从工人中培养技术人员的道路。要从有经验的工人农民中间选拔学生，到学校几年以后，再回到生产实践中去。"

▲地质地理系61级学生刘玮，在海淀街上被新北大公社武斗队抓住，遭殴打致死。

7月22日 为了应对时常被断电的情况发生，井冈山兵团计划从37楼南墙外的高压电线上带电作业往楼内架接电源。为着接电和反接电，井冈山兵团和新北大公社晚上发生大规模武斗，武斗一直持续到深夜，造成双方群众伤残，并造成马路堵塞，32路公交车停驶。

7月24日 针对陕西及全国其他地区组成的专业武斗队连续发生抢劫国家银行、车船、仓库，以及烧毁、爆炸、杀伤等恐怖事件，中共中央、国务院、中央军委、中央文革发布又一制止武斗的《七二四布告》。

▲一些院校的组织开着一辆辆喇叭车沿着北大围墙外的马路游行，宣传《七三布告》和《七二四布告》，并称坚决声援北大井冈山反饥饿、反迫害、反围剿，愤怒讨伐聂元梓"血腥屠杀井冈山兵团的罪行"。

7月25日 上午，农科院红旗兵团的宣传车闯入北大，声援井冈山兵团。新北大公社很快将农科院的人车一起扣下，给他们办学习班，宣传《七三布告》和《七二四布告》。

7月27日 "首都毛泽东思想宣传队"三万人突然开进清华大学，受到蒯大富为首的清华井冈山的武力抵抗，使宣传队死5人，伤百余人。

7月28日 凌晨，毛泽东召见"五大领袖"，时间长达5个多小时。这次召见，宣告了红卫兵运动的结束。

▲校文革发表《关于坚决执行毛主席指示，贯彻七三布告，立即拆除武斗工事，上交武斗工具，无条件停止武斗的通告》。

7月29日 新北大公社开始拆除武斗工事，并欢迎宣传队到北大来帮助、监督落实《七三布告》，无条件地制止一切武斗。

8月5日 校文革召开大会，纪念毛主席"炮打司令部"大字报发表两周年。

▲新北大公社总部发出《关于彻底砸烂北大井冈山兵团现行反革命集团的第四号公告》。

8月10日 校文革发出《关于全面贯彻毛主席"七·二八"指示迅速实现我校革命大联合的号召书》，新北大公社总部发表《关于全面落实毛主席"七·二八"指示迅速实现我校革命大联合的严正声明》。

8月17日 上午全校大会，纪念毛主席题词"新北大"和毛主席首次接见红卫兵两周年。

▲《新北大》第 200 期出版，从此停刊。

8月19日　首都工人、解放军毛泽东思想宣传队共 492 人进驻北大。63 军（4587 部队）政治部副主任刘信任宣传队总指挥，魏秀如（女，二机床厂工人）等六人任副总指挥。

▲校文革和新北大公社总部给宣传队写了"欢迎信"，希望在宣传队的指导帮助下，实现两派大联合。

8月20日　晚 8 点至凌晨零点 30 分，驻北大宣传队负责人召集两派代表座谈会，达成了第一号协议：①上交武器，拆除武斗工事。②对宣传队不应耍两面三刀。③宣传队接管全校广播。④解决释放被抓人员问题。⑤互相停止攻击等。宣传队当即接管全校广播台，立即向全校广播了第一号协议。

▲新北大公社向宣传队上交武斗工具，计有：扎枪、长矛 930 支，安全帽 518 顶，护身（甲）336 件，铁棍约 200 根。

8月21日　井冈山兵团上交武斗工具，计有：长矛 749 支，铁棍 71 根，护身（甲）208 件，柳条帽 432 顶，弹弓 8 个，小口径子弹 37 枚。

▲晚，宣传队有关人员与聂元梓及校文革的全体常委（包括分裂出去的）作第一次接触。宣传队向聂元梓、校文革提出三个咨询的问题，要求解答。如：为什么井冈山不承认校文革，校文革采取了什么态度？校文革支持武斗，提供武斗方便，要不要承担武斗所造成损失的责任等。接着校文革做出四项决定：①主动到井冈山的住区，帮助拆除武斗工事。②把未领的工资给井冈山人送去并检查错误。③聂元梓接受批判。④给井冈山人解决吃饭问题，以后政治、经济、生活上一律平等。

8月22日　在宣传队领导下，北大两派达成《关于释放被抓人员协议》。

8月23日　在宣传队的指导帮助下，校文革举办校文革常委、系文革主任学习班，端正对宣传队的态度，解决解散跨班、系的群众组织回班、系，实现大联合的问题。

8月25日　姚文元的《工人阶级必须领导一切》一文发表。

8月28日 晚，新北大公社召开大会，宣布"从8月28日22点起，解散新北大公社各级组织"，"回各班系、各单位闹革命"。

8月29日 新北大井冈山兵团发表声明，宣布"兵团总部从8月29日下午3时起停止一切工作"。声明提出在宣传队领导下"建立无产阶级革命政权——新北大革命委员会"。

8月 井冈山兵团大批判办公室编印出版了一本《恶贯满盈的老反革命——邓小平反革命罪行调查报告选》。

▲邓朴方跳楼受伤致残。

9～12月

9月1日 宣传队举办校文革、新北大公社、井冈山兵团两派头头"为人民服务毛泽东思想学习班"。

9月9日 宣传队召开"新北大公社、井冈山兵团、校文革头头为人民服务学习班向毛主席表忠心大会"。

9月11日 宣传队组织四个系联合召开批斗陆平、彭珮云大会。批判"山头主义""宗派主义"和"反动的多中心即无中心论"。说陆平是"北大搞反动的多中心论的罪魁祸首"，"妄想把北大建成独立王国"。

9月12日 校内刷出"热烈庆祝校文革成立两周年"的大幅标语，并在29楼等处燃放鞭炮。

9月15日 哲学系宣传队召开原公社同学的座谈会，听取意见，宣传队韦教导员主持会议。原新北大公社的"铁杆分子"对宣传队猛烈炮轰，说"宣传队进校以来，完全抛开校文革，一切由宣传队总指挥部说了算，虽然得到了原井冈山群众的拥护，却严重脱离了原新北大公社八千群众。最近连续不断发生在北大的学生跟宣传队对抗的事件，就是宣传队这种做法产生的恶果，不能一概说成是资产阶级知识分子对工人阶级的对抗。"会上，韦教导员传达说："中央认为，北大校文革在文化革命初期和中期，都有很大的成绩，是紧跟毛主席的战略部署的。运动后期也做了不少工作，但犯有严重错误，北大校文革是权力机构。"

9月17日　聂元梓在全校骨干会议上做检查。

9月下旬　宣传队领导的全校清理阶级队伍运动开始。全校干部、教师被命令集中食宿，不得自由回家。在宣传队提出的"北大王八多得腿碰腿"的思想指导下，全校相继有九百多人被重点审查。

10月1日　林彪在国庆19周年大会上发表讲话。他说：根据毛主席"工人阶级必须领导一切"的指示，全国成千上万的产业工人组成毛泽东思想宣传队，配合以中国人民解放军毛泽东思想宣传队，已经或正在开进大、中、小学和一切知识分子成堆的地方，登上了上层建筑各个领域斗批改的政治舞台。这是20世纪60年代的伟大事件。

10月15日　宣传队主持召开万人（对敌斗争）大会，批斗副校长黄一然、校文革副主任白晨曦等。会上，宣传队负责人对清理阶级队伍作进一步动员。

▲宣传队召开三千人大会，批评聂元梓仍搞派性活动，无视和对抗宣传队领导。聂元梓作公开检查。

10月16日　宣传队总指挥部召开大会，动员全校师生团结起来一致对敌，揪"陆平黑班底"，促两派头头交代问题，掀起斗批改的新高潮。总指挥部规定：必须在10月16日以前，各自搬回分派前各自住的寝室，否则一切责任和后果自负。

▲物理系一级教授、著名物理学家饶毓泰上吊身亡。

▲原井冈山的群众给崔雄崑贴出不少大字报，说崔雄崑不仅是陆平"黑党委"的常委和教务长，推行刘邓修正主义教育路线特别卖命，还是伸进校文革和新北大公社的黑手，一直充当聂元梓和孙蓬一的黑高参，必须揪出来坚决打倒。

10月17日　崔雄崑16日晚从"清队"集中地28楼出走，清晨，发现他死在校园的红湖游泳池内。工宣队的简报说："经法医检查，是投水炸肺死亡"。

▲晚上，宣传队层层召开会议，通报崔雄崑自杀真相，并指出：全校揪"黑班底"促头头的部署，决不会因为崔雄崑的畏罪自杀而受任何干扰；要彻底摧毁陆平"黑班底"，促使两派的大小派头头转变立场，工人阶级就是要占领上层建筑领域。

10月18日 宣传队召开万人大会，斗争一名家属和一名学生（历史系），说他们是攻击江青的"现行反革命分子"。当场，一人被扭送公安机关，一人交群众"专政"。

▲数力系教授董铁宝上吊身亡。

10月20日 全校再次召开揪"黑班底"和促头头动员大会。工宣队副总指挥魏秀如亲自动员，她说："如果让陆平黑班底和派性这两股势力结合在一起，工人阶级就别想在北大站稳脚跟，哪里还可能领导一切，哪里可能永远住下去？"

10月21日 物理系讲师廖莹自刎身亡。

10月22日 宣传队指挥部召开"清队"汇报会。据汇报后的《简报》统计：到今日止，全校共揭出够敌我性质矛盾的542人。汇报会提出清理阶级队伍的做法是"批明的，挖暗的，狠狠打击现行的（反革命分子）。"

10月23日 生物系助教李大成跳楼身亡。

10月25日 中文系教师开会，揭发吕乃岩及其同伙。

10月29日 宣传队召开万人大会，批斗"陆平、彭珮云黑班底"戈华、崔雄崑等15人。戈华、张侠、郭景海、周一良、季羡林等被当场揪上台。宣传队《简报》说："这次大会打中了要害，抓住了总根子，揭开了北大长期内战不休的阶级斗争的盖子"。"清理阶级队伍顺哪里挖，往哪里打，方向更明确了"。

▲孙月才被关进外文楼隔离审查（与介入上海运动有关）。宣传队还要他交代北大问题、聂元梓问题等。

11月1日 晚上8点半，中央人民广播电台广播了中国共产党第八届扩大的十二中全会闭幕的消息。全会听取了中央专案组关于叛徒、内奸、工贼刘少奇的调查报告，决议永远开除刘少奇的党籍，并撤销党内外一切职务。

八届十二中全会公报强调指出：全会严肃地批判了那个反对八届十一中全会决定、反对无产阶级文化大革命、反对以毛主席为首、林副主席为副的无产阶级司令部的一九六七年的"二月逆流"。全会认为，击溃"二月逆流"和今春那股为"二月逆流"翻案的邪风，这是毛主席的无产阶级革命路线粉碎资产阶级反动路线的一个重大胜利。

11月2日 宣传队指挥部向北京市委写了《关于不同意聂元梓参加市党代表会议的请示报告》。

11月4日 校文革委员、历史系文革主任吴维能投河身亡。

11月5日 俄语系讲师龚维泰自刎身亡。

11月7日 北大仪器厂职员钱佩荣投河身亡。

11月10日 根据促头头揭发出的问题，工宣队总指挥部下发聂元梓、孙蓬一、牛辉林、侯汉清等人的错误事实材料，将他们交给群众批判。

11月11日 数力系讲师陈永和跳楼身亡。

11月12日 数力系讲师张景昭服药身亡。

11月16日 北大校医院副院长郭湘贤（行政13级干部）自刎身亡。

11月17日 宣传队传达毛主席和林副主席在十二中全会上的讲话。毛主席在会议结束时说，二月逆流是件大事，不是件小事。要说那么了不起，也没有什么了不起，他们七八个人反对，这个地球就不转动了？关于清理阶级队伍，毛主席说，一要抓紧，二要注意政策。北京大学哲学系有个老教授叫冯友兰，你叫他不搞唯心主义，那就很难。还有一个翦伯赞，是历史系教授，还是个副校长，你叫他离开他那一套观点，也很难。

11月18日 为贯彻毛主席"给出路"政策的指示，宣传队魏秀如副总指挥到外文楼北面监改大院对冯友兰说："根据伟大领袖毛主席的指示，释放你回家"。冯友兰激动得高呼："毛主席万岁！"同时，将翦伯赞释放回家。

11月21日 宣传队组织六百人会议，对聂元梓进行"再教育"。对她的"资产阶级立场"和"腐朽的两面派作风"作"严肃批评"。

11月23日 下午专案组的人对孙月才说："聂元梓窝藏聂元素的血衣，如果她不是第一张马列主义大字报的作者，便是地道的现行反革命。"

▲东语系讲师汤家翰在被批斗后自缢身亡。

11月30日 宣传队总指挥部召集全校一、二级教授开会，将他们全部从专政大队放回去。

12月4日 中文系女学生刘平服毒身亡。

12月6日 生物系助教何挹堂跳楼身亡。

12月8日 地球物理系助教李其琛跳楼身亡。

12月10日 西语系党总支委员、系办公室主任徐月如（女）上吊身亡。

12月11日 宣传队召开全校"坦白从宽，抗拒从严大会"，将"牛辉林现行反革命集团"七名学生揪上台，并宣布了如下处理决定：牛辉林在隔离审查期间，态度恶劣，拒不交代问题，从严处理，给戴上反革命分子的帽子；徐运朴、王明德、屈长江、李怀进、牛泰升态度较好，不戴反革命分子帽子，交给群众批评，以观后效；王忠林抱有侥幸心理，不老实交代问题，暂缓处理，如再顽抗下去，就从严处理。侯汉清在会议进行中被拉上台，宣传队当场宣布对他隔离审查，实行群众专政。

▲化学系一些学生（齐菊生、魏玉书等）在系内被揪出，受到批斗。

12月15日 膳食科学一食堂炊事员谢德斌上吊身亡。

12月16日 两派头头"为人民服务毛泽东思想学习班"集中学习三个月后，宣传队决定今日停办。

12月17日 无线电系助教刘有文卧轨自杀身亡。

12月18日 第二期"为人民服务学习班"今天开办，学员全部是哲学系的，主要是校文革聂元梓、孙蓬一及哲学系的有关人等共19人。

▲12月初，中央刘少奇专案组的巫中等人到北大多次提审翦伯赞，18日下午又进行了提审。18日夜，翦伯赞夫妇服安眠药自杀身亡。

▲翦伯赞自杀身亡后，宣传队连夜开会研究，给毛主席写了检讨报告。

▲自宣传队进校开展清理阶级队伍（3个月）以来，北大自杀人数已达22人。

12月下旬　宣传队批准校医院革委会、无线电系革委会、法律系革委会成立。

▲地球物理系64级学生申彪（施祖封）在颐和园昆明湖自杀身亡。（注：陈伯达6.5讲话后，他是除隐患战斗队中唯一一个造反"上山"的人。）

1969 年

1月8日　宣传队指挥部召开"落实毛主席给出路政策大会"。

1月14日　宣传队《简报》报道：为贯彻毛主席"一二·二六"的最新指示，为"可以教育好的子女"办了九天学习班。54名高干（被审查冲击的）子女参加学习。

1月21日　宣传队指挥部对被监改的原校领导的生活费做出如下决定：

陆平每月暂发生活费40元，在家子女每月15元；戈华每月暂发100元；黄一然每月暂发100元；史梦兰由自己的存款中每月提取80元；彭珮云每月暂发40元。

1月28日　哲学系宣传队召开解放干部大会，杨克明向全系师生作斗私批修。他检讨在文化大革命中，如何伙同孔繁和郭罗基等人，推行王任重的资产阶级反动路线，传达王任重的有关指示，对抗江青同志，对抗群众对他的批判。他深刻检讨为什么两次犯错误两次检讨又两次翻案，为什么要钻进群众组织井冈山兵团，挑动群众斗群众。

1月　经宣传队批准，各基层单位革命委员会相继成立。

▲宣传队在法律系开始进行整党试点。

2月6日　宣传队向全校老教授传达毛主席关于对知识分子"一批、二用、三养"的给出路政策的批示。

附：北京大学文革大事记（1964-1983年）

2月17日 今日春节，监改大院解散。它从1968年5月建立至今，历时十个月。据粗略统计，先后关押党政干部、知名教授及师生218人。

2月21日 晚，聂元梓在系革委会主持的会上作检查。

2月22日 上午，聂元梓在哲学系大会上斗私批修。

2月23日 化学系1963级学生李人杰从学习班跑出，在清河上吊身亡。

2月26日 在哲学系大会上，孔繁斗私批修。

2月27日 在哲学系大会上，李清崑斗私批修。

3月19日 市革委会负责人召见北大宣传队指挥部负责人，指示要统一思想，提名聂元梓为党的九大代表。宣传队连夜召集连长、指导员及各单位负责人开会，统一思想。

3月20日 上午，宣传队杨处长在全校各级领导干部会议上做报告，内容是关于聂元梓当九大代表的问题。他说："聂元梓当选代表不是她一个人的事，她是代表全北京、全国的红卫兵，不是代表哪一个组织，更不是代表哪一派。聂元梓是反对王关戚、反对二月逆流的。经宣传队七个月的内查外调，聂元梓没有反对、损害无产阶级司令部的言行，她对无产阶级司令部是有感情的，是拥护的，她对军队的态度是好的。聂元梓的家庭很复杂，但她本人的历史是清楚的。"这个报告20日下午全校进行了传达，并展开了讨论。

3月21日 市革委会负责人接见北大军、工宣传队指挥部十多位领导人，传达派8341部队进驻北大的指示。刘信总指挥连夜召开4587部队（63军）团以上干部座谈会，对8341部队进驻北大统一思想认识。

3月24日 上午，8341部队81名军宣队员在杨德中政委、王连龙副政委率领下进驻北大。

▲宣传队指挥部向北京市革委会、北京卫戍区报送《关于北大宣传队成立领导小组的报告》。原领导小组组长刘信在报告中提出由杨德中担任组长。

3月下旬 宣传队领导小组召开全体宣传队员"关于放手发动

群众，总结经验，落实政策"的动员大会。

3月31日 宣传队召开全校师生员工、家属大会，传达、布置宣传队关于总结经验、落实政策的学习安排。

4月1日 宣传队召开万人大会，庆祝中国共产党第九次代表大会开幕。

4月8日 4月1日、7日和8日，迟群到北大分别向军、工宣队，系革委会骨干和全校师生介绍清华大学清队落实政策的"经验"，同时被落实政策的八个典型也来校作现身说法的报告。

4月10日 宣传队邀请清华大学三位教授给我校教授、部分讲师及负责教授专案工作的骨干作清华落实清队政策的报告。

4月15日 宣传队召开万人大会，庆祝中国共产党第九次全国代表大会14日新闻公报的发表。

▲宣传队领导小组召集全体宣传队员、部分师生骨干开"三忠于"讲用会。

4月24日 下午，宣传队召开全校大会。刘信代表领导小组作《用毛泽东思想对照检查前段工作》的总结报告。其中，总结了对两派群众组织"一碗水没有端平"等问题。

▲晚上，全校万人集会，庆祝党的九大闭幕。

5月9日 上午，二七车辆厂、新华印刷厂、北郊木材厂、北京第三轧钢厂、北京特殊钢厂、木城涧煤矿等六厂矿的270名工宣队员开进北大。

5月12日 宣传队《简报》报道：工宣队从4月29日至5月8日举办了队员学习《九大政治报告》专题学习班，"统一思想，统一认识"。《简报》说：学习班"用六厂一校的经验"，对照检查前一段的清队工作，"找出了政策不落实的主要问题和原因，批判了（清队）宁'左'勿右、宁严勿宽、宁挂勿放的错误倾向"和对（专案）工作"不作调查，不作具体分析，凭主观臆断的坏作风"。

5月19日 宣传队《简报》报道：16日、17日，召开机关干部"揭发、控诉、批判反革命修正主义分子陆平大会"，动员原党委干部站出来揭发、批判陆平的问题。

附：北京大学文革大事记（1964-1983年）

4-5月　宣传队对牛辉林的问题做了重新处理，认为"是一般议论无产阶级司令部的错误"，做出"平反决定"，销毁材料。迟群在法律系大会上讲话："牛辉林等同志受无政府主义思想影响，犯了错误。是对阶级的背叛。……是由于青年人思潮起伏。"

6月2日　宣传队《简报》刊登生物系原新北大公社成员《揭发、批判资产阶级派性的发言》。

6月26日　晚八点，宣传队在东操场召开"团结起来，争取更大的胜利"大会。谢静宜在大会上讲话说："文革是搞文化革命的，后来搞的既没有文化也不革命。批评一下就不高兴，一分为二一下就跳得那么高。我说这些同志让毛主席高兴一下好不好？""红色政权是有阶级性的。""说什么'武斗是左右不了形势'！59所大学，北大、清华最甚。为什么不汇报？不让中央去左右呢？""有人问，迟群讲话是个人意见还是代表上头意见？你自己去想好了。""对三句话想不通，允许有个认识过程。"

▲《北京大学简报》说：全校通过讲用会，提出了"井""红"问题，还说："1966年10月至1967年2月，从'井''红'成立到被摧垮，聂元梓等人犯了严重错误。他们在'反聂即反动'的口号下，将'井''红'视作反动组织，揪斗了'井''红'战士二百多名，其中一百多人被打成反革命"。

▲宣传队结束了对孙月才的审查，并向他赔礼道歉。

6月28日　《北京大学简报》报道地球物理系召开的"三忠于"讲用会：狠斗资产阶级派性，为教员彭秋和一案平反，解决"扩大化"问题的经验。还说，"宣传队为扩大化承担了责任"。

6月29日　宣传队一个月来在各系普遍召开"三忠于"讲用会后，于今日召开全校"三忠于"讲用会。由两派负责人聂元梓、孙蓬一、侯汉清、孔繁、杨克明等作"讲用"。

7月3日　8341部队进校后，宣传队内部经过一段总结检查工作，调整了清队政策、统一思想后，于今日开始继续推进（第二次）清理阶级队伍的运动。

7月6日　《北京大学简报》称：宣传队（指4587部队）进北大

后，在执行各项政策中也出现了一些缺点错误，"对两派群众组织没有做到一碗水端平，清理阶级队伍出现了扩大化"。

7月10日 宣传队领导小组派先遣队23人到江西省南昌县鲤鱼洲筹建农场。

7月17日 宣传队上报《发动群众总结经验 团结起来 落实政策》。北京市委22日发文(京革发（69）078号)，指示好好学习。

7月21日 宣传队召开第二次清队、第一次落实政策大会。会上，从宽处理了三个"典型"。宣传队负责人作深入"清队"动员，强调有问题的人"迟清不如早清，被迫清不如自动清，间断清不如彻底清"。并宣布"不管反动程度，罪行大小，只要认罪服罪，就'给出路'的政策"。会上号召："进一步掀起检举揭发、坦白交代对敌斗争新高潮"。

7月29日 宣传队赴汉中调查组向校领导小组提出《653办事处调查报告》。

8月4日 宣传队领导小组教改组写出的《我校教育革命试点概况》说："从4月下旬开始，陆续派出十支教育革命小分队，分赴新华印刷厂、北分厂、北京变压器厂、二七机车车辆厂、北京分析仪器厂、平谷鱼子山、大兴农村及地震地区进行教改试点，探索社会主义大学如何办"。《概况》说，小分队"坚持把知识分子接受工农兵再教育贯彻始终"，"狠抓阶级教育"；"明确了教育革命的核心问题是举什么旗，走什么路，培养什么人的问题"；提出小分队要进一步试点，为教育革命全面铺开创造条件。

8月7日 《北京大学简报》第210期写道：第二次"清队"至今日，全校共检举揭发1742人次，1956件问题。有312人次坦白交代了557件问题。其中有军统特务5人，中统特务6人，美战略情报局1人，日本特务1人，叛徒1人，历史反革命5人，现行反革命1人。

8月8日 宣传队召开第二次"清队落实政策"大会，从宽处理1人，从严处理2人（1人由市革委会批准当场逮捕，1人宣布戴上反革命分子帽子，押回原籍监督劳动），澄清1人的"重大"历史嫌疑问题。会上，负责人讲话，要求有问题的人"必须竹筒倒豆子"。

8月14日 宣传队指挥部教改组印发了《教育革命经验交流汇编》，编印了《为巩固无产阶级专政掌文权、为宣传毛泽东思想握笔杆》《工人师傅上讲台就是好》等五篇材料。

8月15日 宣传队召开第三次"清队落实政策"大会，宣布从宽处理18人，从严处理1人，此人被当场戴上历史反革命的帽子，押下会场，实行群众专政。

8月16日 《北京大学简报》第218期称：8月8日到8月15日，全校坦白交待259人次，其中中统、军统特务19人，日本特务1人，历史反革命6人，叛徒1人，现行反革命1人。

8月24日 《北京大学简报》第220期称：从7月"清队"截至本月24日，共清出特务39人（其中潜伏特务14人）和一个"应变委员会"。

8月27日 宣传队召开第四次"清队落实政策"大会，从宽处理27人，从严处理1人。从严者戴上反革命分子帽子，实行群众专政。

▲8月13日、8月27日第二批和第三批到江西鲤鱼洲农场进行建场劳动的教职员工分批出发，两批共约六百人。

8月28日 生物系二级教授陈同度服毒身亡。

8月底 宣传队领导小组副组长王连龙介绍北大清队情况说：从1968年10月开始的大规模清理阶级队伍运动至此基本结束。一年中被重点审查的共九百多人。

9月2日 总校开始整党，开展逐个恢复党员组织生活的工作。

9月6日 宣传队领导小组教育革命组向各系印发《关于教育革命大批判的准备工作》。

9月12日 在江西鲤鱼洲农场劳动的物理系助教邹洪新、化学系助教林鸿范在为连队购买蔬菜途中溺水死亡。

9月14日 《内部情况》通报，校基建连一百多名工人8月18日前首批到江西南昌县鲤鱼洲试验农场，作建厂劳动。

9月27日 北京大学革命委员会正式成立，杨德中任革委会主任。革委会由 45 人组成。主任：杨德中。副主任：王连龙、刘信、魏秀如、张学书、周培源、聂元梓。13 名常委中有迟群、谢静宜。（注：此时聂元梓被隔离审查中，没有人通知她是革委会副主任。）

10 月 2 日～4 日　北大接待各省市国庆观礼代表 6508 名。宣传队向代表们介绍了北大、清华创造的清队、整党、大批判的"经验"。王连龙介绍解决一派掌权问题时说："校文革在中后期采取顺我者昌，逆我者亡的态度……实际上变成了一派的文革、武斗的文革、逼供信文革"。

10 月 14 日　毛主席接见在京解放军指战员，驻北大宣传队一百六十多人被接见。

10 月 16 日　北大共青团从本月 7 日开始整团建团，截至 16 日，工作基本结束。

10 月 17 日　北大宣传队、革委会召开第五次落实政策大会。从宽处理 32 人，从严处理 1 人。会上宣布："继续清队，一清到底"，做到"坦白交待不停，检举揭发不停，内查外调不停，召开落实政策大会不停"。

10 月 18 日-20 日　校革委会、宣传队召开全校战备动员大会和教育革命动员大会。

10 月 23 日　地质地理、地球物理、经济、中文、化学等十三个系的二千九百余名师生分批离校，徒步行军分赴北京市郊平谷、房山、大兴、延庆、怀柔五县农村。

10 月 24 日　历史、哲学、国际政治三系和数学力学系数学、计算机两专业七百多名师生分批离校，徒步行军去房山、平谷农村。无线电电子学系、技物系和数学力学系的力学专业一千一百五十多名师生（其中家属 93 人、工军宣队队员 54 人）登车出发赴汉中 653 分校办学。

10 月 26 日　截至今日，已有近四千名师生，在"要准备打仗，教育要革命"的口号下，按军事组织徒步到北京郊区五个县走"五七"道路，接受再教育。

10 月 27 日　昨日和今日，20 个单位 1658 人分批出发到江西鲤鱼洲北大试验农场种地，改造思想。清队中问题尚未搞清的人多去江西（陆平、彭珮云被带到江西）。

10月31日 宣传队、校革委会教育革命组编写的《教育革命情况汇报》说：在以清队、整党为中心工作期间（4月份开始），派出（教育革命）小分队是进行教育革命的主要形式，其任务是探索落实毛主席教育革命思想的途径，为全面铺开探路子。《汇报》总结成绩如下：①狠抓（接受工农兵）再教育，教改先改人，再教育（阶级教育、劳动教育）放在首位；②投入三大革命运动，为当前阶级斗争服务；③抓紧革命大批判，批判旧制度，建立无产阶级教育制度，大批判和改造世界观结合，斗私和批修结合；④坚持军工宣队领导权，工人登上讲台是工人阶级改造上层建筑的创举；⑤老教授下去要批字当头。教师的根本任务是批判自己过去为复辟资本主义服务的错误道路，认真改造世界观。不批判就搞业务，是"业务第一"，"急急忙忙上课，容易穿新鞋走老路"。

▲宣传队整理的《重点审查对象综合情况》反映：截至10月底，全校尚有重点审查对象177名。

11月26日 校宣传队、革委会教育革命组提出了《关于深入教育革命的几点意见》，强调教育革命全面铺开后应进一步明确"教改先改人，改人先改魂"。

本年 下半年起，全校先后有二百多个教改小分队到工厂、农村、部队进行教改调查、办工农兵短期培训班等。全校教授、副教授除少数年事已高有病者外，基本都离开总校下去了。

1970 年

1月24日 周恩来、康生、江青在接见中央直属系统、文化部、学部、教育部等单位代表时作了长篇讲话，这些讲话把王、关、戚，以及吴传启、林聿时、潘梓年一伙都称之为"五一六"，说他们组织了"五一六反革命阴谋集团"，列举了他们的种种罪行。讲话还点了许多其他人的名字。这些讲话在许多单位作了传达，引起了很大的震动，掀起了一个清查"五一六"的高潮。

▲北京市革委会副主任吴德，在 1 月中旬作过两次讲话，披露了周景芳一伙把持北京市革委会多个部门，干了许多坏事的情况。

1 月 27 日　孙蓬一、赵正义、宋一秀、高云鹏、韦全贵五人贴出题为《紧跟毛主席的伟大战略部署，彻底清查五一六反革命阴谋集团》的大字报（简称"1.27 大字报"）。

2 月 2 日　宣传队召开指导员会议，统一对"1.27 大字报"的认识，认为大字报的要害是"夺权""反工人阶级"，"是五一六嫌疑"等。

2 月 4 日　孙蓬一所在小分队召开会议批判孙，因受到孙蓬一的坚决抵制，几次会议都未开成。

2 月 5 日　宣传队作出决定：把在京各个点上的所有人员一律撤回学校，批判"1.27 大字报"和孙蓬一。

2 月 6 日　校文革主任杨德中主持召开宣传队领导小组、校革委会全体成员会议。迟群在会上发言对"1.27 大字报"进行批判，他说："我们不但批了极'左'思潮，而且批了这种行动。大字报说宣传队专门清叛、特、反，不清'五一六'，这能理解吗？他们极左，实际上是极右的。孙蓬一的问题，实际是要向工人阶级夺权"。会议对校文革搞武斗、搞逼供信、搞扩大化、打死中学生等问题提出要清查。

▲下午，召开全校大会，迟群在大会上讲话一个半小时，对"1.27 大字报"逐段批驳。孙蓬一公开表示绝不能接受强加给他的种种莫须有的罪名，并要求当众发言，遭到拒绝。大会动员全校群众对"1.27 大字报"和孙蓬一等人进行批判。大会后，校内贴出"彻底批判孙蓬一的 1.27 大毒草！""强烈要求开除孙蓬一的党籍！""坚决打掉孙蓬一的反动气焰！"等大标语。

2 月 15 日　宣传队领导小组开会，决定开除陈守一、翦伯赞、汪篯（已去世）等人的党籍。

2月24日　江西试验农场召开揭发、批判孙蓬一反动言行大会，说要"揭穿孙蓬一资产阶级右派的真面目"。

3月9日　江西试验农场继续召开揭发、批判孙蓬一反动言行大会。

3月12日　江西试验农场召开全场"一打三反"动员大会（即打击反革命破坏活动，反对贪污盗窃，反对投机倒把，反对铺张浪费）。

3月15日　中共中央向全国批发了《北京市革委会送来的北大宣传队关于斗、批、改经验总结的三个报告》。毛主席批示："照发"。中央转发的批语说："这几个报告写的都很好"，要求各省、市、自治区转发给各直属厂矿、事业革委会负责人和驻大、专院校宣传队负责人，"要他们仔细阅读。……，坚决地贯彻执行。"

3月中旬　1963（理科六年制）、1964、1965年入学的三届学生被发配离校到全国各地农村、厂矿、部队农场、少数民族地区基层，进一步接受"再教育"。

3月27日　中共中央发出《关于清查"五一六"反革命阴谋集团的通知》。

4月3日　陈伯达在北大与周培源等人谈批判相对论时，说"'1.27大字报'我看了，主要是个权的问题"，"对他们搞吴传启，你们还是要承认的。吴过去我们也不太清楚，他们送了些材料，还是比较早的么"，"都否认了他，他总是不服气"。

6月21日-22日　江西分校举办批判爱因斯坦学习班，为批判爱因斯坦相对论作思想和组织准备。

7月中旬　聂元梓由江西农场被押回学校。

7月27日　全校召开批斗高云鹏大会，揭发、批判他在炸毁汉中汉运司大楼的流血事件中的问题。会上，宣传队领导小组、校革委会负责人宣布把高云鹏交由汉中地区人民批斗处理的决定。（笔者注：高云鹏与炸毁汉中汉运司大楼事件毫无关系。宣传队为达到某种目的，用伪证陷害高云鹏。十年后，汉中法院发文认定高云鹏无罪。）

10月22日　孙蓬一被发配到江西鲤鱼洲农场劳动改造。

11月22日 江西分校召开"一打三反"动员大会,分校党委号召"坚决同'五一六'反革命阴谋集团及其他一切反革命分子、阴谋家、野心家斗争到底"。

11月28日 《内部通讯》发表短评,要求"一打三反"运动要"深入开展群众性的揭发、群众性的查证、群众性的分析、群众性的批判",把"五一六"分子和其他一切反革命分子、反党阴谋家"通通暴露在光天化日之下"。同期,还刊登了《权迷心窍的野心家》等揭露聂元梓为首的校文化革命委员会"反军""武斗""杀人"等问题的文章。

12月3日 《内部通讯》继续刊登揭发批判"五一六"罪行的文章。主要内容为批判聂元梓的"野心家"言行,如"三年文化大革命白干了""17年掌权经验不能用了",以及"上揪下扫""揪军内一小撮"等。

12月16日 宣传队领导小组、校革委会会议提出清查聂元梓的问题,要求先在小范围揭发、查证她在文化大革命中的问题。

▲江西分校八连召开揭发、批判孙蓬一的大会,全分校新学员参加。

年底 已毕业离校的牛辉林等人被宣传队押回北大,清查其"五一六问题"。

1971 年

2月6日 学校召开掀起清查"五一六"反革命阴谋集团新高潮动员大会。

2月8日 中央发出《关于建立"五一六"专案联合小组的决定》。中央决定以吴德为组长,李震为副组长共13人组成中央"五一六"专案联合小组。

2月9日 宣传队领导小组、校革委会召开揭发、批判聂元梓的大会。这次大会主要揭发、批判聂在文化大革命中策划、打死无辜学生的问题和她的两面派作风。

2月17日　学校于12日、16日、17日连续召开大会，揭发、批判聂元梓反军乱军问题及反对"五七"指示的问题。会后，各系对聂在校文革掌权期间的问题，开展了大揭发、大批判和控诉、声讨。宣传队领导小组、校革委会决定并宣布对聂元梓隔离审查。

2月24日　宣传队在办公楼礼堂召开全校大会，批判聂元梓反对谢富治，具体涉及三个问题：①北京革命造反公社 ②4月13日孙蓬一炮打谢富治 ③高校学习班上的"反谢"。发言者说：聂元梓在其后台刘少奇一类骗子（指陈伯达）和肖华、杨、余、傅、王、关、戚的操纵下猖狂反对谢副总理，就是要夺北京市的权。宣传队将"反谢"定为重大"五一六"问题。

2月26日　学校召开第五次揭发、批判聂元梓的大会，同时批判高云鹏。宣传队认定聂元梓策划了汉中"8.19炸楼"事件，并诬陷高云鹏是"矿临总"的武斗指挥。（编者注：事实证明，高云鹏一案是8341领导为搞垮聂元梓而人为制造的冤案。）

2月　宣传队派人将已分配离校的胡宗式等人押回学校隔离审查。

▲学校认定的"五一六"在北大的表现有：反对中央领导、反对谢富治、反军、"揪刘"火线、午门"抗缅大会"、西山游行（揪陈再道）、007密令问题、抓叛徒、到国务院各部调查、武斗。

3月2日　宣传队在办公楼召开自首坦白大会。首先上台"坦白"的是牛辉林，他说：洪涛发展我参加了"五一六"，我又发展了其他人；说江青的坏话；在"五一六"反革命集团的指使下，在北大策划武斗。第二个上台的是屈长江，说牛辉林发展他参加了"五一六"，并忆苦思甜。第三个是方洗德（教员），说整了总理的黑材料（注：后来了解到他是被借调到夏衍专案组工作时，在整理材料的过程中曾出现过周恩来的名字，并非是整总理的黑材料）。

3月5日　江西分校召开揭发批判孙蓬一、聂元梓（人在总校）反军、乱军问题大会。

5月9日　胡宗式（在被审查期间）写了一份题为《陈伯达和谢

富治是五一六总后台》的材料，交给物理系专案组，随后受到严厉批判（被称为"5.9大毒草"）。

5月21日 中共北京大学第六次代表大会开幕，杨德中做工作报告。《报告》总结"清队"的成绩说：到目前为止，共清出各种反动组织52个，清出叛特反等敌我性质的人162人。

5月22日-24日 第六次党代会继续开会。哲学系代表李中华、政工组代表郭宗林做了揭发、批判聂元梓的发言。揭发聂元梓的主要问题有：①分裂革命群众队伍，破坏革命大联合，挑动武斗，镇压群众运动；②疯狂反军乱军；③分裂党中央、阴谋颠覆新生红色政权以及她的"主观唯心主义"的"权欲狂"等。

5月24日 中共北京大学第六届委员会召开第一次会议。杨德中在会上说："聂元梓还是要闹的，此人是反毛泽东思想的，要继续审查。"会议提出，聂元梓校文革后期实际上变成了"派文革""武斗文革""逼供信文革"。

6月9日 清查办《情况反映》：清查"五一六"运动以来，聂（元梓）线隔离审查对象共10人；牛（辉林）线隔离审查共7人。

6月18日 校党委常委听取"五一六"专案汇报。汇报说，前段全校审查52人，其中隔离审查25人（总校20人，江西分校5人）。

7月21日 校党委召开全校大会，传达全国教育工作会议精神。《全国教育工作会议纪要》称："解放后17年，毛主席的无产阶级教育路线基本上没有得到贯彻执行"，"专了无产阶级的政"；教师和17年培养出来的学生中的大多数"世界观基本上是资产阶级的"（通称"两个估计"）。

9月13日 林彪等出逃，摔死在蒙古温都尔汗。

▲晚上，校领导找胡宗式谈话。一位领导说："说反谢就是反革命，你想不通；难道反谢是革命的？"

10月29日 根据中共中央（1971）第67号文件通知，全校开始先党内后党外向全体党员、师生员工、家属及中小学生传达有关林彪"九一三"叛国事件的中央七个文件和毛主席最近的批示。（注：

物理系当时不准被审查人员叶企荪、胡宗式听传达。)

12月4日 宣传队登记表统计：全校被确定为"五一六"分子的可疑对象共32人，不包括原校文革的聂元梓、孙蓬一等人。

1972 年

2月10日 校党委常委会听取"五一六"专案组关于专案的审查汇报。汇报说全校"五一六"专案重点审查对象共117人。

3月26日 谢富治在北京去世，终年63岁。(注：1980年10月16日中共中央决定开除其党籍并撤销原《悼词》。1981年1月25日中华人民共和国最高人民法院特别法庭确认他为林彪、江青反革命集团的主犯。)

5月31日 校党委常委开会，"五一六"清查办公室汇报说，北大（文革期间）参加的"围困中南海"等九件重大的反革命事件已基本查清，可定（"五一六"）主犯2人，从犯9人，现行反革命分子1人，打死人的凶手5人（有3人另作处理，1人暂不定），受蒙蔽的80人（其中考虑给一定处分的10人，在档案上记一笔的24人，另46人档案就不记了），经审查排除16人。还有36人未查清。

6月26日 校党委常委会讨论确定，北大（在校文革时期）的重大反革命事件有："围困中南海""午门抗缅大会""利用'007'密令整周总理的黑材料""反军乱军""组织人员到国务院各部调查（根据陈伯达的指令）"等。这些都是"五一六"案犯的罪行，聂（元梓）、孙（蓬一）是这些事件的主犯，还有从犯多人。

9月2日 校党委常委会议决定对文革中打死温家驹、刘玮、殷文杰的几名凶手的处理意见（经校党委、校革委会扩大会议同意上报）：

李喜才（打死温家驹的主凶），戴反革命分子帽子，交群众监督，以观后效。

秦克俭　属敌我矛盾，不戴帽子，交群众监督，以观后效；开除其党籍。

李铁良（打死刘玮的凶手），性质和处理同秦克俭，开除其团籍。

杨恭谦（刺死殷文杰的主凶），不再重新处理。

黄××，已查实是贪污分子，参加策划武斗，定为坏分子，不戴帽子，交群众监督，以观后效；开除其党籍。

9月底　宣传队对牛辉林的审查作出结论：犯严重错误，保留团籍。

10月18日　校党委常委开会，认定聂元梓、孙蓬一是犯了"五一六"罪行的首恶分子，提出暂不戴帽子、交群众监督、以观后效的处理意见。

10月19日　校党委常委开会，同意对孙蓬一的审查结论和处理意见：从严处理，清除出党。

11月22日　校党委常委、革委会常委开会讨论《北大、清华两校清查"五一六"工作的情况报告》，再次确定聂元梓、孙蓬一是敌我矛盾。

12月29日　校党委常委、革委会常委会议决定：原北大党委第一副书记戈华，交全校代表会批判帮助后，给予解放。

1973年

1月25日　校党委常委、革委会常委开会通报市委批准将北大前副校长黄一然定为叛徒，按人民内部矛盾处理，开除党籍；同意解放戈华。

2月21日　校党委常委开会，讨论清查"五一六"的情况和处理意见。会议认为，经两年清查，北大九件重大事件及涉及的117人的问题已查清。其中认定为"五一六"反革命分子的两人，胁从犯、有严重政治错误的13人，被蒙蔽、犯有政治错误的14人，事出有因、查无实据、排除的16人，其他问题72人。认定反革命分子的聂元梓戴"五一六"反革命分子帽子，由群众监督，以观后效，报上级批准执行；认定为反革命分子的孙蓬一，是助恶有据、民愤极大的从犯，决定戴帽子，劳动改造。

3月1日 校党委举行扩大会议，讨论聂元梓、孙蓬一的审查结论和处理意见。专案组汇报：对聂元梓从1970年11月开始审查，现基本查清。主要有五大罪行：①反对无产阶级司令部，主要从1967年开始就反对周总理；②反军乱军；③反对谢富治，反对北京市革委会；④策划武斗，残杀群众，怂恿凶手打死三名无辜青年学生；⑤破坏九大路线，反对党中央，在九届二中全会上追随林彪反党集团向党进攻。

汇报说，孙蓬一的主要罪行是：①反对无产阶级司令部、特别是反周总理；②伙同聂元梓反对谢富治、妄图颠覆市革委会；③挑动武斗，怂恿凶手打死三名青年学生，包庇凶手。

会议决定：同意给聂、孙戴上"五一六"反革命分子帽子，开除党籍，报市委批准后，全校召开大会进行批斗。

3月30日 晚，胡宗式在物理系全系大会上做检查后，总支第一副书记曹芝圃宣布了对胡宗式的审查结论：胡宗式是受聂元梓蒙蔽，犯政治错误，不予处分，不记档案，不作书面结论。

4月13日 校革委会向市委写报告，提出"将聂元梓放到新华印刷厂，白天和工人一起劳动，晚上专人看管"的要求。

5月12日 653分校助教周善丰（原"除隐患战斗队"成员）自刎身亡。

5月19日 学校召开"批斗杀人犯大会"，当场宣布对文化大革命中打死温家驹等三名学生的四名杀人凶手的处理决定：

秦克俭，开除党籍，建议公安机关逮捕法办；

李才喜，建议公安机关逮捕法办；

李铁良，开除团籍，建议公安机关逮捕法办。

以上三凶手由公安机关当场宣布了逮捕令，逮捕归案（这三人的处理，北京市委3月份已批准）。

孙××，因态度较好，从轻处理，送劳动教养。

另外，刺死殷文杰的主要凶手杨恭谦，分配前处理较轻，决定将北大对以上四人的处理结果告杨现在所在单位，由他们根据政策处理。

8月3日 校党委召开扩大会议。迟群提出要注意抓意识形态的斗争，抓右派。他说："我们要提醒有些人，第二次文化大革命，可能就是发动群众反右派，你不要犯经验主义！"迟群对招生进行文化考查表示反对。

10月30日 清华、北大批林批孔研究小组成立，办公室设在俄文楼。在清华大学工字厅召开成立大会，迟群主持。

12月18日 迟群从北大、清华抽调18人成立"大批判组"。

1974年

1月31日 北大、清华批林批孔研究小组、大批判组全体成员搬到北大朗润园北招待所工作，正式合并定名为北京大学、清华大学大批判组（在报上发表文章时，常用署名"梁效"）。

▲北大进"梁效"的人员有：魏建功（中文系教授、副校长）、周一良（历史系教授）、张世英（哲学系副教授）、钟哲民（原党委宣传部副部长）、汤一介（哲学系教员）、杨克明（哲学系教员）、范达人（历史系教员）等二十余人（冯友兰是"梁效"顾问）。其中，汤一介任"梁效"材料组组长；范达人任写作组组长。

▲"梁效"前后共发表了181篇为他们政治需要服务的文章，其中三十多篇成为当时圈定的学习文件。其文章多数以显赫位置首发于《红旗》杂志、《人民日报》《北京日报》《光明日报》《北京大学学报》《历史研究》等。文章一经发表，被视为中央高层意图的反映，全国各地大小报刊争先恐后进行转载（当时流行"小报抄大报，大报抄梁效"的说法）。

11月15日 校党委常委开会，研究、贯彻市委关于批清（清查"五一六"）政策会议精神。市委的会议提出，对北京地区五大派头头聂元梓、蒯大富、韩爱晶、谭厚兰、王大宾的定案处理,要报中央审批。

会议还研究了陆平的审查材料,决定定为"走资本主义道路的当权派",可以解放、恢复党组织生活。

11月16日　校党委向中共北京市委提出《关于解放彭珮云和恢复其党组织生活的请示 报告》。

12月1日　校党委召开扩大会议,讨论批清、落实政策问题。会议决定:聂元梓、孙蓬一属敌我矛盾,材料已上报,要开展批斗。

1975年

2月17日　中共北京市委通知:同意北大党委的报告,决定解放彭珮云并恢复其党组织生活。

2月28日　校党委、革委会召开全体委员会议,讨论解放陆平、彭珮云的问题。会议同意通过大小会议批判后,解放陆平、彭珮云。

3月28日　校党委常委开会决定"清队"整党以来专案中七个案件的处理结论,其中原副校长、历史系原系主任翦伯赞教授定为资产阶级反动学术权威,人民内部矛盾,开除党籍。

4月16日　图书馆系二级教授王重民上吊身亡。(《辞海》介绍:王重民,中国目录版本学家,新中国成立后一度代理北京图书馆馆长,曾任北大图书馆学系系主任。)

4月18日　经市委书记吴德同意,校党委常委会决定,将聂元梓从新华印刷厂调回学校校仪器厂钳工车间监督劳动,继续审查。

4月　根据毛泽东的指示,陆平获得"解放"。

7月1日　陆平被任命为第七机械工业部副部长。

7月30日　校党委常委开会,复查对翦伯赞专案的处理决定,由原定的"敌我矛盾,按人民内部矛盾处理,开除党籍",改为"反动学术权威,按人民内部矛盾处理,开不开除党籍,由上边决定"。

9月26日　校党委常委开会,讨论文革中被审查的干部的复查问题。会议决定，陆平、彭珮云、戈华为犯"走资派"错误，张学书、史梦兰、谢道渊、王学珍、石幼珊为犯严重错误。已上报市委审批。

10月21日 校医院职员李戈良服毒身亡。

11月3日 下午，吴德到清华大学，在该校党委常委扩大会议上传达毛泽东10月下旬关于刘冰等人来信谈话的记录整理稿（后来习惯称为指示）。毛泽东说："清华大学刘冰等人来信告迟群和小谢。我看动机不纯，想打倒迟群和小谢。他们信中的矛头是对准我的。"毛泽东还指出："我在北京，写信为什么不直接写给我，还要经小平转。小平偏袒刘冰。清华所涉及的问题不是孤立的，是当前两条路线斗争的反映。"吴德并传达：根据毛主席指示的精神，在清华大学展开大辩论，辩论刘冰等人两封信的实质。

11月12日 校党委常委开会，传达毛主席对清华刘冰等四人的两封信的指示精神，并介绍清华进行"教育革命大辩论"批判刘冰等人的情况，研究北大怎么办。

11月18日 清华大学、北京大学开展"教育革命大辩论"，相继公开贴大字报点名批判刘冰和教育部长周荣鑫。

12月16日 康生在北京病故。（注：1980年中共中央开除其党籍，撤销悼词；其骨灰被迁出八宝山革命公墓，后被划为林彪、江青反革命集团的主要成员之一。）

1976 年

1月1日 校党委组织全校师生员工学习两报一刊元旦社论《世上无难事，只要肯登攀》和毛主席的两首词：《水调歌头·重上井冈山》《念奴娇·鸟儿问答》。社论中引用了毛主席的"安定团结不是不要阶级斗争，阶级斗争是纲，其余都是目"的指示。

1月8日 周恩来逝世。

1月27日 校党委常委召开扩大会议，批判邓小平，说"邓小平是翻案复辟派的总后台，右倾翻案风的总根子，修正主义在党中央的代表"。

4月2日　校党委召开总支书记会议，传达市委4月1日紧急会议意见。要求大家不要去天安门送花圈悼念周总理，"要警惕阶级敌人的破坏活动"。

4月5日　发生"天安门事件"。

▲晚，校党委召开总支书记会议，传达当日北京市委的紧急通知。通知说：在天安门广场少数坏人利用群众悼念周总理，悼念革命先烈的活动，乘机散布"反动言论"，"写反动诗词，贴反动标语"，"把攻击的矛头指向以毛主席为首的党中央，妄图分裂党中央，转移批邓的大方向"。通知说，"这是一次严重的反革命事件，是尖锐的阶级斗争"。

7月6日　朱德逝世。

7月28日　唐山发生强烈地震。

9月9日　毛泽东逝世。

10月6日　"四人帮"倒台。

11月5日　校党委召开党委委员、总支书记会议，宣布几条决定。其中第四条决定是："聂元梓、孙蓬一或其他坏人跳出来，要狠狠批"。

12月3日　校党委常委开会，研究学校当前的运动形势。会上，有关部门负责人汇报说，中文、历史、哲学系的一些大字报对吴德关于北大工作的六条意见（按：即市委六条意见）有看法，认为市委右倾，捂盖子。

12月7日　校党委开会，传达市委对学校运动的意见。萧英说：哲学系的大字报全面否定文化大革命，否定这几年工作的成绩，矛头对着市委。历史系的大字报，矛头也是对着市委的。（注：这两份大字报分别是：哲学系郭罗基、宋一秀、夏剑豸等十五人写的《北大运动的现状再也不能继续下去了——致北京市委的公开信》；历史系魏杞文等22人写的《北大运动的右倾——回顾与建议》）

1977 年

1月20日 哲学系总支、武保部向党委上报《关于聂元梓、孙蓬一的情况报告》。《报告》反映：聂元梓声称她是受"四人帮"迫害的，审查她是不对的；孙蓬一到哲学系闹，说他是受江青迫害的。

2月15日 校党委常委开会，传达市委负责人2月14日的指示精神。市委领导讲，凡是毛主席指示的，我们一定要坚决执行，包括两个估计。毛主席批准的，不能动摇。17年不能翻，两个估计不能翻，聂、蒯的案不能翻。

9月28日 中共中央通知教育部党组、北京市委、江苏省委：华主席、党中央批准，调南京大学党委书记周林同志任教育部副部长兼北京大学党委书记。

10月20日 邓小平副主席约见北大周林、高铁。教育部部长刘西尧参加了约见和谈话。

11月21-22日 校党委召开批判"两个估计"座谈会（一个估计为："解放后的17年毛主席的无产阶级教育路线基本上没有得到贯彻执行"，是"资产阶级专了无产阶级的政"；另一个估计为：教师的大多数和17年培养的学生中的大多数，"世界观基本上是资产阶级的"）。党委书记周林主持座谈会。

1978 年

1月17日 校党委常委开会，通报聂元梓要求周林转信给邓副主席、华主席。聂在信中不承认自己有反周总理的罪行，也不承认与康生、四人帮有联系。会议决定：加强聂元梓的专案工作，由戈华挂帅，张学书具体负责，抓住主要问题进行清查。

1月25日 校党委向华主席、党中央报送《关于聂元梓问题的报告》，并附1977年12月6日聂元梓给华主席、邓副主席的一封信。报告提出，拟在适当时机召开一次批斗聂元梓大会，请中央批示。报告抄报北京市委和教育部。

3月22日 上午9：55-10：35 邓副主席约见方毅、蒋南翔、刘西尧及北大的周林、高铁、韦明、汪小川，谈北大工作。邓副主席问，北大的运动怎样？聂元梓现在怎样？（周林答：她要翻案。）她有什么案可翻。聂元梓，你们为什么不批？这个人至少应该开除党籍，调到别处去劳动。她有一张大字报，对"文革"起了推动作用，康生说王八蛋也要支持嘛！

3月31日 校党委 常委开会，传达讨论邓副主席3月22日对北大工作的指示。决定对聂元梓、孙蓬一进行隔离。

4月1日 市委批准将聂元梓、孙蓬一及打人凶手贺彦生隔离审查。

4月3日 北大党委派人来到孙蓬一家里，以党委主要负责人找孙谈话为名，将孙蓬一骗回学校，对其进行隔离审查。

4月8日 校党委向市委报送《对聂元梓审查及处理意见的报告》。报告提出将聂元梓定为反革命分子，清除出党，并建议依法惩办。报告中附：①周培源1978年1月8日写的材料：1973年7月17日，毛主席接见杨振宁博士时，说："聂元梓这一派太坏了！"当时周培源说："陈伯达是她的后台"。毛主席说："林彪是陈伯达的后台"。②李正理1978年1月19日写的材料：1971年5月19日，周总理在接见美国高尔斯登和西格纳二位教授时，谈到北京大学在"文化大革命"中打派仗、冲击教授时说："北大有个女人很坏，这些都是她搞的。"

▲下午，校党委召开批斗聂元梓、孙蓬一大会，大会由党委副书记高铁主持。

4月19日 学校召开全校教职员工批斗聂元梓、孙蓬一大会。党委副书记韦明在会上宣布：经上级党委批准，决定开除聂元梓、孙蓬一的党籍，开除聂元梓、孙蓬一、贺彦生的公职，建议依法惩办。宣布后，由专政机关逮捕了聂元梓、孙蓬一、贺彦生。

4月29日 校党委报告方毅副总理并转邓副主席（抄报胡耀邦），要求将涉及康生、曹轶欧的三封信，在北大80周年校庆时举办的"林彪、四人帮篡党夺权急先锋聂元梓、王连龙、'梁效'罪证展览"中展出。

▲地质系全体教职工在八宝山礼堂举行追悼会，悼念"文革"武斗中被新北大公社打死的学生刘玮。校党委副书记韦明、教育革命部副部长张群玉参加了追悼会。参加追悼会的还有学校各系各单位的代表、刘玮的家属及在京的老同学共二百多人。

5月4日 学校举办"梁效"、王连龙、聂元梓罪证展览，预计5月13日结束。

6月16日 校党委书记周林在大组会（干部会）上对常委小整风做了总结发言。他说，常委搞了四个半天的小整风，基本上统一了思想。说"基本上"，就是因为学习讨论的时间短，问题还没有讲透，特别对北大历史上一些问题还有些不同意见。这是正常现象。北大的社教问题，张磐石那一套，明明白白，路线上是错误的。我们搞这个问题，目的是澄清是非，团结多数，调动积极性，不是算哪个同志历史上的旧账，更不是要整谁。但聂元梓的账是要算的。由于批了聂、孙，才更有条件在这个基础上来解决我们内部对社教问题上存在的思想分歧和干部间的不团结现象。

7月4日 校党委召开全校党员干部会，党委书记周林做报告。他说："北大的十七年，方向路线是正确的，是毛主席的革命路线占主导地位，成绩是基本的。只有紧密联系北大十七年的实际工作，批深批透'两个估计'，把张磐石、聂元梓、王连龙强加给北大的一切污蔑不实之词统统予以推倒，才能真正分清路线是非，彻底砸烂长期压在北大广大干部和群众头上的精神枷锁，调动广大干部和群众的积极性"。

7月20日 学校接到中共教育部党组《关于周培源等同志任职的通知》：中共中央组织部通知，经华主席、党中央1978年6月27日批准，周培源同志为北京大学校长，高铁、汪小川、殷玉昆、王竹溪、季羡林、张龙翔、沈克琦同志为北京大学副校长。

9月4日 校党委决定：任命文重为北大校长办公室主任，郭罗基为副主任。

附：北京大学文革大事记（1964-1983年）

11月24日-12月5日 校党委召开党委扩大会议，传达贯彻中共北京市委扩大会议精神。会议由党委书记周林做了总结。他说：揭批"四人帮"运动已经取得了决定性的胜利，北大的若干历史问题基本上得到了解决。他传达了北大1978年11月13日向华主席、党中央的报告，说此报告华主席及叶、邓、李、汪副主席均已圈阅。报告中提到历史问题有：北大的社教运动、关于"第一张大字报"、关于工作队和"六一八"事件、关于揪叛徒兵团问题、王连龙问题、"梁效"问题。他说第一张大字报，是康生、曹轶欧策划的，是个圈套、大骗局，欺骗了毛主席、党中央。

12月 北京市召开批判聂元梓大会。

1979年

2月22日 中共北京市委做出《关于为原北京大学党委彻底平反的决定》。《决定》说：文革开始，林彪、江青、康生、陈伯达一伙，出于篡党夺权的需要，抛出聂元梓等人的所谓"第一张大字报"，并组织人炮制了评论员文章，污蔑北大党组织是"假共产党、是修正主义的党"，污蔑北大党委书记陆平同志和副书记彭珮云同志是"三家村黑帮分子"。《决定》说"这些纯属诬陷不实之词，应予全部推倒"。

8月14日 孙蓬一的家属写了《对孙蓬一问题的询问和申诉》，请王若水转交给胡耀邦。《申诉》披露了孙蓬一被逮捕的过程。

8月25日 校党委常委开会，张学书汇报，市委要组织班子在9、10两个月搞清聂元梓的问题。

8月29日 校党委向中央组织部陈野萍并胡耀邦报送有关孙蓬一是聂元梓在"文化大革命"中追随林彪、康生和江青进行篡党夺权活动的主要助手的材料。报送材料原因是王若水将孙蓬一家属的申诉以及王若水的意见转给胡耀邦，胡耀邦做了批示。

11月13日 校党委常委开会。高铁在会上说：最近邓副主席批评过我们两次，一次关于生活问题，已经传达过了。另外一次，在政治局讨论文化部文件的会上邓副主席又批评了北大。邓副主席说"发扬民主的方针不放弃。但讲民主也要讲集中，讲自由也要讲纪律。北大有争论，有几个人要踢开党委。郭罗基要调走。对有的同志要批评，批评方能保住旗帜。大字报要求改组党委，学生大字报的要求是合理的。闹，实际上是聂元梓的人"。

1980 年

3月19日 校党委整理了一份《关于聂元梓、孙蓬一在文化大革命中破坏房屋建筑的罪行》材料上报。其中将井冈山兵团干的"挖地道、架天桥"等都强加在聂元梓、孙蓬一的头上。

8月21日 中央组织部发出《关于为受所谓全国第一张大字报诬陷的同志平反的通知》，全文如下：

各省市、自治区，中央各部委，国家机关各部委党组，各人民团体党组，解放军总政治部：

文化大革命一开始，林彪、江青、康生、陈伯达一伙，出于篡党夺权的需要，抛出聂元梓等人的所谓"第一张大字报"，并组织人炮制《人民日报》评论员文章，诬陷北京大学党委和陆平、宋硕、彭珮云同志，这是一起冤案。中共北京市委1979年2月和3月已为北京大学党委和陆平、宋硕、彭珮云同志做出了彻底平反的决定。按照中央的规定，现将中共北京市委这一决定转发给你们，并请转发到县团级党委，以消除不良影响。

中央组织部　　1980年8月21日

11月1日 《人民日报》头版头条登载《党中央决定开除康生、谢富治党籍》。其中写道："鉴于康生、谢富治直接参与林彪、江青等人篡党夺权的阴谋活动，党中央决定向全党公布他们的反革命罪行"。党中央公布康生的大量罪行材料中有一项即："北京大学聂元梓等人的第一张大字报是在康生幕后策划下炮制的"。

1981 年

3月17日 中共中央[1981]48号文通知：中央批准，免去周培源同志北京大学校长职务；冯定同志任北京大学顾问，免去其北京大学副校长职务；王学珍同志任北京大学副校长。

5月6日 校党委开会，讨论对王连龙等人以及"梁效"成员的处理问题。

6月13日 校党委向中共北京市委报送《关于对"两校大批判组"成员处理意见的请示报告》。

11月3日 校党委常委开会决定：郭罗基调动工作，免去其校办副主任职务。

12月22日 校党委向中共北京市委报送对王连龙等五人送回部队，等待处理的请示。

1982 年

4月20日 校党委常委开会，传达4月12日中央书记处第170次会议纪要中关于郭罗基问题的意见：对郭罗基的错误，由宣传部、教育部正式通知北京大学党委组织批判；同时组织部通知教育部将他调出北京。要明确告诉郭罗基，如再不服从组织调动，就开除他的党籍（开除了党籍，也要调动）。

11月17日 文革期间担任北大校党委常委的谢静宜因参与江青反革命集团的阴谋活动，被决定开除党籍。鉴于其承认犯罪事实，并揭发了同案犯的罪行，最高人民检察院决定对其免予起诉。（注：1983年迟群被判处有期徒刑18年，剥夺政治权利4年。）

12月30日 中共中央发出《关于清理领导班子中"三种人"问题的通知》。通知指出：对追随林彪、江青反革命集团造反起家的人、帮派思想严重的人、打砸抢分子这"三种人"，必须坚决把他们从领导班子中清理出去，调离要害部门和要害岗位。

1983 年

3 月 16 日 北京市中级人民法院开庭宣判,判处聂元梓有期徒刑 17 年,剥夺政治权利 4 年。判决书认定聂元梓犯有如下罪行:

一、积极参与江青反革命集团夺取上海市领导权的阴谋活动。

二、诬陷中共中央政治局委员、全国人大常委会副委员长彭真。

三、煽动诬陷中共中央副主席、全国人大常委会委员长朱德。

四、诬陷、迫害中共上海市委教育卫生部长常溪萍。

五、诬陷、迫害北京大学干部、学生。

7 月 13 日 北京市中级人民法院判处孙蓬一有期徒刑 10 年。

附件：文革期间北大非正常死亡人员统计

文革期间北大非正常死亡统计表（2019.9）

序号	姓 名	年龄	单位及职务	死亡情况
1	汪 篯	50	历史系副系主任、三级教授	1966.6.11 服毒
2	张永信	25	653分校食堂出纳、复转军人	1966.7.22 自缢
3	董怀允	39	数力系教研室主任，讲师	1966.7.28 自缢
4	吴兴华	45	西语系副系主任、副教授	1966.7.28 被逼喝污水中毒
5	吴素珍	60	中科院供应科职工家属	1966.8.22 被北大附中红卫兵打死
6	俞大絪	61	西语系二级教授	1966.8.26 服毒
7	陈彦荣	37	科学院气体厂工人	1966.8.27 被北大附中红卫兵打死
8	孔海琨	72	家属（曾任国民党副军长）	1966.8.29 被人大附中红卫兵打死
9	无名老太		附近居民，被指为"地主婆"	1966.8 底被北大附中红卫兵打死
10	程贤策	38	北大党委委员、中文系党总支书记	1966.9.2 服毒
11	杨明爱	29	经济系五年级学生	1966.9.11 上吊（"反动学生"）
12	沈迺璋	55	哲学系三级教授	1966.10.6 服毒
13	陈树峥	23	中文系64级学生	1966.11.21 跳楼
14	向 达	66	历史系一级教授、图书馆馆长	1966.12.24 劳改中得不到及时治疗
15	沈达力	22	中文系62级学生	1967.3.17 服毒后并投水
16	刘长顺	50	员工食堂管理员	1967.11.8 强迫劳动肝病加重得不到治疗
17	程 远	64	西语系职员	1968.1.9 自缢（中央专案组管理时）
18	蒙复地	36	西语系讲师	1968.3.27 自缢
19	温家驹	20	地质学院附中学生	1968.4.19 被新北大公社的人打死
20	李 原	40	历史系教员	1968.4.21 自缢

21	殷文杰	24	无线电系 62 级学生	1968.4.27 被新北大公社的人刺死
22	王 厚	49	北大附中炊事员	1968.5.7 投河
23	李 劼	49	北大附中教务处职员	1968.6.12 被北大附中红卫兵打死
24	卢锡琨	45	化学系副教授、党总支副书记	1968.6.24 自刎
25	林 芳	41	化学系器材室副主任	1968.7.16 投湖（卢锡琨的夫人）
26	刘 玮	24	地质地理系 61 级学生	1968.7.20 被新北大公社的人打死
27	许世华	48	图书馆馆员（讲师）	1968.8.11 投河
28	朱耆泉	36	俄语系助教	1968.9.15 跳楼
29	吴连勤	24	国际政治系 64 级学生	1968.10.6 上吊
30	饶毓泰	77	物理系一级教授	1968.10.16 上吊
31	崔雄崑	49	原教务长、校文革常委	1968.10.17 投湖
32	董铁宝	52	数力系教授	1968.10.18 上吊
33	廖 莹	42	物理系讲师	1968.10.21 自刎
34	李大成	32	生物系助教	1968.10.23 跳楼
35	吴维能	41	历史系文革主任	1968.11.4 投河
36	龚维泰	36	俄语系讲师	1968.11.5 自刎
37	钱佩荣	57	北大仪器厂职员	1968.11.7 投河
38	陈永和	33	数力系讲师	1968.11.11 跳楼
39	张景昭	49	数力系讲师（女）	1968.11.12 服药
40	郭湘贤	47	校医院副院长 13 级干部	1968.11.16 自刎
41	汤家翰	38	东语系讲师	1968.11.23 自缢
42	刘 平	23	中文系 63 级学生（女）	1968.12.4 服毒
43	何挹塘	32	生物系助教	1968.12.6 跳楼
44	李其琛	34	地球物理系助教	1968.12.8 跳楼
45	徐月如	39	西语系办公室主任	1968.12.10 上吊
46	谢德斌	54	学一食堂炊事员	1968.12.15 上吊
47	刘有文	32	无线电系助教	1968.12.17 卧轨
48	翦伯赞	71	北大副校长、一级教授	1968.12.18 夜服药
49	戴淑婉	68	翦伯赞夫人	1968.12.18 夜服药
50	申 彪	22	地球物理系 64 级学生	1968 年冬天投昆明湖（原名施祖封）
51	魏 璧	71	经济系周炳琳教授（已故）的夫人	1969.2.16 服毒（因索要冬衣被拒绝）
52	李人杰	23	化学系 63 级学生	1969.2.23 上吊
53	阎开伟	52	地球物理系讲师	1969.6.6 在被审查监改期间病情加重

54	陈同度	65	生物系二级教授	1969.8.28 服毒
55	阎华堂	63	体育教研室三级教授	1970.5.24 被迫从事重体力劳动病情加重
56	王爱清	34	物理系办公室职员	1970.8.11 服毒
57	焦福聚	51	事务科工人	1970.11.3 服毒
58	陈信德	65	东语系讲师	1970.12.20 死于狱中(1969.8 被捕)
59	姜肖管	33	校医院实习员	1971.3.29 在江西分校自刎
60	崔之兰	69	生物系二级教授	1971.5.3 被从医院拉出批斗病重不支
61	刘长和	44	化学系职员	1971.8.9 服药
62	周善丰	28	653分校助教	1973.5.12 自刎
63	王重民	72	图书馆系二级教授	1975.4.16 上吊
64	李戈良	51	校医院职员	1975.10.21 服毒
65	邹洪新		物理系助教	1969.9.12 在鲤鱼洲农场溺水
66	林鸿范		化学系助教	1969.9.12 在鲤鱼洲农场溺水
67	汤吉士		技术物理系助教	1970.6.13 在鲤鱼洲农场溺水
68	张薛森		中文系教师	1970.12.5 在江西教改时翻车
69	王永干		中文系学员	1970.12.5 在江西教改时翻车
70	孔祥莹	52	图书馆馆员	1970年在五七干校食变质鸭蛋中毒
71	桑灿南		哲学系教授	在鲤鱼洲五七干校因病医治不及时
72	沈 立		653分校力学系教师	1973.5.15 在参加陕西省长安县石砭峪水库定性爆破筑堤科研观测中，中毒气
73	邵鸿昌		653分校力学系教师	
74	张瑞清		653分校力学系工人	
在校外武斗死亡				
75	王建鑫		数力系64级学生	1967.8.13 在温州武斗时被枪击身亡
76	周瑞清		西语系65级学生	1967.8.11 在温州武斗时受伤医治无效

资料来源：

（1）王学珍等人主编：《北京大学纪事》2008年版；

（2）张从、奚学瑶、郑振卿主编：《风雨未名湖——北大老五届往事》；

（3）丛璋、亚达、国真编：《燕园风云录》（三），2014年12月；

（4）其他。

后 记

"文革"中大批干部和群众遭受残酷迫害，民主和法制被肆意践踏，留下了极其惨痛的教训。北京大学是文革的策源地，也是文革的重灾区。了解北大文革中发生的事情，会有利于对中国整个文革的认识和理解。

文革结束后重新掌握权力的领导人，把文革的罪责全部推到林彪、江青、康生、陈伯达一伙身上，出现了一种无视历史事实的"策划指使说"。

中央组织部 1980 年 8 月 21 日在《关于为受所谓全国第一张大字报诬陷的同志平反的通知》写道：

文化大革命一开始，林彪、江青、康生、陈伯达一伙，出于篡党夺权的需要，抛出聂元梓等人的所谓"第一张大字报"，并组织人炮制《人民日报》评论员文章，诬陷北京大学党委和陆平、宋硕、彭珮云同志，这是一起冤案。中共北京市委 1979 年 2 月和 3 月已为北京大学党委和陆平、宋硕、彭珮云同志做出了彻底平反的决定。按照中央的规定，现将中共北京市委这一决定转发给你们，并请转发到县团级党委，以消除不良影响。

中组部的这个"平反通知"，完全无视历史事实。

历史的事实是：聂元梓等人的大字报是毛泽东下令向全国全世界公布的。文革中，林彪成为毛泽东的接班人，是被写入九大党章的；而江青、康生、陈伯达则是中央文革主要领导成员，毛泽东的各项指示，通过他们去贯彻执行。

历史事实说明：没有北大社教运动的大起大落和反复，就不可能有这张大字报。没有"五一六通知"，也不可能有这张大字报。没有毛泽东批示广播这张大字报，大字报可能就被压下去了，决不会产生全国性的影响。而大字报所产生的影响，是毛泽东自己都没有预料到的。

历史事实还说明：毛泽东在发动群众打倒"叛徒、内奸、工贼刘少奇"后，加紧了"解放干部"的工作。1973-1975年间，根据毛泽东的指示，先后解放了邓小平、蒋南翔、陆平等一批"党内走资本主义道路的当权派"，使他们重新走上了领导岗位。与此同时（或稍前），通过清查"五一六"运动，文革中的造反派受到了重创。

粉碎"四人帮"后，复出的当权派通过对"五大领袖"的审判和清理"三种人"，文革中的"造反派"终于被一网打尽。于是，聂元梓是"乱世魔女""反聂即革命"等成为长期以来的"主流舆论"。但是，历史毕竟不是任人随意打扮的小姑娘，"主流舆论"阻止不了人们对历史真相的探究。如今还有一批健在的文革亲历者，执着地要要将他们亲历的那段历史真相留下来。

电子杂志《记忆》给我们提供了发声的平台，我们从内心感谢《记忆》。

《北京大学文革史榷》的编写，得到众多校友的大力支持和帮助。这些校友中的绝大部分是北大文革的亲历者，其中不少人曾担任校文革或新北大公社的重要职务，他们对北大文革有深切的体会。为了将亲历的那段历史真相留下来，他们或亲自撰文，或提出中肯的修改意见，或提供宝贵的文革资料，或帮助校对文稿等。

已故的聂元梓、孙蓬一、王茂湘、赵建文等为本书的编写提供了许多珍贵的历史资料。

在本书编写的过程中，我们还得到北大校外一些朋友的无私帮助。

我们向支持、关心我们工作的所有朋友表示衷心感谢！

参考文献

正式出版物

薄一波：《关于重大决策与事件的回顾》，北京：中共中央党校出版社，1993年。

卜伟华：《中华人民共和国史•第六卷•"砸烂旧世界"——文化大革命的动乱与浩劫（1966—1968）》，香港，中文大学当代中国文化研究中心出版，2008年。

陈徒手：《故国人民有所思：1949年后知识分子思想改造侧影》，北京：生活•读书•新知三联书店，2013年。

陈景贵：《1965—1970那几年我在北大》，香港：香港人民出版社，2019年。

陈焕仁：《红卫兵日记》，香港中文大学出版社，2006年。

陈一谘：《陈一谘回忆录》，香港：新世纪出版及传媒有限公司，2013年5月。

陈平原主编：《鲤鱼洲纪事》，北京：北京大学出版社，2012年。

陈丕显：《陈丕显回忆录——在"一月风暴"的中心》，上海人民出版社，2005年

中共中央文献研究室编：《邓小平年谱》，北京：中央文献出版社2009年。

杜易：《大雪压青松："文革"中的陈毅》，北京：世界知识出版社，1997年。

樊弘著、孙家红编：《樊弘著作集》，北京：北京大学出版社，2012年。

冯友兰：《冯友兰学术自传》，北京：人民出版社，2007年。

龚育之：《龚育之回忆："阎王殿"旧事》，南昌：江西人民出版社，2008年。

高文谦：《晚年周恩来》，香港 明镜出版社，2003 年。

胡宗式、章铎编：《北京大学文革资料选编》(1-3)，美国：华忆出版社，2020 年。

胡宗式、章铎编：《北京大学文革资料续编》，美国：华忆出版社，2022 年 5 月。

胡宗式、章铎编：《北京大学文革研究文选》，美国：华忆出版社，2022 年 5 月。

胡乔木：《胡乔木回忆毛泽东》，北京：人民出版社，1994 年。

季羡林：《牛棚杂忆》，武汉：武汉出版社，2011 年。

《陆平纪念文集》编委会：《陆平纪念文集》，北京：北京大学出版社，2007 年。

李新著、陈铁健整理：《流逝的岁月》，太原：山西人民出版社，2008 年。

李志伟：《北大百年》，北京：作家出版社，2008 年。

林小波、郭德宏：《"文革"的预演——"四清"运动始末》，北京：人民出版社，2013 年。

刘白羽：《大海——记朱德同志》，北京：中国青年出版社，1985 年。

刘冰：《风雨岁月：1964—1976 年的清华》，北京：当代中国出版社，2010 年。

刘道玉：《一个大学校长的自白》，武汉：长江文艺出版社，2005 年。

黎云编著：《师劫——北京师范大学文革亲历者文集》，香港：时代文献出版社，2019 年。

《历史的审判：审判林彪、江青反革命集团案纪实》（下），北京：群众出版社，2000 年。

苗高生、韦明、邱锋著：《江隆基传》，兰州：兰州大学出版社，2015 年。

穆欣：《办〈光明日报〉十年自述》，北京：中国青年出版社，2015 年、

中共中央文献研究室编：《毛泽东年谱（1949—1976）》第六卷，北京：中央文献出版社，2013 年。

《建国以来毛泽东文稿》第 12 册，北京：中央文献出版社，1998 年。

中共中央文献研究室：《毛泽东年谱（一九四九——一九七六）》（第五卷），中央文献出版社，2013 年。

中共中央文献研究室编：《毛泽东传(1949—1976)》，北京：中央文献出版社，2003 年

马克昌主编：《特别辩护——为林彪、江青反革命集团案主犯辩护纪实》，北京：中国长安出版社，2007 年。

穆欣：《劫后长忆——十年动乱记事》，香港：新天出版社，1997 年。

聂元梓：《聂元梓回忆录》 香港 时代国际出版有限公司 2005 年。

聂元梓：《我在文革漩涡中》香港 中国文革历史出版有限公司 2017 年。

聂树人：《北京天、地两派的争斗》，香港：中国文化传播出版社 2013 年。

《彭真传》编写组：《彭真年谱》，北京：中央文献出版社，2012 年。

《彭真传》编写组：《彭真传》，北京：中央文献出版社，2012 年。

戚本禹：《戚本禹回忆录》，香港：中国文革历史出版有限公司，2016 年。

宋永毅等：《中国文化大革命文库》，香港 2006 年，第 2 版。

孙月才：《悲歌一曲：文革十年日记》，香港：中文大学出版社，2012 年。

史云、李丹慧：《中华人民共和国史·第八卷 难于继续的"继续革命"——从批林到批邓（1972—1976）》，香港：香港中文大学当代中国文化研究中心，2008 年。

田余庆：《田余庆先生九十华诞颂寿论文集》，中华书局，2014 年。

王学珍、王效挺等主编：《北京大学纪事》(1898—1997)，北京：北京大学出版社，1998 年出版，2008 年再版。

汪子嵩口述，张建安采写：《往事旧友，欲说还休》，北京：生活·读书·新知三联书店，2015 年。

王梦奎：《北大旧事三记》，载王梦奎：《王梦奎随笔》，上海：文汇出版社，2005 年。

王复兴：《抢救记忆———个北大学生的文革回忆录》中国文化传播出版社 2016 年。

王复兴主编：《回顾暴风雨年代》（第二集），香港，时代文献出版社，2019 年。

王复兴编：《聂元梓遗稿——检查、交代、申诉及访谈》，奥斯汀：美国华忆出版社，2021 年。

王年一：《大动乱的年代》，北京：人民出版社，2009 年。

王大宾：《王大宾回忆录》，香港：中国文革历史出版有限公司，2015 年。

王力：《王力反思录》，香港 北星出版社有限公司 2013 年。

谢龙主编：《平凡的真理 非凡的求索》，北京：北京大学出版社，2002 年。

席宣、金春明：《"文化大革命"简史》，中共党史出版社，2006 年第 3 版。

谢甲林：《谢甲林法学文集》，北京：北京时代弄潮文化发展公司 2013 年。

徐景贤：《十年一梦——前上海市委书记徐景贤文革回忆录》，香港：时代出版国际有限公司，2005 年。

谢静宜：《毛泽东身边工作琐忆》，北京：中央文献出版社，2015 年。

杨继绳：《天地翻覆——中国文化大革命史》，香港：天地图书有限公司，2016 年。

野莽：《刘道玉传》，北京：华文出版社，2013 年。

阎长贵、王广宇：《问史求信集》，北京：红旗出版社，2009 年。

叶永烈：《陈伯达传》，北京：作家出版社，1993 年。

周一良：《毕竟是书生》，天津：天津人民出版社，2016 年。

张世龙：《燕园絮语》，北京：华龄出版社，2005 年。

张岱年：《晚思集》，新世界出版社，北京：2002 年。

张化、苏采青主编：《回首"文革"——中国十年"文革"分析与反思》，北京：中共党史出版社，2014 年第 2 版。

中共中央文献研究室编：《周恩来年谱（1949—1976)》（电子版）。

中共中央文献研究室编：《周恩来书信选集》，北京：中央文献出版社，1988 年。

朱元石等访谈、整理：《吴德口述：十年风雨纪事——我在北京工作的一些经历》，北京：当代中国出版社，2013 年。

曾志：《一个革命的幸存者：曾志回忆实录》，广州：广东人民出版社，1999 年。

张从：《探史求真集——北京大学文革历史探索》香港，中国文化传播出版社，2019年。

内部资料或自印本

"常溪萍在华东师大文革代表大会上的检查"，1966年8月30日。

北大哲学系党员干部整风学习会议简报。

北大经济系党员干部整风学习会议思想收获材料。

丛璋、亚达等编辑整理《燕园风云录》(1-4)。

新北大井冈山红卫兵战斗团"打落水狗"战斗队：《聂元梓为什么现在来上海？》，1966年11月30日。

北京大学文化革命委员会大字报组编写《大字报选增刊十八》，增刊（二十之一），1966年。

张从、樊能廷、俞小平主编：《北大文革武斗纪实》，2018年8月。

王光宇：《青史难隐——最后一次交待》，2011年。

网刊

陈奉孝：《我所知道的北大整风反右运动》，1998年5月19日，blog.sina.com.cn

王书瑶：《我的右派一生》，见于博客中国东野长峥的专栏，2016年3月21日，dycz.blogchina.com

电子刊物《记忆》。

电子刊物《昨天》。

赵鑫珊：《那年那月：我亲身经历的"反右运动"后的北大》，www.sina.com.cn 2004/12/29

刘武生：《一桩不堪回首的往事》，www.360doc.com

退休老头吴工：《北大计算机创始人张世龙的沉浮》，www.360doc.com

《北大社教与常溪萍之死》，www.wenxueloo.com

余汝信：《写在〈聂元梓回忆录〉出版之际》，2005年3月4日首发于枫华园第492期。Blog.sina.com.cn

杜钧福：《李雪峰北大讲话的罗生门》，2014年1月22日发布于共识网，http://www.21ccom.net/articles/lsjd/lsjj/article_2014012299470.html

杨勋：《我经历的北大文革》，文化传播_华声四海·闽海网 (mhwh.com)

樊立勤："《我和邓朴方暨中国政争》选段之二"，源于网络。

叶志江：《我提出打倒康生之后》(2)，中华网社区，2009年2月10日。（十年文革救赎故事／我提出打倒康生之后／_文化传播_华声四海·闽海网 (mhwh.com)）

杨大庆：《文革中的长沙"红中会"》，载《蒲公英文摘》，www.zhaoqt.net

余汝信：《毛泽东的机要秘书谢静宜其人其事及其他》，www.aisixiang.com

钱江：《陆平、彭珮云是怎么"解放"的》，www.zz-news.com，原载《世纪》2014年第6期。

崔敏：《为祸惨烈的"公安六条"》，2015年6月13日，道客巴巴网。

报纸、刊物、传单

陆莹口述，陈洁采写：《父亲是知识分子》，原载2008年3月12日《中华读书报》。

宋春丹：《北大中文55级：校长马寅初说决不向专以压服不以理说服的批判者们投降》，载《中国新闻周刊》总第892期，2019年3月26日。

王凛然：《从北京大学看1958年高等教育界的"双反"运动》，载《北京党史》，2010年第1期。

张瑞婷：《1958年"双反运动"研究》，北京大学硕士研究生学位论文，2006年5月。

李震中：《邹鲁风调查人民公社之祸》，载《炎黄春秋》2009年第7期。

北京大学文化革命委员会主办《新北大》，1966~1968年。

北京大学井冈山兵团主办《新北大报》，1967~1968年新北大公社《动态报》1967年。

新北大公社革命造反总部《动态报》，1967年。

新北大公社《校内动态》1967年。

"学部红卫兵总队"等组织联合主办：《长城》第2、7期，1968年。

阎长贵、王广宇：《"2、4"批示前后》，载《炎黄春秋》，2016年第4期。

北京大学文化革命委员会保卫组《红卫士》战斗队：《恶毒的阴谋，卑劣的伎俩——戳穿新北大团、零、飘、井、方（指"东方红"——引者）的谎言》。

北京地质学院《东方红报》125、126期第一版，1968年3月27日。

《中央首长在首都十万人大会上的讲话》（1968年3月27日），北京邮电学院革命委员会、红代会北邮东方红公社主办《北邮东方红》，1968年3月29日。

《炎黄春秋》，2008年第2、8期。

唐少杰：《毛泽东与清华大学的文化大革命》，载《粤海风》2001年第6期。

吉伟青：《〈教育战线的一场大论战〉发表的前前后后——推翻"四人帮"的"两个估计"亲历记》，载《党的文献》，2002年第1期。

阎长贵：《我所知道的关锋》，原载《同舟共进》2013年第4、5期。

《百年潮》2003年第4、5、7、9期。

赵修义、朱贻庭：《批判马寅初怎么成了"神话"？》，原载《上海思想界》，2015年第8-9期。

胡伟略：《忆樊弘"大教授"》，载《中国社会科学报》，2016年5月9日。

印红标：《曹轶欧与"第一张大字报"关系再考订》，载《文史精华》，2004年第1期。

孟祥才：《我所知道的关锋、林聿时和吴传启》，载《历史学家茶座》，2011年第2辑。

www.ingramcontent.com/pod-product-compliance
Lightning Source LLC
Chambersburg PA
CBHW072109010526
44111CB00038B/2406